非正社員改革

◆ ◆ ◆

비정규직의 개혁

동일근로 동일임금으로
격차는 없어지지 않는다

大内伸哉 Ouchi Shinya 저

이승길 역

박영사

비정규직 개혁의 과제와 전망

1. 우리 경제의 현황과 정책방향

(1) 경제의 현실

한국 경제는 고령화·저출산의 인구 변화와 해외 여건, 신규 성장동력 확보의 어려움으로 저성장의 위기에 직면해 어렵다는 중론이다. 즉 기술, 인구구조, 경제환경 변화의 변곡점에 서 있다. 그런데 문재인 정부의 '소득주도성장론'은 빈곤층의 소득을 끌어올려 분수효과를 일으키는 것인가? 대통령은 "경제가 올바른 방향으로 가고 있다"(2019년 9월), "경제가 좋아지고 있다"(2020년 신년사)라고 석연치 않은 낙관적 경제인식의 기조이다.

우리 경제는 펀더멘털 위기로 생산가능인구의 감소, 인적 역량 담보, 제조업 비교우위 희석, 서비스산업의 낙후, 노동시장 이중구조, 느슨한 사회기강 등의 문제가 있다. 정부의 소득주도성장의 결과는 민간의 투자 의욕을 떨어뜨렸고, 경제의 기초체력인 잠재성장률도 하락하였다. 총론은 그럴싸한데, 이상과 현실이 괴리된 각론이 빈약한 정책도 많다. 경제는 침체에 빠지고 좋은 일자리가 없어졌다.

모두 경제 상황과 실력, 현실적 방법론에 대한 성찰이 부족한 '정치적 이상' 실현론에 가까웠다. 이념을 우선하는 정책이 성장 동력과 산업 경쟁력을 위축시켰다. 기업인들이 우려하는 것은 경제의 영역으로 밀고 들어오는 정치의 영향력이다. 민간 소비와 투자가 살아나지 않은 현실에서 경기 부진에 대응할 정부의 카드는 '재정'주도성장으로 변질되고 있다.

(2) 경제의 변수

우리 경제의 풍향에 영향을 미치는 경제환경의 변화에는 외생 변수와 내생 변수가 있다. 첫째 외생 변수이다. 미중 무역전쟁, 중국의 경기둔화, 영국의 노딜 브렉시트 난항, 장기화하는 홍콩사태, 아르헨티나 금융불안 등, 북한의 안보위협, 일본의 수출규제 등의 한일 경제갈등·보복, 코로나19 사태의 발생 등으로 인한 세계경제의 침체, 역세계화의 추세로 우리 경제는 빠르게 후진 중에 있다.[1] 둘째, 내생 변수이다. '소득주도성장', 지난 3년간 최저임금의 가파른 인상(29%, 최저임금 1만원), 경직적인 주52시간 근무제, 공공부문 일자리 비대화와 비정규직의 정규직화 전환과 같은 무차별 노동규제, 화평법 및 화관법과 같은 안전규제 강화[2] 등 규제의 누적, 민노총의 과격한 시위 현상, 법인세 인상(22% → 25%), 평화경제(남북 협력경제), 소득·부품·장비 산업에 투자하는 '필수 코리아' 펀드투자, 탈원전, 대형 사회간접자본(SOC) 사업 예비 타당당의 조사면제 등까지 정부의 대표적인 정치과잉의 경제정책이다.[3]

이에 수출환경의 악화, 경제활동인구의 감소, 실업률(실업자수)의 증가, 탈원전으로 공기업의 부실·에너지 비용의 증가·환경 비용의 증가,

---

1) 참고로 일본의 경제(아베노믹스가 흔들린다-아켈레스건 셋) - (ⅰ) 소비세의 인상(2019.10. 8% → 10%), (ⅱ) 미중무역전쟁으로 일본 엔화가치 상승(달러당 125엔대 → 105엔대, 일본 수출품의 가격 경쟁력이 떨어지나 수출이 감소하고 기업 이익도 줄어든다), (ⅲ) 미일무역협상(농업분야-쇠고기 등 농업분야 시장 개방)

2) 부품소재 기업의 애로사항으로 꼽힌 화평법(화학물질의 등록 및 평가에 관한 법률)·화관법(화학물질관리법)의 인허가 절차에 '패스트트랙'을 도입하는 식이다(화학물질 취급시설 인허가 신청때 심사기간의 단축(75일 → 30일)

3) 문재인 정부의 반시장 정책으로 최저임금 29% 인상(2018-2019), 주52시간 근무제 시행(근로자 300인 이상 사업장)(2018.7), 자사고·특목고 폐지 방침 발표(2019.10), 국민연금 기업이사 해임 요구권 강화(2019.12), 시가 15억 원 초과 아파트 주택담보대출 금지(2019.12) 등을 들 수 있다.

자본의 해외 탈출, 기업 연쇄도산, 자영업자 줄폐업, 실업대란, 자산 가격 폭락 등의 현상은 규제의 강화 정책, 노조 편향적인 정책, 인건비를 올린 정책이 기업에는 직격탄으로 작용해 시장의 부작용으로 나타났다. 기업을 옥죄는 규제와 민간의 투자 의욕을 떨어뜨리는 경직된 노동시장이 기업의 발목을 잡아 우리 경제를 활성화하지 못하고 있다. 경제의 허리인 40대·50대가 비자발적 퇴직자가 늘어나면서 일자리를 잡지 못하고, 대다수의 청년과 노인은 일자리가 부족해 단기 아르바이트로 연명하는 세상이다.

(3) 경제의 정책방향

우리 경제의 최대 과제는 민간일자리의 창출노력 능력 및 잠재성장률을 올리는 것이다. 이에 소득주도성장 정책을 수정하면서 재정·통화정책 등도 전방위적으로 완화하는 경제정책으로 방향을 틀어서 신속한 대책을 마련해야 한다. 산업·노동·공공부문의 혁신과 인구구조 변화의 대응, 혁신 인프라의 강화 등을 통해 성장 잠재력을 확충해야 한다. 정부는 체계적인 대응으로 구조개혁을 착실히 추진해 잠재성장률을 초과한 성과를 거두고, 재정 건전성, 기업 활력의 제고와 투자환경의 개선 문제에 보다 유념해야 한다. 기업의 활력을 제고해 '생산성의 향상'을 위한 유일한 해법으로 **경제회복에 정책 역량을 집중**해야 한다.

한편, 저성장의 혁신키워드는 부단한 탐구와 노력으로 혁신 역량을 내재화해 경쟁력 있는 차별화된 실력을 구현해야 하고, 국가시스템을 효율적으로 '혁신'하기 위한 창조적 파괴의 정책에 유연성이 필요하다.4) 또

---

4) 최근 매니 마케다 베인앤컴퍼니 회장은 기업을 혁신하려면 '디지털 혁신 전환'을 필수 전략으로 꼽았다. 제조방법, 유통 및 판매, 기업의 의사 결정, 공급망 관리 등에도 빅데이터, 로봇, 인공지능 등 4차 산업혁명 신기술을 접목해야 한다. 그런데 혁신저해 요소는 현상을 유지한다. 혁신의 적은 피라미드식 위계질서에 기반을 둔 기업내 관료조직, 노동성을 경직시키는 노동조합, 단기 수익만 좇는 투자자, 임기 동안 실적만으로 경영자를 평가하는 문제 등을 해결해야 한다.

한 경제 성장의 핵심은 투자와 생산성을 늘리고, 기업과 시장의 자유를 보장하고, 기업의 발목을 잡고 있는 각종 규제를 과감하게 개혁해야 한다. 그리고 정부 주도의 적극적 노동시장의 개혁 정책을 확대하고, 청년 및 여성 등의 맞춤형 정책을 더 고도화·세밀화해야 한다. 또 지역별 특성에 맞는 일자리 정책을 구현할 수 있도록 고용안정의 선제적인 패키지를 시행해야 한다.

2. 비정규직의 정규직화 정책

(1) 현황

2017년 5월 문재인 정부가 들어서자 마자 대통령은 인천국제공항공사를 방문해 '공공부문의 비정규직 제로화'를 선뜻 약속했다. 이후 공공부문에서는 순차적으로 정규직화 전환을 계속 추진했다. 이에 일자리 정부를 표방했던 문재인 정부는 '청년 일자리'도 늘리고, '비정규직 문제'도 해결하려고 노력하였다. 비정규직인 기간제 근로자에서 무기계약직근로자로 전환되었다. 다만, 노동계는 이들의 전환 과정에서 그 근속·경력을 인정하지 않아 근로조건이 악화된다고 반발하였다.[5]

저소득층의 임금소득은 29% 하락, 빚이 소득보다 2배 이상 빠른 증가, 외형적으로 늘어난 65세 노인의 일자리(99.3%) ―어린이 등 학교 도우미, 골목길 담배꽁초 줍기, 농촌 비닐 걷기 등― 가 급격하게 제조업 투자를 위축시키고 있다. 지난 2019년 상반기에 직장 휴폐업, 정리해고 등으로 실업자는 80만 명, 매월 실업급여자는 50만 명에 달하고, 생계를 위해 국민연금을 미리 당겨쓰는 국민이 60만 명을 넘어섰다.

그런데 통계상 고용지표로 2019년 취업자수는 1년 전보다 30만

---

5) 예를 들면, 문화체육관광부 산하 18개 기관에서 식당, 청소, 경비 등의 업무를 비정규직 기간제근로자들을 '무기계약직'으로 전환했는데, 다시 '정규직화'를 요구하였다(조선일보 2019.8.16. A31 사설)

1,000명이 늘었다. 이를 두고 일자리 중심의 국정운영에 대한 성과가 가시화해 V자형 반등이라고 평가한다. 이는 연간취업자 증가수가 9만 7000명으로 고용참사로 불렸던 2018년의 기저효과(基底效果, 반사효과)[6]를 언급하지 않았다. 또한 재정 지원으로 늘린 60세 이상이 노인 일자리(37만 7,000명)의 증가에 중점을 두면서 성과에만 급급하고, 28년 만에 최대 감소 폭(16만 2,000명)을 보인 40대 취업자 수에 대한 우려는 없었다.[7]

(2) 문제점

2019년 6월말 현재 18만 5,000명이 정규직 전환이 결정되었고, 대상자의 84.9%인 15만 7,000명의 전환이 실현되었다. 또한 민간 위탁기관에 소속된 비정규직은 전환 기준에 다툼이 있어 중단되었다. 하지만 많은 정규직 전환으로 고용이 안정되고, 중장기적으로 임금, 근로조건 등도 개선될 여지를 마련해 성과는 크다.

그런데 정규직화된 근로자들이 기존 정규직과 노노갈등과 기존 노조의 반발 등의 심리적·문화적 갈등도 나타났다. 현장에서 청년을 울리는 '직접고용' 떼쓰기를 다음과 같이 정리해 볼 수 있다.

＜사례 1＞ "정규직 전환 가이드라인 준수하고 처우 개선 즉각 시행하라", "정부는 공약을 이행하라", "비정규직 급여를 정규직 80%까지 올리라", "명절상여금 120% 지급하라"(?) 등의 현수막 문구가 경복궁 안 국립민속박물관 건물 석조계단에 내걸렸다. 외국관광객이 가장 많이 찾는 곳에 이러한 현수막은 시설운영에 중대한 지장을 주지 않는 한 관여하지 않아도 괜찮은 것인가?

---

6) 기저효과: 특정 시점의 경제 상황을 살펴볼 때 기준시점의 위치에 따라 경제지표가 실제 상태보다 위축되거나 부풀려 나타나는 현상을 의미한다.

7) 통계청 경제활동인구조사의 '연도별 퇴직자 현황'에 따르면, 2019년 전체 비자발적 퇴직자(직장 휴폐업, 명예퇴직·조기퇴직·정리해고, 임시 또는 계절적 일의 완료, 일거리가 없어서 또는 사업부진 이유로 일을 그만둔 자)는 144만 명으로 전년보다 2만 8,000명 감소했지만, 40·50대 비자발적 퇴직자는 경기부진의 영향으로 전년보다 2만명 이상 증가한 48만 9,000명으로 늘어났다.

<사례 2> 정부의 비정규직 제로화 정책으로 자회사 정규직으로 전환된 김포공항 등에서 청소·경비 업무를 담당하는 한국공항공사 자회사 KAC공항서비스 조합원들은 "자회사 해체·직고용 쟁취", "공항 이윤 창출은 자회사와 비정규직! 성과급은 공항공사!" "성과급 차등 중단하고 똑같이 배분하라!"고 항공산업 채용박람회가 열리는 열리는 김포공항 국제선에서 빨간 조끼를 입고 현수막을 펼쳐서 주장하고 있다.

<사례 3> 자회사 소속인 고속열차 KTX와 STX 객실 승무원들은 "본사가 직고용 해 달라"면서 추석연휴 기간 파업을 예고 했다.[8]

위의 사례들은 비정규직을 (자회사) 정규직 전환에 만족하지 않고, 공사의 정규직으로 채용으로 전환해 달라, 처우나 복지를 보다 개선해 달라고 하였다. 결국 이미 고용된 비정규직은 기득권층으로 편입되었고, 대신 청년 취업의 문은 더 좁아졌다.

그런데 공공부문의 정부정책은 한국노동연구원이 조사한 결과(2019. 5)에 따르면, 긍정적인 효과는 정규직 전환자의 임금이 연평균 391만 원(16.3%) 인상되었고, 고용의 안정과 기관의 소속감도 증가했다. 반면에 부정적인 효과는 기회균등에 반한다는 노노 갈등, 공룡화된 공공부문 운영 부담 및 구조조정의 우려, 전환 과정에서의 채용 비리 의혹 등의 공채시스템의 붕괴 등이 나타났다. 나아가 정규직화된 근로자들이 기존 근로자와의 균등처우를 요구하는 형태로 갈등의 양상도 진화하고 있다. 나아가 민간부문의 정규직화는 일부 사업장을 제외하고는 별로 성과가 없어 그 구체적인 정책을 마련할 필요가 있다.

(3) 정책방향

공공부문 정규직 전환의 차질 없는 추진과 관련해 단계별 전환 추진으로 1·2단계 전환결정(2019.6월말 기준 1단계 18.3만 명, 2단계 4,557명 전환결정) 차질 없이 진행하고,[9] 3단계 민간위탁은 「정책추진방향」(2.27) 발

---

8) 한편 서울교통공사에서는 처음부터 정규직 전환을 노린 임직원 지인들이 꼼수로 비정규직으로 들어갔다는 채용 비리 의혹이 제기되었다.

표 이후에는 심층논의 사무 선정(7월), 근로조건 보호 가이드라인(8월)의
마련 등 후속조치를 추진하였다.

이와 관련된 갈등관리는 전문가 컨설팅, 현장지원단 운영 등을 통해
전환과정에서 노·사, 노·노 갈등을 완화하기 노력하고 있다. 또한 전환
기반을 마련하기 위해 「공무직 등 표준인사관리 규정」(2017.12), 「비정규
직 채용 사전심사제」(2018.5) 등 체계적 인사관리를 지원하였다. 계속해
비정규직의 불합리한 차별 해소를 위해 먼저 공공부문에서 정규직 전환
을 차질없이 이행해 전환자의 처우 개선 및 체계적 인사노무사관리를
지원하고('민간위탁 근로자 근로조건 보호가이드라인'(2019.12)의 현장 안착),
민간부문에서 정규직 고용원칙을 확산하고, 정규직−비정규직 사이의
불합리한 차별을 해소해 고용개선을 추진하고 있다. 즉 기간제 가이드
라인 개정을 통해 쪼개기 계약 및 차별 판단의 어려움 등 현장 문제의
개선을 추진하고 있다. 이것과 연계해 직무와 능력에 따른 공정한 임금
체계의 확산을 지원하기 위해 임금정보 분석·제공 확대[10] 등 공정임금
인프라를 확충하였다. 그후 경사노위 등의 노사정 논의를 통해 공정임금
의 확산을 위한 공감대를 마련하고 있다.

그러나 민간부문의 중소영세기업의 경우 비정규직 이슈에 대하여 회
사 자체의 취업규칙, 노동조합, 정부의 관심에서 소외된 측면이 있다. 기
간제근로자 등 취약한 근로자에 대한 부당해고, 임금체불을 살피고, 일자
리 정보 제공, 직무수행 역량 제고를 위한 교육훈련 프로그램부터 마련해

---

9) 공공부문 공동파업과 관련해 민주노총 4개 연맹(공공운수·민주일반·서비스·
   여성)은 모든 상시·지속업무의 정규직 전환, 민간위탁 직영화, 차별철폐 및 처
   우개선 등을 요구하며 공동파업(2019. 7.3~5. 파업참여인원: 학교·자치단체
   공무직 중심으로 2.6만 명(7.3) → 2.0만 명(7.4) → 1.5만 명(7.5)). 7.5. 이후에
   정부는 학교·자치단체 공무직 등을 중심으로 처우개선에 대한 교섭 진행(예
   정) → 교섭상황 등을 모니터링하고 노사대화 지원, 상급단체와 현안 협의 등
   교섭여건을 조성방안을 모색하고 있다.
10) 직급별 임금정보 제공범위 확대(100 → 30인 이상), 분석자료 제공 등 임금정
    보시스템 개편.

야 한다.

그리고 노노 간의 갈등 양상에 대한 정부의 해소방안은 단지 노사 간의 '대화와 타협'을 적극적으로 지원하고 있다. 40대 제조업 종사자가 기술창업을 하는 경우 재교육 등 지원을 통해 통해 창업을 유도할 필요도 있다.

3. 한국의 비정규직 노동개혁의 쟁점과 개선방안

〈문재인 대통령 공약〉
비정규직 감축
• 기간제 · 파견, 하도급, 특수형태종사자 등 비정규직 감소 위한 로드맵 마련 • 정부 · 지자체 상시일자리 정규직 전환 • 고용형태공시제 강화(비정규직 사용목적, 주요업무 공시 의무화) • 비정규직 사용사유 제한 제도 도입(상시 · 지속적 업무 및 생명 · 안전 관련 업무 정규직 직접 고용, 출산 · 휴직 결원 등 예외적 경우에만 비정규직 사용) • 비정규직 정규직 전환지원 확대(월 최대 60만 원→100만 원, 연간 1,200만 원) • 대기업 비정규직고용 상한비율 제시, 초과 시 비정규직 고용 부담금 부과(이를 재원으로 비정규직의 정규직전환지원금 및 사회보험료 지원제도 확대)
비정규직 차별금지 특별법 제정
• '비정규직 차별해소 실행위원회' 구성 • 비정규직 차별금지 특별법 제정(동일가치노동 동일임금 원칙 적용 등) • 두리누리지원사업에 건강보험 추가 • 1년 미만 근속자(비정규직 포함) 퇴직급여 보장 • 공정임금제 도입(대–중소기업, 정규직–비정규직, 대졸–고졸 간 임금격차 80% 수준으로 축소)

(1) 기간법제의 대상기간 완화

고용형태의 다양화, 개별화의 진전 등 취업형태 면에서 비정규직 근로자의 활용이 급증하고 있다. 현행 기간법제에서 기간제근로자는 기간을 정해놓고 근로계약을 체결한 자이다. 사용자는 원칙적으로 2년을 초과하지 않는 범위에서 기간제 근로자를 사용할 수 있으나, 2년을 초과하면 기간의 정함이 없는 근로계약을 체결한 근로자로 본다.

현재 인구구조의 변화, 기업의 구조조정, 경기침체로 산업의 디지털화 진행으로 기간제근로자는 향후에도 증가할 수밖에 없다. 이에 문재인 정부의 비정규직의 정규직화(비정규직의 제로화)와 같이 비정규직을 무조건 나쁜 것으로 보는 정책의 패러다임은 전환해야 한다. 또한 60대 이상의 비정규직 일자리의 경우는 정부가 예산 낭비와 같은 사중 효과와 노동시장을 왜곡할 수 있는 지원정책을 통한 노동시장 정책은 지양할 필요가 있다.

그리고 비정규직 근로자 보호 등을 통해 근로자 간 격차를 줄이고 상생을 촉진해야 한다. 비정규직 보호의 강화를 위하여 '3대 고용형태별 맞춤형 가이드라인'(기간제(제정)·사내하도급(개정)·특수형태업무종사자(제정) 등 보호 가이드라인)을 마련하고, 현장 지도 등을 통해 비정규직 근로자의 보호를 강화할 필요가 있다. 특히, 기간제근로자의 경우 상시·지속 업무 정규직의 고용원칙 규정 및 정규직 전환 시 준수사항에 관한 가이드라인(지침)을 제정할 필요가 있다.[11]

기간제근로자(파견근로자 포함)의 경우, 지난 박근혜 정부는 고용안정을 높여주고 처우도 개선하는 방향에서 본인(35세 이상)이 희망 시 근로계약기간 '2년'[12]에서 4년까지 같은 직종에서 일할 수 있도록 늘리거나,

---

11) 정부는 기간제에 관한 가이드라인의 기준으로 <전환업무> 상시·지속적 업무(연중 계속 업무, 과거 2년간 및 향후 지속 예상 업무) <대상자 선정> 공정한 대상자 평가·선정 및 전환기준·방법 등 공지 <근로조건> 기간제 근무기간·업무경험 반영 <불합리 차별금지> 비교대상 근로자 없더라도 복리후생 차별 금지, 능력개발 기회 부여 등이다.

이후 정규직으로 미전환 시 이직수당 부과하는 등 '비정규직 종합대책'을
내놓았다.[13] 이는 노동개혁의 기치로 이른바 '장그래구제법(또는 계약직구
제법)'을 들고 나온 이유이다. 그러자 무기계약직으로 전환하는 과도기적
조치라는 취지를 고려해도 청년층은 정규직 전환이 축소되고 비정규직이
양산될 것이라고 반발이 컸다.[14]

물론 '비정규직 처우개선과 노동시장 활력 제고방안'의 정부안은 차
선책이라고 볼 수 있다. 유기근로계약의 규제방법으로 입구규제가 아닌
계약종료의 방식에 규제를 가하는 출구규제를 채택할 필요가 있다. 유기
근로계약기간은 계약의 실태 및 근로자의 희망에 따라 가능한 한 길게 하
고, 남용적 이용을 억제하고 근로자의 고용안정을 도모하는 방책을 도모
할 필요가 있다. 본질적으로는 연공임금체계 등의 문화부터 직무급으로
개선해 비정규직급을 막을 수 있다.

하지만, 노동이동성 및 정규직 전환 가능성을 높이기 위해 일본의
경우처럼 둘 이상의 기간제 근로계약을 통산해 일정 범위 내의 기간제근
로자를 사용할 수 있고, 일정한 '공백기간'(쿨링(cooling 제도)을 둔다면 통
산하지 않는 예외 규정[15] 및 기간제계약 당시의 근로조건(계약기간은 제

---

12) 일본에는 없는 현행 기간제 및 단시간근로자 보호 등에 관한 법률 제4조 제1항
   참조. 다만, 2년 초과근무 시 무기계약직으로 의제된다(제4조 제2항).
13) 그 밖에도 (ⅰ) 비정규직으로 3개월 이상 일하면 퇴직금 지급, (ⅱ) 비정규직
   계약 갱신 횟수도 2년에 세 차례로 제한, (ⅲ) 차별시정제도의 실효성 강화를
   위한 노조의 차별시정 신청대리권 보장, (ⅳ) 철도·항공·선박 등 생명·안전
   핵심 업무에 비정규직 사용 제한, (ⅴ) 공공부문의 비정규직 규모 제한 및 상
   시·지속적 업무의 정규직 전환 추진 등이 있다.
14) 이에 지난 새누리당은 당내 2016년 제19대 총선을 앞두고 표에 도움이 안 되
   는데, 중요한 내용을 당정간 회의가 한 번도 없었다고 비판한다. 노동계도 성
   토하고, 재계도 썩 내켜 하지 않는 '장그래 양산법'이라고 한다. 대체로 언론에
   서는 이대로는 입법이 쉽지 않을 것이라고 한다(중앙일보 2015.1.5. 6면).
15) 다만, 일본의 노동계약법 제18조 제2항에서는 기간제근로계약 간 6개월 이상
   의 공백기간(cooling period)이 있거나 또는 기간제근로계약이 1년 이하인 경
   우 1/2 이상의 공백이 있다면 무기근로계약으로 전환대상이 되지 않는다. 이에
   대한 비판으로 무기전환제도의 탈법적 수단으로 적용될 우려가 있으며, 이는

외)과 동일 수준('별도 기준'의 예외)으로 검토할 필요가 있다. 물론 '고용중지 억제책'의 바람직한 방안에 대하여 충분한 검토도 필요하다.

▼ 기간제법 입법안

항목	합의문 포함 여부	주요내용
생명·안전 핵심업무 기간제 사용제한	추가논의과제 ※ 실태조사, 전문가 의견수렴 등 거쳐 대안 마련, 합의사항 정기국회 법안의결시 반영	• 선박, 철도, 항공기, 여객운송업 생명·안전 핵심업무 • 산업안전보건법상 안전·보건관리자 업무 • 위반 시 무기계약 간주
계약갱신횟수 제한		• 2년의 범위 안에서 3회까지 허용 - 위반 시 과태료
사용기간 2년 연장		• 35세 이상 근로자 신청 시 2년 연장 • 무기계약 미전환 시 이직수당 지급
무기계약 간주	없음	• 기간제한 예외사유 소멸시 소멸시점부터 무기계약 간주

■ 기간제법 개선방안

노동이동성 및 정규직 전환 가능성을 높이고, 기간제의 경우 대부분 중소기업에 근무하는 비율이 높은데, 장기적 인력운용계획을 세우기 어려운 중소영세기업의 부담을 완화하기 위하여 유럽연합 지침과 같이, 회원국은 다음 중에 하나 이상(① 기간제 계약 갱신을 정당화하는 객관적 사유, ② 연속적 기간제 계약의 총 합산 기간의 최대 한도, ③ 계약 갱신의 횟수 한도)을 도입하는 방안으로 고려할 수도 있을 것이다.

유기근로계약근로자의 고용안정과 유기근로계약의 남용적 이용의 억제라는 무기전환제도의 기본 취지와 목적을 흔드는 것이라고 한다.

그러나 우리나라의 실정에 맞추어 입법적 결단으로서 일본의 경우처럼 '기간 제한의 적용제외 사유'는 기업과 근로자 양측에 고용의 선택지를 크게 감소시킬 수도 있기 때문에 제한을 두지 말고,16) (i) '사용기간'에 대해서는 둘 이상의 기간제근로계약을 통산해 4년(2년＋2년)의 범위 내 기간제근로자를 사용할 수 있고,17) (ii) 일정한 '공백(cooling) 기간'을 둔다면 통산하지 않는 예외 규정18) 및 기간제근로계약 당시의 근로조건 (계약기간은 제외)과 동일한 근로조건으로 한하는 것을 검토할 필요가 있다.

▼ 외국의 입법례

구 분	사용 기간	사용 사유

유럽
연합지침
	○ 회원국은 다음 중에 하나 이상을 도입해야 함
	  * ① 기간제 계약 갱신을 정당화하는 객관적 사유
	  ② 연속적 기간제 계약의 총 합산 기간의 최대 한도
	  ③ 계약 갱신의 횟수 한도	

일본	○ 유기근로계약 5년 초과 시 근로자 신청으로 무기계약 전환(2012.8.3, 노동계약법 개정) * 다만, 6개월 이상의 공백 기간이 있는 경우는 다시 5년간 사용 가능	제한 없음

---

16) ILO협약 및 EU지침은 기간제 근로의 사용사유 제한은 포함되어 있지 않다. OECD 회원국 중 사용사유제한 국가로는 프랑스, 이탈리아, 스페인, 그리스, 핀란드, 노르웨이, 멕시코, 뉴질랜드, 터키, 스웨덴 등이 있다.

17) OECD 회원국 중 사용기간 제한 국가: 2년(스페인), 2년－4년(독일), 3년(네덜란드, 슬로바키아, 포르투갈, 이탈리아), 4년(영국, 아일랜드), 5년(일본), 미국, 캐나다, 호주, 뉴질랜드 등은 사용기간의 제한이 없다.

18) 다만, 기간제근로계약 사이에 6개월 이상의 공백이 있거나 또는 기간제근로계약이 1년 이하의 경우 그 계약기간의 2분의 1 이상의 공백이 있는 경우에는 기간의 정함이 없는 근로계약으로의 전환대상이 되지 않는다(노동계약법 제18조 제2항, 2013.4.1. 시행).

(2) 파견법제의 대상 완화

기업 간 및 산업 간에 인재의 재배치를 적극적으로 추진해야 할 경우에 '직업훈련'정책과 함께 다양한 노동시장 서비스(매칭서비스)를 효율적으로 행하는 것이 중요하다. 오늘날 대표적인 노동시장 서비스는 직업소개와 근로자파견이 있다. 양자의 차이는, 먼저 '직업소개'는 기업과 소개받는 근로자 사이에 직접적인 근로계약을 성립시키는 것을 목적으로 한다. 반면에 '근로자파견'은 파견기업에 고용된 근로자를 사용기업에 취업시킨다는 간접고용형태라는 부분에 있다. 근로자파견은 전문적인 기능을 가진 노동력을 조달하는 방법이다.

현행 근로자파견법은 파견대상업무를 엄격하게 제한하여 활용도가 매우 낮은 편이고, 26개에서 32개 업무로 확대(제조업의 직접 생산공정업무 등 일부 업무 금지)되었으나, 도급공정의 내용이나 장소를 따지지 않고 전 공정에 대하여 불법파견을 인정하는 판례가 나오는 등으로 위장도급 및 불법파견의 문제가 해소되지 않고 있다. 지난 박근혜 정부는 베이비붐 세대인 고령자(55세 이상)와 고소득 전문직의 재취업을 촉진하기 위해 파견업종을 전면 확대를 제안한 바가 있다.

이에 대해서는 기업 경쟁력에 직결된 외부 인력의 활용을 통한 비용절감의 필요성이 커지고 있다. 이러한 현실의 요구에 대응한 고용 유동성을 확보하기 위하여 독일이나 일본과 같이 '제조업'을 포함해 '모든 업종'을 네거티브 리스트화(원칙 허용·예외 불허)하여 파견대상업무를 확대할 필요가 있다. 특히, 고령자의 경우 취업 자체가 중요한 의미를 가지므로 파견규제를 폐지하려는 방안도 설득력이 있다.

▼ 파견법 입법안

항목	합의문 포함 여부	주요내용
생명·안전 관련 핵심 업무 파견근로자 제한	추가 논의과제 ※ 실태조사, 전문가 의견 수렴 등 거쳐 대안 마련, 합의사항 정기국회 법안의결 시 반영	• 기존 파견금지업무에 철도사업 생명안전업무, 산업안전보건법상 안전·보건 관리자 추가
고령자 및 고소득 전문직 파견허용업무 확대		• 고령자: **제조업**, 절대금지업무 제외한 모든 업무에 허용 • 고소득전문직: 근로소득 상위 25% 근로자 파견대상업무 및 사용기간제한 적용 제외 • 뿌리산업: 주조, 금형, 소성가공, 용접, 표면처리, 열처리에 대한 파견 허용
파견·도급기준 명확화		• 파견도급 구별 기준 법률 명시 • 원청의 배려는 파견 징표에서 제외
파견계약 중 파견대가 항목 구체화	없음	• 직접인건비, 간접인건비, 관리비, 파견사업자의 순이익 등으로 구분하여 세부적으로 명시

■ 외국의 입법례: 일본과 독일의 경험

　일본에서 노동시장의 유연성을 제고하기 위한 대표적인 정책은 파견법의 제·개정이다. 아베 정권은 파견근로의 규제를 일원화하면서 기간제한의 완화를 개정하였다.[19] 경기에 대응해 법제를 유연 설계하는 배경은 바로 '잃어버린 20년'이란 절박감에 있었다. 헌데 우리나라의 현행 파견법은 일본보다 13년 늦게 제정했지만, 경제환경변화 속에서도 일본보다 파견기간과 파견대상(제조업 금지)을 엄격하게 규제함으로써 파견노동시장

---

19) 일본의 노동개혁은 법인세 인하-법정 최저임금 인상-기업들의 임금인상 등 거시정책의 큰 틀의 조합에 대해 노사정은 타협했다. 2000년대 초반 불황기에는 파견 허용 업종의 네거티브화 등 노동에 대한 규제를 파격적으로 줄여 일자리 양을 증가시켰다. 경기호전 국면인 2010년 이래로 일자리 질을 제고하기 위해 기간제 사용기간을 반복 갱신해 총사용기간을 5년 상한으로 설정하고 5년 이후 기간에는 근로자의 무기계약 청구권을 신설했다. 상용형 파견에 대해 사용자의 신고제를 허가제로 바꾸는 등 사용자 책임을 강화하는 방향으로 재설계하였다.

의 확산을 막고 있다.

▼ **외국의 입법례**

구 분	일 본	영국 · 미국	독일	프랑스
파견 업무	• 전업종(선원, 항만운송, 건설, 경비, 의료, 자격자만 할 수 있는 업무 등 제외) * 네거티브 방식('물건의 제조'업무 해금, 2004.3) * 60세이상고령자, 육아·개호휴업대체자(인정)	제한 없음	• 제한 없음 * 다만, 영리목적 건설업 파견은 제외	• 상시·지속적 업무 파견금지
파견 기간	• 제한 없음: 소프트웨어개발, 기계설계업무 등 26개 업무, 유기 프로젝트, 일수 한정 업무 등 • 원칙적 1년: 그 외 업무 * 근로자대표에게 통지하고 의견을 청취한 경우 최장 3년까지 가능	제한 없음	• 제한 없음	• 원칙적 18개월 * ① 안전조치를 위한 긴급작업은 9개월, ② 수출을 위한 예외적 주문발생의 경우는 24개월
파견 사유	• 제한 없음	제한 없음	• 제한 없음	• 사용사유 제한 ① 근로자 대체, ② 기업업무의 일시적 증가, ③ 계절적 성격 또는 임시적 성격으로 인해 무기계약을 사용하지 않는 것이 관행인 고용 등
파견 판단 기준	• 후생노동성 고시 * 「근로자파견사업과 도급에 의하여 행하여지는 사업과의 구분에 관한 기준」	없음	• 연방노동청 지침 * 「근로자파견법 실행을 위한 지침」	• 판례를 통해 정립

독일은 최근 10여년 간 파견근로와 관련해 정부의 과감한 입법정책적 결단을 통해 전면 자유화하고 지속적인 규제완화 현상에서 역동적이다. 그 배경에는 저성장과 실업률('유럽의 병자, The real sick man of Europe'), 사회보장 재원이 고갈될 우려를 해결해야 하였다.[20] 그 결과 유럽에서 높은 경제성장률과 낮은 실업의 고용시장을 유지하고 있다.

이러한 일본의 기업 경영활동과 국가경제의 활력화를 위하여 '아베노믹스'를 지원하는 노동법 규제의 재완화, 독일의 노동시장 규제완화 등을 위한 '하르츠 개혁'은 우리와는 비교된다. 대체로 정부 주도로 노동개혁 작업을 밀어붙여 경제의 활성화에 기여하고 있다.

■ 파견법 개선방안

파견에 대한 기업의 수요는 주로 판매, 제조, 사무업무 등에 있다. 이에 '뿌리산업 종사업무' 등의 일부 업무와 연령, 직업군에 한하여 제한을 완화하는 것은 고용창출에 실효성이 적을 수도 있다.[21] 파견업무의 확대로는 (i) 기업의 실제 수요가 필요한지(제조업 직접 생산공정 등), (ii) 전체 고용시장의 확대에 기여할 수 있는지의 기준을 고려할 필요가 있다.

첫째, '파견법상 대상업무'에 대해서는 기업은 경쟁력을 유지하기 위해 관련 업무의 거래비용을 최소화하는 방법을 채택. 일본·독일, 미국·영국과 같이 '제조업'을 포함해 '모든 업종'을 네거티브·리스트화(원칙 허용·예외 불허, negative system)하여 파견대상업무 확대할 필요가 있다.[22]

---

20) 독일의 하르츠개혁 사례는 2005년 2월 독일의 실업자 수가 2차 대전 이후 최고치를 기록한 상황에서 미니잡, 파견근로 확대와 같은 저임금 근로의 양적 증가를 가져왔다. 당시에는 일자리 창출을 위한 불가피한 선택이었다.

21) 파견법안에 따르면, '생명안전업무'에 대한 파견근로자 사용의 제한은 산업재해나 안전사고는 안전관리 소홀, 미흡한 사고 대처, 관리감독 부재 등 다양한 요인이 복합적으로 작용해 발생하는 것이다. 특히, 파견근로자는 전문자격인력과 특수장비를 가진 전문파견업체에 맡겨서 높은 수준의 전문성과 안전성을 확보할 수가 있다.

22) 다만, 파견근로자의 근로조건이 지나친 침해를 막으려면 일본처럼 파견사업주

고령자의 경우는 취업 자체가 중요한 의미, 파견 규제를 폐지하는 설득력을 가지고 있다. 특히, 주력산업의 큰 성장동력임으로 심각한 인력난[23]을 해소할 필요가 있다. 이에 '뿌리산업'(주조, 금형, 소성가공, 용접, 표면처리, 열처리) 종사업무에 파견 허용을 검토해야 한다.[24]

▼ 현재 파견금지된 업무에 파견 허용 시 시나리오별 고용창출 효과

시나리오	허용업무	고용창출효과
시나리오 1	• 제조, 단순직, 여객운수, 건축 등 • 17개 업무 허용	4만 6,215명
시나리오 2	• 제조, 단순직, 여객운수 등 • 15개 업무 허용	4만 3,608명
시나리오 3	• 단순직, 여객운수 등 • 12개 업무 허용	3만 7,630명
시나리오 4	• 금지업종 관련 업무 모두 비허용	2만 4,712명

자료: 고려대 산학협력단, 파견대상 추가수요 직종분석, 고용노동부 연구용역, 2010.

둘째, '파견기간'에 대해서는 고용형태의 다원화를 수용하면서 인력운용의 탄력성을 제고하기 위해 파견사업주, 사용사업주, 파견근로자 3자가 합의한 경우에는 파견기간 제한의 예외로 인정하거나 고유한 기간제한 규정을 4년(2년＋2년) 등으로 완화할 필요가 있다.[25] 또한, 일정한 '공백(cooling) 기간'(3개월)을 둔다면 새롭게 산정되는 방안도 검토할 필요가 있다.

───────────────

의 '마진율'을 공개하거나 그룹내 계열사에 대한 '파견비율'의 제한을 검토할 필요가 있다.

23) 2012년 기준, 뿌리산업의 부족인력 규모는 <u>28,000여 명</u>으로 제조업 전체 (112,000명)의 약 25%를 차지하고 있다(「파견허용업무의 합리적 조정 및 기대효과」, 2014년 고용부 연구용역).

24) 이에 대하여 사실상 제조업 전반에 파견을 허용하는 것이나 마찬가지이며, 최근 일련의 판결로 불법파견 관행에 제동이 걸린 기업들에게 면죄부를 주는 꼴이라는 비판이 있다.

25) 당시 2006년 정부입법안에 파견기간을 3년으로 제한하면서 휴기기간제도를 도입하려고 하였으나 국회 심의과정에서 수정되었다.

〈근로자파견제도의 개정안(2013년)〉

(ⅰ) 현재 업무에서의 판단 ⇒

대상업무	파견기간	일하는 방법
26개 업무	제한 없음	계약을 갱신하면서 동일한 근로자가 계속 일하는 것
기타	최장 3년	전임자가 2년 일함과 후임자는 1년밖에 일하지 못하고, 고용불안정

(ⅱ) 개정안 - 업무의 종류 불문

대상업무	파견기간	일하는 방법
파견사업체와의 유기계약	최장 3년	전임자가 2년만 근무해도, 후임자는 최장 3년 근무(노사합의가 필요)
파견사업체와의 무기계약	제한 없음	동일한 근로자가 계속 근무

※ 단점: 유기계약에서 전문 26개 업무에 취업한 파견근로자는 3년마다 직장을 전환할 필요. 무기계약으로 전환은 곤란.

- 고령자(55세) 및 고소득 전문직의 확대(원칙적으로 바람직한 방향)
- 도급·파견 구별기준을 법률로 명문화는 신중히 검토할 필요, 노동시장에서 '적정한 도급(사내하도급) 방안'의 관점에서 행정지침을 검토

* 일본의「제조업 도급사업의 고용관리의 개선 및 적정화 촉진을 도모해야할 도급사업주 및 발주자가 강구해야 할 조치에 관한 가이드라인」(2007.6).

(3) 포괄적인「고용계약법」의 제정 구상

현행 근로기준법은 이른바 '종속근로'에 종사하는 근로자만을 그 보호의 대상으로 하고 있으므로, 여기에 속하지 못하는 다수의 아웃사이더는 보호의 대상 밖에 놓이게 되는 한계가 있다. 이에 근로기준법상 보호받지 못하는 특수형태고용종사자, 가사종사자, 플랫폼고용종사자 등을 포섭할 수 있는 포괄적 의미의 이른바 포괄적인「고용계약법」의 제정을 구상할 필요가 있다.

이러한 「고용계약법」은 근로기준법과는 달리 강행법규가 아니라 자유로운 노동시장을 전제로 하는 '계약법'인 만큼, 다양한 형태의 고용계약을 포섭하되 공정성이 담보될 수 있도록 설계할 필요가 있다. 물론 향후 고용조건 등에 대한 세부적인 항목에 대한 검토가 필요하다.

▼ **고용계약법과 근로기준법 대비**

항 목	고용계약법	현행 근로기준법
적용대상자	• 타인의 지휘명령 하에서나 또는 실질적으로 이와 같은 조건 하에서 노동에 종사하는 자	• 근로자의 의미를 종속근로 종사자에 한정하여 해석하고 있음(제2조)
적용법위	• 모든 사업장	• 상시 5명 이상의 근로자를 사용하는 사업 또는 사업장(제11조)

계약기간	• 계약 목적에 따라 기간을 3~5년으로 다양하게 자율설정
	  – 임시적·일시적 업무
	  – 일시적 결원이나 휴업대체
	  – 고도의 전문직 고용 등
		• 기간을 정하지 않은 것과 일정한 사업의 완료를 전제로 한 것 외에는 1년을 초과하지 못함(제16조)

종속적 자영업자	• 특정인과의 노무공급계약이 종속되어 대체가 불가능한 경우에도 동법 준용	–

균형·균등대우	• 고용형태(기간제, 단시간, 파견근로 등)에 따를 차별처우 금지
	  – 균등대우
	  – 균형대우
		• 성(性)을 이유로 한 차별적 대우 및 국적·신앙 또는 사회적 신분을 이유로 한 근로조건에 대한 차별처우 금지(제6조)

강행법규 유무	• 형벌규정(×)	• 형별규정(○)

관련 법제 폐지 유무	• 근기법 내용 통합(향후)
	• 기간제법·파견법 폐지 검토
	  – 파견업무 대상 문제(×)
	  – 위장도급·불법파견 문제(×)
		–

4. 이 책의 번역과 관련해

(1) 주요 내용

일본에서 '일하는 방식 개혁'의 하나로서 정부가 정규직과 비정규직의 격차시정을 위한 "동일근로 동일임금 가이드라인"(2016년)을 발표하였다. 이번 책자인 일본 고베(神戸)대학의 오오우치 신야(大内伸哉 Ouchi Shinya) 교수의 「비정규직 개혁(非正社員改革)－동일근로 동일임금에 따라 격차는 사라지지 않는다－」은 이에 대한 안티테제(Antithese)이다. 부제인 "동일근로 동일임금에 따라 격차는 사라지지 않는다"는 결론이다. 그렇지만 본서는 "동일근로 동일임금"만이 아니라, 고용의 계속·종료에 관한 불안정성도 다루고 있으며, 유기·파트타임(단시간)·파견 근로를 포함한 비정규직의 문제를 전반적으로 다루고 있다.[26]

본서의 내용은 네 편으로 구분된다. 본서의 포인트인 청년의 주장은 제3편 및 제4편에서 전개된다.

제1편 "일본형 고용시스템과 비정규직"에서는 일본형 고용시스템에 있어서 '정규직'과 '비정규직'의 분류는 법률의 요청이라기보다는 노사자치로 자발적으로 생겨난 것이고, 정규직이 중심인 고용시스템을 보완하는 존재로서 비정규직이 형성되어 왔다고 언급한다. 일본의 통계자료에서 많은 '자발형 비정규직'은 정규직의 아내와 자녀, 정년 후의 고령자가 많고, 세대 단위에서 보면 빈곤하다고는 할 수 없지만, 청년기의 비자발형 비정규직은 교육훈련을 받을 기회의 상실과 재도전의 어려움을 수반해 법적으로 지나칠 수 없다고 한다.

제2편 "비정규직과 관련한 입법 변천"에서는 사적자치 존중의 시대, 2007년의 파트타임노동법 개정 등에 의하여 소극(억제)적인 개입 시대를

---

26) 저자인 오오우치 교수는 본서를 포함해 다른 저술에서 관심을 끌어당기는 제목 및 소제목이 많고, 내용도 알기 쉽기 때문에 일본의 관서(關西, 고베)의 오오우치, 관동(關東, 도쿄)의 모리토(森戸)라고 자유롭게 소개해 대학 세미나 등에서 많이 사용하고 있다.

거쳐서, 현재는 2012년의 근로자파견법 및 노동계약법 개정, 2018년의 파트타임·유기노동법 등에 의해 적극적인 개입의 시대로 이동하였으며, '사적자치의 위기'라고 볼 수 있다.

　제3편 "비정규직을 이론적·정책적으로 생각하다"에서는 채용의 자유와 계약내용의 자유(사적자치)에 대하여 법이 개입하는 것을 비판한다. 예를 들면 (ⅰ) 유기근로계약의 무기전환권을 규정한 '노동계약법 제18조'는 5년 기간의 요건만으로 기업의 (고도의) 귀책성에 의하여 정당화되는 것도 없이 기업의 채용자유(갱신거부)를 하게 제약하고 있기 때문에 철폐를 검토해야 한다고 지적한다. 근로조건은 그대로이고 기간만이 무기(無期, 기간의 정함이 없음)가 되는 어중간한 지위에서의 '채용강제'는 격차 문제를 해결하지 않는다고 지적한다. (ⅱ) 유기근로계약을 이유로 하는 불합리한 근로조건의 금지를 규정한 노동계약법 제20조(현 파트타임유기노동법 제10조)는 '균형대우'(均衡待遇) 규정으로 입법 및 사법에서는 강행규정으로 해석되고 있지만, 묵시(이념) 규정으로 해석해야 한다고 지적한다. 유기 및 무기 근로자 사이의 비교가능성을 넓게 긍정하는 추상적이고 넓은 사정 범위를 가진 규정으로 노사 교섭의 가이드라인(지침)을 제시한 것으로 해석하는 쪽이 규범구조에 익숙하기 때문이다. (ⅲ) "동일근로 동일임금"은 정치적 슬로건에 불과하고, 기업의 설명의무(파트타임유기노동법 제14조)는 노사의 대화를 촉진할 경우에 중요하다고 지적한다.

　제4편 "진정 격차 문제란"에서는 비정규직의 '고용의 불안정성'과 '낮은 처우'의 원인은 기업이 필요로 하는 정규직의 기준에 합치하지 않았기 때문에 정규직 지위를 차지할 수 없었던 점에 기인하고, 기업이 비정규직을 '남용'과 '차별'했기 때문은 아니라고 지적한다. 이에 정부가 비정규직 개혁을 하는 핵심은 정규직과 비정규직의 능력 차이를 줄이기 위하여 '정규직으로 채용하기에 적합한 인재를 육성'하기 위한 직업훈련에 중점을 두어야 한다고 지적한다. 또한 '일본형 고용시스템'은 제4차 산업혁명의 도래 등으로 정형성이 높은 작업이 많았던 비정규직의 고용은 없어지고, 인터넷상 매칭으로 개인자영업자에게 아웃소싱이 증가할 것이나 정규직

의 고용은 감소할 것으로 예상된다. 새로운 '디지털 기술'을 제대로 활용할 수 있을지 여부의 정보격차(digital divide)가 새로운 격차문제로 부상해 그 대응책이 보다 중요하다고 결론을 내린다.

또한 본서의 에센스는 저자의 블로그(2019년 5월 9일)과 닛케이신문(2019년 5월 10일)에도 소개되어 있다.

"정규직이란 기업이 인재육성의 대상으로 적합하다고 평가해 선별한 자"이다. 정부가 '정규직이 되기 위한' 교육훈련의 충실을 첫번째 (잠정적인) 제언으로 하고 있다. 하지만, 이것은 좁은 문의 '정규직'의 경쟁을 일으키고, 안팎에서 여기에 패배한 '비정규직'이라는 고정관념(stereotype)을 가속화한다는 우려가 있다. 다만, 본서에서 언급한 것처럼, 포스트 일본형 고용시스템 시대를 맞이하고 있으며, '근로자' 이외의 '개인자영업자'가 늘어가면서 정규직 및 비정규직의 고용형태에 의한 '격차'(隔差)는 상대화될 것이 예상된다. 격차 대책에는 몇 가지 접근방법이 있고 병용할 수도 있다. 기업에서 노사 간의 노력, 입법과 사법을 통한 노력 등의 주체도 다양하다. 저자인 오오무치의 입장과는 달리, 법의 개입을 통한 격차시정을 긍정하는 입장도 많고, 그 정도의 차이도 다양하다. 긍정과 부정의 효과 및 부작용을 포함해 계속해 검토할 과제로 보여진다.

(2) 번역한 이유

기술의 발달에 따른 일자리의 감소는 세계적인 추세이다. 이러한 추세에서 노동시장의 고용형태는 정규직과 비정규직의 이분화되어 나타난다. 현 정부는 비정규직의 개혁을 정규직화의 전환으로 돌려서 동일근로 동일임금 원칙을 실현하려는 듯하다. 실무에서는 계약직으로 2년 근무한 뒤 무기계약직으로 전환된 근로자가 정규직과 같은 업무를 한다면 임금, 수당 등을 차별해서는 안 된다고 한다. 정규직과 입사 경로가 다르기 때문에 타당하다는 견해와 정규직과 업무내용, 일의 강도 등이 별다른 차이가 없어 임금차별을 금지하는 견해도 있다. 이와 관련해 임금차액의 청구소송이 제기되는 것이 현실이다.

일본 노동법, 특히 비정규직 관련한 본서를 번역하면서, 과연 일본의 비정규직 관련 정책과 입법례가 우리나라의 비정규직 문제를 해결하는 데에 탁견을 가진 반면교사로 삼을 만한 부분이 있을까 탐색해 보았다. 이러한 작업은 지금도 통용되는 객관적으로 자신을 인식하려는 자기 객관화는 지피지기(知彼知己)가 되기 때문이다. 비정규직의 개혁과 관련해 다양성과 차별성의 차원에서 일본 사례에서 많은 힌트와 시사점이 있다. 일본은 우리나라와 가장 닮은 꼴이라 충분한 벤치마킹할 합리적인 토대가 있기 때문이다. 물론 양국의 관련 법제는 상이한 점도 많아 유념할 필요가 있다. 그런데 우리나라의 노동법적 관점에서 일본 사례를 탐구함으로 한계를 극복할 필요도 있지만, 본질을 구명하는 작업을 통해 우리의 문제점에 대한 개선방안을 찾고자 하였다.

본서에서 살펴본 제8장 '향후 사라지는 비정규직근로자의 전망' 부분은 많은 힌트와 시사점을 던져주고 있다.

첫째, '격차문제의 본질'에 대해서는 법학자들은 노동법상 종속노동론의 틀에서 문제인식을 갖기 쉽고, 정규직과 비정규직의 격차에 대해서도 기업에 따른 '남용'(유기 근로계약의 남용)이나 '차별'(비정규직에 대한 차별)이라는 도식으로 파악하는 경향이 있었다. 하지만 많은 비정규직의 지위는 자발적인 계약에 따라 설정된 것이고(계약자유), 비정규직의 지위의 기본에 있는 일본식 고용시스템은 노사에 따라 여러 해를 거쳐서 형성된 것이다(노사자치). 고용의 불안정성이나 낮은 처우 문제는 각 기업이 정한 정규직의 기준에 합치하지 않았기 때문에 본인이 바라는 정규직의 지위를 얻을 수 없었던 것이고, 비정규직이 정규직에 채용되지 않는 것은 능력의 상위(相違, 차이)가 있다고 기업이 판단하였기 때문이다. 비정규직 개혁으로 필요한 것은 기업의 권한이나 자유를 제한하는 것이 아니라, 비정규직과 정규직의 격차를 초래하는 원인인 능력의 상위를 어떻게 좁히느냐가 중요하다. 요컨대, 기업이 아니라 근로자에게 활동함으로써 격차가 생기지 않게 예방하는 정책이야말로 비정규직 개혁의 핵심이 된다.

둘째, '향후 초고령사회의 도래'에 대해서는 청년기는 교육, 그 후의 근로생활을 거쳐서, 노년기는 은퇴해 연금생활에 들어가는 틀에 박힌 인생설계는 '인생 100년 시대'에는 수정될 가능성이 크다. 남녀의 평균수명이 80세를 초과한 현재 70세(우리나라의 경우는 60세, 65세)까지 일하는 것은 오히려 당연하다. 게다가 의학의 발달이 고령까지 취업할 수 있게 하고 있다. 고령자가 되면 자발형 비정규직의 증가를 예상할 수 있다. 정년 후의 고령자가 인재로서 최대한 활용하기 위해 능력주의가 채택되면, 능력주의가 모든 연령층에 적용될 것으로 예상된다. 이는 일본식 고용시스템의 종언을 의미한다.

셋째, '제4차 산업혁명의 도래'에 대해서는 제4차 산업혁명의 도래는 기존의 산업구조 및 취업구조를 바꿔 놓을 수 있다. 기계가 대체할 수 있는 작업은 대체되고, AI(인공지능)와 로봇으로는 대응할 수 없는 비정형적인 작업은 인간의 일로 남을 것이며, 이러한 작업은 기계가 할 수 없는 창조력과 혁신 능력을 필요로 한다. 사람들이 창의력을 발휘해 성과를 추구하는 방식이 일반화되면 더이상 근로시간의 장단에 따른 구분은 의미가 없어질 것이다. 그렇게 되면, 정규직과 비정규직을 구분하고 양자의 격차를 논할 실익도 없어지게 될 것이다. 이러한 업무의 재편성(인간과 기계의 분업의 재검토)의 효과는 다음과 같다. ① 정규직의 업무는 보다 세분화된 전문성이 높은 업무로 한정될 것이다(모듈화와 전문화). ② 지금까지 내부사원(정규직)이 맡던 업무를 외부인력(개인 자영업자, 프리랜서 등)에게 주문하는 경우가 늘어날 것이다. ③ 필요한 노동력은 '자기 부담의 육성'을 하기보다는 '기성제품의 구입'을 할 것이다. ④ 근로자파견이 노동시장에서 맡아온 역할은 크라우드 소싱 등의 새로운 인터넷상에서 개인 자영업자의 중개로 모습을 전환할 것이다. ⑤ 이러한 매칭은 글로벌한 시장에서 전개될 것이다. 이와 같은 일련의 효과도 일본형 고용시스템의 종언을 의미하는 것이다.

넷째, '진정한 격차의 시정책은 무엇인가?'에 대해서는 제4차 산업혁명은 창조성과 혁신이 중요한 시대이다. 직업인으로서 자립해 가려면 이

러한 기술과 능력을 어떻게 습득할 것인지가 중요하다. 사람들은 향후 요
구되는 기술이 시시각각 변화하는 것임을 자각해, 변화에 적응하려는 능
력을 높일 필요가 있다. 또한 정부는 학교교육에서 직업활동을 하는 데
기초가 되는 것을 가르쳐야 한다. 정보의 활용 능력 외에도 금융, 법학,
계약 등의 교양교육과 시스템 교육(과학, 기술, 공학, 수학에 관한 교육), 또
한 창조력의 원천이 되는 리버럴 아트(교양) 교육에 주력할 필요가 있다.
또한 AI(인공지능)와 로봇을 비롯한 첨단의 디지털 기술과 공생하는 힘도
중요하다. 첨단기술을 외면하지 않고, 이것과 마주해 자신의 적성에 알맞
은 방식을 잘 활용해 가는 것을 제대로 교육 받을 필요가 있다. 이것이
국민 사이의 '정보격차'라는 새로운 격차가 생기지 않기 위하여 필요한
정책이다.

　　비정규직 문제의 본질은 좋은 교육훈련의 기회를 가질 수 없고, 정
규직에 재도전하는 것도 어렵다는 현실이 사회적 균열을 초래하고, 사회
적 공정성을 해칠 수 있다는 데 있다. 이 문제를 해결하려면 노동법상 종
속노동론의 틀에서 기업의 '남용'과 '차별'을 억제하고, 그 권한과 자유를
제한하는 방식으로는 효과를 기대하기 어렵다. 따라서 새롭게 취해야 할
접근방식은 근로자를 위한 것이어야 하고, 구체적인 정책은 정규직에 적
합한 인재를 육성할 수 있는 교육일 필요가 있다. 다만, 앞으로는 '저출산
·고령화'와 '제4차 산업혁명이 도래'함으로써 일본형 고용시스템이 변
용·종언되고, 정규직과 비정규직의 격차가 상대화되며, 심지어는 정규직
자체가 사라지는 것이 예상된다. 이렇게 되면, '정보격차'라는 새로운 격
차 문제가 생겨날 것이고, 미래의 정책과제는 정보격차의 발생을 어떻게
피할 것인가라는 사전예방형을 마련하는 것이다. 향후 정보통신기술의 발
달로 인해 개인 자영업자가 증가하면 교육훈련의 주체로서 기업은 퇴각
하고, '개인의 자조(自助)'와 이것을 지원하는 정부의 '공조(共助)'가 중요
하게 된다. 학교에서의 직업교육의 중요성이 높아지지만, 기술혁신과 기
능이 시시각각으로 변화함에 따른 대응할 수 있는 적응력의 습득, 또한
이러한 적응력의 기초가 되고, 직업상 자립할 경우에 필요한 '직업기초교

육'과 '교양의 습득'을 목표로 삼아야 한다. 이것에 추가해 첨단기술을 잘 활용해 자기를 실현할 수 있는 능력을 습득하는 것이 새로운 '초스마트 사회'에서 필요하다. 이러한 교육을 제대로 실시하는 것이 새로운 격차인 정보격차를 발생하지 않는 데 필요한 정책이다.

어쩌면 미국 철학자 존 롤스(John Rawls)의 생각처럼, "한쪽에 큰 이익을 주더라도 다른 쪽에 큰 고통을 준다면 사회의 전체 효용이 증가하더라도 정의가 아니다"라고 볼 수 있다. 절반의 수혜자가 있더라도 절반의 피해자가 발생하면 그것은 옳은 길이 아니다. 물론 아무도 희생 없는 메시지라면 얼마나 좋은가? 하지만 서로 조금씩 희생하고 고통을 분담해야 한다. 누구도 희생하지 않는, 모두를 만족시킬 해결시킬 정책은 없다. 이러한 정책은 기업과 국가의 영속성을 위협하는 포퓰리즘(대중 영합주의)일 뿐이다.

세월을 무심하고 가차없어 아쉬워하는 마음만 속절없다. 전문가도 소득주도성장 등 각종 영역에서 시시비비와 관련해 학문적 소신보다는 밥그릇과 출세가 판단의 기준이 된다. 정책에 따라 정책이 역류해도 어느 누구도 소신껏 발언하는 사람이 거의 없다. 정작 '늘공'은 원래 '영혼 없는 존재'라고 푸념한다. 올바른 '비정규직의 노동개혁'을 위해 우리나라의 관점에서 일본의 비정규직 개혁과 대비해 상세한 역자주를 달면서 이해해보려고 했다. 이제라도 소득주도성장이란 포퓰리즘의 정책을 멈추고 노동정책의 방향을 혁신적으로 전환하고 규제개혁 입법을 통해 경제활력을 살려야 한다. 일자리 정책이 실패라면 그 경제 무능 심판론에 대하여 응집력과 치밀한 전략 속에서 정책대안을 제시해야 한다. 이것은 규제를 늘리고 인건비를 올리는 부의 재분배 정책과 구분되는 친시장, 친기업, 친투자적인 경제성장정책을 추진할 필요가 있다. 정부의 적절한 지원책을 마련하고 민간의 고용창출 능력은 추가 고용시장의 활성화를 도모해야 한다. 고용보험의 사각지대에 빠진 구직자에 대한 고용안전망의 강활르 통해 실직을 해도 재취업에 재빠르게 연결되는 초석의 역할을 마련해야 한다. 이러한 관점으로 회복하는 나침반이 되기를 기대해 본다.

그리고 이번 책자의 출판까지 여러 지인 및 기관에 감사하다. 매번 일본 출판사와 계약을 추진하고, 어려워지는 출판 환경에서도 번역서를 쾌히 받아주신 박영사의 안종만 회장님, 안상준 대표님, 디자인·편집과 창의성을 발휘해 주신 김선민 이사, 정영환 대리에게 감사드린다. 지난 2019년 2학기 아주대학교 일반대학원 '노동시장법의 연구'의 수업에 참여해 초역을 읽으면서 교정도 해준 대학원생에게 고마운 마음을 전하고 싶다. 또한 항상 든든한 후원자인 「아주대노동법연구회」 회원 모두에게도 감사드린다. 그리고 사랑하는 아내, 두 딸(윤형, 윤진)에게도 사랑하는 마음을 전한다.

2020년 2월
아주대학교 연암관 연구실
이승길

저자 서문

언론에서 그려지는 비정규직(非正社員, 비정규직 근로자)의 이미지는 기업에 착취당하는 불쌍한 근로자라는 것이 거의 정해져 있다. "유기고용 근로자와 파견근로자가 얼마나 끔찍한 일을 당하고 있는가"라는 단편적인 에피소드가 연결되고, 일부가 과장된 비정규직의 모습이 흘러내린다. 한편 고용이나 임금의 보장이라는 기득권을 지키고 있는 정규직이 있는 것은, 이것이 비정규직 문제의 근본적인 원인임에도 불구하고, 거의 전해지지 않는다. 정치인과 경영자가 풍족하다는 이야기는 뉴스의 가치가 있지만, 근로자 과반수가 넘는 정규직이 풍족하다는 이야기는 뉴스의 가치가 없기 때문이다. 이렇게 편향된 정보에 현혹되며 오도된 국민에게 정치가 영합한다.

정치가도 경제가 좋아지면 비정규직의 근로조건이 개선된다는 것은 알고 있을 것이다. 그러나 정치 덕분에 비정규직이 구해진 것이 아니라면 표로 이어지지 않는다. 여당, 야당에 관계없이 비정규직을 위한 입법에 적극적으로 개입하는 것은 이 때문이다.

그러나 이제 일본은 좋아지고 있는 것일까? "원래 정규직과 비정규직의 임금 격차는 나쁘다" "기업은 동일근로 동일임금을 실현해야 한다"는 것은 도대체 어떠한 근거에서 논의하는 것일까? 언뜻 보면 정의의 향기가 나는 주장이다. 하지만 여기에 함정이 있다. 사실 이 주장의 근거는 빈약하다. 이러한 논의에 어찌된 일인지 연구자까지 편승했다.

나는 2007년에 고분도(弘文堂)에서 간행한 『**고용사회의 25 의심-노동법 재입문**』[1] 중에서 "정규직과 파트(단시간근로자) 사이의 임금격차가 있

---

1) <역자주> 『雇用社会の25の疑問－労働法の再入門』(弘文堂, 1판(2007), 2판

어서는 안 되는 것인가?"라는 의문을 거론하였다(제17화. 2017년 간행한 제
3판에서는 제목의 "파트"를 "비정규직(비정사원)"으로 대체, 내용도 새롭게 단
장하고 있다[제14화]). 이때부터 이미 나는 정규직과 비정규직의 임금 격차
의 시비와 "동일근로 동일임금"이라는 법 원칙의 존재 여부에 대한 이론
적인 검토를 하고 있었다. 이 책은 이를 더욱 전개하고, 비정규직은 일본
형 고용시스템 속에서 정규직을 보호하기 위하여 필요하다고 평가한 후,
정규직과 비정규직 사이에 격차의 문제를 보다 심도있게 검토하고자 하
는 것이다.

　　이 책의 제목에서 『비정규직 개혁』(非正社員の改革)에서 말하는 '개혁'
은 지금까지 중앙경제사에서 간행한 「해고개혁」,[2] 「근로시간제도 개혁」[3]과
는 '개혁'의 의미가 다르다. 뒤의 두 책은 입법의 관성(비활동)을 타파하기
위하여 '해고의 금전해결'이나 '화이트 칼러·이그젬션(white collar exemption:
근로시간 적용면제)' 등의 개혁 제안을 제시한 것이었다. 한편, 이 책은 입법의
'과도한 활동'(過活動)을 억제하기 위하여 왜 입법 개입이 필요한지를 되묻
는 역방향의 검토를 하려고 하는 것이다. 따라서 이번 책은 뒤의 두 책보
다 이론적인 검토를 한 부분이 많아 '사적 자치', '계약자유', '노사자치'와 같
은 법 개념이 자주 등장하기도 한다. 하지만, 이번 책은 전문적인 논의는
가능하면 뒤의 '보론'(補論, 보충 글)으로 돌려서 법학이 아닌 분야의 사람도
이해할 수 있도록 노력할 예정이다.

　　이번 책에서도 뒤의 두 책과 마찬가지로 중앙경제사의 기무라 시즈
카(木村寿香)에게 신세를 졌다. 원고의 집필을 부탁받은 지 이미 3년이나

　　(2010), 3판(2017))

2)　<역자주>大内伸哉『解雇改革』(中央経済社, 2013)는 김희성 옮김(강원대 법
　　학전문대학원 교수), 「해고개혁 – 일본형 고용의 미래를 생각하며」(한국경제연
　　구원, 2015. 3)로 번역 출판되었다.

3)　<역자주>大内伸哉, 『労働時間制度改革 – ホワイトカラー・エグゼンプショ
　　ンはなぜ必要か』(中央経済社, 2015)는 이승길 옮김, 「근로시간제도개혁 – 화
　　이트칼라 이그젬션은 왜 필요한가 – 」(번역)(박영사, 2017)으로 번역 출판되
　　었다.

흘렸다. 처음에는 '근로자파견'을 중요한 부문으로 쓰려고 했다. 하지만 비정규직 전반을 다루는 것으로 방침을 바꾸었다. 그 후에도 몇 번이나 구상을 재검토해 예상보다 시간이 걸렸다(특히 제8장을 어떻게 자리매김할 것인지를 마지막까지 고민하였다). "이젠 쓰지 않아도 좋습니다"라는 말을 슬며시 기대하던 나에게 여러 차례 "기다리고 있습니다"라고 끈질기게 말을 걸어 주신 기무라 덕분에 이번 책을 세상에 출판할 수 있었다. 기무라와 그녀를 지지해 준 츠유모토 아츠시(露本敦) 편집장, 그리고 중앙경제사에게 진심으로 감사드리고 싶다.

2018년 12월

오오우치 신야(大内伸哉 Ouchi Shinya)

차례

PART 1 일본형 고용시스템과 비정규직

PART 4 진정한 격차문제란

칼럼 차례

보론 차례

해설 차례

범례

[법령명의 약칭]

육아개호휴업법	육아휴업, 개호휴업 등 육아 또는 가족개호를 실시하는 근로자의 복지에 관한 법률
고령자 고용안정법	고령자 등의 고용의 안정 등에 관한 법률
장애인 고용촉진법	장애인의 고용촉진 등에 관한 법률
남녀고용기회균등법	고용 분야에서 남녀의 균등한 기회 및 대우의 확보 등에 관한 법률
파트노동법 → 개정	단시간근로자의 고용 관리의 개선 등에 관한 법률
파트 · 유기 노동법	단시간근로자 및 유기고용 근로자의 고용관리의 개선 등에 관한 법률
유기고용 특별조치법	전문적 지식 등을 가지는 유기고용 근로자 등에 관한 특별조치법
노기법	노동기준법
노계법	노동계약법
산재법	근로자 재해보상보험법
노조법	노동조합법
근로자파견법	근로자 파견사업의 적정한 운영의 확보 및 파견근로자의 보호 등에 관한 법률
노동시책 종합추진법	노동시책의 종합적인 추진 및 근로자의 고용의 안정 및 직업생활의 충실 등에 관한 법률
청년고용촉진법	청소년의 고용의 촉진 등에 관한 법률

[판례]

판례는 본문 중에서는 사건명으로만 하고 상세한 것은 권말 판례 색인에 나타냈다. 또, 大内伸哉, 「最新主要判例 200 勞動法(第5版)(2018年, 弘文堂)」에 수록되어 있는 판례의 경우는 그 게재 번호도 병기하고 있다.

프롤로그

2018년 6월 29일 우여곡절을 거쳐서 「일하는 방식 개혁을 추진하기 위한 관계 법률의 정비에 관한 법률」이 국회에서 통과되었다. 매스미디어는 잔업 규제에 필적한 신법의 핵심으로서 동일근로 동일임금의 원칙을 꼽았다.

생각하면, 2018년 1월 22일에 소집된 제196회 국회의 시작 부분에서 아베 신조(安倍晋三) 내각 총리대신은 시정방침(施政方針) 연설에서 "'일하는 방식 개혁'을 단행하겠습니다"라고 선언하고, "오랫동안 논의만 반복해온 '동일근로 동일임금'. 드디어 실현할 때가 왔습니다. 고용형태에 따른 불합리한 대우 차이를 금지하고, '비정규직'(非正規)이라는 말을 이 나라에서 일소할 것"이라고 했고, 이에 계속하여 "우리나라에 스며든 장시간 근로[1]의 관행을 깨겠습니다. 역사상 처음으로 노동계, 경제계의 합의하에 '36협정'(三六協定)에서도 초과해서는 안 됩니다. 벌칙이 있는 시간 외 근로의 한도를 마련합시다. 전문성이 높은 일에서는 시간에 관계없이 성과로 평가하는 제도를 선택할 수 있도록 하겠습니다"라고 말하

---

[1] <역자주> 일본에서는 '노동자', '노동계약', '노동시간' 등 '노동'으로 통일되어 있다. 하지만 한국의 경우에는 '근로'라고 하면 정신노동까지 포함하는 듯하고 순종적인 느낌을 주는 데 대하여, '노동'이라 함은 육체노동만을 의미하는 듯하고 저항적·전투적 느낌을 준다. 하지만 이것은 어감의 차이에 불과하고 학문적으로 양자의 개념이 구별되는 것은 아니다. 이와 같이 '근로'와 '노동'이 같은 뜻의 용어인데도 법령상 '근로자', '근로계약', '근로시간', '근로조건', '노동조합', '노동쟁의', '부당노동행위', '노동위원회' 등의 용어의 통일을 기하지 못한 것은 남북분단 상황 아래서 가급적 '노동'의 용어를 피하려는 정치적 고려가 적용했기 때문인 듯하다(임종률, 노동법(제18판), 박영사, 2020, 3면). 이 책에서는 '노동'보다는 한국의 법률 표현인 '근로'라는 용어를 사용한다.

였다.

아베 총리가 단행하겠다고 선언한 "일하는 방식 개혁"이 정권의 가장 중요한 정책의 하나였다. 2016년 8월 3일 제3차 아베 제2차 개조 내각에서는 "일하는 방식 개혁 담당 장관"이라는 자리가 신설되었다. 2016년 9월에는 총리 자신이 의장(議長)을 하는 "일하는 방법 개혁 실현 회의"가 출범하였다. 2017년 3월에는 "일하는 방식 개혁 실행 계획"이 발표되었다. 여기에 포함된 정책 계획 중에서 가장 많은 지면을 할애하였던 것이 "동일근로 동일임금 등 비정규직 고용의 처우개선"과 "벌칙이 있는 시간 외 근무의 상한 규제의 도입 등 장시간 근로의 시정"이었다.

'장시간 근로'와 '비정규직 고용'. 이 두 주제야말로 정부가 가장 역점을 두었던 노동정책이었기 때문이다. '장시간 근로'는 정규직의 지나친 일하는 방식으로, '비정규직 고용'은 말 그대로 비정규직의 일하는 방식에 목표를 맞춘 것이다. 모두 중요한 주제이지만, 사실 이 '장시간 근로'와 '비정규직 고용'은 모순을 안고 있다. '장시간 근로'는 정규직에 대한 부정적인 평가, '비정규직 고용'은 정규직에 대한 긍정적인 평가가 기초이기 때문이다.

이 모순은 "임금은 정규직처럼 높고, 일하는 방식은 비정규직처럼 쉽게"가 실현될 수 있으면 해소되었을 것이다(실제로 정규직의 임금이 높고, 비정규직의 근무형태가 쉽다고는 한정할 수 없지만). 사실 여기에 조금이라도 접근하기 위하여 정부는 '한정 정규직(限定 正社員2))'을 비롯한 다양한 정규직 모델의 촉진을 모색해 왔다. 임금이 높지만, 맹렬하게 일하는 방법을 해야 하는 정규직 또는 저임금이지만 구속성이 약한 비정규직이라는 양자택일이 아니라, 그 중간의 일하는 방식이 필요하다는 문제의식은 근로자 사이뿐만 아니라 경영자 사이에도 널리 공유되고 있다고 생각된다.

정규직의 다양화는 비정규직의 다양화이기도 하다. 전통적인 정규

---

2) <역자주> 정사원: 일정한 자격을 갖춘 정식 사원.

직과 비정규직의 중간에 있는 사람은 정규직과 같기도, 비정규직과 같기도 하다. 다양화가 진행되면 정규직, 비정규직 모두에서 일하는 방식을 선택하는 폭이 넓어지고, 나아가 지금까지 정규직으로 일하는 방식에 적합하지 않은 사람에게도 오히려 비정규직으로 일하는 방식을 원하지 않은 사람도 자신에게 맞는 고용 기회가 확산될 것이다. 이것은 급속한 노동력 인구의 감소 사회에 돌입하는 일본에 노동력을 확보하기 위한 유력한 수단이 될 것이다. 정부가 2016년 6월에 발표한 「**일본 일억(一億) 총활약 플랜**」은 이러한 '일하는 방식 개혁'과도 밀접한 관계가 있다.

그러나 이러한 다양화를 추진하는 것과 '비정규직'을 없앨 수 있는 것과는 사실 질적으로 상당히 다르다. 일본의 고용사회에서 '비정규직'을 없애는 것은 정말로 가능한 일일까?

지금까지 비정규직의 개혁이라고 할 때, 많은 논자에게 공유되었던 것은 기업이 비정규직을 낮은 근로조건으로 사용하는 것은 **불공정한 것으로 '사회정의'**에 위배된다는 인식일 것이다. 이러한 인식을 바탕으로 생각해보면, 비정규직의 개혁은 기업이 비정규직을 이용하는 것에 제약을 최대한 강화하고, 결국 비정규직을 없애는 것으로 정착될 것이다.

그러나 현실의 고용사회에서 일어나고 있는 현상이 기업 측의 일방적인 사정만으로 계속되고 있다고 생각하는 것은 무리가 있다. 비정규직의 근로환경이 좋지 않다는 사실은 부정할 수 없더라도 이것이 비정규직의 지위 본질과 어떻게 관계하는 지까지 검토하지 않으면 진정한 의미의 개혁에는 연결되지 않는다.

여기서 특히 주목해야 할 것은 비정규직으로 일하는 것을 원하는 사람도 적지 않게 있다는 사실이다. 예를 들어 자유 시간을 중시하는 사람은 비정규직의 구속성이 낮은 일하는 방식을 원할 것이다. 물론 의사에 반하여 비정규직으로 일하지 않으면 안 되는 사람도 분명히 있다. 다만, 이때에 비정규직이라는 지위가 있기 때문에 비정규직이 생겨난다고 생각하는 것은 옳지 않다. 누구나 정규직이 되는 길과 비정규직이 되는 길은 열려 있기 때문이다. 그럼에도 불구하고, 정규직이 되고 싶어도 될 수 없고, 본의 아니게 비정규직이 되는 사람이 있는 것은 왜 일까? 이것은 정규직의 지위 본질이 어떤 것인가와 관계된다. 이러한 점을 모두 고려해 비정규직으로서 일하는 방식을 생각해 가는 것이 비정규직 문제에 대한 올바른 접근방법인 것이다. 이러한 관점에서 보면 **2018년의 법 개정**은 올바르게 접근하였다고 말하기 어렵다.

  또한 관점을 더욱 앞을 내다볼 필요도 있다. 제4차 산업혁명이 도래하려고 하는 현재 검토해야 할 정책과제 자체가 근본적으로 전환할 수도 있다. 어느 시대에도 격차는 존재하고 있다. 옛날부터 '**인종차별**'이나 '**성차별**' 등에 따른 격차가 있고, 또한 오늘은 '**정규직과 비정규직의 격차**'가 문제되고 있다. 다만 오늘날의 격차 문제는 가까운 미래 사회에서는 '**기술혁신**'으로써 해결될 수 있는지도 모른다. 기술혁신은 비정규직의 개념뿐만 아니라 정규직의 개념이 필요없기 때문이다. 그러나 여기에서 또 새로운 격차가 발생하는 것이다.

일본형 고용시스템과
비정규직

우리가 일상적으로 사용하는 '**정규직**'이나 '**비정규직**'이라는 말은 사실상 법률에는 존재하지 않는다. 법률은 양자를 '근로자'로 다루고, 법적 보호에 상위(相違, 차이)는 보이지 않는다. 그런데 현실에서 양자는 신분적인 격차가 있다. 이것은 '**일본형 고용시스템**'에서 (i) 정규직은 장기적으로 고용, 교육훈련 및 배치전환을 통하여 핵심 인재로 육성되는 존재이다. 반면에, (ii) 비정규직은 이러한 정규직을 보완하는 존재에 불과한 것에 기인하고 있다. 비정규직의 일하는 방식(근무방식)에 불만을 품은 사람은 소수에 그칠 수 있다. 하지만 이러한 사람이 고용의 불안정과 저임금의 불안을 안고, 또한 양호한 교육훈련을 받을 기회가 없이 커리어(경력)의 전망을 열 수 없는 것은 '**사회적 균열**'을 일으킬 수 있다.

CHAPTER

01

비정규직이란 무엇인가

01 비정규직의 정의가 왜 법률에는 없는가?

(1) 비정규직의 이미지

비정규직은 어떻게 정의하는가? 법률가 중에서 이 질문에 대답할 수 있는 사람은 없을 것이다. '**비정규직**'(非正規職, **비정사원**[非正社員]) 이든 '비정규근로자'이든 법적 용어가 아니기 때문이다. 비정규직은 정규직이 아닌 자이다. 그러므로 정규직을 정의할 수 있다면, 비정규직의 정의도 있는 것이다. 하지만 그 정규직 자체도 법률상의 용어가 아니다.

그러나 일반적으로는 정규직이나 비정규직이라는 단어가 무엇을 가리키는지의 이미지에 대하여 대략적인 합의가 있다. 예를 들어 후생노동성(厚生勞働性)[1]에 설치한 「비정규직의 비전에 관한 간담회」에서 2012년 3월에 발표한 보고서를 살펴보면 다음과 같이 적혀 있다.

---

1) <역자주> '후생노동성'(厚生勞働省)은 한국의 '고용노동부＋보건복지부'에 해당.

이른바 '**비정규고용**'(非正規雇用)에 대해서는 법령 및 통계의 정의, 사업장의 명칭 등에 따라 다양한 유형, 호칭이 있으며 형태도 다양하다. 하지만 이 비전은 그 명칭, 형태를 불문하고 폭넓게 '비정규고용'을 그 대상으로 논의하기로 한다.

'비정규고용'에 필적하는 개념으로 '정규고용'(正規雇用)이 있다.

이것도 '사원'(社員), '직원'(職員), '종업원'(從業員), '정사원'(非正社員) 등의 호칭은 사업장에 따라 다양하다. 하지만 이 비전은 정규·비정규라는 고용형태를 둘러싼 과제에 초점을 맞춘다는 그 성격상 편의적으로 고용형태에 관한 법제적인 관점에서 다음의 ①, ②, ③을 모두 충족한 것을 원칙으로 '**정규고용**'이라고 한다.

① 근로계약기간의 정함이 없다.

② 소정 근로시간이 풀타임이다.

③ 직접고용이다(근로자파견과 같은 계약상의 사용자가 아닌 자의 지휘명령에 복종해 취업하는 고용관계(간접고용)는 없다).

'정규고용' 중 대기업에서 전형적으로 볼 수 있는 형태로 장기 고용관행을 배경으로 위의 ①, ②, ③에 더불어, 다음의 요소도 충족하는 이미지에서 논의하는 경우가 많다.

④ 근속연수에 따라 처우, 고용관리체계(근속연수에 따른 임금체계, 승진·승격, 배치전환, 능력개발 등)가 있다.

⑤ 근무지와 업무의 내용에 제한이 없고, 시간외 근로가 있다.

한편, 최근에 보이는 '정규고용' 중에는 위의 ④와 ⑤의 요소를 충족시키지 못하고, 근무지와 업무 등을 제한하는 직원도 있다. 바로 '정규고용'으로 일하는 방식 자체가 다양화되고 있어('다양한 정규고용') '정규고용'을 고정적으로 파악할 수 없는 현상도 보인다.

이 비전은 위의 ① ~③ 을 모두 충족한 자 이외의 다양한 고용형태를 편의상 '**비정규고용**'으로 한다.

이 보고서에 따르면, '정규직'(정사원, 정규고용)은 (a) 근로계약기간
의 정함이 없고, (b) 소정 근로시간이 풀타임이고, (c) 직접고용이라는
특징을 가진다. 이러한 세 가지 요소 중 적어도 하나라도 부족한 경우
가 '비정규직'(비정규고용)이 된다. 이것은 많은 사람이 떠올리는 정규직
이나 비정규직의 이미지에 거의 일치하는 것이다.

즉, 근로자의 유형은
- 근로계약기간이 무기(al) 또는 유기(a2)
- 소정 근로시간이 풀타임(bl) 또는 파트타임(b2)
- 자신을 지휘명령하는 기업에 직접고용된 직접고용(직용)(cl), 그렇지
  않은 간접고용의 파견(c2)

이라는 위의 세 가지 기준에 준거하여 여덟 가지로 분류할 수 있다.

이 중에 정규직은 ① 무기고용으로 풀타임으로 직접고용의 근로자
(al+bl+cl)가 된다.

한편, 비정규직은 다음의 일곱 가지 종류의 유형을 포함한다.

② 무기 · 풀타임 · 파견(al+bl+c2)

③ 무기 · 파트타임 · 직접고용(al+b2+cl)

④ 무기 · 파트타임 · 파견(al+b2+c2)

⑤ 유기 · 풀타임 · 직접고용(a2+bl+cl)

⑥ 유기 · 풀타임 · 파견(a2+bl+c2)

⑦ 유기 · 파트타임 · 직접고용(a2+b2+cl)

⑧ 유기 · 파트타임 · 파견(a2+b2+c2)

칼럼 1 🔲 왜 '비정규'라는 단어를 사용해서는 안 되는가?

이 책에서는 문맥상 부득이한 경우를 제외하고 '비정규고용' 또는 '비정규근로자'라는 말은 사용하지 않고 '비정규직'(非正社員)[2]이라는 단어를 쓴다. '비정규'라는 표현은 불법취업을 상기시키고, '정규'(正規)에 '비(非, 부정[否定의 조사])'라고 하는 표현 자체에 긍정적인 뉘앙스가 없다. 매스미디어[3]에서는 '정규직'의 상대어로서 가장 자연스러운 '비정규직'을 사용하지 않고 '비정규근로자' 또는 '비정규사원'이라는 단어를 사용하는 경우가 많다. 의식하고 있는지 모르겠지만, '비정규직'이라는 단어를 굳이 사용함으로써 이것이 좋지 않은 것이라는 인상을 주고 있다. 아베 신조 총리가 '비정규직'이라는 '단어'를 정리하려고 하였다(⇒ 머리말)는 것도 이러한 매스미디어가 심어준 인상을 의식한 것일 것이다.

다만, '머리말'에서도 언급했듯이, 비정규직으로 일하는 방식은 즉각적으로 부정적인 평가를 할 필요는 없다. 이러한 평가는 자발적인 비정규직이 실제로 많이 있는 것을 고려하면 적절하지 않다. 적어도 법적 논의를 하는 경우에는 비정규직이라는 것이 '선천적으로 부정적인'(a priori[아프리오리],[4] negative) 것은 아니라는 부분에서 출발해야 한다. 그러기 위해서는 최대한 중립적인 단어를 사

---

2) <역자주> 본서에서는 비정사원(非正社員) 또는 정사원('正社員)으로 사용하고 있으나, 국내의 번역에서는 '비정규직' 또는 '비정규직 근로자' 및 '정규직' 또는 '정규직 근로자'를 사용하기로 한다.

3) <역자주> 매스미디어(mass media): 넓은 지역의 많은 사람에게 어떤 사실·정보·사상 등을 전달하는 매체. '라디오·텔레비전·신문·잡지·영화 따위.' 대중매체.

4) <역자주> **아프리오리**·아포스테리오리[a priori; a posteriori]: '보다 앞선 것으로부터' 및 '보다 나중의 것으로부터'라는 뜻의 라틴어 성구(成句)이다. 각각 '선천적', '후천적'이라고 번역된다. 철학에서는 경험과는 관계없이 알 수 있는 진리, 이를테면 논리법칙이나 수학의 정리(定理)를 '아프리오리한 진리'라 하고, 자연과학의 제반 법칙 등 경험을 통하여 알 수 있는 진리를 '아포스테리오리한 진리'라고 부르는 것이 일반적인 예이다. 하지만 이와 같이 진리를 명확하게 양분해 논의할 수가 있다. 게다가 경험이란 말을 어떻게 이해하는가에 따라서도 이 양분법(兩分法)의 의미는 달라질 것이다. 철학사에서는 아리스토텔레스, 라이프니츠, 칸트 등의 철학이 이 구별을 논의하고 있다[네이버 지식백과].

용하는 것이 바람직하다.

---

(2) 법률상은 격차 없음

법이 정규직과 비정규직의 정의를 하지 않았던 것은 양자를 구별
하여 논의할 필요가 없었기 때문이다. 법이 보호해 온 것은 '근로자'뿐
이었기 때문에 정규직과 비정규직을 정의할 필요가 없었던 것이다. 이
것은 법률상은 정규직과 비정규직 사이에 격차가 없다는 것을 의미하고
있다.

예를 들어 「**노동기준법**」(한국의 근로기준법)을 보면 '근로자'는 "직업
의 종류를 불문하고 사업 …에 사용되는 자로서 임금을 지급받는 자"로
정의하고 있다(제9조).5) 사용되어 임금을 지급받는 사람이면 근로자로
서 보호된다. '**근로자 개념**'은 포괄적이기에 비정규직도 이 개념에 포함
된다. 즉, 비정규직이기 때문에 노동법이 적용되지 않거나 적용되더라
도 그 정도에 상위(차이)가 있다는 것은 없기 때문이다.

---

5) <역자주> 근로자: 일본 노동기준법상 '근로자'란 직업의 종류를 묻지 않고 사
업 또는 사무소에 사용되는 자로서, 임금을 지급받는 자를 말한다(제9조). 참고
로 노동계약법상 '근로자'란 사용자에게 사용되어 근로하고 임금을 지급받는
자를 말한다(제2조 제1항). 여기서 노동기준법상의 근로자의 정의와 노동계약
법상의 근로자는 기본적으로 동일하며, 여기에 사업에 사용된다는 가중(한정)
요건을 부과한 것으로 해석할 수 있다.
반면에 한국 근로기준법상 '근로자'란 직업의 종류와 관계없이 임금을 목적으
로 사업이나 사업장에 근로를 제공하는 자를 말한다(제2조 제1항 1호). 일본
노동기준법상 근로자와 동일한 규정을 두고 있다. 한국은 노동계약법이 없다.

보론 1   📖 근로자의 개념

노동기준법의 전신인 「**공장법**」(工場法, 1911년 제정, 1916년 시행)[6]은 그 적용
범위를 상시 15명 이상의 직공(職工)을 사용하는 '공장'(工場)[7] 또는 사업의 성
질이 위험 또는 위생상 유해할 우려가 있는 공장으로 한정하고 있었다. 한편,
노동기준법(勞動基準法, 1947)[8]은 그 적용범위를 '사업'(事業)과 '근로자'(勤勞

---

6) <역자주> 「공장법」은 공장근로자의 열악한 근로조건에 관심을 가진 정부는
1896년 '산업의 발달'과 '국방'의 견지에서 근로자를 보호할 필요가 있음을 깨
닫고 이를 재계에 호소하여 1911년 탄생하게 되었다. 당초에 상시 15인 이상의
직공을 사용하는 공장(1923년에는 상시 10인 이상으로 개정) 및 사업의 성질
이 위험한 공장 또는 위생상 유해 위험이 있는 공장을 적용대상으로 하였다.
주된 내용은 여자·연소자(보호직공)의 취업제한으로서 최저 위업연령의 설정,
최장근로시간의 법정, 심야업의 금지, 일정한 휴일·휴식의 의무화, 위험유해업
무에 대한 취업제한 등을 규제하였다. 또한 일반직공의 보호로서 공장의 안전
위생을 위한 행정관청의 임검·명령권, 업무상 상해·질병·사망에 대한 본인
또는 유족에 대한 부조제도, 직공의 채용·해고·알선에 관한 감독을 규정하였
다. 1923년 공장법시행령 중에 해고예고 또는 예고수당지불(14일간의 예고기
간 또는 그 기간에 해당하는 임금지불), 해고시의 고용증명서의 교부, 취업규
칙의 제정·신고의무가 추가되었다.

7) <역자주> 공장 (工場): 일정한 기계를 설치·사용하여 원료나 재료를 가공해
서 물건을 만들어 내는 곳.

8) <역자주> 노동기준법의 제정 배경: 1945년 8월 15일 제2차 세계대전 패전으
로 시작된 전후 부흥기에는 연합국군 최고사령관 총사령부(GHQ)가 주로 일본
을 평화적인 민주주의 국가로 개혁하는 시책을 계속해 마련하였다. 먼저 5대
개혁 지령(정치범의 석방, 치안유지법의 철폐, 학교교육의 자유, 노동조합의 결
성 촉진, 재벌의 해체, 부인참정권의 부여, 농지해방)이 내려져 노동조합의 결
성 장려와 노동관계의 근대화가 도모되었다. 1946년 5월에는 일본국 헌법(국
민주권, 상징천황제, 전쟁포기, 의회제 민주주의, 기본적 인권, 자유주의 시장
체제)이 제정되어 국민의 생존권 보장과 근로의 권리의무, 근로조건의 법정,
노동기본권의 보장이라는 노동관계의 기본원칙이 선명되었다. 이러한 원칙에
따라서 노동조합법(1945), 노동관계조정법(1946), 노동헌장의 설정과 ILO의 국
제노동기준(8시간 근로제, 주휴무제, 연차유급휴가 등)의 가급적인 실현을 목
표로 「**노동기준법**」(1947)의 제정, 직업안정법(1947), 노동자재해보상보험법
(1947)의 제정, 또한 이러한 노동입법을 시행하는 노동위원회(1946)와 노동성
(1947)이 설치되었다. 그 후 일본경제는 1950년 6월 25일 발발한 한국전쟁

者, 노동자[勞動者])의 양면에서 획정하는 것이라고 한 후, '사업'의 범위는 매우 넓게 설정하고(구 제8조, 현재는 삭제되었다), '근로자'도 본문에서 언급한 것처럼, 사용되어 임금을 지급받은 자를 널리 포섭할 수 있도록 하였다.9)

(6.25전쟁)의 특수로 부흥의 계기를 잡았다. 1952년 4월 대일강화조약의 발효로 독립을 이루어, 부흥으로 향하게 되었다. 한국의 경우 1953년 6.25 전쟁이 계속되는 가운데 임시수도 부산에서 노동조합법, 노동쟁의조정법, **「근로기준법」**, 노동위원회법이 제정되었다. 특히 근로기준법에는 휴업수당, 1일 8시간과 1주 48시간의 법정근로시간, 주휴일, 연월차휴가, 생리휴가, 출산전후휴가, 정당한 이유없는 해고/징계 등의 금지, 근속연수에 따른 해고수당(근로자 귀책사유에 의한 해고의 경우는 제외) 등이 규정되었다.

9) <역자주> 일본에서는 근로자의 구체적인 판단기준은 없다. 최고재판소도 이를 명확화하고 있지 않지만(예를 들어 橫浜南労基署長[旭紙業 事件·最1小判 1996. 11. 28.[最重判 86 事件]), 하급심의 어떤 판례는 근로자성의 판단은 사용종속관계하에서 노무제공이라고 할 수 있는지 여부라는 관점에서 행하고 있다. 그 판단은 고용과 도급 등의 법형식에 관계없이 그 실태에 기초로 행해져야 한다. 그 구체적인 판단은 "업무수행상 지휘감독관계의 존재 여부 및 내용, 지급되는 보수의 성격 및 금액, 사용자로 간주되는 자와 근로자로 간주되는 자 사이의 구체적인 일의 의뢰, 업무지시 등에 대한 승낙 여부의 자유 유무, 시간적 및 장소적 구속성의 유무 및 정도, 노무제공의 대체성의 유무, 업무용 기재 등 기계 및 기구의 부담관계, 전속성의 정도, 사용자의 복무규율의 적용 유무, 공조 등의 공적 부담관계, 그 밖의 제반 사정을 종합적으로 고려해 판단해야 한다"고 언급하고 있다(新宿労基署長[映画撮影技師] 事件·東京高判 2002. 7. 11. 등). 현재에는 이 판시 내용이 근로자의 **표준적인 판단기준**이라고 생각해도 좋다. 한편, 한국에서는 근로기준법상 근로자의 개념과 관련해 '대입학원 종합반강사의 부산학원 사건'(대법원 2006. 12. 7. 선고 2004다29736 판결, 퇴직금)에서 근기법상의 근로자 여부의 판단은 계약의 형식보다는 그 실질에 있어 종속관계 여부를 판단함이 기본원칙이다. 여기서 종속관계 여부는 ① 업무내용을 사용자가 정하고 취업규칙 또는 복무규정 등의 적용을 받으며 업무수행과정에서 사용자가 상당한 지휘감독을 하는지, ② 사용자가 근무시간과 근무장소를 지정하고, 근로자가 이에 구속을 받는지(종속노동성), ③ 독립하여 자신의 계산으로 사업을 영위할 수 있는지, ④ 노무제공을 통한 이윤의 창출과 손실의 초래 등 위험을 스스로 안고 있는지(독립사업자성: 기술적/조직적/경제적독립성), ⑤ 보수의 성격이 근로자체의 대상적 성격인지(보수의 근로대가성), ⑥ 계약관계의 계속성과 전속성의 유무와 그 정도(계약관계의 계속성과 전속성), ⑦ 사회보장제도에 관한 법령에서 근로자로서 지위를 인정받는지 등의 경제적/사회적 여러 조건(기타 요소)을 종합하여 판단한다. 다만, 기본급이나 고정급이 정하

이 노동기준법상의 근로자의 개념은 최저임금법(제2조 제1호), 노동안전위생법(제2조 2호), 공익통보자보호법(제2조 제1항) 등 다른 노동보호 법규에서 명문으로 참조하고, 판례에 따라 노재법(산업재해보상보험법)의 근로자 개념과도 동일한 것으로 규정하고 있다(요코하마 미나미(橫浜南) 노동기준서장(労基署長) 사건). 또한 남녀고용기회균등법, 육아개호휴업법 등 그 밖의 개별적 근로관계법 분야의 법률에서도 근로자 개념은 동일한 것으로 해석되고 있다. 그리고 2007년에 제정된 「**노동계약법**」(労動契約法)에서는 '근로자'는 "사용자에게 사용되어 노동하고, 임금을 지급받는 자"로 정의하고(제2조 제1항), 노동기준법 제9조와 거의 동일하지만 '사업에서'라는 요건이 없는 만큼 더 넓게 정의하고 있다.10) 어쨌든 비정규직이 개별적 근로관계법 분야의 여러 법의 적용을 받는

여겼는지, 근로소득세를 원천징수하였는지, 사회보장제도에 관하여 근로자로 인정받는지 등의 사정은 사용자가 경제적으로 우월한 지위를 이용해 임의로 정할 여지가 크기 때문에, 그러한 점들이 인정되지 않는다는 것만으로 근로자성을 쉽게 부정해서는 안 된다.

10) <역자주> **사업**(노동기준법 제9조): 노동기준법은 기업단위가 아니라 '사업단위별 적용'이 유지되고 있다. 즉 '사업 또는 사업소'('사업'이라 총칭)에 사용되는 근로자의 근로관계를 근로자 보호의 견지에서 규제하는 구조를 취해왔다. 이것은 국가의 노동주무관청의 지방출장기관으로서 전국에 배치된 노동기준감독서가 관할 구역 내의 사업소를 물리적으로 파악하여 노동기준법의 근로조건 기준을 준수하게 하게 한다는 노동기준감독행정의 체제에 대응한 구조이다. 어떤 규제를 받을 것인가는 노무관리상 매우 중요하기 때문에 '사업'이 무엇을 의미하는지는 중요한 문제이다.
여기서 '사업'이란 "공장, 광산, 사무소, 점포 등과 같이 일정한 장소에서 서로 관련되는 조직 하에서 업(業)으로서 계속적으로 행해지는 사업의 일체"를 말한다(1947. 9. 13. 發基 17호). 또한 어느 정도의 범위를 1개의 사업으로 볼 것인가는 동일한 장소에 있는 것은 원칙적으로 1개의 사업으로 보며, 장소가 다를 경우에는 원칙적으로 별개의 사업으로 본다. 하지만 장소가 동일하더라도 업무 및 노무관리가 독립된 부분(공장내 진료소 등)은 별개의 사업으로 본다. 다만, 사업규모가 매우 영세해 독립성이 없는 경우(출장소 등)에는 비록 분산되어 있더라도 가장 가까운 상부조직과 일괄해 1개의 사업으로 본다(1947. 9. 13. 發基 17호).
한편, 한국의 '사업'(근로기준법 제2조 제1항 1호)이란 사회생활상의 지위에서 하는 일('업'이라고 부르기도 함)로서 계속적으로 하는 작업조직(사업체)을 말한다. 판례는 하나의 사업이란 경영상의 일체를 이루는 하나의 작업조직(법인

것에는 이론(異論)은 없다.

한편, 개별적 근로관계법과 함께 노동법의 또 하나의 중심 분야인 집단적 노사관계법 분야에서는 「노동조합법」이 근로자를 "직업의 종류를 불문하고, 임금, 급료, 그 밖의 이에 준하는 수입으로 생활하는 자"로 정의하고 있다(제3조).[11] 여기에서는 '사용되는' 및 '임금을 지급받는'이라는 요건이 포함되어 있지 않을 뿐이고, 문언상 이미 노동기준법 제9조의 '근로자'보다 넓다. 게다가 해석상도 노동조합법상의 근로자 개념에는 근로계약관계에는 없는 '실업자'(失業者)가 포함되는 등 노동기준법의 근로자 개념보다 넓은 것에 이론은 없다. 또한 판례는 계약 형식이 근로계약이 아니라 통상적으로는 '개인 자영업자'로 보이는 자에게도 노동조합법상의 근로자성을 인정하고 있다(INAX관리 사건, 신국립극장 운영재단 사건, 빅터 서비스 엔지니어링 사건).

그렇다고는 해도 비정규직도 당연히 노동조합법상의 근로자에 포함된다. 비정규직 노동조합조직률은 현실에서는 높지 않다(⇒ 제1장 2. 통계, 「노동조합 기초조사」). 하지만 이것은 법률상의 이유 때문이 아니다.

다만, 포괄적인 근로자 개념 아래에서도 특정한 범주의 근로자를 목표로 특별한 법적 보호가 이루어지는 사례가 없었던 것은 아니다. 예를 들어 노동기준법 중에서도 전신인 공장법 시대의 경위도 있고, '여자'와 '연소자'라는 범주의 근로자에게는 특별한 규정이 마련되어 있었다(당초 제6장. 현재는 제6장 '연소자' 제6장의2 '임산부 등').

또, 제2차 세계대전 후 초기에 노동입법의 정비시대가 끝나면서, 점차 특정한 범주의 근로자에게 목표를 좁힌 입법이 많아졌다.

또는 개인사업체)을 말한다(대법원 1993. 2. 9. 선고 91다21381 판결). 또한 '사업장'이란 사업의 일부분으로서 업무, 노무관리, 회계를 독자적으로 수행하는 것(공장 내 진료소, 사업부 등) 또는 독자성은 없지만 장소적으로 분리되어 있는 것(본사와 분리된 공장, 공사장, 지점, 출장소 등)을 말한다(임종률, 노동법, 33-34면).

11) <역자주> 한국의 노조법에서는 "근로자가 주체가 되어 자주적으로 단결하여 근로조건의 유지·개선, 그 밖에 경제적·사회적 지위 향상을 도모할 것을 목적으로 조직하는 단체 또는 그 연합단체"로 넓게 규정하고 있다(제2조 4호)

예를 들어 고령자를 목표로 한 「고령자고용안정법」(당초에는 중고연령자를 목표), 장애[12]인을 목표로 한 「장애인고용촉진법」, 여성근로자를 목표로 한 「근로부인복지법」과 「남녀고용기회균등법」(후자는 현재는 남녀 쌍방이 목표), 청소년을 목표로 한 「청년고용촉진법」이 있다. 이러한 법률은 기업과의 관계에서의 보호라기보다는 노동시장에서 취약계층의 고용 촉진을 도모하겠다는 일자리 정책이 주된 목적이었다(「노동시책종합추진법」 제4조 제1항 제6호~제8호 및 제10호도 참조).

그런데 이러한 법률이 제정되면서도 비정규직의 범주를 대상으로 한 법률은 오랫동안 존재하지 않았다. 분명히 1985년에 **「근로자파견법」**이 제정되었다. 하지만 그 주된 목적은 **근로자 파견사업을 합법화**하기 위한 것이고, 파견근로자를 대상으로 한 법률이라고 말하기 어려웠다.[13] 비정규직에 대한 법률은 1993년 **「파트노동법」**의 제정까지 기다릴 필요

---

12) <역자주> 장애(障礙) 및 장해(障害)의 개념은 같은 말이지만 한국의 경우 사회복지분야(장애인복지법, 장애인고용촉진및직업재활법 등)에서는 장애, 그 밖의 분야(근로기준법, 산업재해보상보험법 등)에서는 장해로 사용해 구분하고 있지만, 일본에서는 모두 구분 없이 장해(障害)로 사용하고 있다. 이 책에서는 '장애'로 번역하기로 한다.

13) <역자주> **한국의 파견법 제정:** 파견근로자의 고용안정과 복지증진을 도모하고 인력수급을 원활하게 하기 위한 법률로 원명칭은 "파견근로자 보호 등에 관한 법률"(파견법)이다. 근로자 파견제도는 파견업체(파견사업주)가 근로자들을 고용한 다음에 고용관계를 유지하면서 인력을 필요로 하는 업체(사용사업주)에서 사용사업주의 명령을 받아 근로하도록 하는 제도를 말한다. 1998년 7월 파견법이 시행되면서 본격 도입됐다. 당시 노동계는 중간 착취, 정규직 근로자 감소로 인한 고용불안·노조활동 위축을 이유로 근로자 파견법을 반대해 왔다. 그러나 국제통화기금(IMF)이 구제금융 지원을 조건으로 '정리해고제(경영상해고)'와 '파견법' 등 노동관련 법안 개정을 요구함에 따라 1998년 3월 노사정 합의를 거쳐 그해 7월 국회를 통과했다.
1998년 외환위기 당시 노동시장 유연화 차원에서 행정·서비스 등 32개 업종에 대한 파견이 허용됐다. 하지만 정작 인력 수요가 많은 '제조업'에 대해서는 파견이 금지되면서 실제 산업 현장에서는 사업주가 사법 처리의 위험을 감수하면서 불법적으로 고용을 하기도 하고 외주생산을 늘리는 등의 현상도 벌어지고 있다.[네이버 지식백과]

가 있었다. 게다가 파트노동법의 제정은 파트타임 근로자의 고용관리를 개선하기 위한 것이었다. 하지만 처음에는 근로조건의 부분은 근로조건 사항을 명확히 한 문서 교부의 노력의무(당초 제6조)와, 취업규칙의 작성·변경 시에 파트타임 근로자의 과반수대표의 의견을 청취하는 노력의무(당초 제7조)를 규정하였을 뿐이었다. 이 법은 2007년 개정 이후의 내용과 비교하면 오히려 빈약한 것이었다.

요컨대, **입법의 동향**을 살펴보면 제2차 세계대전 후 오랫동안 비정규직을 노동시장에서 약자로 보고서 고용정책의 대상으로 삼는다는 발상도, 또한 기업과의 관계에서, 특히 약자로 보아 법적 보호를 한다는 발상도 나타나지 않았다. 오히려 비정규직도 '근로자'에 포함된 이상, **그와 같은 것으로 보호하면 충분하다**고 생각해 온 것이다.

(3) 파트타임이나 유기 및 파견은 근로조건의 한 가지

비정규직을 특정한 범주의 근로자로 보는 발상이 없었던 것은 파트타임이라는 점, 유기(有期)라는 점, 파견으로 취업하는 것이 근로자가 근로계약에 합의하는 근로조건의 한 가지에 지나지 않는다(근로시간이 짧고, 근로계약기간에 정함이 있는 노무를 제공하는 장소가 사용사업주)고 생각했기 때문이다. 임금, 근무장소 등이 근로자에 따라 다른 것과 마찬가지로, 소정 근로시간, 계약기간, 노무 제공처도 근로자에 따라 다르다. 적어도 법적으로는 소정 근로시간이 짧거나, 계약기간이 한정되어 있고, 노무 제공처가 파견사용기업이기도 한 것이 '신분'(身分)적인 격차를 낳는다는 발상으로는 볼 수가 없었던 것이다.

분명히, 근로시간이 짧다는 이유로 대우에 일정한 상위(相違)가 발생하는 경우는 있다(예를 들어 '연차유급휴가의 사용일수'[노동기준법 제39조 제3항]14) 또는 〈보론 2〉(비정규직과 사회보장)에서 보듯이 '사회보험'과 '고용보험'에 가입). 하지만 이것은 정규직과 비정규직이라는 지위에 따른 '신분'의 격차가 아닌 근로시간 등의 상위에 기인하는 다른 취급에 불과하다고 볼 수 있다. 오히려, 파트타임 근로자라고 해도 취득일

---

14) <역자주> **파트타임 근로자의 연차유급휴가의 취급:** 1987년 개정으로 주 소정근로일수가 4일 이하의 파트타임근로자에게 그 소정근로일수에 따라 비례적으로 연차유급휴가를 부여하였다(노동기준법 제34조 제3항). 그 후 법 개정으로 소정근로일수가 주 4일 내지 연 216일을 넘는 자, 주 4일 이하 주 30시간 이상인 자는 통상 근로자와 같은 일수, 주 4일 이하 및 주 30시간 미만인 자 또는 연 216일 이하인 자는 아래 표와 같다(노동기준법시행세칙 제24조의3조). 또한 이들의 소정근로일수는 연도별로 다르지만 연차휴가일수는 연차휴가가 부여된 연도의 소정근로일수를 근거로 계산된다.

〈일본의 파트타임근로자에 대한 연차휴가 법정부여일수〉

주소정 근로일수	1년간 소정근로일수	신규채용일부터 계속근무기간						
		6개월	1년 6개월	2년 6개월	3년 6개월	4년 6개월	5년 6개월	6년6개월 이상
4일	169-210일	7일	8일	9일	10일	12일	13일	15일
3일	121-168일	5일	6일	6일	8일	9일	10일	11일
2일	73-120일	3일	4일	4일	5일	6일	6일	7일
1일	48-72일	1일	2일	2일	2일	3일	3일	3일

연차휴가권은 6개월간 계속 근무하고 전체 근로일의 80% 이상을 출근하면 10일이 발생하고, 2년이 넘는 근무연수마다 1일이 추가해 최대일수는 20일이다(노동기준법 제34조 제1항, 제2항, 제4항). 다만, 사업장의 노사협정의 정함이 있으면 1년에 5일의 범위 내에서 연차휴가의 시간단위의 취득을 인정한다(제39조 제4항).

〈일본의 연차 법정부여일수〉

근속연수	6개월	1년 6개월	2년 6개월	3년 6개월	4년 6개월	5년 6개월	6년 6개월 이상
연차유급휴가 부여일수	7일	8일	9일	10일	12일	13일	15일

* 한국의 연차휴가권: 1년간 계속 근무하고 전체 근로일의 80% 이상을 출근하면 15일이 발생하고, 3년이 넘는 매 2년마다 1일이 추가해 최대일수는 25일이다(근로기준법 제60조). 또한 사용자가 계속근로연수가 1년 미만인 근로자 또는 1년간 80% 미만 출근한 근로자에게도 1개월간 개근 시 1일의 유급휴가를 주어야 한다(제60조 제2항). 다만, 사용자의 적극적인 사용 권유에도 근로자가 휴가를 사용하지 않는 경우 사용자의 금전보상의무를 면제하는 '연차유급휴가의 사용촉진제도'를 두고 있다(제61조).

수(사용일수)가 줄기는 하지만 연차유급휴가를 사용할 수 있고, 사회보험과 고용보험에도 일정한 요건을 충족하면 가입할 수 있다는 점에 착안하면 법적 취급은 평등하다고도 할 수 있다.

이렇게 생각하면, 정규직과 비정규직의 격차에 원인은 법률 이외의 부분에서 찾아야 한다.

보론 2 📖 비정규직과 사회보장

사회보장 면에서 비정규직과 정규직의 격차는 있는 것일까? 사회보장의 핵심에 있는 광의의 사회보험에는 '**노동보험**'15)과 '**사회보험**'16)이 있으며, 노동보험에는 '**산재보험**'과 '**고용보험**'이 있고, 사회보험에는 '**연금보험**'과 '**의료보험**'이 있다.
우선 '**산재보험**'을 보면 앞에서 서술한 것처럼 노동기준법상의 근로자가 대상이 되므로 비정규직에게도 적용된다.
또한 '**고용보험**'에 대해서는 가입자격과 수급자격이 있기 때문에, 이것을 충족시켜야 한다. 비정규직의 경우에는 이 자격 요건이 고용보험을 가입하는 장벽이 된다고 한다. 즉, 고용보험에 '가입자격'은 <u>주의 소정 근로시간이 20시간 이상으로 31일 이상 계속 고용된다고 예상되는 사람</u>이어야 한다(고용보험법 제6조 1호 및 2호).17) '수급자격'은 이직일 이전 2년간 임금지급 기초일수가 11일 이상

〈한국의 연차 법정부여일수〉

근속연수	1년	2년	4년	5년	10년	20년	21년
연차유급휴가 부여일수	15일	15일	16일	17일	19일	24일	25일

그리고 단시간근로자는 연차유급휴가권은 근로기준법 제60조의 요건을 충족하면 당연히 발생한다. 다만, 4주 동안(4주 미만으로 근로하면 그 기간)을 평균해 1주 동안의 소정근로시간이 15시간 미만인 근로자(초단시간근로자)에게는 연차유급휴가권이 적용되지 않는다(제18조 제3항).

15) <역자주> 노동보험(勞動保險): 근로자가 질병 따위로 노동 능력을 잃거나 근로 기회를 잃었을 때를 대비한 보험 ≪실업보험·산업재해보상보험 따위≫.
16) <역자주> 사회보험(社會保險): 사회정책상 질병·부상·폐질·노쇠·사망 등 재난을 입은 사람의 생활을 보장하기 위한 보험 ≪의료보험·연금보험 따위≫.

있는 월(고용보험에 가입했던 월인 것)이 통산해 <u>12개월 이상</u>인 것이다(동법 제13조 및 제14조).[18] 다만, 이 유기 근로계약의 기간 만료로 이직한 경우(그 자가 해당 갱신을 희망했음에도 불구하고, 갱신 합의가 성립되지 않았을 경우에 한한다)에는 특정한 이유의 이직자가 되고, 이직일 이전 1년간 임금지급 기초일수가 11일 이상 있는 달이 6개월 이상 있으면 수급자격이 부여된다(동법 제13조 제2항 및 제3항).

한편, **사회보험**에 대해서는 '**연금보험**'은 모든 국민이 가입하는 '**국민연금**'(기초연금)에 더불어, 고용 근로자가 가입하는 '**후생연금보험**'의 피보험자가 되는지 여부는 주로 근로시간과 연봉에 따라 결정되고('**건강보험**'도 동일함), 이 요건이 비정규직이 사회보험에 가입하는 데 장벽이 될 수 있다.

즉, 동일한 사업장의 통상 근로자의 1주간의 소정 근로시간의 4분의 3 이상이고, 동시에 1개월간 소정 근로일수가 통상의 근로자의 4분의 3 이상의 경우에, 계약기간이 2개월을 초과할 전망이 있는 경우에는 통상의 피보험자 자격이 인정된다.

한편, 소정 근로시간이 소정 근로일수의 4분의 3 요건 중 어느 하나, 또는 어느 것도 충족하지 않는 경우에는 주 소정 근로시간이 20시간 이상이고, 동시에 계약기간이 1년을 초과할 전망이 있는 경우에, 또한 임금월액 **8.8만 엔**(연수입 약 **106만 엔**) 이상이면 피보험자 자격이 인정된다('학생'은 제외). 이것은 2016년 10월의 개정에 따른 것으로 처음에는 상시 501명 이상 사업장이 대상이었지만, <u>2017년 4월부터는 상시 500명 이하</u>의 법인에서도 노사가 합의하면 대상이 되었다(<u>2019년 10월 이후</u> 모든 사업장에 적용이 확대될 예정이다)(⇒ <칼럼 6> 주부 파트의 연봉은 왜 낮은가?).

---

17) <역자주> 한국의 고용보험법시행령 제3조(적용 제외 근로자) ① 법 제10조 제1항 제2호에서 "소정근로시간이 대통령령으로 정하는 시간 미만인 자"란 1개월간 소정근로시간이 60시간 미만인 자(1주간은 15시간 미만인 자 포함)를 말한다. 다만, 3개월 이상 계속해 근로 제공자와 일용근로자(1개월 미만 동안 고용되는 자)는 제외한다. <개정 2019. 6. 25>

18) <역자주> 한국의 구직급여는 이직한 피보험자가 이직일 이전 18개월간(기준기간) 피보험 단위기간이 통산해 180일 이상일 것(고용보험법 제40조 제1항 1호).

(4) 유기고용 근로자라는 개념의 창설

그런데 2018년 「파트·유기노동법」을 제정(이하 '2018년 개정'이라고
도 한다)해 새로운 '유기고용 근로자'의 개념이 등장하였다(제2조 제2항).[19]
유기 근로계약(기간의 정함이 있는 근로계약)이라는 개념은 종래에도 있었
다(노동기준법 제14조, 노동계약법 제4장 등). 하지만 근로자 중의 범주로서
유기고용 근로자가 인정받은 것은 특별법(2014년에 제정된 「유기고용 특
별조치법」)을 제외하면 2018년 개정이 처음이었다.

이는 1985년 근로자파견법을 제정해 등장한 '파견근로자'(제2조 2호),[20]
1993년 파트노동법을 제정해 등장한 '단시간근로자'(파트타임 근로자)(제2
조)[21]에 연이어 비정규직의 세 가지 유형이 제정법상 갖추어지게 되었
다. 게다가 파트타임 근로자와 유기고용 근로자에 대해서는 '단시간·유
기고용 근로자'의 개념도 신설하고(파트·유기노동법 제2조 제3항),[22] 근로
조건의 격차 내용은 양자에 공통적으로 규제하게 되었다. 또한 파견근
로자는 파견에 특유한 문제가 있기 때문에 근로조건의 격차 내용은 근
로자파견법에 규정된 채이다. 하지만 2018년 개정에 따라 내용 면에서
는 파트타임 근로자와 유기고용 근로자와의 공통화가 도모되고 있다(⇒
제5장 3).

---

19) <역자주> "유기고용근로자라 함은 사업주와 기간의 정함이 있는 근로계약을
체결하고 있는 근로자를 말한다."
20) <역자주> "파견근로자: 사업주가 고용한 근로자로서 근로자파견의 대상이
되는 자를 말한다."
21) <역자주> "단시간근로자라 함은 1주일의 소정근로시간이 동일한 사업장에
고용되어 있는 통상의 근로자(당해 사업장에 고용되어 있는 통상의 근로자와
동종의 업무에 종사하는 당해 사업장에 고용되어 있는 근로자에 있어서는 후
생노동성령에서 정하는 경우를 제외하고, 당해 근로자와 동종의 업무에 종사하
는 당해 통상의 근로자)의 1주일의 소정근로시간에 비하여 짧은 근로자를 말
한다."(그 후 파트유기고용법 제2조 제1항이 됨)
22) <역자주> "단시간·유기고용근로자라 함은 단시간근로자 및 유기고용근로자
를 말한다."

2018년 개정 후에도 여전히 법률상으로는 비정규직의 개념도 정규직의 개념도 없다. 그러나 유기고용 근로자, 파트타임 근로자, 파견근로자에 대한 근로조건의 격차 부분을 공통적으로 규제하려고 하는 동향은 비정규직으로 일하는 방법을 정규직으로서 일하는 방법과 대치되는 의미를 가지고 있었다.

칼럼 2 　스게노 카즈오 노동법상 비정규직 기술(記述)의 변화

스게노 카즈오(菅野和夫) 교수[23]의 『노동법』에서 '비정규직'라는 단어가 사용된 것은 2012년 제10판이었다. 이 책은 1988년에 초판을 출간한 이후에 제3편 제3장 제3절을 비정규직에 대하여 설명해 왔다. 현재의 제11판 보정판(2016)에서는 제3편 제3장 제3절의 표제는 '비정규(비전형) 근로자'로, 제1관이 '총설'이고, 제2관 '유기계약 근로자', 제3관 '파트타임 근로자', 제4관 '도급근로자·파견근로자'이다.[24] 이러한 구성도 2012년 제10판부터이다.

지금까지는 초판에서 제3편 제3장 제3절의 표제가 '비전형(非典型)의 근로관계'였다. 그 내용은 현재 판과 실질적으로는 거의 변화가 없었다. 하지만 처음에는 비정규직의 구분은 '임시근로자', '파트타이머', '사외근로자'였다. 제5판에서 '임시근로자'가 '기간고용 근로자'가 되고, 제7판부터 '사외근로자'가 '다른 기업 근로자의 이용'으로 바뀌었다.

왜 제10판에서 제3편 제3장 제3절의 표제가 '비전형의 근로관계'에서 '비정규근

---

23) <역자 주> 스게노 가즈오(菅野和夫)는 1943년 도쿄(東京) 출생, 도쿄대학 교수, 중앙노동위원회 회장(위원장), 현재 도쿄대학 명예교수, 일본 학사원(학술원) 회원, 일본노동정책연수기구 이사장, 일본 칸토(關東)지방 등 일본 노동법학계를 대표하는 학자이다. 대표적인 노동법 교과서로 菅野和夫, 勞働法(제11판 補正版), 弘文堂, 2017.2(1,222면)(제12판, 2019.11(1227면))(菅野和夫(이정 번역), 일본 노동법, 박영사, 2015(제10판 번역)(943면)가 있음. 반면에, 한국의 대표적인 노동법 교과서로 김형배, 노동법(제26판), 박영사, 2018(1,440면); 임종률, 노동법(제17판), 박영사, 2019(685면)가 있다.

24) <역자 주> 제12판(2019.11) 제3편 제3장 제3절 '비정규 근로자'로, 제1관 '비정규 근로자에 관한 입법정책의 추이'로, 제4관에 '단시간·유기고용 근로자(신설)', 제5관에 '도급 근로자·파견 근로자'로 구성되었다.

로자'로 되었던 것인가? 제9판까지는 임시근로자(기간고용 근로자, 유기계약 근로자), 파트타임근로자, 사외근로자(도급근로자·파견근로자)는 상당히 성격이 다르다. 이로 인하여 이것들을 통일적으로 취급하는 것은 이론적으로도 부적절하다고 생각되었기 때문이 아닌가라고 추측된다. 즉, '비전형의 근로관계'의 표제는 전형 근로관계에서 일하는 이외의 사람이라는 소극적인 정리에 지나지 않았다. '비정규근로자'라는 표제로 바뀐 것은 이러한 비전형 근로관계에서 일하는 근로자(비정규직=비정사원)를 통일적으로 파악하는 근거가 생겼다는 것을 의미하고 있다. '총설'(總說)이 설치된 것도 이러한 점을 시사하고 있다. 제10판이 출간된 2012년에는 '근로자파견법'을 개정하거나 유기 근로계약 규정이 추가된 '노동계약법'을 개정하였던 것도 관계하고 있을 것이다.

한편으로, "비정규근로자는 이렇게 다양하지만 그런데도 관련된 '비정규직 근로자'로 총칭되는 이유는 이러한 사람이 대체로 정규근로자[25]보다 고용이나 대우(임금, 상여 등)에서 더 낮게 취급받은 것에 있다"고 서술하고 있다(제11판 보정판, 291-292면). 이것은 다양한 비정규직에 공통된 요소를 "정규직보다 일자리와 대우가 낮은' 점에서 찾았던 것이고, 2018년 개정에서 근로조건의 격차에 대하여 공통 규제하려고 하는 움직임과 궤를 같이하고 있다.

---

25) <역자 주> 정규(전형적) 근로자는 사용자인 기업 내에서 장기적으로 육성·활용되고, 처우도 그것에 대응해 향상되며, 안정된 고용을 향수하는 것이 통례이다.

02 일본형 고용시스템이란 무엇인가

(1) 노사자치의 산물로서 정규직

위의 1.(비정규직의 정의가 왜 법률에는 없는 것인가?)에서 살펴본 것처럼, 법률은 정규직과 비정규직의 구분이 아니라, 근로자로서 평등한 취급을 다루고 있다. 즉, 법적으로는 비정규직의 지위는 근로계약의 합의에 따른 근로조건의 차이에 따른 것에 불과하다. 여기에 '신분'적인 격차를 인정하는 발상은 오랫동안 희박하였다. 하지만 법률상의 정의의 부재에도 불구하고 유기고용 근로자, 파트타임 근로자, 파견근로자를 비정규직으로 부르는 것에 대해서는 대체로 공감대가 있었다. 이러한 배경에는 법제도와는 관계없이 고용사회의 관행으로 정규직과 비정규직의 구분이 존재하고, 여기에 **신분적인 격차**가 있다는 널리 공유된 인식이 있었던 것이다.

이 고용사회의 관행이 '**일본형 고용시스템**'이라는 것이다. 즉, 비정규직은 일본형 고용시스템에서 만들어진 것이라고 할 수 있다. 그러면 이 일본형 고용시스템은 어떠한 것일까?

먼저, 일본형 고용시스템은 법률의 요청에 따라 탄생한 것이 아니라, **노사에 따라 자발적으로 형성해 온 점**이 중요하다. 즉 일본형 고용시스템은 '**노사자치**'(勞使自治)의 산물이다. 법률상으로는 근로자 개념만 있었다. 하지만 노사에 따라 독립적으로 정규직과 비정규직이라는 근로자를 분류하고 있었던 것이다.

특히 정규직의 지위를 마련한 기업에게는 효율적인 인사관리 방법에 있었고, 근로자에게 안정된 고용을 보장하는 장점이 있는 것이었다(자세한 내용은 후술). 이처럼 노사 쌍방에 장점이 있기 때문에 법률의 요청이 없어도 자발적으로 발생하여 오늘에 다다르고 있다. 비정규직은 이 정규직의 지위를 유지하기 위하여 필요한 존재로 오랫동안 인식해

왔다. 물론 특정한 근로자를 비정규직으로 유도하는 등 법적·사회적 구조가 존재하는 것이 아니라 비정규직이 되는 것 자체가 근로자의 선택에 따른 것임은 말할 것도 없다(⇒제3장 사적자치의 존중의 시대).

해설 1 ⭑ 📖 일본형 고용시스템

'일본형 고용시스템이란 무엇인가'는 학자에 따라 다르다. 명확한 정의가 있는 것도 아니다. 특히 고용시스템의 일본적인 특징을 어떻게 보느냐는 학문 분야에 따라 분석의 시각이 다르므로 다양한 것으로 될 수 있다. 다만, 어느 정도의 합의가 있는 것도 사실이다. 그 내용을 나타내는 것으로서 예, 니타·히사모토(仁田·久本)편 2008년이 있다.[26] 이 책은 일본형 고용시스템의 구성요소를 (ⅰ) 장기 안정고용(종신고용), (ⅱ) 연공형 처우, (ⅲ) 기업별 노동조합으로 하고 있다. 고도 경제성장기(1960-1974년)에 그 원형이 만들어져 안정적인 성장기(1975-1996년)에 전면적으로 펼쳐진 일본의 핵심기업의 정규직에서 넓게 볼 수 있다. 하지만 헤이세이(平成) 고용 불황기(1997년-)에 그 근간이 동요하면서도 정규직과 비정규직(과 간접고용)의 고용 격차가 초점이 되었다고 한다.

---

(2) 일본형 고용시스템과 정규직

정규직은 위의 1.(왜 법률에는 비정규직의 정의가 없는 것인가?)에서 본 바와 같이, 무기고용에서, 풀타임에서 직접고용되어 있는 점에서 비정규직과 구별된다. 다만, 일본의 정규직에는 이러한 외형적인 근로조건의 상위만으로는 측정할 수 없는 본질적인 특징이 있다. 이것이 비정규직과의 격차를 낳는 원인이 되고 있다.

일본 기업에서는 신규 졸업자가 장기간 취업을 전제로 교육훈련의 핵심인재로 길러 냈다. 필요한 인력은 외부 노동시장에서 조달하지 않

---

26) 仁田道夫·久本軍夫編『日本的雇用システム』(2008年, ナカニシヤ出版)

고 내부에서 육성하려는 것이며, 그 대상은 정규직이다.

인재를 기업에서 육성하는 이유는 기업이 필요한 기능을 기업 내부에서 얻을 수 있는 점이다. 필요한 기능을 가진 인재를 기업 외부에서 조달하는 것은 이러한 인재를 찾는 시간과 비용이 소요되며, 예상했던 기능을 가지고 있지 않을 위험도 있다. 또한 조직에 적응하는 데 시간이 걸릴 수도 있다. 기업 내의 인재라면 지휘명령 하나로 업무에 종사시킬 수 있으며, 또한 기업 측에서는 근로자 본인의 능력에 대한 정보는 이미 가지고 있기 때문에 기능 부족이나 조직에 적합하지 않은 위험을 회피하기 쉽다.

물론 기업 내부에 인재를 떠안을 위험은 있다. 그중에서도 중요한 것이 예상했던 대로 인재가 성장하지 않는 위험이다. 하지만 능력 부족 등을 이유로 해고하게 되면 직원은 안심하고 기술을 축적하는 데에 노력할 수 없다. 인재의 성장은 본인의 노력에 달려 있기 때문에, 실패하면 해고라는 '채찍'을 제공할 뿐만 아니라 '당근'도 필요하다. 오히려 '채찍'은 엄격한 근무성적 평가에 따른 처우시스템이 없는 일본 기업에서는 정규직에게 불만을 야기할 가능성이 높고, 법적으로 무효가 되기 쉽기 때문에(大內 2013(b), 116쪽),[27] 실제로는 이것을 봉인하고, 어떻게 해서 본인의 노력을 이끌어 낼 것인가라는 '당근'을 중시해 왔다.

(3) 기능형성과 고용보장

기업은 내부 육성하는 정규직에게 채용할 때에 특정한 직무의 기술을 요구하지 않았다. 기업에게 필요한 기능은 채용한 후 교육훈련에서 습득시킬 것으로 예상했기 때문이다. 그렇기 때문에 임금은 업무(業務)와 연동하는 '**직무급**'(職務給)[28]이 아니라, 근속연수를 중시하고 연공

---

27) 大內伸哉 『解雇改革―日本型雇用の未来を考える』 (2013年(b), 中央経済社)

으로 운영하는 '**직능급**'(職能給)29)을 채택해 왔다. 이 결과로, 성과가 나쁜 정규직을 해고하지 않을 뿐만 아니라 **강등**(降等)30) 등에 의한 임금 인하도 이루어지지 않았다. 요컨대, 정규직이 기대한 대로 성장하지 않는 위험을 기업이 떠안음으로 정규직의 고용과 임금의 안정을 보증하기로 했던 것이다. 이러한 안정의 보증이 정규직의 모티베이션(동기)을 높이고, 기업에 높은 공헌도를 발휘하는 것으로 연계되는 것을 예측한 '**인사전략**'이다.

물론, 다른 한편으로 기업은 인재를 육성·활용하는 데 필요한 권한을 가진다. 이러한 권한은 '**인사권**'(人事權)이라고 부르고, 정규직이 그 권한에 복종하는 것은 기업이 인재육성의 위험을 인수하는 것의 암묵적인 조건이었다. 정규직의 '언제, 어디서나, 무엇이든'이라는 구속성이 강한 일하는 방식은 '언제든지'는 장시간 근로를 초래해 '**일과 생활의 균형**'(워라밸, work-life balance)31)을 저해하고, '어디서나'는 생활환경의 안

---

28) <역자주> 직무급제란 일의 중요도와 난이도, 업무 성격과 책임 정도에 따라 급여가 달라지는 인사제도를 말한다. 직무의 상대적 가치를 분석평가해 직무를 세분하고 상위직무를 수행하는 직원에게 더 많은 보상을 준다. 여기서 직무의 가치는 회사의 전략이나 시장 변화에 따라 달라질 수 있다.

29) <역자주> 직능급제[職能給, wage on job evaluation]: 근로자의 직무수행능력의 종류와 정도(등급)에 따라 종업원을 분류해 그 가치를 평가하는 제도이다. 이와 같이 학력이나 근속연수를 기준으로 삼으면서 직무수행 능력을 주된 기준으로 한다. 직능급은 직무급과 달리 일반적인 원칙이 없으며, 기업별로 형태를 달리한다. 이를테면 직무평가를 전혀 하지 않고 대체적인 직무군(관리직·사무직·기술직 등)을 결정해, 직무군별로 차별적인 승급기준선을 설정하고 이를 기준으로 하면서 개개인의 능력평가에 따라 승급액을 사정하는 방법이다. 번잡한 직무급의 실시가 곤란한 중소기업에서는 직무급 대신 직능급이 도입되는 일이 많으나, 현실적으로는 비근대적인 학력편중, 능력급 사상의 변형으로 빠져 있는 수가 많다. 직무급의 경우에는 직무가 변하지 않는 한 승급하지 않으나, 직능급에서는 직무수행 능력이 향상되면 일정한 범위 내에서 승급한다. [네이버 지식백과]

30) <역자주> 등급(等級)이나 계급이 내려감. 또는 등급(等級)이나 계급을 낮춤.

31) <역자주> 한국에서는 '일·가정 양립'이라고 한다.

정을 저해하고, '무엇이든'은 전문성을 연마하는 것을 저해하는 측면이
있었다. 하지만 안정된 고용과 안정된 임금의 보증과 한 사람의 직업인
으로 육성해 주는 혜택을 고려할 경우에, 이것은 부득이한 대가이다. 정
규직도 납득하여 이것을 받아들인 것이다.

이러한 일본형 고용시스템은 '기술혁신'이 일어나도 '기업 내 배치
전환'과 '교육훈련'을 통해 고용을 지킨다는 점에서 뛰어난 **'적응
력'**(adaptability)을 발휘해 왔다. 육성한 인력을 낭비하지 않고, 외부 환경
변화에 대응할 수 있는 것은 고도의 경제성장기 이후에 일본 기업의 경
쟁력을 지탱하는 원동력이 되었다(大內 2017(a), 10쪽 이하).32)

칼럼 3 ┊ 📖 이온의 니노미야(二宮) 씨의 정규직의 정의

'이온'(イオン(AEON))(주)33) 그룹 인사부장(당시)인 니노미야 다이스케(二宮
大祐) 씨는 '정규직 5종 세트'를 제창하고 있다. 외부에서 말하는 5종이란 ① '무
엇이든지'. ② '어디든 간다', ③ '언제든지 일한다', ④ '정년까지 계속 일한다', ⑤ '우
수하다'이다(守島·大內 2013, 31쪽).34)
나는 여기에서 영감을 얻어, 특히 기업의 인사권이라는 관점에서 보면 ①-③
이야말로 정규직의 특징이라고 생각하고, 일반 사람에게 설명하는 경우에는 '언
제든지, 어디든, 무엇이든지' 일하는 것이 정규직이라고 말하고 있다(大內
2014(a), 20쪽 이하 등).35) 이것은 어조의 장점도 있어 매스미디어에서도 가끔
사용하고 있다.

---

32) 大內伸哉『AI時代の働き方法—2035年の労働法を考える』(2017年(a), 弘文堂)
33) <역자주> 일본의 대형 유통 그룹.
34) 守島基博·大內伸哉『人事と法の対話—新たな融合を且指して—』(2013年, 有
     斐閣)
35) 大內伸哉『君の働き方に未来はあるか? 一労働法の限界と、これからの雇用社
     会』(2014年(a), 光文社新書)

(4) 어디가 '일본형'인가?

일본형 고용시스템의 **'일본형'**인 까닭은 무엇보다도 인재육성을 기업이 담당하는 면에 있다. 학교에서 직업교육은 기업에 기본적으로 맡기고, 미래 성장의 기초가 되는 능력(이른바 '읽고 쓰는 계산'의 능력, 규율과 질서를 준수하고, 행동하는 능력 등)의 양성을 중심으로 이루어졌다.

기업이 이 판단으로 인재육성을 할 수 있는 배경에는 정규직의 처우에서 **'직무'**(job)가 기준이 아닌 것과 밀접한 관련이 있다. 구미(유럽＋미국)에서 **'고용'**(employment)은 '직무'와 거의 동의어이다. 하지만 일본에서는 '고용'과 '직무'는 분리되어 있다. 채용 단계에서도 구미에서는 특정한 직무에 종사시키기 위해서 그 직무의 전문성을 가진 인재를 찾는 형태로 행해지고, 임금도 '직무급'이다. 하지만 일본에서는 이것과는 달리, 채용단계에서도 임금 면에서도 직무는 주된 기준이 아니다(일부 **'중도채용'**은 제외).

이에 더불어 **'노동조합'**도 구미에서는 '산업'이나 '직종'을 기준으로 조직(산업별 노동조합, 직종별 노동조합)되는 반면, 일본에서는 기업별로 조직(기업별 노동조합)되는 점에 큰 상위가 있다. 구미의 노동조합은 동일한 산업이나 직종에 종사하는 근로자의 기업 횡단적인 이익을 보호하는 성격이 강하고, 단체협약은 기업의 틀을 넘어 임금, 그 밖의 근로조건을 결정한다. 반면에, 일본의 **기업별 노동조합**[36]은 그 기업에서 일하는

---

36) <역자주> **기업별 노동조합**(enterprise union): 특정 기업 또는 사업장에서 일하는 근로자를 직종에 상관없이 조직한 노동조합으로 일본의 대·중견기업에서 정규직이 장기고용시스템(종신고용제)에서 이익공동체가 되는 것을 기반으로 성립하고 있다. 일본의 기업별노조는 조직근로자의 약 90%를 차지하고, 대부분 상부단체로서 산업별 연합체(industrial union)를 조직하고(자동차총련, 전기노련, UA젠센동맹, 철강노련 등), 이들 연합체를 통하여 연합(連合) 등의 전국적 조직에 가입하고 있다. 또한 산업 섹터에 걸친 협의회를 조직하고 있다(금속노협, 교운(交運)노협 등). 다만, 어느 상부단체에도 소속되지 않고 기업내 조합(company union)도 매우 많다(약 25%의 조직근로자). 기업별 조합은

근로자의 이익을 보호하는 성격이 강하고, 단체협약은 기업 단위에서 근로조건을 결정한다.

이러한 특징이 있는 일본의 노동조합은 구미의 사람에게 '**어용노동조합**'(과 같이 비칠 수도 있다.)[37] 하지만 조합원에게 가장 중요한 고용의 확보 면에서 강한 발언권을 가지고 있으며, 근로조건도 일상적으로 경영자와 긴밀한 커뮤니케이션(소통)을 취해 자신의 희망을 충분히 전달한다는 것을 고려하면 일본의 기업별 노동조합이 가진 힘을 경시할 수 없을 것이다.

다만, 일본의 기업별 노동조합이 보호해야 할 조합원의 범위는 어디까지나 '**정규직**'이다. 물론 조합원의 범위는 기업별 노동조합이 독자적으로 결정할 수 있다('**노동조합 자치**'). 하지만 일본의 기업별 노동조합이 앞에서 살펴본 기능에 비추어 보면 주된 조직대상이 정규직인 것은 자연스러운 일이다. 이로 인하여 최근에는 비정규직이 증가함으로 기업별 노동조합에 조직되지 않은 비정규직을 기업 횡단적으로 조직하려는 노동조합('**일반 노동조합**'과 '**커뮤니티 유니언**'(コミュニティユニオン, Community Union)이라고 불리는 '**지역합동노동조합**'(地域合同勞動組合) 등)[38]에 가입하는

노사대결의 단체교섭이라는 관점(노사대항단체)에서 볼 때 조합원의식보다도 기업의식 쪽이 강하다는 약점이 있지만, 노사의 공동체적 의식에서 기업이 당면한 문제를 협동의 대응(노사협력단체＝종업원대표기관, 노사자치)이 이루지기 쉽다는 장점도 있다. 그러나 근래에는 **정규직의 축소, 비정규직의 증가, 조합원의 조합탈퇴, 근로자의 이해와 가치관의 다양화** 등의 도전을 받고 있다(菅野和夫, 勞動法, 775면).

37) <역자주> 일본과 한국에서는 '기업별 노동조합'이 지배적인 조직형태이지만, 유럽 및 미국에서는 산업별 내지 직업별 노동조합이 지배적이며 기업별 노동조합은 '어용 노동조합' 내지 '사이비 노동조합'으로 보는 경향도 있다.

38) <역자주> 합동노조·커뮤니티 유니언(지역노조): 일본에서는 중소기업의 근로자가 기업 내부가 아니라 일정 지역에서 기업, 산업에 상관없이 1950년대 중반부터 많은 '합동노조'가 전국 일반노동조합의 지방본부·지부로 있어 왔다. 개인 가입의 일반노조를 순수한 형태로 하는 것으로 파악할 수 있다. 최근에는 관리직 및 단시간근로자, 파견근로자 등 기업별 노조에 가입하기 어려운 근로

근로자가 늘어나고 있다. 또한 정규직이라고 해도 중소기업에서는 노동조합의 조직률이 매우 낮기 때문에 이러한 노동조합이 그 수용처도 되어 있다. 즉 기업 횡단적인 노동조합은 일본형 고용시스템의 핵심에 있는 기업별 노동조합을 '**보완하는 역할**'을 하는 것이다.

〈노동조합 기초조사〉

후생노동성이 발표한 「2018년 **노동조합 기초조사**」에 따르면, 노동조합의 추정조직률은 17.0%이며, 민영기업은 15.9%이다. 조합원은 근로자 6명 중 1명으로 계산된다.

추정조직률은 직원(고용주) 수가 1,000명 이상의 민영기업은 41.5%, 100명-999명에서 11.7%, 99명 이하에서는 0.9%이다. 노동조합은 '대기업'에 편중되어 있다. 또한 파트타임 근로자의 추정조직률은 8.1%로 매년 증가하는 추세이다.[39]

자를 일정 지역에서 기업의 틀을 초월하여 조직하는 소규모의 '커뮤니티 유니언'도 생성되었다. 이들은 개별 근로자의 근로조건의 유지 및 향상, 해고와 고용관계상 문제를 개별 기업과 교섭해 그 조합원의 문제 해결이 중요한 활동이다. 1980년대 이후 이들은 집단적 노사분쟁에서 두드러지게 당사자가 된 사건, 특히 노동위원회에서 소수노조와 복수노조의 병존을 둘러싼 사건이 부당노동행위 신청이나 쟁의조정신청의 60-70%를 차지하고, 최근 급증하는 개별적 노사분쟁에 주로 관여하고 있다. 이들 노조의 특징은 긴급 피난의 기능(대리 기능)을 하고, 기업별 노조에 의한 노사관계시스템을 '보완'하고 있다(菅野和夫, 勞動法, 776-777쪽; 12판, 824-825쪽).

39) <역자주> 한국의 고용노동부는 '2018년 전국노동조합 조직 현황'에 따르면, 민노총 조합원은 96만8000명(←58만(2010)), 한노총(93만 3000명←[72만8000명(2010)])보다 3만5000명이 많은 것으로 집계되었다. 1995년 11월 민노총 출범 이후 조합원 수에서 민노총이 촛불시위 및 친노동정책(전국공무원노조 합법화(2018년 3월), 공공부문 비정규직의 정규직화(제로), 최저임금의 급격한 인상, 주52시간 근무제 등)의 영향으로 한노총(1946년 설립)을 앞지른 것은 이번이 처음이고, 노동계의 주류세력으로 등장하였다. 2019년 노동계 상황을 고려하면 격차는 더 벌어졌을 것이라고 전망된다. 이에 민노총은 각종 70여 개 정부위원회(최저임금위원회, 국민건강보험공단 산하 재정운영위원회, 노동위원

/ 칼럼 4 : 📖 비정규직의 영어 표기가 제시하는 점

일본형 고용시스템이 '일본형'이라는 것의 하나의 증거로 일본의 비정규직을 영어로 할 때의 곤란성이 있다. 일반적으로 'non-regular employee'이라는 번역어에 맞추어 나도 이것을 따르고 있다. 'regular'라는 말은 '정규'의 번역어이다. '비정규'를 영어로 그대로 번역하면 'irregular]employee'가 될 것 같지만, '비정규사원'(비정사원)은 '정규사원'(정사원)이 아니라는 의미에 불과하다는 이 책의 입장(<컬럼 1> 왜 '비정규'라는 단어를 사용해서는 안 되는가?)에서 단순히 'non'이라는 부정어를 붙여서 'non-regular employee'라면, 가까스로 받아들일 수 있다.

그런데 외국 기업에서도 '핵심 근로자'와 '비핵심 근로자'의 구별은 있다. 무기(기간의 정함이 없음)로 풀타임으로 직접고용이라는 요소가 갖추어져 있는 근로자가 '핵심 근로자'로 되는 것도 동일하다. 다만 이때 일본과 같은 'regular'라는 말은 사용하지 않는다. 영어 표기를 보면 '전형'(典型, typical) 및 '비전형'(atypical)으로 구분하고, '핵심'(core)와 '주변'(緣辺, peripheral)으로 구별하는 것이 일반적이다. '표준'(standard)과 '비표준(nonstandard)' 등으로 구분하는 경우도 있다.

또한 기간에만 주목한다면 '무기'(permanent)와 '유기'(temporary)의 구별도 있다. 또한 temporary work는 유기고용 및 임시고용이라는 뉘앙스이지만, 파견근로만을 가리키는 경우도 있기 때문에 유념해야 한다(예를 들어 프랑스의 'travail temporaire'는 파견근로를 의미한다). 다만 최근에는 temporary work를 유기근로의 경우에 이용하고, 파견근로는 temporary agency work라는 표현을 사용해 구별하는 경우가 많다.

어느 쪽이든 일본의 비정규직을 영어로 번역할 때 외국에서 사용되고 있는

회, 건강보험의 근로자위원의 배분 등)에서 노동계의 참여 비율을 재조정해야 한다고 주장하는 계기가 되었다. 또한 노조조직률(근로자가 노조에 가입한 비율)은 11.8%로 전년(10.7%)보다 크게 올랐다. 2018년 말 임금근로자 1973만 2000명 중 233만1000명이 노조에 가입한 것이다. 공기업 등 공공부문의 노조조직률은 68.4%, 민간은 9.7%에 불과하다. 선진국 노조조직률이 갈수록 떨어지는 추세와 대비된다(미국의 노조조직률은 11.9%(2008)→10.1%(2018), 18.4%(2009)→17.0%(2018), 프랑스, 네덜란드 등).

atypical, peripheral, non-standard라는 단어를 맞출 뿐, 그 뉘앙스가 전해지기 어렵다. 굳이 non-regular라는 이국적인 표현을 사용하는 것은 비정규직(및 정규직)이 '일본형'의 고용시스템에서 태어난 독특한 것임을 나타내기 위하여 필요한 것이다.

---

(5) 정규직의 지위를 지탱하는 비정규직

정규직은 기업이 그 업적과 상관없이 항상 소유하고 있는 인재이다. 이것에 대하여 비정규직은 임시적인 업무량의 변화나 경기변동에 따른 고용량의 조정을 위한 완충재고(버퍼 스톡)로, 혹은 전문적 업무에 대응하는 인력으로 활용하는 경우가 많다(⇒ 자세한 것은 제2장 3. 기업은 왜 비정규직을 활용하는가). 비정규직이 종사하는 업무는 인재육성을 필요로 하지 않는 '단순업무'나, 반대로 기업 내에서 육성하기 어려운 '전문업무'로 나뉜다. 어느 쪽이든 기업이 육성하고, 장기적으로 취업 시켜 활용하는 인재는 아니기 때문에, 계약기간은 유기가 되고(결국 갱신을 계속해 장기화할 수는 있다), 임금은 고용 계속에 대한 인센티브를 고려하지 않기 때문에 직능급이 아닌 '시장임금'이 되어, 변동성이 큰 것이 된다.

즉 기업은 장기적으로 활용하고 싶은 정규직과 그 특별한 요구에 따라 단기적으로 활용하고 싶은 비정규직을 조합하여 고용시스템을 구축해 온 것이다. 이 조합은 생계의 담당자인 '기혼남성'이 정규직이 되고, 그 '부인'과 '자녀'가 주부 파트나 아르바이트 학생이라는 비정규직이 된다고 구분하고 있다. 이를테면 안정된 고용이나 임금이 보증되는 정규직과 불안정한 고용에서 저임금으로 일하는 비정규직이라는 말에 격차가 있어도, 세대 수준에서 '빈곤'[40]을 가져올 가능성은 작았다. 오히

---

40) <역자주> 빈곤[Poverty, 貧困] : 최소한의 인간다운 삶을 영위하는 데 필요한 물적 자원이 부족한 상태를 말한다. 가난·궁핍, 오늘날 빈곤 문제는 절대적 빈

려 비정규직이 있기 때문에 정규직은 경기변동이 있어도 안정된 고용을 향수할 수 있는 큰 장점이 있었다. 이 우대받은 정규직의 지위가 지켜져야 할 것이며, 비정규직의 존재는 이 정규직의 지위를 지지하는 기능을 완수해 온 것이다.

03 소결

비정규직도 정규직도 모두 법률상 개념이 아니다. 일반적으로는 유기고용 근로자, 파트타임 근로자, 파견근로자가 '비정규직'이라고 이미지가 되어 있다. 하지만 법적으로는 각각 계약기간, 근로시간, 노무 제공처라는 근로조건에 대하여 기간의 정함이 있는 소정 근로시간이 짧고, 노무 제공처가 사용기업이라는 특징을 가지고 있는 것에 불과하다. 이러한 특징의 근로조건이 반드시 열악하다고 평가받는 것은 아니다.

그러나 일본형 고용시스템 안에서 비정규직을 살펴보면 여기에는 정규직과 명확한 격차가 있다. 일본형 고용시스템의 중심은 어디까지나

곤(Absolute Poverty)에서 상대적 빈곤(Relative Poverty)으로 그 지평을 넓혀가고 있다. 오늘날에도 많은 사람이 생존에 필요한 식료품, 물, 최소한의 의료 서비스를 걱정하고 있다. 다만 세계적으로 절대 빈곤 인구는 급감하고, 불평등 문제가 새로운 사회 갈등의 원인이 되고 있다. 빈곤 개념이 소득 빈곤에서 종합적인 기초 생활(Living Standard)을 강조하는 경향으로 변화해 왔다. 한국 사회에서 절대 빈곤율은 1980년대 이후 급감해 왔다. 이것은 최저생계비를 기준선으로 하던, 다른 절대 빈곤선을 활용하던지 급감해 왔다. 하지만 1991 – 2009년의 상대빈곤율 추이를 보면, 한국사회의 빈곤 문제가 절대적 박탈의 문제에서 상대적 불평등의 문제로 변화해 왔다. 한국사회의 빈곤율은 1990년대 후반 이후 큰 폭으로 증가한 후, 높은 수준을 유지하고 있다. 1997년 말 외환위기와 2003년 신용 대란, 2008년 세계금융위기 등의 사건이 중요한 계기로 작용하였다.

정규직이다. 이것은 장기 전망에서 육성할 대상이 되는 인재로 임금이
나 고용이 안정되어 있는 반면, 폭넓은 인사권에 복종하는 특징이 있다.
한편, 비정규직은 어디까지나 임시적인 요구에 대응하기 위한 존재로
장기 고용은 상정되지 않고, 정규직을 중심으로 한 고용시스템을 보완
하는 존재였다.

　　일본형 고용시스템에서 정규직과 비정규직의 이러한 격차가 법적
으로도 사회적으로도 당연히 부당한 것은 아니다. 그 증거로 제2차 세
계대전 이후 최근까지 일본형 고용시스템의 정규직과 비정규직의 이중
구조는 기본적으로는 큰 문제로 여겨지지 않은 채 존속해 왔다.

/ **칼럼 5** 　📖 경제학에서 본 비정규직 문제

경제학의 관점에서 정규직과 비정규직(이곳에서는 유기고용 근로자)은 '노동시
장의 양극화 문제'에 노력하고, 정책을 제언한 업적으로 츠루(鶴)/히구치(樋口)/
水町(미즈 마치) 2011이 있다.[41] 그 가운데 츠루(鶴) 씨는 구체적인 제언으로
① 노사의 신뢰관계 재구축의 관점에 따른 계약 시점의 다양한 코스 분류(갱신
가능성이 있는 유기 근로계약, 갱신 횟수나 기간에 상한이 있는 유기 근로계약,
갱신 가능성이 없는 유기 근로계약)의 도입(갱신 가능성 여부를 사전에 명확하
게 함으로써 노사의 협조를 촉진할 것), ② 고용불안에 대한 보상과 균형처우
추진에 따른 처우개선(계약종료수당, 고용해지 시 금전해결, 처우에 대한 기간
비례의 원칙, 균형처우), ③ 다양한 고용형태의 창출(기간 상한을 5년으로 하는
중기 고용계약의 창출, 정년보장제도에 따른 유기고용을 시용기간으로 하는 구
조의 창출, 한정 정규직 등의 무기고용의 다양화)을 꼽고 있다(⇒ 본서의 제1장
비정규직이란 무엇인가). 이와 같은 제언은 법학자와의 협동에 기초한 내용으
로 원이론(原理論)으로서뿐만 아니라, 구체적인 정책설계로도 설득력이 높은
것이다.

또한 경제학자의 최근의 문헌은 비정규직 문제에 대하여 "전통적인 노동경제학

---

41)　鶴光太郎・樋口美雄・水町勇一郎編 『非正規雇用改革—日本の働き方をいかに
　　変えるか』(2011年, 日本評論社)

의 틀에서 그들의 존재를 어떻게 취급할 것인지 충분한 합의가 없다"라고 말한
후, "그러나 노동시장 참가자 중에서 그 비율을 계속 늘어나는 여성이나 고령자
는 그 대부분이 이른바 '비정규직' 및 '비정규근로자'로 처우를 받아 온 실태가
있다"고, "이들의 대부분이 고용의 불안정 상황에 처해져서, 낮은 임금수준과
낮은 임금성장에 만족하고 있는 것도 사실이다"라고 지적한다. 특히 여성이 결
혼이나 출산을 희망할 경우에는 육아와의 양립 가능한 일하는 방식을 희망하는
경우가 많다. 이것은 일본형 고용시스템의 중심에 있는 정규직의 일하는 방식
과는 다르다고 지적한다.

그리고 비정규직 보호를 목표로 한다면, "정규직과 비정규직을 구별해 고용관
리하는 관행 자체를 대폭 수정해 갈 필요가 있다"고 한다. 이를 위한 구체적인
정책으로 무기고용과 유기고용의 골을 넓히는 결과가 된 '해고규제의 재검토'와,
고용보장의 정도의 약화에 대응한 '사회안전망의 설계의 재검토'를 증거
(evidence)에 근거한 정책 결정이 필요하다고 서술하고 있다(川口 2017, 305쪽
이하).42)

---

42) 川口大司 『労働経済学—理論と実証をつなぐ』 (2017年, 有斐閣)

CHAPTER
02
비정규직 실상

01 비정규직은 얼마나 있나?

(1) 「취업형태의 다양화에 관한 종합실태조사」(후생노동성[43])

제1장 1.(왜 법률에는 비정규직 정의가 없는가?)에서 살펴본 '**여덟 가지 유형**'의 근로자가 각각 어느 정도인지를 아는 데 참고되는 것이 후생노동성의 「취업형태의 다양화에 관한 종합실태조사(2014)」(이하 '취업형태 다양화 조사')이다.[44] 이 조사는 근로자를 다음의 네 가지로 구분해 조사하고 있다.

① 일반근로자: 상용근로자 중 단시간 근로자를 제외한 근로자
② 단시간근로자: 상용근로자 중 1일의 소정 근로시간이 통상의 근로자보다 짧은 자 및 1일의 소정 근로시간이 통상의 근로자와 같고, 1주

---

43) <역자주> 한국의 '고용노동부'와 '보건복지부'를 합친 정부부서.
44) http://www.mhlw.go.jp/toukei/itiran/roudou/koyou/keitai/14/

의 소정 근로시간이 통상의 근로자보다 적은 사람
③ 임시근로자: 상용근로자에 해당하지 않는 근로자로, 구체적으로는 고용계약의 기간이 매일 또는 1개월 이내의 기간의 근로자 중 8월 또는 9월에 고용된 일수가 어느 하나의 달에서 17일 이하인 사람
④ 파견근로자(수용): 근로자파견법에 근거한 파견사업장에서 파견된 근로자

위 조사결과에 따르면, 2014년 10월 1일 시점에서 '통상의 근로자'는 71.1%, '파트타임 근로자'는 24.6%로, '임시근로자'는 1.7%, '파견근로자(수용)'는 2.6%이다.

또, 일반근로자(풀타임 근로자) 중 무기고용(즉, 정규직)은 87.5%(전체의 62.2%), 유기고용은 12.5%(전체의 8.9%), 단시간근로자(파트타임 근로자) 중의 무기고용은 38.7%(전체의 9.5%), 유기고용은 61.3%(전체의 15.1%)이다.

따라서, 앞의 여덟 가지 유형의 분류에 비추어 보면 직접고용 중에서 ① [무기·풀타임]은 62.2%, ⑤[유기·풀타임]은 8.9%, ③ [무기·파트타임]은 9.5%, ⑦[유기·파트타임]은 15.1%로, 파견(② ·④·⑥·⑧)은 전체 2.6%가 된다(엄밀하게 말하면, '임시근로자'의 부분이 ⑤가 ⑦에 추가된다).

이 조사결과를 보면 양적 관점에서는 고용근로자의 약 **60%**는 정규직, 약 **40%**는 비정규직이다. 비정규직의 중심은 유기로 파트타임의 유형이라고 할 수 있다.

(2) 「노동력조사」(총무성)

더 많게 조사하는 고용통계로서 **총무성** 통계국이 발표하는 「**노동력조사**」가 있다.[45] 여기서 사용하는 근로자의 구분 중 하나로 '종업상 지

위'(從業上 地位)가 있고, 여기에서는 '취업자'라는 가장 상위 개념 아래에 '자영업주', '가족종사자', '고용자'의 세 가지로 분류하고 있다. 이 중 '고용자'는 2017년 12월까지는 '상용'('임원'과 '일반 상용'을 합친 것), '임시고용', '일일고용'(日日雇)으로 분류되고 있었다. 하지만 2018년 이후는 '임원'과 '임원을 제외한 고용자'의 두 가지 분류로 바뀌었다.

또한 '임원 이외의 고용자'에 대해서는 '고용형태'라는 구분도 있다. 여기에서는 '근무처에서의 호칭'에 따라 '정규 직원·종업원', '파트', '아르바이트', '근로자파견사업장의 파견사원', '계약직원', '촉탁', '기타'의 일곱 가지로 분류하고 있다. 그리고 '정규 직원·종업원' 이외의 여섯 가지 구분을 합하여 '비정규직의 직원·종업원'이 된다.

이상과 같이 정의를 하지만 2017년 평균의 결과는 다음과 같다. '임원을 제외한 고용자'의 총수는 5,469만 명, 그중 '정규 직원·종업원'은 3,432만 명(전년대비 56만 명 증가), '비정규직 직원·종업원'은 2,036만 명(전년대비 13만 명 증가)이다. 남녀별로 보면 남성은 '정규 직원·종업원'이 2,318만 명(23만 명 증가), '비정규직 직원·종업원'이 647만 명(4만 명 감소)이다. 여성은 '정규 직원·종업원'이 1,114만 명(33만 명 증가), '비정규직 직원·종업원'이 1,389만 명(16만 명 증가)이다.

'비정규직 직원·종업원' 중 '파트·아르바이트'는 1,414만 명, '근로자파견사업장 파견사원'은 134만 명, '계약사원'은 291만 명, '촉탁'은 120만 명, '기타'는 78만 명이다. '임원을 제외한 고용자'의 총수에서 차지하는 비율로 보면 '정규 직원·종업원'은 62.7%, '비정규직 직원·종업원'은 37.3%이다. 후자에서의 분류로 보면 '파트·아르바이트'는 25.9%('비정규직 직원·종업원' 중의 69.4%), '근로자파견사업장의 파견사원'은 2.5%('비정규직 직원·종업원' 중의 6.6%), '계약사원'은 5.3%('비정규직 직원·종업원' 중의 14.3%)에 '촉탁'은 2.2%('비정규직 직원·종업원' 중의

---

45) 정의는 http://www.stat.go.jp/data/roudou/definit.htm. 2017년의 조사결과(속보)는 http://www.stat.go.jp/data/roudou/sokuhou/nen/ft/pdf.index.pdf.

5.9%)이다.

이 조사에 따르면, 정규직은 약 63%, 비정규직 중 파트타임 근로자 (아르바이트를 포함)는 약 26%, 파견은 2.5%가 된다.

앞에서 살펴본, 후생노동성의 「취업형태 다양화 조사」에서도 여덟 가지 분류 중 정규직인 ① (무기·풀타임 직접고용)이 약 62%, ③ (무기· 파트타임·직접고용)과 ⑦(유기·파트타임 직접고용)을 합산한 파트타임 근로자가 약 25%. 파견이 2.6%라는 수치에서 총무성의 「노동력조사」 결과와 거의 일치하고 있다.

보론 3   📖 왜 호칭상의 분류가 중요한가?

비정규직의 실태를 파악할 때, 호칭상의 분류는 매우 중요하다. 확실히, 유기인 지 아닌지, 소정의 근로시간이 짧은지, 직접고용인지, 파견인지 등의 근로조건 에 따른 분류는 근로계약의 내용에서 판단할 수 있기 때문에 객관성이 높다. 한 편, 호칭상의 분류는 그 기업 내에서 어떻게 부르고 있는지에 따른 분류이기 때 문에 보편성이 없고, 객관성이 부족하다고도 생각된다.

그러나 정규직과 비정규직은 이미 언급해온 바와 같이 법적 정의는 없고, 오히 려 노사자치에 따라 만들어진 일본식 고용시스템하에서의 관행적인 분류에 불 과하다. 특히 '정규직'의 개념은 기업에서 인사관리의 필요성(우수한 인재의 확 보, 장기적인 인재의 육성 등)에서 발생했다는 것이 중요한 포인트이다. 요컨 대, 그 기업이 정규직으로 다루는 근로자가 '정규직'이라는 것이다. 극단적으로 말하면, 한 기업이 파트타임 근로자를 정규직으로 불렀다고 해도, 이것을 잘못 되었다고 하는 근거는 없다.

확실히, 정규직은 통상 무기로, 풀타임으로, 직접고용이라는 특징을 가지는 경 우가 많다. 이 세 가지 요소를 갖추고 있는 근로자를 정규직이라고 보면 실태에 거의 다가갈 수 있다.

그러나 정규직이라는 개념은 '기업인사(企業人事)의 필요성'에서 만들어진 것이 다. 누가 정규직은 기업 스스로 결정할 수 있는 이상 정규직이나 비정규직 문제 에 노력하기 위해서는 기업 내에서 정규직이나 정규근로자로 불리는 근로자와 그렇게 불리지 못하는 근로자가 얼마나 있는지부터 알 필요가 있다. 이것이 호칭상의 분류가 중요한 이유이다.

카와구치(川口)·칸바야시(神林)·하라(原) 2015[46])도 '경제학'의 입장에서 다음과 같이 호칭상의 분류의 중요성을 지적하고 있다.

동 논문은 일본형 고용을 근로자가 기업과의 사이에 암묵적인 계약에 근거해, 전직한 후 다른 기업에서는 평가받기 어려운 기능을 축적하고, 기업은 그 기능에 보답하는 보수체계에 따라 보수를 지급한다고 하는 관계이며, 이러한 관계하에 기업과의 장기적인 신뢰관계 아래에서 기능을 축적해, 직업상의 커리어(경력)를 형성해 가는 근로자가 **정규직**이라고 한다.

그리고 "정규직과 비정규직의 구별이 인적 자본을 투자한 정도의 상위에 근거한 것이라면, 정규직과 비정규직 사이에서는 기업의 고용관리에 상위가 나타난다. 왜냐하면, 정규직에 대해서는 암묵적으로 장기적인 고용을 보장하고, 기능축적에 대해서는 '승급'으로 보답하는 고용관리를 실시한다. 다른 한편, 비정규직에 대해서는 이러한 관리를 실시하지 않기 때문이다. 이로 인하여 정규직과 비정규직의 구분은 어떠한 근로자가 기업에서 어떠한 형태의 고용관리를 받고 있는가에 나타난다. 고용관리 구분을 가장 단적으로 나타내고 있는 것은 직장에서의 호칭이다"라고 한다.

그리고 결론으로, 장기적인 관계를 전제로 한 기능 축적에 대하여 기대하는 유무가 호칭에 따른 정규직 또는 비정규직 구분의 중요한 요소라고 한다(또한 칸바야시(神林) 2017[47]) 제4장에서는 '**무기고용의 비정규직**'이라는 개념이 나온다. 엄밀하게는 무기 이외에 장기의 유기도 포함된 것이다. 후자는 법적 논의에서는 유기로 분류해야 한다).

46) 川口大司·神林龍·原ひろみ 「正社員と非正社員の分水嶺—呼称による雇用管理区分と人的資本蓄積」 一橋経済学 9巻 1号 (2015年) 147면 이하.

47) 川口大司『労働経済学—理論と実証をつなぐ』(2017年, 有斐閣)

02   비정규직은 왜 증가하고 있는가?

(1) 증가 추세에 있는 비정규직

앞에서 살펴본 것처럼, 총무성의 「노동력조사」에 따르면, 2017년 비정규직은 2,036만 명이고, 정규직과의 합계에서 차지하는 비정규직의 비율(본서에서는 이하 '비정규직률')은 37.2%이다. 1985년은 비정규직 수는 655만 명이고, 비정규직률은 16.4%였다. 30년 정도 실수(實數)로 약 3배, 비율에서도 2배 이상 상승되고 있다.

고용근로자 전체로 보면 1985년 3,998만 명, 1995년 4,780만 명, 2005년 5,037만 명, 2017년 5,460만 명으로 증가하는 추세이다. 하지만 그중 정규직이 실제 인원수로 보면 1985년은 3,343만 명, 1995년은 3,779만 명, 2005년은 3,374만 명, 2017년 3,432만 명이다. 약간의 증감은 있지만 보합세(保合勢)에 있다.

즉 비정규직률의 상승은 비정규직 수의 상승에 기인하는 것을 알 수 있다. 그리고 그동안은 자영업자 수는 감소하고 있는 점에서 비정규직의 증가는 자영업자로부터 전환한 자의 증가에 따른 것이라고 볼 수 있다(칸바야시(神林) 2017, 166쪽 이하).

(2) 비정규직의 중심은 파트타임 근로자와 아르바이트

비정규직의 내역(고용형태별)은 「노동력조사」의 앞의 숫자를 다시 게재하면 '파트·아르바이트'가 1,414만 명, '파견사원'이 134만 명, '계약사원'이 291만 명, '촉탁'이 120만 명이다. 비정규직 중의 비율로 보면 '파트·아르바이트'가 69.4%, '파견사원'이 6.6%, '계약직원'이 14.3%, '촉탁'이 5.9%이다.

결국 비정규직 약 70%가 '파트·아르바이트'이다. 파견근로자가 비정규직의 전형이라고 말해지는 경우도 있지만, 적어도 양적으로 보면 된다. 비정규직 중에서 차지하는 파견근로자 수는 결코 많지 않다. 정규직도 포함한 고용근로자 전체에서 보면 2-3%에 불과하다.

이러한 경향은 최근 큰 변화는 없다. 이를테면 2005년에 보면 비정규직 1,634만 명 중에서 '파트·아르바이트'는 1,120만 명이다. 이것은 2017년보다 적지만, 비율로 보면 68.5%이고, 2017년과 거의 같다. 비정규직은 양적으로는 증가하고 있지만, 내역의 비율로 보면 대부분 변함이 없음을 알 수 있다(이것은 양적으로 증가한 것은 '파트·아르바이트'라는 것을 의미하고 있다).

(3) 고령화

비정규직 중 고용형태별 내역의 비율에는 큰 변화가 없더라도 조금 더 상세하게 보면 주목할 만한 변화가 있다. 그 하나가 비정규직을 차지하는 65세 이상 비율이 뚜렷하게 증가하고 있다는 점이다.

예를 들어 총무성의 「노동력조사」에 따르면, 2005년은 60세 이상의 비정규직은 265만 명, 비정규직 중에서의 비율은 16.2%였다. 그리고 2010년은 385만 명, 21.8%, 2017년 564만 명, 27.7%이다. 특히 65세 이상의 비정규직 수는 2005년에 109만 명, 6.7%, 2010년은 163만 명, 9.2%, 2017년은 316만 명, 15.5%로 급증하였다.

비정규직의 비율이 증가한 주된 요인으로는 노동력의 저출산·고령화에 따라 비정규직 비율이 높은 60세 이상 고령자의 노동력 인구의 비율 자체는 늘어나고 있는 것(총무성이 2015년에 발표한 「최근의 정규, 비정규 고용의 특징(상세판)」(통계국 통계조사부 국세(國勢)통계과 노동력인구통계 실장인 에사시 히데노부(江刺英信) 씨와 같은 실 심사 발표 제일(第一) 계장인 미야시타 요시타카(宮下佳孝) 씨의 공동 집필. 이하 「총무성 리포트」)도 참

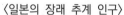

〈일본의 장래 추계 인구〉

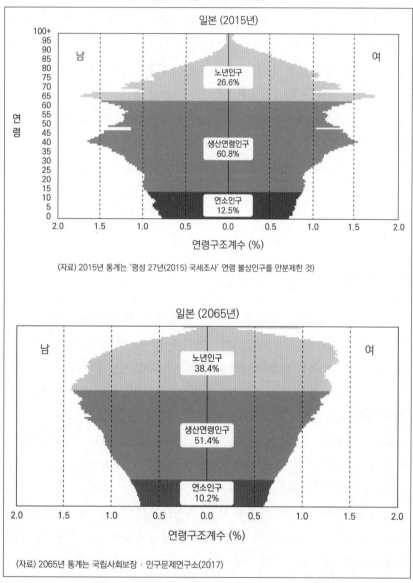

조). 또, 연금 지급개시 연령이 인상되어 60세 이상 연령층인 사람의 일

할 필요성이 높아진 것으로 생각된다.

또한 2004년 개정된 **고령자고용안정법**에서 60세를 초과한 사람의 고용확보 조치를 강구할 의무를 마련하고, 그 당시에 고용확보 조치로 재고용을 선택한 기업이 많은 점도 관련되어 있다. 재고용을 한 이후에 근로계약은 '촉탁'으로 불리는 유기 근로계약(계약직)인 경우가 많은 것(또한 「노동력조사」에서는 2013년도부터 '촉탁'과 '계약사원'을 나누어 조사하고 있다)에서, 이것이 고령자의 비정규직이 증가한 직접적인 원인이라고 볼 수가 있다.

해설 2 📖 고령자고용안정법

고령자고용안정법은 1986년에 「중고연령자 등의 고용촉진에 관한 특별조치법」을 개정해 제정되었다. 그 당시에 60세 정년제가 노력의무로 되어, 1990년 개정을 통해 65세까지 고용계속을 노력의무로 하였다. 그 후 1994년에 **후생연금**(특별지급의 노령후생연금의 정액 부분) 지급개시 연령이 60세에서 65세까지 단계적으로 인상하게 되고, 이것에 맞추어 「**고령자고용안정법**」은 60세 정년제를 법적 의무(정년을 마련할 경우에는 60세 이상이 되어야 한다)로 하였다.

게다가 2004년 법 개정에서는 65세까지 고령자 고용확보 조치로 ① 정년 인상, ② 계속고용제도 ③ 정년 규정 폐지의 어느 한 가지를 강구하도록 의무화하였다(제9조 제1항). 많은 기업은 ①의 계속고용제도를 도입하였는데, 이것은 ①과 ③ 과는 달리, 근로자의 과반수 대표와의 노사협정으로 제도의 대상이 되는 자의 기준을 마련하고, 기준에 부합하지 않는 근로자를 계속고용의 대상에 제외할 수 있었기 때문이다. 또한 계속고용제도에는 '**근무연장제도**'와 '**재고용제도**'가 운영되고 있는데, 근로계약관계를 재설정(reset)할 수 있어서 <u>임금 등 근로조건을 탄력적으로 정할 수 있는 재고용제도를 도입하는 기업이 많았다</u>. 이렇게, 유기고용의 고령자가 늘어나게 된다(만 60세 이상 고령자의 유기 근로계약의 활용에 대해서는 기간의 상한 규제완화[노동기준법 제14조 제1항 2호]. 무기전환룰[노동계약법 제18조]의 적용 제외[유기고용 특별조치법 제8조 제2항], 실버인재센터에 따른 근로자파견이나 유료 직업소개의 경우의 특례[고령자고용안정법 제38조 제2항 이하] 등의 우대조치도 있다).

2013년 4월 이후, 후생연금(특별지급의 노령후생연금의 보수비례 부분)의 지급
개시 연령도 60세부터 순차적으로 인상되게 되었기 때문에 무수입·무연금자가
나오는 것을 막을 목적으로, 2012년 고령자고용안정법을 개정해 위의 ②의 계
속고용제도를 선택한 경우에 노사협정의 기준을 마련해 대상 외로 할 수 있다
는 제도를 철폐하였다. 이것에 따라 희망하는 고령자는 누구라도 65세까지 고
용이 보장된다(현재는 경과 조치의 적용 중 65세가 되는 것은 2025년이다).
원래 전술한 바와 같이, 많은 고령자는 정년 후에는 우선 퇴직해 '재고용'이라고
하는 형태로 고용을 계속하고 있다. 정년까지 정규직으로 근무했던 사람도 정
년 후에는 비정규직으로 된다는 것이다.
또한 후생노동성이 발표한 "헤이세이(平成) 30년(2018년) 고연령자의 고용상황
"에 따르면, 고용확보의 조치를 실시했으며 기업 가운데 ① 정년 인상을 선택한
기업은 18.1%, ② 계속고용제도의 도입을 선택한 기업은 79.3%, ③ 정년제의
폐지를 선택한 기업은 2.6%이다.

(4) 여성의 노동참여

60세 미만의 연령층에서도 비정규직이 증가하는 경향이 있다. 하지
만 20-59세의 연령에서는 비정규직이 증가한 것은 '여성'이었다. 그 원
인은 20-59세의 비정규직 약 80%가 여성으로, 노동시장에 여성의 참여
가 증가(비노동력인구에서 노동력인구로 이동)한 것, 여성 비경제활동 인구
중에서는 35-44세를 중심으로 비정규직을 희망하는 사람이 많은 데에
기인한 것으로 분석되고 있다(총무성 보고서). 또한 비정규직 여성의 약
60%는 '세대주의 배우자'이다. 이 중에 약 60%가 35-54세이다.
이것과 비정규직의 내역에서 '파트(단시간근로)'가 많은 것과 비교해
보면 비정규직의 대표적인 모습은 '기혼의 중년여성 파트타이머'(이른바
'주부 파트')라는 실정이 드러나고 있다.

(5) 고학력화

비정규직의 양이 아니라 비율의 증가를 본 경우에 15-24세의 젊은 층에서 상승 폭이 크다. 「총무성 보고서」에 따르면, 이는 15-24세의 젊은 층에서 정규직의 고용이 감소해 비정규직이 증가한 결과이며, 정규직의 고용이 감소한 주된 원인은 15-24세의 인구가 감소한 것과 젊은 층의 고학력화에 따라 고등학교를 졸업한 후 바로 정규직이 되는 사람이 감소한 것, 비정규직의 증가는 대학 등의 재학생에서 아르바이트 등 비정규직으로 일하는 자가 증가한 것이 원인으로 생각되고 있다.

보론 4 📖 장기적인 추세 분석

장기적인 추세(1986-2008년)를 분석한 것으로서 츠루(鶴)/히구치(樋口)/미츠마치(水町) 2011,[48] 제3장(아사노 히로카츠(淺野博勝)/이토 타카히로(伊藤高弘)/가와구치 다이지(川口大司) 집필)이 있다. 여기에 따르면, 비정규직의 증가에 대하여 '산업구조의 변화'와 '노동인구 구성의 변화'는 '비정규직 증가의 4분의 1 정도만을 설명할 수 있고, 그 나머지 부분은 여성 근로자의 비정규직 비율 상승 또는 도소매 및 서비스업의 비정규직 수요 증가 등이 큰 요인이다. 또한 기업데이터를 이용한 분석에서 비정규직 증가의 60% 정도는 '산업구조의 변화'와 '생산물 수요의 불확실성'과 '정보통신기술(ICT)의 도입'으로 설명할 수 있다고 한다. 다만, 도매·소매 및 서비스업은 앞으로 '인공지능(AI)의 도입'으로 고용이 줄어들 가능성이 높기 때문에, 비정규직의 인원수도 감소세로 전환될 것으로 예상된다. 또한 '정보통신기술에 따른 내부 업무의 표준화'는 노동수요를 정규직에서 비정규직으로 이동시켰다. 하지만 표준화된 업무도 AI(인공지능), 로봇, RPA(로봇 프로세스 자동화)를 도입함으로 자동화되는 점에서, 이 부문에서도 비정규직수가 감소될 가능성이 있을 것이다(다만, 정규직도 감소하기 때문에 비정규직의 비율 자체는 급감한다고 할 수 없다(⇒ 8장[사라지는 비정규직])).

---

48) 鶴光太郎·樋口美雄·水町勇一郎編 『非正規雇用改革一日本の働き方をいかに変えるか』(2011年, 日本評論社)

03   기업은 왜 비정규직을 활용하는가

(1) 기업이 비정규직을 활용하는 이유

후생노동성의 「취업형태 다양화 조사」(사업장 조사)에 따르면, 정규직 이외의 근로자가 있는 민영 사업장(사업장 규모 5인 이상)에서 정규직 이외의 근로자를 활용하는 이유(복수 답변)를 물었더니 가장 많았던 응답이 '임금을 절약하기 위해'(38.8%), 그 다음으로 '1일, 주 중에 일의 번한(繁閑)에 대응하기 위해'(33.4%), '즉전력·능력 있는 인재를 확보하기 위해'(31.1%)이었다.

이것에 이어 '전문업무에 대응하기 위해'(27.6%), '고령자의 재고용 대책을 위해'(26.6%), '정규직을 확보할 수 없기 때문에'(26.1%), '임금 이외의 노무비용을 절약하기 위해'(23.0%), '정규직을 중요한 업무에 특화시키기 위해'(22.8%), '임시·계절적인 업무량의 변화에 대응하기 위해'(21.2%), '장기간의 영업(조업)시간에 대응하기 위해'(20.9%), '경기변동에 따라 고용량을 조정하기 위해'(20.7%), '육아·개호(돌봄) 휴업의 대체를 위해'(9.3%) 순이었다.

(2) 취업형태별로 본 기업의 비정규직을 활용하는 이유

이를 취업형태별로 보면 우선 계약직(전문직)은 '전문 업무에 대응하기 위해'(49.9%)가 가장 많았고, 다음으로 '즉전력(卽戰力)·능력 있는 인재를 확보하기 위해'(38.7%), '전문 업무에 대응하기 위해'(28.1%)였다.

촉탁직원(재고용자)은 '고령자의 재고용 대책을 위해'(78.7%)가 가장 많았고, '즉전력·능력 있는 인재를 확보하기 위해'(39.0%), '전문업무에 대응하기 위해'(30.7%)였다.

파트타이머(단시간근로자)는 '임금을 절약하기 위해'(41.5%)가 가장 많았고, 다음으로 '1일, 주 중에 일의 번한(繁閑)에 대응하기 위해'(39.5%)이며, 그 밖에는 '장기간의 영업(조업)시간에 대응하기 위해'(25.0%), '정규직을 확보할 수 없기 때문에'(24.4%), '임금 이외의 노무비용을 절약하기 위해'(24.3%), '정규직을 중요한 업무에 특화시키기 위해'(22.6%), '임시·계절 업무량의 변화에 대응하기 위해'(19.9%), '경기변동에 따라 고용량을 조정하기 위해'(19.7%) 등의 이유가 서로 버티며 대항하고 있다.

파견근로자(수용)에서는 '즉전력·능력 있는 인재를 확보하기 위해'(34.5%)가 가장 많았고, '정규직을 확보할 수 없기 때문에'(33.0%), '임시·계절 업무량의 변화에 대응하기 위해'(28.7%), '전문 업무에 대응하기 위해'(28.2%), '경기변동에 따라 고용량을 조정하기 위해'(26.3%)였다.

(3) 비정규직으로 활동하는 이유의 변화

2015년 조사는 4년 전인 2010년 조사와 비교하면, 모든 민영 사업장에서는 '임금 이외의 노무비용을 절약하기 위해'가 전회에서의 이유가 3위였던 것이 이번은 7위로(27.4%→23.0%), '경기 변동에 따라 고용량을 조정하기 위해'가 6위에서 11위로 떨어졌다(22.9%→20.7%). 한편, '정규직을 확보할 수 없기 때문에'는 10위에서 6위로(17.8%→26.1%), '정규직을 중요한 업무에 특화시키기 위해'는 11위에서 8위(17.3%→22.8%)로 올랐다. 여기에는 경기가 회복되어 정규직이 부족해졌다는 경영환경의 변화를 간파할 수 있다.

취업형태별로 보면 계약직원은 뚜렷한 변화가 없지만, 촉탁직원은 '정규직을 보장할 수 없기 때문에'가 2배로 증가하고(7.8%→16.0%), '임금을 절약하기 위해'가 감소하고(17.8%→14.9%), 파트타임 근로자에서는 '임금 이외의 노무비용을 절약하기 위해'와 '경기변동에 따라 고용량을 조정하기 위해'가 각각 감소하고 있다(각각 30.8%→24.3%, 23.2%→19.7%).

약간 큰 변화가 있었던 것은 파견근로자로, 1위의 '즉전력·능력 있는 인재를 확보하기 위해'는 변함이 없지만, '정규직을 확보할 수 없기 때문에'가 4위에서 2위로 상승하고(20.6%→33.0%), '임시·계절 업무량의 변화에 대응하기 위해'가 7위에서 3위로 상승하고(17.4%→28.7%), '전문 업무에 대응하기 위해'가 2위에서 4위로 떨어졌다(27.0%→28.2%).

(4) 중요한 것은 임금절약

「취업형태 다양화 조사」에서는 유기고용 근로자에게 초점을 맞춘 조사는 없었던 것 같다. 이번 장인 **제2장 1.**(비정규직은 얼마나 있나?)에서 살펴본 것처럼, 비정규직의 중심은 '**유기의 파트타임 근로자**'이다. 하지만 이 조사에서는 파트타임근로자 중 유기근로자는 **61.3%**에 불과하기 때문에, 파트타임 근로자의 활용한 이유에 대한 '임시·계절적업무량 변화에 대응하기 위해' 및 '경기변동에 따라 고용량을 조정하기 위해'라는 유기근로계약에 고유한 이유가 과소평가되었을 가능성이 있다.

어느 경우든 비정규직의 활용은 '**임금 절약을 위해**'가 가장 큰 이유이다. 이것은 비정규직이면 정규직과는 **기본급, 수당, 상여금, 퇴직금 등**에서 격차를 크게 둘 수 있다는 사정이 배경에 있다.

보론 5   📖 부가급부의 격차

정규직과 비정규직 사이에는 임금(기본급)의 격차 이상으로 '**부가급부**'(fringe benefit)[49]라는 추가수당이나 복리후생 급부의 격차가 클 가능성이 있다. 후생노동성의 「취업형태 다양화 조사」(근로자 조사)에 따르면, 예를 들어 '**상여금지급제도**'는 정규직 86.1%, 비정규직(조사에서는 정규직 이외의 근로자. 이하

---

49) <역자주> 부가급부(給付), 본급 외의 유급 휴가, 건강보험, 연금 따위.

같다) 31.0%(파트타임 근로자 23.9%, 파견근로자(등록형) 3.8%), '퇴직금제도'는 정규직 80.6%, 비정규직 9.6%(파트타임 근로자 4.3%, 파견근로자(등록형) 1.8%), '기업 연금'은 정규직 29.9%, 비정규직 5.0%(파트타임 근로자 1.5%, 파견근로자(등록형) 1.4%)이다. 정규직과 비정규직 사이에는 뚜렷한 격차가 있다. 또한 '복리후생 시설 등의 이용'은 정규직은 54.2%, 비정규직은 23.8%(파트타임 근로자는 17.6%, 파견근로자(등록형)는 24.3%), '재형(財形)제도'는 정규직 48.3%, 비정규직 6.4%(파트타임 근로자 3.1%, 파견근로자(등록형) 0.7%), '자기계발 지원제도'는 정규직 36.8%, 비정규직 10.1%(파트타임 근로자 7.3%, 파견근로자(등록형) 10.6%)이다.

그리고 비정규직의 '사회보험'에 가입한 현황을 보면 '고용보험'은 67.7%(파트타임 근로자 60.6%, 파견근로자(등록형) 84.8%), '건강보험'은 54.7%(파트타임 근로자 37.6%, 파견근로자(등록형) 80.4%), '후생연금'은 52.0%(파트타임 근로자 35.3%, 파견근로자(등록형) 75.4%)이다. 고용보험이나 사회보험의 가입은 주의 근로시간에 따라 정해진다(앞에서 서술). 그러므로 소정 근로시간이 짧은 파트타임 근로자의 가입률이 낮아지는 것은 어쩔 수 없는 면이 있다.

---

04 근로자는 왜 비정규직으로 일하는가?

(1) 근로자가 비정규직을 선택한 이유

첫째, 근로자가 비정규직을 선택한 이유는 후생노동성의 「취업형태 다양화 조사」(근로자 조사)에 따르면, 다음과 같다. (i) '자신의 편리한 시간에 일할 수 있기 때문에'가 37.9%로 가장 많았고, 다음으로 (ii) '가계보조, 학비 등을 벌고 싶어서'가 30.6%, (iii) '가정의 사정(가사·육아·개호[介護, 가족돌봄] 등)과 양립하기 쉽기 때문'이 25.4%, (iv) '출퇴근시간이 짧기 때문'이 24.8%, (v) '스스로 자유롭게 사용할 수 있는 돈을 벌고 싶어서'가 20.5%, (vi) '전문 자격·기능을 살릴 수 있기 때문'이 20.1%, (vii) '정규직으로 일할 수 있는 회사가 없었기 때문'이 18.1%의 순이었다.

둘째, '취업형태별'로 보면 (ⅰ) '파트타임 근로자'는 '자신의 편리한 시간에 일할 수 있기 때문'이 50.0%로 가장 많았고, 다음으로 '가계 보조, 학비 등을 벌고 싶어서'가 36.3%, '가정의 사정(가사·육아·개호 등)과 양립하기 쉽기 때문'에 33.7%이다. '정규직으로 일할 수 있는 회사가 없었기 때문'은 11.7%이다. (ⅱ) 계약직(전문직)은 '전문적인 자격·기능을 살릴 수 있기 때문'이 46.0%로 가장 많았고, 다음으로 '정규직으로 일할 수 있는 회사가 없었기 때문'이 31.8%이다. (ⅲ) 파견근로자는 '정규직으로 일할 수 있는 회사가 없었기 때문'이 37.7%로 가장 많았고, '전문 자격·기능을 살릴 수 있기 때문'이 23.7%, '자신의 편리한 시간에 일하기 때문'이 18.4% 순이었다.

셋째, 남녀별로 보면 남녀 모두 '자신의 편리한 시간에 일할 수 있기 때문'이 각각 32.8%, 40.6%로 가장 많았고, (ⅰ) 남성은 '전문 자격·기능을 살릴 수 있기 때문'이 28.9%, '정규직으로 일할 수 없었기 때문'이 22.8% 순이었다. (ⅱ) 여성은 '가계 보조, 학비 등을 벌고 싶어서'가 38.2%, '가정의 사정(가사·육아·개호 등)과 양립하기 쉽기 때문'이 35.9%로 이어진다.

(2) 향후 취업에 대한 희망

정규직이 아닌 근로자의 '향후 취업에 대한 희망'을 보면 '현재 회사에서 일하고 싶다'가 71.9%, '다른 회사에서 일하고 싶다'가 14.2%, '일을 그만두고 싶다'가 3.4%, '독립적으로 사업을 시작하고 싶다'가 2.2%이다.

먼저, 취업형태별로 보면 (ⅰ) 파트타임 근로자는 '앞으로도 회사에서 일하고 싶다'고 대답한 것이 86.1%로, 그중 '현재 회사에서 일하고 싶다'가 72.7%, '다른 회사에서 일하고 싶다'가 13.4%이다. (ⅱ) 파견근로자는 '앞으로도 회사에서 일하고 싶다'고 대답한 것이 85.2%로, '현재 회사에서 일하고 싶다'가 58.5%, '다른 회사에서 일하고 싶다'가 26.7%이다.

또한 '앞으로도 회사에서 일하고 싶다'고 대답했던 정규직이 아닌 근로자에 대하여 향후의 일하는 방식에 대한 희망을 보면 '현재 취업형태를 계속하고 싶다'가 65.6%, '다른 취업형태로 변경하고 싶다'가 33.8%이다.

'다른 취업형태로 변경하고 싶다'고 하는 정규직이 아닌 근로자가 희망하는 취업형태의 내역은 '정규직으로 바뀌고 싶다'가 30.7%, '정규직이 아닌 다른 취업형태로 바뀌고 싶다'가 3.1%이다.

또한 취업형태별로 보면 '현재 취업형태를 계속하고 싶다'는 '촉탁직원(재고용자)', '파트타임 근로자', '출향(出向)50)사원'에서 각각 81.3%, 73.4%. 72.6%로 높은 비율이다. 한편 '다른 취업형태로 바뀌고 싶다'는 '계약직(전문직)', '파견근로자'에서 모두 55.5%로 높은 비율이다. 그 희망 취업형태의 내역은 '정규직으로 바뀌고 싶다'가 각각 53.8%. 48.2%, '정규직이 아닌 다른 취업형태로 바뀌고 싶다'가 각각 1.7% 7.3%이다. 또한 '계약직(전문직)', '파견근로자'는 '현재 취업형태를 계속하고 싶다'도 함께 43.7%이다.

이 밖에 '정규직으로 바뀌고 싶다'고 답변했던 정규직이 아닌 근로

50) <역자주> '출향'은 원래의 기업과의 근로계약 관계를 유지한 채 다른 기업의 지휘명령을 받고 일하는 것이다. 자회사 및 관련 회사에 대한 경영·기술지도, 종업원의 능력개발/커리어(경력) 형성, 구조조정, 중고연령자의 처우 등의 목적을 위하여 활발하게 이루어지고 있다. 출향은 근로자가 자신이 고용된 기업에 재적한 채로 다른 기업의 종업원(내지 임원)이 되어 상당히 장기간에 걸쳐 해당 다른 기업의 업무에 종사하는 것을 말한다(재적출향, 장기출향, 사외근무, 응원파견, 휴직파견 등).

자에게 정규직이 되고 싶은 이유를 보면 '보다 많은 소득을 벌고 싶어서'가 78.1%. '정규직 쪽이 고용이 안정되어 있기 때문'이 76.9%로, 어떠한 취업형태로든 이러한 이유가 높은 비율이다.

(3) 비자발적인 비정규직은 소수

지금까지의 조사결과를 보면 비정규직으로 일하는 이유는 '정규직으로 일할 수 있는 회사가 없었기 때문'은 18.1%로 그다지 많지 않고, 오히려 긍정적인 이유로 **정규직**을 희망하고 있는 사람이 많다. 또한 파트타임 근로자 중에서는 정규직으로의 전환 희망을 가지고 있는 사람은 소수이다. 또한 총무성의 「**노동력 조사**」에서도 '정규직 직원·종업원 일이 없기 때문'이라고 하는 '비자발형 비정규직'(불본의(不本意) 비정규)의 비율은 비정규직 전체의 14.3%이다.

여기에서 알 수 있는 것은 비자발형의 비정규직 숫자는 그다지 많지 않다는 것이다. 전문직 유기고용 근로자(계약사원)와 파견근로자는 정규직 전환을 희망하는 사람이 파트타임 근로자보다는 많지만, 그래도 절반 정도이다.

한편 비정규직의 정규직 전환을 희망하는 사람을 보면 '**저임금**'과 '**고용의 불안정성**'이 가장 많은 이유였다.

05 비자발형 비정규직의 불만

(1) 비정규직의 저임금

자발적으로 비정규직을 선택하는 사람이 다수라고는 하나, 비자발형 비정규직이 많은 것도 사실이다. 그리고 정규직을 희망하던 근로자가 비정규직 근로자가 된 경우에 어떤 불만을 가질까? 이것은 이번 제2장 4.(근로자는 왜 비정규직으로 일하는가?)에서도 제시한 것처럼, '저임금'과 '고용의 불안정성'이다.

첫째, 임금의 측면에서 살펴보기로 하자.

후생노동성의 「임금구조 기본통계조사(2017년)」에 따르면, 임금(월액)은 '정규직·정직원'은 321.6천 엔(연령 41.7세, 근속 12.8년). '정규직·정직원 이외'는 210.8천 엔(연령 47.3세, 근속 8.2년)이다.

남녀별로 보면 (ⅰ) 남성은 '정규직·정직원'에서 348.4천 엔, '정규직·정직원 이외'는 234.5천 엔, (ⅱ) 여성은 '정규직·정직원'에서 263.6천 엔, '정규직·정직원 이외'는 189.7천 엔이다.

연령 계급별로 보면 '정규직·정직원 이외'는 남녀 모두 연령계급이 높아져도 임금의 상승은 거의 보이지 않는다.

전체적으로 보면 '정규직·정직원'의 임금을 100으로 했을 때의 '정규직·정직원 이외'의 임금은 남녀 합계로 65.5, 남성은 67.3, 여성은 72.0이 된다.

이번 제2장 3.(기업은 왜 비정규직을 활용하는가)에서 살펴본 바와 같이, 회사 측에 비정규직 활용의 주된 이유는 '임금의 절약'에 있었다. 하지만 실제로 이것이 실현된 것을 데이터에서도 확인할 수 있다.

비정규직으로 일하는 것은 비자발적이 아니라고 해도, 제도적인 이유에서 생각
하는 것처럼 수입을 늘리지 못하는 이유가 있다. 특히 주부 파트에서 근로시간
을 줄이고 수입이 증가하지 않도록 **취업을 조정**하는 것(특히 12월)은 잘 알려져
있다. 이것은 '100만 엔의 벽'이라 불리는 것이며, 비정규직의 소득을 낮은 수준
에서 제지하고 있다.

예를 들어 '주부의 파트타임 근로자'의 경우, 그 '소득세'는 연수입이 '103만 엔'
(급여 소득공제 65만 엔과 기초공제 38만 엔)을 초과하면 자신에게 과세되고, 그
뿐만 아니라 배우자인 남편의 소득세에서 38만 엔 배우자 공제(소득공제)를 받
을 수 없게 된다. 그러나 아내의 연수입이 103만 엔을 초과하더라도 141만 엔
미만의 경우에는 소득공제는 제로(0)로 되는 것이 아니라, 아내의 연수입이 증
가함에 따라 **최고 38만 엔**에서 체감한 '배우자 특별공제'가 인정된다(다만, 남편
의 연수입이 1,000만 엔 이상이면 배우자 특별공제의 적용은 없다). 또한 '주민
세'에 대해서는 연수입 100만 엔까지는 자신에게 과세되지 않는다. 남편의 주민
세는 소득세와 같게 취급하지만 **최고액이 33만 엔**이 되는 것에 차이가 있다.

'사회보험'은 연수입이 130만 엔을 초과하면 부양자가 아니게 되기 때문에 후생
연금이나 건강보험 가입 자격이 없는 경우에는 스스로 '국민건강보험'과 '국민연
금'에 가입할 필요가 있다(연금은 피부양자였을 경우의 '제3호 피보험자'에서 '제
1호 피보험자'가 보험료를 지급할 의무가 발생한다). 다만, 2016년 10월 제도를
개정함에 따라 종업원수 501명 이상 사업장에서는 연수입이 106만 엔을 넘는
경우에도 남편의 부양에서 벗어나서 가입의무가 발생하게 되었다(⇒ 제1장 1.
(비정규직 정의가 왜 법률에는 없는가)).

또한 개별 기업이 마련하고 있는 '부양수당'은 사회보험의 피부양자가 있는 것을
요건으로 하고 있는 경우가 많기 때문에 배우자의 연봉이 130만 엔을 초과하면
지급하지 않을 가능성도 있다.

이렇게 아내의 수입이 일정액을 초과함에 따라, 세금이나 사회보험의 취급이
크게 달라지기 때문에 지금까지 '103만 엔의 벽' 또는 '130만 엔의 벽'이 있다고
간주되어 왔다(또한 주민세의 과세를 고려하면 '100만 엔'도 기준이 될 수 있지
만, 근로자의 평균 수입에서 보면 과세금액이 그만큼 크지 않기 때문에 '벽'이라

고 할 정도는 아니다).

그래서 2018년부터는 이러한 상황을 개선하기 위하여 아내의 수입이 103만 엔을 초과한 경우의 배우자 특별공제금액은 '150만 엔'까지는 배우자 공제와 동일한 38만 엔이 되고, 게다가 201만 엔까지 체감하면서 적용되게 되었다(그러나 남편의 소득이 1,000만 엔을 초과하는 경우에는 배우자 공제는 되지 않고, 소득이 900만 엔-1.000만 엔의 범위에서도 배우자 공제와 배우자 특별공제가 감액된다는 개정도 추가되었다). 즉, 남편의 소득공제액 38만 엔이 적용되는 범위가 아내의 연수입 103만 엔 이하에서 150만 엔 이하로 확대되고, 배우자 특별공제가 인정되는 아내의 연수입 상한이 201만 엔까지 인상되었다는 것이다.

그러면 아내는 103만 엔을 넘으면 소득세가 부과되는 것에는 변함이 없지만, 남편의 소득공제와의 관계는 '150만 엔의 벽'으로 이행하게 된다. 하지만 여전히 '130만 엔의 벽'은 남아 있기 때문에, 실제로는 취업조정은 130만 엔(또는 대기업에서는 106만 엔)의 경우에 발생할 가능성이 높을 것이다.

또한 2020년부터는 기초공제 48만 엔으로 인상된다. 이것은 개인 사업주(事業主)의 일하는 방식이 주목되는 가운데, 급여 소득공제가 없는 개인 사업주의 이익을 고려해 공통의 기초공제의 범위를 확대한 것이다.

(2) 비정규직 고용의 불안정성

그렇다면 비정규직의 고용은 어느 정도 불안정한가?

총무성의 헤이세이(平成) 24년판(2012년)의 「취업구조 기본조사」에 따르면,[51] '고용계약 기간의 정함이 있는 자'의 1회마다의 고용계약기간은 '6개월 이상 1년 이하'가 39.3%로 가장 많고, 이어 '1개월 이상 6개월 이하'가 27.3%, '1년 이상 3년 이하'가 15.3%이다.

고용계약기간의 정함이 있는 '비정규직 직원·종업원'에 대하여 1회마다 고용계약기간별로 보면 '6개월 이상 1년 이하'가 41.1%로 가장 많다.

---

51) http://www.stat.go.jp/data/shugyou/2012/pdf/kgaiyou.pdf

고용형태, 1회마다의 고용계약 기간별로 가장 높은 비율을 보면 '6개월 이상 1년 이하'에서 촉탁으로 57.3%, 파트로 43.8%, 계약사원으로 42.3%이다. 한편, 근로자파견사업장의 파견사원(59.5%)과 아르바이트(41.2%)이고, 가장 많은 것은 '1개월 이상 6개월 이하'이다.

고용계약기간의 정함이 있는 '비정규직 직원·종업원'에 대하여 고용계약의 갱신 유무별로 보면 '갱신이 있는' 자는 76.9%, '갱신이 없는' 자는 23.1%이다. 이 중 '갱신이 있는' 자에 대해서 갱신횟수별 비율을 보면 '3-5회'가 27.5%로 가장 높고, 그 다음으로 '10회 이상'이 21.7%이다.

또, 1회마다의 고용계약기간, 갱신 횟수별로 가장 높은 비율을 보면 1회당의 고용계약기간이 '1개월 미만' 및 '1개월 이상 6개월 이하'인 자와, '10회 이상'이 각각 31.2%, 35.2%이다. 한편, 6개월을 넘는 자와, 갱신 횟수 '3-5회'가 가장 많고, 이어 '1회'로, 1회마다의 고용계약기간이 짧아질수록 갱신 횟수는 늘어나는 추세다.

고용계약기간의 정함이 있는 '비정규직 직원·종업원'에 대하여 고용형태, 갱신의 유무별 비율을 보면 '갱신이 있는' 자의 비율이 가장 높은 것은 파트에서 80.3%, 그 다음으로 근로자파견사업장의 파견사원으로 76.1%, 촉탁으로 74.5%이다.

또, 고용형태, 갱신 횟수별 비율을 보면, 아르바이트생, 계약사원, 촉탁은 '3-5회'가 가장 많다. 한편, 파트는 '10회 이상'이 가장 많고, 근로자파견사업장의 파견사원은 10회 이상 및 3-5회가 가장 많다.

이상에서 알 수 있는 비정규직 고용의 실상은 (i) 파트가 6개월에서 1년 정도의 기간의 유기 근로계약을 3-5회 갱신하고, (ii) 파견근로자는 보다 짧은 기간의 유기 근로계약을 더 많이 갱신하고 있다. 이처럼 근로계약기간이 비교적 단기인 것이 '불안정한 고용'을 초래한다는 것은 부정할 수 없을 것이다.

한편, 유기 근로계약이 비교적 많이 반복 갱신되는 것은 결과적으로 고용이 장기화되는 면도 있지만, 언제 고용해지가 될지도 모르는 불안 속에서 계속해 일하고 있다는 문제가 있다. 이것도 넓은 의미에서 '**불안정한 고용문제**'에 포함될 것이다.

(3) 저임금과 고용의 불안정성 이유

비정규직의 저임금은 주로 다음의 두 가지 이유를 생각할 수 있다.

첫째, 비정규직의 임금은 정규직과 같이 기업의 내부시장에서 근속연수에 따라 정해지는 '**직능급**'과는 달리 고도의 기능을 필요로 하지 않는 '**단순 업무에 관한 시장임금**'인 경우가 많다는 점이다. 노동시장에서는 단순 업무의 노동력을 공급하는 경우가 많기 때문에 임금이 저하되는 경향이 있다. 물론, 비정규직이라도 전문성이 높은 직무에 종사하거나 혹은 그 지역에서 일시적으로 노동시장의 수급이 부족한 이유로 임금이 높아지는 경우는 있다.

둘째, 전체 수입 베이스로 보면, 예를 들어 파트타임 근로자는 시급(時給)으로 임금이 지급되기 때문에 소정 근로시간이 짧아지면 아무래도 연수입은 낮아진다는 점이다. 아울러 주부파트와 같이 취업을 조정하고, 의식적으로 임금을 억제는 경우도 있다(⇒앞의 "<칼럼 6> 주부파트의 연봉은 왜 낮은가?" 참조).

한편, 고용의 불안정한 이유는 **근로계약에 기간의 정함이 있기 때문**이다.

(4) 근로조건만 놓고 보면 중립

그러나 이것은 어떠한 업무에서 어떠한 시간 및 기간, 일할 것인가라는 근로조건과 관계되고, 근로계약을 체결할 경우에 근로자가 선택한 결과라고도 할 수 있다.

원래 비정규직은 파트타임 근로자이면 근로시간이 짧은 것, 유기고용 근로자라면 근로계약의 기간의 정함이 있는 것(유기고용일 것). 파견 근로자라면 간접고용으로 자신을 고용한 기업(파견기업)이 아닌 기업(사용기업)에게 (그 지휘명령을 받고서) 노무를 제공하는 것이 그 근로조건의 특징이 된다.

다만, 근로시간이 짧은 것은 그 자체가 나쁜 근로조건은 아니다. 예를 들어 일·가정의 조화(워라밸)를 중시하는 사람은 근로시간이 짧은 편이 바람직할 것이다. 근로계약에 기간의 정함이 있는 것도 한 기업에서 장기간 구속되기 싫다고 생각하는 사람에게는 오히려 바람직한 근로조건이다. 근로자파견도 파견기업이 노무 제공처(사용기업)를 찾아주는 것에 장점을 느끼는 사람도 있을 것이다.

결국 파트타임인 것, 유기적인 것, 간접고용이라는 것 자체가 근로조건으로서 낮다고 단정할 수는 없는 것이다. 적어도 법적으로 보면 이러한 근로조건이 적법한 근로계약을 체결한 것으로 합의된 이상 비정규직도 수긍한다고 평가할 수밖에 없다.

실제로 비정규직을 선택하고 있는 사람에게는 시간적으로 자유로워지는 점을 중시하고 있다(⇒ 4. 근로자는 왜 비정규직으로 일하는가). 이러한 사람은 정규직으로 시간의 구속성이 강한 일하는 방식을 희망하지 않는다고 생각할 수 있다. 많은 비정규직이 자발적으로 이러한 일하는 방식을 선택하는 것은 이러한 사람이 많다는 것을 나타낸다(특히 학생, 기혼여성, 정년 이후 재고용된 고령자에게 이러한 근로자가 많다고 미루어 살필 수 있다). 이것을 정규직의 구속적인 일하는 방식의 문제로 볼 수는 있지만, 어느 경우든 여기에서 비정규직의 일하는 방식의 문제점을 찾아내는 것은 어려울 것이다. 그러므로 정규직보다 임금이 낮은 것이나 비정규직의 고용이 불안정하다는 비자발적 비정규직의 불만에 대해서는 법적으로는 비정규직은 이것을 충분히 안 후에 구속성이 낮은 일하는 방식을 선택한 결과에 불과하다고 냉정하게 보아도 문제가 없다고 할 수 있다.

06　일본형 고용시스템이 가지고 온 격차

(1) 실질적인 선택사항

일본형 고용시스템에서는 정규직은 신규 졸업 시의 채용부터 정년까지 장기고용을 보장받는다. 처우는 '연공형 임금'이라는 안정적인 것이다. 한편, 비정규직은 임시적인 고용인 것을 전제로 정규직과 같은 고용과 임금의 안정성이 없다(⇒ 제1장 2. 일본형 고용시스템이란 무엇인가). 이러한 분명한 격차가 있다고 해도 근로자 개인에게 어느 쪽을 선택할 것인가의 선택지가 있으면, 비정규직이 되더라도 이것은 자유의사에 따라 이러한 근로계약을 체결하였다고 평가할 수 있을 것인가?

확실히 형식적으로 보면 이러한 선택사항은 항상 존재하고 있는 것 같다. 하지만 일본형 고용시스템에서 실질적으로 봤을 때, 과연 이러한 선택지가 항상 존재하고 있다고 말할 수 있을까?

(2) 어려운 재도전

만약, 정규직의 지위와 비정규직의 지위가 유동적이며, 그 지위를 왕래하는 것이 용이하다면, 어느 쪽의 지위를 선택할 것인지는 근로자 본인의 '**실력**'과 '**선택**'의 문제로 볼 수 있다. 하지만 현실적으로는 정규직의 자리는 장기적으로 특정 근로자에게 점유되기 때문에 신규 졸업 시에 취득하지 않으면 나중에 취득(재도전)하는 것은 어려움이 있었다. 즉, 실제로는 신규 대학졸업 시(혹은 졸업한 지 몇 년 이내의 제2의 신규 졸업 시까지)밖에 선택할 수가 없었다.

일본형 고용시스템에서는 정규직의 지위와 비정규직의 지위는 분명하게 구분하고 있다. 그 어느 쪽의 지위를 선택할 것인지는 신규 졸업 시에 실질적으로 고정되고, 그 이후에는 역전(逆轉)하는 경우는 적다. 이것이 저임금 및 고용의 불안정성에 대한 불만이 나오는 이유라고 생각된다.

(3) 심각한 것은 교육훈련의 격차

일본형 고용시스템에서 정규직의 지위와 비정규직의 지위의 격차는 임금이나 고용의 안정 분야의 격차 이상으로 중요한 것이 '교육훈련' 분야의 격차이다. 정규직은 기업의 인재로 육성되어 양호한 교육훈련을 받을 기회를 얻고, 기능을 축적할 수 있고, 이것에 따라 보다 임금이 높은 직무에 종사할 수가 있다. 하지만 비정규직은 통상 이러한 기회가 없다.

실제로 후생노동성의 「헤이세이 29년도(2017) 능력개발 기본조사」 (조사 대상년도는 헤이세이 28년(2016))에 따르면, 계획적인 OJT(일상 업무에 종사하면서 행해지는 교육훈련)를 실시하고 있는 사업장은 정규직에는 63.3%인 반면, 비정규직(파견근로자는 제외)는 30.1%에 그친다(동 조사에 따르면, OFF-JT(업무명령에 근거한 통상의 업무를 일시적으로 벗어나 실시하는 교육훈련)는 정규직이 75.4%인 반면, 비정규직은 38.6%이다).

이와 같은 교육훈련 기회의 차이는 특히 청년기에 정규직이 되지 못할 경우에는 기능 형식의 기회에 차이가 생겨, 언제까지 시간이 지나도 단순 비숙련 업무에서 벗어나지 못하는 효과를 가져올 가능성이 있다.

이와 같이 생각하면, 비정규직 문제의 본질은 일본형 고용시스템과 관련해 양호한 교육훈련 기회가 결여되어 있는 점, 이것도 원인이 되어 재도전이 어려운 점에 기인하는 사회적 균열에 있다고 볼 수 있을 것이다.

/ **칼럼 7** ⋮ 📖 녹지 않는 빙하

학교 졸업 때가 이른바 '**취직 빙하기**'와 겹쳐져 안정적인 고용에 오르지 못하고 비정규직이 된 신규졸업자(특히 고졸자)는 **낮은 실질임금, 불안정한 취업상태, 높은 무직의 확률**을 지속하는 경향이 있다는 '**녹지 않는 빙하**'의 문제가 경제학자로부터 지적받아 왔다(오오타·겐다·콘도(太田·玄田·近藤) 2007).

청년기에 비정규직으로서 일하면 당초부터 정규직으로 채용되어 양호한 교육훈련을 받아 온 사람과의 사이에서 세월이 지남에 따라 기능의 축적 면에서 차이가 발생하게 된다. 본인의 의사로는 어쩔 수 없는 자신의 취업 시 경제 정세와 이것에 영향을 준 노동시장 상황에 따라 본인의 그 후의 인생을 좌우하게 된다면 정부는 그 영향을 완화시키기 위해서도 비정규직 문제에 대응할 필요가 있다.

07   소결

제1장(비정규직이란 무엇인가)에서도 살펴본 것처럼, 일본형 고용시스템에서는 비정규직은 정규직의 지위를 보완하는 기능을 하는 존재이다. 정규직의 지위를 여기에 동반하는 교육훈련, 고용이나 임금의 안정 등의 장점에서 평가하면, 이것을 지탱하는 비정규직의 존재는 비록 저임금이나 고용의 불안정성 문제가 있다고 해도, 사회 전체로 보면 허용할 수 있는 것이다. 또 기업에서 '**임금의 절약**'이라는 장점이 있을 뿐만 아니라, 근로자에게도 시간적인 구속성의 낮음 등의 장점이 있다. 이 점은 비자발형 비정규직이 소수파인 점에서도 나타난다.

자발형 비정규직이 다수인 것은 노동시장의 약자로 간주되는 자(장애인, 고령자, 여성 등)에 목표를 둔 고용정책이 추진되는 가운데에서도, 비정규직이 오랫동안 이러한 정책의 대상이 되지 않았던 것(⇒ 제1장 1. 비정규직의 정의가 왜 법률에는 없는가)과 관계가 있다. 이것은 비정규직이 노동 시장에서 약자가 아니라는 이유보다도 오히려 비정규직의 중심이 되던 것이 '주부파트' 또는 '학생아르바이트' 같은 주된 생계의 담당자(breadwinner)[52] 가 아닌 사람들로, 세대 단위에서 보면 빈곤하다고 할 수 없거나, 최근 증가하는 정년 후에 촉탁으로 근무하는 '고령자'는 비교적 부유한 사람이었 기 때문에 정책의 목표로 삼을 필요가 없다고 생각되었기 때문이다.

그러나 비자발형 비정규직이 많게 존재한다는 사실도 무시할 수 없다. 이들 비정규직 고용의 불안정성과 저임금에 대한 불만은 역시 귀 담아 들을 필요가 있다. 특히 청년기에 정규직이 되지 못한 근로자는 양호 한 교육훈련 기회를 얻지 못하고, 정규직에 대한 재도전도 어려운 현실 은 '사회적 균열'을 초래하고, 이러한 불만을 한층 더 높이는 원인이 되 고 있다. 이것이 '사회적 공정성 문제'에 관계되게 되면, 법적으로도 간과 할 수 없을 것이다.

그러면 법률은 이 문제에 지금까지 어떻게 대응해 왔을까?

---

52) <역자주> 한 가정의 벌이하는 사람, 생계를 위한 수단[기술, 도구]; 생업(生業).

비정규직을 둘러싼 입법의 변천

비정규직 문제에 대한 입법과 사법의 대응을 보면 처음에는 '**사적 자치**'(계약자유 및 노사자치)를 존중하고 거의 개입하지 않았다. 변화가 보였던 것이 '**워킹 푸어**'(Working Poor)1) 등이 사회문제화하면서 제정되었던 파트노동법이 개정된 2007년이었다. 하지만 이러한 시기에도 사적 자치를 존중하는 자세는 보이고, 일본형 고용시스템을 전제하면서 소극적인 개입에 머물렀다. 그러나 2008년 리먼 브라더스의 쇼크(리먼 쇼크)2) 이후 '**파견중단(派遣切り)**' 등으로 정규직과 비정규직의 격차가 큰 '사회문제'가 되면서 실현한 2012년 일련의 법 개정을 한 후 일본형 고용시스템의 '변혁'을 목적으로 한 적극적인 개입이 이루어지게 되어, 입법이나 사법의 사적 자치를 존중하는 자세가 약해져 갔다.

1) 〈역자주〉 워킹 푸어[working poor]: 직장은 있지만 아무리 일을 해도 가난을 벗어나지 못하는 근로빈곤층으로, 그 소득은 최저생계비의 전후 수준이다. 1990년대 중반 미국에서 처음 사용, 2000년대 중반부터 세계적으로 널리 사용되었다. 고정적인 수입처가 있지만 저축할 여력이 없어 가난을 피할 수 없기 때문에 질병이나 실직이 곧바로 절대빈곤으로 연계될 수 있는 취약계층이다. 미국의 경우 계층 간 소득 격차의 원인을 사회구조 변화이다. 우선 경제의 주도권이 고임금인 제조업에서 저임금인 서비스업으로 이동한 데다 IT사업을 대표적으로 전문직에 대한 수요가 확대되면서 비전문직과의 소득 격차가 심화됐으며, 외부에서 대량 유입된 이민도 저소득층의 임금 상승을 방해하고 있다고 보았다.[네이버 지식백과]
2) 〈역자주〉 150년 역사를 가진 미국 월가의 대표적 투자은행인 리먼 브라더스가 주로 모기지 주택 담보 투자를 해서 수익을 올리다가 지나친 차입금과 주택가격의 하락으로 2008년 9월 15일 파산하게 된 것을 말한다. 월가의 신용으로 전세계 기관, 개인들로부터 차입한 금액을 갚지 못하면서 전세계 동반 부실이라는 도미노 현상을 몰고 왔다.

CHAPTER

03

사적 자치 존중의 시대

사적 자치란 무엇인가

(1) 사적 자치가 키운 일본형 고용시스템

제1장 2.(일본형 고용시스템이란 무엇인가)에서도 살펴본 것처럼, 일본형 고용시스템은 '노사자치'의 산물이다. 즉 일본형 고용시스템은 노사 양측에 이익이 있기에 노사가 자주적으로 형성해왔다. 또한 일본형 고용시스템은 핵심적인 지위에 있는 '정규직'과 이를 보완하는 '비정규직'의 지위로 구성되어 있으며, 어느 지위도 기업과 근로자가 근로계약을 체결하는 것을 통하여 자주적으로 설정되었다.

이처럼 일본형 고용시스템에서 정규직 및 비정규직의 지위는 이중의 의미에서 노사가 '자주적으로' 형성해온 것이다. 두 지위의 격차를 시정하기 위하여 정부가 조치할 수 있는 것은 노사가 자주적으로 형성한 시스템에 법이 개입하는 것을 의미한다.

그렇다면 이러한 법적 개입은 정부의 판단으로 재량으로 실시하고 있는 것일까? 이 점을 고찰하는 데 중요한 의미를 갖는 것이 '**사적 자치의 원칙**'이다.

／ **보론 6** 🔎 일본의 '노사자치'

이 책이 일본형 고용시스템이 노사자치의 산물임을 강조한다. 이것은 일본형 고용시스템은 법의 개입으로 형성되지 않고, 노사가 자주적으로 형성한 것인 만큼 법이 함부로 개입해서는 안 된다는 규범적인 의미를 담고 있기 때문이기도 하다.

그러나 이러한 논의에는 일본과 같이 노동조합이 기업별로 조직되고, 그 조직률이 낮은 국가에서 노사자치의 존재를 전제로 논의할 수 있는지 의문을 제기하는 견해도 있다. 노사자치의 근로자 측의 담당자로서 통상 예상되는 것은 '노동조합'이다. 하지만 일본 기업의 압도적 다수인 중소기업에서는 노동조합이 거의 존재하고 있지 않기 때문이다(⇒ 제1장 2. 통계 노동조합 기초조사).

그러나 일본의 노동조합이 기업별로 조직되어 있다고는 해도, 그 상부단체는 산업별로 조직되고, 또한 '**일본노동조합총연합회**'(렌고(連合))와 '**전국노동조합총연합**'(젠노렌(全労連)) 등 전국 중앙조직(내셔널 센터)이 있다. 대기업을 중심으로 한 기업별 노동조합을 기반으로 한 전국 중앙조직 활동의 영향은 노동조합이 조직되어 있지 않은 중소기업의 비조합원도 직접·간접적으로 미치고 있다. 또한 근로에 관한 중요한 결정을 하는 공간(노동정책의 입안, 최저임금의 결정 등)은 노동조합의 전국 중앙조직(특히 렌고계)이 일본의 전체 근로자를 대표해 기업경영자단체('**일본경제단체연합회**'[게이단렌, 經團連] 등)와 협의를 통하여 의사를 형성해 가는 입장에 있다(그렇다고는 하지만 실제로 어디까지 '중소기업 근로자'와 '정규직이 아닌 근로자'의 이해까지 대표할 수 있는지는 논쟁할 여지가 있을 수 있지만).

이러한 일본의 노사관계를 전체로 보면 여기에 노사자치라는 실태가 있다고 할 수 있다. 그렇기 때문에 이러한 노사자치의 산물에 대하여 정부가 개입하려는 경우에는 그 정당성을 엄격하게 자세히 조사할 필요가 있다(자세한 내용은 후술, 또한 <보론 8> 노사자치는 비정규직에도 맞는 것인가 참조). 경제학자가 노사자치에 주목해 검토한 문헌으로 칸바야시(神林) 2017[1]이 있다.

(2) 사적 자치의 원칙

법학의 기본개념 중 하나가 법률관계의 형성(권리의무관계의 성립 등)은 개인의 의사에 근거해야 한다는 '**사적 자치**(private autonomy)**의 원칙**'이 있다. 이것은 개인을 자유·평등한 존재로 보는 현대 사회의 기본원칙으로, **경제적 자유주의**를 지지하는 법 원리이기도 하다. '**자치**'(自治)라는 단어에는 정부의 간섭을 배제한다는 의미가 포함되어 있다.

사적 자치의 원칙 속에 포함된 중요한 법 원칙 중 하나는 '**계약자유의 원칙**'이 있다. 개인의 계약관계는 계약 당사자의 자유로운 의사에 따라야 한다. 또한 이것은 일반적으로 '계약체결의 자유', '상대방 선택의 자유', '내용의 자유', '방식의 자유'의 네 가지로 분류한다. 특히 '내용의 자유'는 자유롭게 합의된 계약에 정부는 기본적으로 개입할 수 없다는 요구를 내포하고 있다.

(3) 근로계약과 계약자유

'**근로계약**'(민법상 '**고용계약**' [제623조[2] 이하])도 계약의 하나인 이상 계약자유의 원칙이 해당된다. 판례도 이 원칙은 헌법의 규정에 따라 '기업의 경제활동의 자유'의 하나로서 보장을 받는다고 규정하고 있다(제22조,[3] 제29조[4])(미츠비시 수지[三菱樹脂] 사건).

---

1) 神林龍 『正規の世界·非正規の世界─現代日本労働経済学の基本問題』 (2017年, 慶応義塾大学出版会)

2) <역자주> 일본 민법 제623조(고용) 고용은 당사자 일방이 상대방에 대하여 <u>노동에 종사할 것</u>을 약정하고, 상대방이 이에 대하여 보수를 줄 것을 약정함으로써 그 효력이 생긴다; 한국 민법 제656조(고용의 의의) 고용은 당사자 일방이 상대방에 대하여 <u>노무를 제공할 것</u>을 약정하고, 상대방이 이에 대하여 보수를 줄 것을 약정함으로써 그 효력이 생긴다.

3) <역자주> 일본 헌법 제22조 제1항(거주·이전 및 직업선택의 자유) 누구든지 공공의 복지에 반하지 아니하는 한 거주, 이전 및 직업선택의 자유를 가진다.;

하지만 근로계약은 일반계약과는 달리 계약 당사자의 한쪽인 근로
자가 다른 쪽 당사자인 사용자와 대등한 관계에 서지 않는 비대칭 계약
이기 때문에 근로자의 보호를 위한 입법에 따라 개입할 필요가 있다고
생각해 왔다. 위의 판례도 계약자유(판례가 구체적으로 언급하고 있는 것은
'계약체결의 자유')는 '법률, 그 밖에 따른 특별한 제한이 없는 한'이고, 사
적 자치(계약자유)를 전면적으로 인정하는 것은 아니다. 실제로 노동법
은 근로자가 사용자와의 관계에서 대등한 입장은 아니라는 '종속노동론'
(從屬勞動論)5)을 원리적인 근거로서 발전해 온 것이다.

(4) 근로자의 종속성은 구조적인 것인가?

노동법의 학설에는 근로계약에서 근로자의 종속성을 구조적인 것
으로 보고, 계약자유의 원칙 중에서 적어도 '내용의 자유'는 인정할 수
없다는 견해도 유력하다. 그 대표적인 것이 외형적으로 표시된 근로자
의 자기 결정은 종속성에 맡겨진 자기 결정이라고 하고, 법원은 근로자
의 진정한 자기 결정을 탐색해야 한다는 견해이다(西谷 2004). 이 견해
에 따르면, 근로계약은 구체적인 입법의 개입이 없는 영역이라고 해도,

한국 헌법 제14조 모든 국민은 거주·이전의 자유를 가진다. 한국 헌법 제15조
모든 국민은 직업선택의 자유를 가진다.

4) <역자주> 일본 헌법 제29조(재산권) ① 재산권은 이를 침해해서는 아니 된
    다. ② 재산권의 내용은 공공의 복지에 적합하도록 법률로 정한다. ③ 사유재
    산은 정당한 보상하에 공공을 위하여 사용할 수 있다.; 한국 헌법 제23조 ①
    모든 국민의 재산권은 보장된다. 그 내용과 한계는 법률로 정한다. ② 재산권
    의 행사는 공공복리에 적합하도록 하여야 한다. ③ 공공 필요에 의한 재산권의
    수용·사용 또는 제한 및 그에 대한 보상은 법률로써 하되, 정당한 보상을 지
    급하여야 한다.

5) <역자주> 종속노동론이란 노동법의 역할을 "사용자의 아래에서 경제적 내지
    인적으로 종속적으로 노무를 제공하는 근로자를 보호하고, 사용자와 실질적 평
    등을 실현하는 것"에 있다는 견해이다.

법원은 계약의 내용이 근로자에게 불리한 것이라면 그 효력을 그대로 인정해서는 아니 되고, 근로자에게 유리한 법 해석과 계약 해석을 해야 된다.

그러나 위의 헌법이론을 원용하면, '**경제활동의 자유**'는 근로자에게도 '**직업선택의 자유**'(직업활동의 자유)라는 형태로 미치는 것이다(제22조[6]). 이것은 근로자의 자기 결정을 존중하는 것과 연계된다(헌법 제13조[7] 참조). 또한 실질적으로 생각해도 '내용의 자유'를 부정하는 것이 근로자에게 항상 이익이 되는 것은 아니다. 근로자의 종속성은 다양한 정도가 있는 것이다. 그 상위를 무시하고 근로자를 일률적으로 계약자유에 견딜 수 없는 약자로 조정(措定)[8]하는 것은 법에 따른 지나친 개입을 초래할 수 있다.

즉, 근로자의 종속성은 근로계약에 대한 입법 개입의 원칙적인 근거는 될 수 있더라도 법률의 명문의 근거 규정 없이 법원이 계약자유에 개입하는 것까지를 인정해서는 안 된다(⇒ 3.(사법 동향)에서 언급하는 '**법의 흠결**'(法의 欠缺)의 경우는 예외이다). 이러한 의미에서 근로계약에서도 사적 자치(계약자유)의 원칙은 후술하는 것처럼 크게 제약한다고는 해도 기본적으로는 타당하다고 해석할 수 있다.

---

6) <역자주> 일본 헌법 제22조(거주·이전 및 직업선택의 자유) ① 누구든지 공공의 복지에 반하지 아니하는 한 거주, 이전 및 직업선택의 자유를 가진다.; 한국 헌법 제14조 모든 국민은 거주·이전의 자유를 가진다. 한국 헌법 제15조 모든 국민은 직업선택의 자유를 가진다.

7) <역자주> 일본 헌법 제13조(개인의 존중, 행복추구권, 공공의 복지) 모든 국민은 개인으로서 존중받는다. 생명, 자유 및 행복추구에 대한 국민의 권리에 대하여는 공공의 복지에 반하지 아니하는 한 입법 기타의 국정상에서 최대의 존중을 필요로 한다.; 한국 헌법 제10조 모든 국민은 인간으로서의 존엄과 가치를 가지며, 행복을 추구할 권리를 가진다. 국가는 개인이 가지는 불가침의 기본적 인권을 확인하고 이를 보장할 의무를 진다.

8) <역자주> 조정(措定): ① 존재를 긍정하거나 내용을 명백히 규정하는 일. ② 명제를 자명한 것 또는 임의의 가정으로서 직접적으로 추리에 의하지 않고 긍정하여 주장하는 일.

/ 보론 7 📖 합의 원칙의 성문화

2007년 제정된 「노동계약법」은 "근로계약이 합의에 따라 성립 또는 변경된다고 하는" 합의 원칙이 성문화된 법으로써(제1조),[9] 근로계약에서도 '계약자유'가 원칙적인 가치를 가지는 것을 실정법상으로도 명확히 하였다.

즉 근로자와 사용자 사이에서 체결되는 근로계약의 내용은 합의에 따라 결정된다. 이것은 계약 당사자 사이에 대등성이 없다고 하는 근로계약에도 기본적으로는 해당된다. 노동기준법 제2조 제1항[10] 및 노동계약법 제3조 제1항[11])에서 규정한 '근로조건 대등결정의 원칙'은 현실에서 개별 노사 사이에 대등성이 없더라도 법적으로 양자는 대등하다고 보아야 하는 것을 나타낸 것이고, 이것을 '합의 원칙'을 인정하는 것이다.

그러나 노동계약법은 개별 노사의 현실이 아닌 대등성을 무시하는 것이 아니라, 이것은 이 법이 그 목적을 "근로자의 보호를 도모하면서 개별 근로관계의 안정에 이바지 하는 것"이라고 규정한 것에서도 알 수 있다(제1조).

(5) 비정규직에도 미치는 계약자유

그렇다면, 이상과 같은 사적 자치(계약자유)의 원칙은 비정규직에도

---

9) <역자주> 일본 노동계약법 제1조(목적) 이 법률은 근로자와 사용자가 자주적인 교섭을 통하여 근로계약이 합의에 의하여 성립, 변경된다는 합의의 원칙 그 밖의 근로계약에 관한 기본적 사항을 정함으로써 합리적인 근로조건의 결정과 변경이 원활하게 이루어지도록 하여 근로자의 보호를 도모하면서 개별 근로관계의 안정에 이바지하는 것을 목적으로 한다.

10) <역자주> 일본 노동기준법 제2조(근로조건의 결정) ① 근로조건은 근로자와 사용자가 대등한 입장에서 결정하여야 한다.; 한국 근로기준법 제4조(근로조건의 결정) 근로조건은 근로자와 사용자가 동등한 지위에서 자유의사에 따라 결정하여야 한다.

11) <역자주> 일본 노동계약법 제3조(근로계약의 원칙) ① 근로계약은 근로자와 사용자가 대등한 입장에서 합의에 근거하여 체결, 변경하여야 한다.; 한국은 노동계약법이 없다.

그대로 해당되는 것일까? 비정규직이 고용정책의 목표로 여겨지지 않고, 또한 비정규직을 위한 특별한 보호 입법이 제정되지 않았던 것에서 보면(⇒ 제1장 1. 비정규직의 정의가 왜 법률에는 없는가), 법은 비정규직을 포함한 일반 근로자를 대상으로 한 규제 이외의 범위에서는 사적 자치(계약자유)를 존중하는 입장이었다고 해석할 수 있다. 근로자의 종속성을 고려한 사적 자치(계약자유)의 제한은 인정되지만 이러한 제약은 구체적인 입법에 따라 이루어져야 하며, 특별한 입법이 없는 한 사적 자치(계약자유)를 존중한다고 하는 논의는 비정규직에도 그대로 해당되기 때문이다.

즉, 근로계약에 따라 설정되는 비정규직의 근로조건은 계약법상의 일반적인 제한인 착오, 사기, 강박 등 의사표시의 무효 사유와 취소 사유에 해당하는 경우(민법 제95조,[12] 제96조[13]) 또는 공서양속(반사회질서의 법률행위)에 반하는 경우(동 제90조[14])가 아니면 적법한 것으로 유효

---

12) <역자주> 일본 민법 제95조(착오) 의사표시는 법률행위의 내용의 요소에 착오가 있는 때에는 무효로 한다. 다만, 표의자에게 중대한 과실이 있는 때에는 표의자는 스스로 그 무효를 주장할 수 없다.; 한국 민법 제109조(착오로 인한 의사표시) ① 의사표시는 법률행위의 내용의 중요부분에 착오가 있는 때에는 취소할 수 있다. 그러나 그 착오가 표의자의 중대한 과실로 인한 때에는 취소하지 못한다. ② 전항의 의사표시의 취소는 선의의 제삼자에게 대항하지 못한다.
13) <역자주> 일본 민법 제96조(사기 또는 강박) ① 사기나 강박에 의한 의사표시는 취소할 수 있다. ② 상대방 있는 의사표시에 관하여 제삼자가 사기를 행한 경우에는 상대방이 그 사실을 알 수 있었을 경우에 한하여 그 의사표시를 취소할 수 있다. ③ 전 2항의 규정에 의한 사기에 의한 의사표시의 취소는 선의의 제삼자에게 대항할 수 없다.; 한국 민법 제110조(사기, 강박에 의한 의사표시) ① 사기나 강박에 의한 의사표시는 취소할 수 있다. ② 상대방 있는 의사표시에 관하여 제삼자가 사기나 강박을 행한 경우에는 상대방이 그 사실을 알았거나 알 수 있었을 경우에 한하여 그 의사표시를 취소할 수 있다. ③ 전 2항의 의사표시의 취소는 선의의 제삼자에게 대항하지 못한다.
14) <역자주> 일본 민법 제90조(공서양속) 공공의 질서 또는 선량한 풍속에 반하는 사항을 목적으로 하는 법률행위는 무효로 한다.; 한국 민법 제103조(반사회질서의 법률행위) 선량한 풍속 기타 사회질서에 위반한 사항을 내용으로 하는 법률행위는 무효로 한다.

하게 되는 것이 원칙이다.

실질적으로 보아도, 자발형 비정규직의 사례처럼 비정규직의 지위에 시간적인 자유 등의 장점이 있음을 고려하여 근로시간이 짧거나 또는 기간의 정함이 있는 내용의 근로계약(또는 파견근로계약)을 자유의사에 따라 체결하는 사례가 있기 때문에 비정규직을 근로자 중에서도 한층더 종속성이 강한 근로자로 보아 계약자유를 제한하려는 것은 적절하지 않다.

해설 3 🔎 사적 자치의 일반적인 한계

법률에 명문의 근거 규정이 없는 경우에도 개별 사안에서 해당 계약을 체결하기에 이르렀던 사정 등을 고려하여 근로자를 보호해야 할 경우도 있다. 이러한 경우에 법원이 **'공서양속'**(민법 제90조, **반사회질서의 법률행위**), **'신의칙'**(노동계약법 제3조 제4항,15) 민법 제1조 제2항16)), **'권리남용'**(노동계약법 제3조 제5항,17) 민법 제1조 제3항18)) 등의 **'일반조항'**을 이용해 계약의 내용에 개입하는 것이 인정되는 것은 말할 것도 없다.

---

15) <역자주> 일본 노동계약법 제3조(근로계약의 원칙) ④ 근로자와 사용자는 근로계약을 준수함과 동시에 신의에 따라 성실히 권리를 행사하고 의무를 이행하여야 한다.

16) <역자주> 일본 민법 제1조(기본원칙) ② 권리의 행사 및 의무의 이행은 신의에 좇아 성실하게 행하여야 한다.; 한국 민법 제2조(신의성실) ① 권리의 행사와 의무의 이행은 신의에 좇아 성실히 하여야 한다.

17) <역자주> 일본 노동계약법 제3조(근로계약의 원칙) ⑤ 근로자와 사용자는 근로계약에 의하여 권리를 행사함에 있어 이를 남용해서는 아니 된다.

18) <역자주> 일본 민법 제1조(기본원칙) ③ 권리의 남용은 이를 허용하지 아니한다.; 한국 민법 제2조(신의성실) ② 권리는 남용하지 못한다.

(6) 노사자치란 무엇인가

사적 자치를 논의할 경우, 노동법상 또 하나 중요한 개념이 있다. 이것이 이미 몇 번인가 언급한 '**노사자치**' 혹은 '**집단적 자치**'(collective autonomy)이다(계약자유는 노사자치와 대비해 '**개별적 자치**'(individual autonomy)라고 부를 수 있다). 노사자치는 노동조합과 사용자(또는 사용자단체)의 법률관계나 그 밖의 문제를 해당 노사가 결정하는 것을 의미한다. 그 결정방법이 통상 단체협약이기 때문에 독일처럼 '**협약자치**'(Tarifautonomie)라고 부르는 국가도 있다. 노사자치가 사인인 '**노사**'에 따른 '**자치**'를 의미하는 것이므로 사적 자치에 포함된다.

노사자치의 근로자 측의 담당자인 '**노동조합**'은 기업과는 대등한 관계에 있다고 볼 수 있기 때문에 개별의 근로계약관계에서 볼 수 있는 종속성의 문제는 생기지 않는다. 그렇기 때문에 노사자치에 대한 법적 개입은 원칙적으로 정당화될 수 없게 된다.

특히 유럽 국가와 같이 노동조합의 조직형태의 중심이 '**산업별 노동조합**'인 국가에서는 체결되는 단체협약은 그 적용범위의 넓기 때문에(합의된 사항의 범위, 적용기업과 적용근로자의 범위의 넓음 등), 그 산업의 '**미니 노동법**'이라고 불릴 만한 실체가 있어 노사자치를 담당하기에 적합한 것이다.

이것과 비교해 일본은 '**기업별 노동조합**'이 중심이기 때문에 유럽과 같은 의미의 노사자치의 실태는 없다. 그러나 <보론 6>(일본의 노사자치)에서 살펴본 것처럼, 일본의 노사관계를 전체적으로 보면 여기에 노사자치라고 할 수 있는 실태가 있다. 또한 법이론적으로도 국가의 최고법규인 헌법(제28조)에서 근로자(노동자)의 단결권, 단체교섭권, 단체행동권의 3권(노동기본권)까지 보장하고 있는 국가는 선진국에서는 일본 이외에는 볼 수 없다.[19] 일본의 근로자는 공권력과 기업체로부터 방해

---

19) <역자주> 일본과 동일하게 한국 헌법 제33조 제1항에 노동3권 규정을 두고 있다.

를 받지 않고 단결할 수 있으며, 기업에 단체교섭을 요구하고, 파업을 비롯한 단체행동을 통해 자력으로 교섭력을 끌어올릴 수 있다. 기업에 대치하는 '무기'(武器)가 이만큼 보장되어 있는 것을 고려하면, 일본에서도 노동조합과 기업 사이에서 단체교섭이나 노사협의를 통해서 합의된 근로조건이나 노사 간의 제도 등 노사자치의 산물에 대하여 법이 노사의 대등성의 결여를 이유로 개입하는 것을 정당화하는 것은 적절한 것은 아니다.

보론 8   🖴   노사자치는 비정규직에게도 해당되는가?

노사자치의 근로자 측의 담당자는 정규직을 조직하는 기업별 노동조합(또는 그 상부단체)이기 때문에 비정규직은 노사자치에서 불거져 있는 존재라고 볼 수도 있다. 실제 비정규직의 노동조합 조직률은 높지 않다(⇒제1장 2. 데이터 노동조합 기초조사). 이러한 상황을 고려해 노동조합을 의지할 수 없는 비정규직의 이익을 보호하기 위하여 정부가 정규직 중심의 노사자치에 개입하는 것이 정당화될 수 있다는 견해도 있다.

그러나 최근 비정규직에 가입 자격을 개방하는 기업별 노동조합도 나타나고 있다. 또한 비정규직을 폭넓게 조직하는 기업별 노동조합이 아닌 노동조합(커뮤니티 유니언 등)의 활동도 활발해지고, 비정규직 조직률은 상승하는 추세에 있다. 또한 비정규직의 노동조합을 결성하여 헌법상 노동기본권을 행사하고, 그 교섭력을 키우는 길을 보장하는 것도 고려해야 한다.

근로자가 어떻게 자신의 이익을 지켜 나아갈 것인가는 근로자 스스로가 결정해야 하는 것이다. 비정규직이 정규직 노동조합을 통해 단결의 기반을 넓혀 가든지, 아니면 비정규직 독자적으로 노동조합을 결성하여 단결해 갈 것인가 등의 선택(단결하지 않을 선택도 포함)은 바로 노사자치의 내용인 것이다. 이러한 의미에서도 어떤 관점에서 비정규직의 노동조합 조직률이 낮다고 해도 이 때문에 즉시 비정규직에게는 노사자치는 해당되지 않는다고 하여 그 근로조건에 법의 개입을 정당화하는 것은 아니다. <u>그러나 이것은 비정규직에 특유한 문제에 대하여 근로자의 종속성 등에 근거한 입법의 개입까지를 부정하는 것은 아니다.</u>

이것은 노사자치가 당연히 감수해야 하는 제약이라고 해석할 필요가 있다.

(7) 이중의 의미에서의 사적 자치

앞에서 살펴본 이중의 '**자주성**'은 법적으로는 일본형 고용시스템에서 정규직의 지위와 비정규직의 지위는 '**노사자치**'와 '**계약자유**(개별적인 자치)'라는 이중의 사적 자치의 범위 내에서 실현하고 있는 것을 의미하고 있다. 따라서 정규직과 비정규직의 격차를 시정하기 위한 법의 개입은 노사자치를 침해할 뿐만 아니라, 비정규직의 계약자유를 침해할 수도 있다.

그러나 계약자유의 측면만을 보면 앞에서 살펴본 것처럼 '**법률**'에 따른 제한이 있을 수 있다. 실제로 노동법은 근로계약의 계약자유를 광범위하게 제한해 온 것도 사실이다. 다만, 비정규직에 대해서는 정부가 2007년에 '**파트노동법**'을 개정할 때까지는 특별한 입법을 하지 않았다. 이것은 비정규직의 계약자유에 대한 제약은 비정규직을 포함한 일반 근로자에 대한 노동보호법규로 충분하고, 그 이상의 입법에 따른 개입은 일본형 고용시스템을 구축한 노사자치를 고려하면 부적절한 것이라는 정책 판단을 했다고 볼 수 있다.

다음으로 정부의 사적 자치를 존중하는 태도가 2007년 파트노동법을 개정하기 이전에 구체적으로 어떠한 내용이었는지를 확인해 보고자 한다.

02 사적 자치를 제한하는 입법

(1) 노동기준법에 따른 개입과 계약자유

사적 자치의 원칙이 있다고는 해도 근로계약에서는 구체적인 입법의 적용 범위는 결코 좁은 것이 아니다. 이를 노동보호법규를 대표하는 '**노동기준법**'이 어느 범위까지의 사항(근로조건 등)을 규제하려고 하는지 및 그 규제가 어떠한 효력을 가지는지를 양면에서 보고서 확인해 두고자 한다.

먼저, '**규제의 범위**'를 보면 계약기간의 상한 규제(제14조[20]), 근로조건의 명시 의무(제15조),[21] 배상예정의 금지(제16조),[22] 전차금 상계의 금지(제17조),[23] 강제저금의 금지(제18조),[24] 해고의 기간적 제한(제19

---

20) <역자주> 일본의 노동기준법 제14조(계약기간) 근로계약은 기간의 정함이 없는 것을 제외하고, 일정한 사업의 완료에 필요한 기간을 정하는 것 외에는 3년(다만, 고도의 전문적 지식에 취업자, 만 60세 이상의 근로자의 근로계약에서는 5년)을 초과하는 기간에 대하여 체결할 수 없다.; 한국의 근로기준법 제16조(계약기간) 근로계약은 기간을 정하지 아니한 것과 일정한 사업의 완료에 필요한 기간을 정한 것 외에는 그 기간은 1년을 초과하지 못한다.[법률 제8372호(2007. 4. 11.) 부칙 제3조의 규정에 의하여 이 조는 2007년 6월 30일까지 유효함]

21) <역자주> 한국 근로기준법 제17조(근로조건의 명시) 임금, 근로시간, 휴일, 유급휴가, 기타 근로조건(대통령령)

22) <역자주> 한국 근로기준법 제20조(위약 예정의 금지) 사용자는 근로계약 불이행에 대한 위약금 또는 손해배상액을 예정하는 계약을 체결하지 못한다.

23) <역자주> 한국 근로기준법 제21조(전차금 상계의 금지) 사용자는 전차금이나 그 밖에 근로할 것을 조건으로 하는 전대 채권과 임금을 상계하지 못한다.

24) <역자주> 한국 근로기준법 제22조(강제 저금의 금지) ① 사용자는 근로계약에 덧붙여 강제 저축 또는 저축금의 관리를 규정하는 계약을 체결하지 못한다. ② 사용자가 근로자의 위탁으로 저축을 관리하는 경우에는 다음 각 호의 사항을 지켜야 한다. 1. 저축의 종류·기간 및 금융기관을 근로자가 결정하고, 근로자 본인의 이름으로 저축할 것 2. 근로자가 저축증서 등 관련 자료의 열람 또

조),25) 해고의 예고(제20조),26) 퇴직 시 등의 증명(제22조),27) 퇴직 시 등

는 반환을 요구할 때에는 즉시 이에 따를 것

25) <역자주> 한국 근로기준법 제23조(해고 등의 제한) ② 사용자는 근로자가 업무상 부상 또는 질병의 요양을 위하여 휴업한 기간과 그 후 30일 동안 또는 산전(産前)·산후(産後)의 여성이 이 법에 따라 휴업한 기간과 그 후 30일 동안 은 해고하지 못한다. 다만, 사용자가 제84조에 따라 일시보상(보상을 받는 근 로자가 요양을 시작한 지 2년이 지나도 부상 또는 질병이 완치되지 아니하는 경우에는 사용자는 그 근로자에게 평균임금 1,340일분의 일시보상을 하여 그 후의 이 법에 따른 모든 보상책임을 면할 수 있다.)을 하였을 경우 또는 사업 을 계속할 수 없게 된 경우에는 그러하지 아니하다.* 다만 한국의 경우에는 제 23조(해고 등의 제한) ① 사용자는 근로자에게 정당한 이유 없이 해고, 휴직, 정직, 전직, 감봉, 그 밖의 징벌(懲罰)(이하 "부당해고 등"이라 한다)을 하지 못 한다라는 규정을 두고 있다.

26) <역자주> 일본의 노동기준법 제20조(해고예고) ① 사용자는 근로자를 해고 하려면 적어도 30일 전에 그 예고를 하여야 한다. 30일 전에 예고를 하지 아니 하였을 때에는 사용자는 30일분 이상의 평균임금을 지급하여야 한다. 다만, 천 재사변 기타 부득이한 사유로 사업계속이 불가능하게 된 경우 또는 근로자의 귀책사유로 해고하는 경우에서는 그러하지 아니하다. ② 전항의 예고일수는 1 일에 관하여 평균임금을 지급한 경우에는 그 일수를 단축할 수 있다. ③ 전조 제2항의 규정은 제1항의 단서의 경우에 이를 준용한다. 그리고 일본노동기준 법 제21조 전조의 규정은 아래의 각 호의 1에 해당하는 근로자에 대해서는 적 용하지 아니한다. 다만, 제1호에 해당하는 자가 1개월을 초과하여 계속 사용되 게 된 경우, 제2호 또는 제3호에 해당하는 자가 소정의 기간을 초과하여 계속 사용되게 된 경우 또는 제4호에 해당하는 자가 14일을 초과하여 계속 사용되 게 된 경우에는 그러하지 아니하다. 1. 일용으로 고용된 자, 2. 2개월 이내의 기간을 정하여 사용된 자, 3. 계절적 업무에 4개월 이내의 기간을 정하여 사용 된 자, 4. 시용시간 중인 자.; 한국 근로기준법 제26조(해고의 예고) 사용자는 근로자를 해고(경영상 이유에 의한 해고를 포함한다)하려면 적어도 30일 전에 예고를 하여야 하고, 30일 전에 예고를 하지 아니하였을 때에는 30일분 이상의 통상임금을 지급하여야 한다. 다만, 다음 각 호의 어느 하나에 해당하는 경우 에는 그러하지 아니하다. 1. 근로자가 계속 근로한 기간이 3개월 미만인 경우 2. 천재·사변, 그 밖의 부득이한 사유로 사업을 계속하는 것이 불가능한 경우 3. 근로자가 고의로 사업에 막대한 지장을 초래하거나 재산상 손해를 끼친 경 우로서 '고용노동부령'으로 정하는 사유에 해당하는 경우(제4조(해고 예고의 예외가 되는 근로자의 귀책사유) 법 제26조 단서에서 "고용노동부령으로 정하 는 사유"란 별표와 같다.<개정 2010. 7. 12.>

의 금품의 반환(제23조),[28] 임금의 지급방법(제24조),[29] 비상시의 임금

---

27) <역자주> 일본의 노동기준법 제22조(퇴직 시의 증명) ① 근로자가 퇴직한 경우에 있어 사용기간, 업무 종류, 그 사업에서의 지위, 임금 또는 퇴직 사유(퇴직사유가 해고인 경우에는 그 이유를 포함)에 관하여 증명서를 청구한 경우에 있어 사용자는 지체 없이 이를 교부해야 한다. ② 근로자가 제20조 제1항의 해고의 예고가 된 날로부터 퇴직일까지의 사이에 당해 해고의 이유에 관하여 증명서를 청구한 경우에는 사용자는 이를 지체 없이 교부하여야 한다. 다만, 해고가 해고된 날 이후에 근로자가 당해 해고 이외의 사유에 의하여 퇴직한 경우에는 사용자는 당해 퇴직일 이후에는 이를 교부할 것을 필요하지 아니한다. ③ 앞의 2항의 증명서에는 근로자가 청구하지 아니한 사항을 기입하여서는 아니 된다. ④ 사용자는 미리 제3자와 모의해 근로자의 취업을 방해할 것으로 목적으로 하여 근로자의 국적, 신조, 사회적 신분 또는 노동조합운동에 관한 통신을 하거나 또는 제1항의 증명서에 비밀기호를 기입해서는 아니 된다.; 한국 근로기준법 제39조(사용증명서) ① 사용자는 근로자가 퇴직한 후라도 사용 기간, 업무 종류, 지위와 임금, 그 밖에 필요한 사항에 관한 증명서를 청구하면 사실대로 적은 증명서를 즉시 내주어야 한다. ② 제1항의 증명서에는 근로자가 요구한 사항만을 적어야 한다.; 제40조(취업 방해의 금지) 누구든지 근로자의 취업을 방해할 목적으로 비밀 기호 또는 명부를 작성·사용하거나 통신을 하여서는 아니 된다.

28) <역자주> 일본 노동기준법 제23조(금품의 청산) ① 사용자는 근로자가 사망 또는 퇴직한 경우에 권리자의 청구가 있는 경우에는 7일 이내에 임금을 지급하고, 적립금, 보증금, 저축금 그 밖에 명칭의 여하를 불문하고 근로자의 권리에 속하는 금품을 반환하여야 한다. ② 전항의 임금 또는 금품에 관하여 다툼이 있는 경우에는 사용자는 이의가 없는 부분을 동항의 기간 중에 지급하거나 또는 반환하여야 한다.; 한국 근로기준법 제36조(금품 청산) 사용자는 근로자가 사망 또는 퇴직한 경우에는 그 지급 사유가 발생한 때부터 14일 이내에 임금, 보상금, 그 밖에 일체의 금품을 지급하여야 한다. 다만, 특별한 사정이 있을 경우에는 당사자 사이의 합의에 의하여 기일을 연장할 수 있다.

29) <역자주> 일본 노동기준법 제24조(임금지불) ① 임금은 통화로 직접 근로자에게 그 전액을 지급하여야 한다. 다만, 법령 또는 단체협약에 다른 규정이 있는 경우 또는 후생노동성령에서 정하는 임금에 관하여 확실한 지급방법으로 후생노동성령에 정하는 바에 의하는 경우에는 통화 이외의 것으로 지급하고, 또한 법령에 다른 규정이 있는 경우 또는 당해 사업장의 근로자의 과반수로 조직된 노동조합이 있는 경우에는 그 노동조합, 근로자의 과반수로 조직된 노동조합이 없는 경우엔느 근로자의 과반수를 대표하는 자와의 서면에 의한 협정이 있는 경우에는 임금의 일부를 공제하여 지급할 수 있다. ② 임금은 매월 1

선불(제25조),[30] 휴업수당(제25조),[31] 성과급제(出來高拂制) 근로자의 최
저임금 보장(제27조),[32] 근로시간 규제(제32조),[33] 재해 등에 따른 임시

회 이상 일정한 기일을 정하여 지급하여야 한다. 다만, 임시로 지급하는 임금,
상여 이에 준하는 것으로서 후생노동성령이 정하는 임금(제89조에서 '임시의
임금 등'이라 한다)에 관하여는 그러하지 아니하다.; 한국 근로기준법 제43조
(임금 지급) ① 임금은 통화로 직접 근로자에게 그 전액을 지급하여야 한다.
다만, 법령 또는 단체협약에 특별한 규정이 있는 경우에는 임금의 일부를 공제
하거나 통화 이외의 것으로 지급할 수 있다. ② 임금은 매월 1회 이상 일정한
날짜를 정하여 지급하여야 한다. 다만, 임시로 지급하는 임금, 수당, 그 밖에
이에 준하는 것 또는 대통령령으로 정하는 임금에 대하여는 그러하지 아니하다.

30) <역자주> 일본 노동기준법 제32조(비상시 지급) 사용자는 근로자가 출산, 질
병, 재해, 그 밖에 후생노동성령으로 정하는 비상시의 경우의 비용에 충당하기
위하여 청구하면 지급기일 전이라도 기왕의 근로에 대한 임금을 지급하여야
한다.; 한국 근로기준법 제45조(비상시 지급) 사용자는 근로자가 출산, 질병,
재해, 그 밖에 대통령령으로 정하는 비상(비상)한 경우의 비용에 충당하기 위
하여 임금 지급을 청구하면 지급기일 전이라도 이미 제공한 근로에 대한 임금
을 지급하여야 한다.

31) <역자주> 일본 노동기준법 제32조(휴업수당) 사용자의 귀책사유로 휴업하는
경우에 사용자는 휴업기간 동안 근로자에게 평균임금의 100분의 60 이상의 수
당을 지급하여야 한다.; 한국 근로기준법 제46조(휴업수당) ① 사용자의 귀책
사유로 휴업하는 경우에 사용자는 휴업기간 동안 그 근로자에게 평균임금의
100분의 70 이상의 수당을 지급하여야 한다. 다만, 평균임금의 100분의 70에
해당하는 금액이 통상임금을 초과하는 경우에는 통상임금을 휴업수당으로 지
급할 수 있다. ② 제1항에도 불구하고 부득이한 사유로 사업을 계속하는 것이
불가능하여 노동위원회의 승인을 받은 경우에는 제1항의 기준에 못 미치는 휴
업수당을 지급할 수 있다.

32) <역자주> 일본 노동기준법 제27조(성과급제의 보장제) 성과급제 기타 도급
제로 사용하는 근로자에게 근로시간에 따라 일정액의 임금을 보장하여야 한
다.; 한국 근로기준법 제47조(도급 근로자) 사용자는 도급이나 그 밖에 이에 준
하는 제도로 사용하는 근로자에게 근로시간에 따라 일정액의 임금을 보장하여
야 한다.

33) <역자주> 일본 노동기준법 제32조(근로시간) ① 사용자는 근로자에게 휴식
시간을 제외하고 1주간에 대하여 40시간을 초과하여 근로시켜서는 안 된다.
② 사용자는 1주간의 각 일에 대해서는 근로자에게 휴식시간을 제외하고 1일
8시간을 초과하여 근로시켜서는 안 된다.; 한국 근로기준법 제50조(근로시간)
① 1주간의 근로시간은 휴게시간을 제외하고 40시간을 초과할 수 없다. ② 1

의 필요한 경우 시간외 근무(제33조), 휴식(제34조),34) 휴일(제35조)35),

일 근로시간은 휴게시간을 제외하고 8시간을 초과할 수 없다.

34) <역자주> 일본 노동기준법에서 근로시간이 6시간을 초과하는 경우에 45분 이상, 8시간을 초과하는 경우에 1시간 이상의 휴게시간을 근로시간의 도중에 부여하는 것을 사용자에게 의무화하고 있다(제34조 1항). 휴게시간은 일제히 부여해야 한다(제34조 2항). 개별 근로자가 각각의 휴게를 취하면, 제대로 휴식을 부여하는지 여부를 확인할 수 없기 때문이다. 다만, 업무의 내용별로는 일제히 휴게를 부여하는 것이 곤란한 경우도 있기 때문에 과반수대표와 노사협정이 있으면 이 원칙의 예외를 인정하고 있다(제34조 2항 단서). 근로자는 휴게시간을 자유롭게 이용할 수 있어야 한다(제34조 3항). 위반 시 징역 6개월 이하 또는 30만 엔 이하의 벌금이라는 벌칙이 있다(노동기준법 제119조 1호).; 한국 근로기준법 제54조(휴게) ① 사용자는 근로시간이 4시간인 경우에는 30분 이상, 8시간인 경우에는 1시간 이상의 휴게시간을 근로시간 도중에 주어야 한다. ② 휴게시간은 근로자가 자유롭게 이용할 수 있다. (위반 시 2년 이하의 징역 또는 2천만 원 이하의 벌금(양벌규정), 근로기준법 제110조).

35) 일본의 휴일은 노동기준법에서 사용자에게 주에 1일 휴일의 부여를 의무화하고 있다(제35조 제1항). 다만, 이 규정은 **4주간을 통하여 4일 이상의 휴일을 부여해도 좋다**(제35조 제2항. 이를 '**변형(탄력적) 휴일제**'라고 한다). 주휴제는 원칙적으로 법의 원칙이지만, 법적 강제는 실제로는 '**4주 4휴일**'이다. 휴일 규제에 위반한 사용자에게도 징역 6개월 이하 또는 30만 엔 이하의 벌금이라는 벌칙이 있다(제119조 1호).; 한국 근로기준법 제55조(휴일) ① 사용자는 근로자에게 1주일에 평균 1회 이상의 유급휴일을 주어야 한다(유급휴일은 1주 동안의 소정 근로일을 개근한 자에게 주어야 한다. 시행령 제30조)(위반 시 2년 이하의 징역 또는 1천만 원 이하의 벌금(양벌규정), 근로기준법 제110조).
② 사용자는 근로자에게 대통령령으로 정하는 휴일을 유급으로 보장하여야 한다. 다만, 근로자대표와 서면으로 합의한 경우 특정한 근로일로 대체할 수 있다. <신설 2018. 3. 20.> [시행일] 제55조제2항의 개정규정은 다음 각 호의 구분에 따른 날부터 시행한다.
1. 상시 300명 이상의 근로자를 사용하는 사업 또는 사업장, 「공공기관의 운영에 관한 법률」 제4조에 따른 공공기관, 「지방공기업법」 제49조 및 같은 법 제76조에 따른 지방공사 및 지방공단, 국가·지방자치단체 또는 정부투자기관이 자본금의 2분의 1 이상을 출자하거나 기본재산의 2분의 1 이상을 출연한 기관·단체와 그 기관·단체가 자본금의 2분의 1 이상을 출자하거나 기본재산의 2분의 1 이상을 출연한 기관·단체, 국가 및 지방자치단체의 기관: 2020년 1월 1일
2. 상시 30명 이상 300명 미만의 근로자를 사용하는 사업 또는 사업장: 2021년

36협정의 체결·신고에 따른 시간외 근로·휴일근로(제36조),[36] 시간외 근로·휴일근로의 경우 할증임금 지급 의무(제37조),[37][38] 사업장 밖 근

1월 1일

3. 상시 5인 이상 30명 미만의 근로자를 사용하는 사업 또는 사업장: 2022년 1월 1일

또한 우리나라의 경우 주휴수당은 '유급'휴일임금이다. 이는 임금의 계산, 부여 요건 등과 관련해 복잡하고 때로는 불합리한 문제를 시키므로 선진국의 경우처럼 '무급휴일'로 하는 법 개정이 필요하다. 다만, 월급제 또는 일급제의 경우 유불리를 해결하는 방안을 강구할 필요가 있다(임종률, 노동법, 박영사, 2017, 448면). 또한 개근하지 않은 근로자에게 1주 1회의 '무급'휴일은 주어야 한다(대법원 2004. 6. 25. 선고 2002두2857 판결).

36) <역자주> 일본의 '36협정'이란 연장근로의 사유를 제한 없이 어떠한 경우에 어느 범위까지 연장근로를 인정하는가에 대하여 36협정의 '노사협정'에 위임하고 있다(면벌적 효력). 노동기준법 제36조(시간외 및 휴일근로)에 규정해 '36협정'이라 한다. 36협정을 체결한 주체인 과반수대표란 그 사업장에서 근로자의 과반수로 조직된 노동조합이 있으면 그 노동조합(과반수 노동조합), 또한 그러한 노동조합이 없는 경우에는 근로자의 과반수를 대표하는 자(과반수대표자)를 말한다. 반면에 우리 근로기준법 제53조(연장근로의 제한) 제1항에서 "당사자 간에 합의하면 1주 간에 12시간 한도로 제50조의 근로시간을 연장할 수 있다"고 두고 있다.

37) <역자주> 일본의 연장근로의 가산임금은 25%(제37조 제1항)(야간근로 (22:00＝05:00) 25%(제37조 제4항), 휴일근로 35%(제37조 제1항), 위반 시 징역 6개월 이하 또는 30만 엔 이하의 벌금(제119조 1호)); 한국 근로기준법 제56조(연장/야간 및 휴일근로) 제1항에서는 사용자는 연장근로에 대하여 통상임금의 50% 이상을 가산해 근로자에게 지급하여야 한다(야간근로(22:00-06:00) 50% 가산임금, 다만 휴일근로의 경우 8시간 이내의 휴일근로는 50% 가산임금(제2항), 8시간을 초과한 휴일근로 100% 가산임금(제3항)).

38) 일본의 경우 휴일근로가 연장근로와 중첩되어도 가산율은 합산되지 않는다. 연장근로와 야간근로가 중첩된 경우에 가산율을 합산하는 것은 시간의 길이에 따른 가산 원인과 시간의 위치(시간대)에 따른 가산 원인이 중복하고 있기 때문이다. 휴일근로와 연장근로는 동일한 가산 원인이므로 합산하지 않는다. 휴일근로와 야간근로가 중첩되어도 가산율은 합산해 60%(＝35%＋25%) 이상을 지급한다(노동기준법시행규칙 제20조 제2항). 荒木尚志, 「労働法」, (第3版), 有斐閣, 2016, 166-167면, 1947.11.21. 基發 366호, 1958.2.13. 基發 90호, 1994.3.31. 基發 181호.; 휴일근로 중에 1일 8시간을 초과하는 근로가 이루어진 경우에 대해서는 휴일에서의 근로에는 휴일근로에 관한 규제만 미치며, 시간외근로에 관한

로의 간주근로시간제(제38조의2), 재량근로제의 경우의 간주근로시간제 (제38조의3, 제38조의 4), **연차유급휴가**(제39조), 재해보상(제8장), 취업규칙 (제9장) 등에서 규제를 실시하고 있다. 또한 취업규칙의 효력에 대해서 는 **노동계약법**에도 중요한 규정을 두고 있다(제7조,[39] 제9조,[40] 제10조,[41]

규제는 미치지 않으므로, 8시간을 넘는 부분에 대해서는 35% 이상의 할증률이면 가능하게 된다(菅野和夫,『労働法』(第10版), 弘文堂, 2012, 361면). 또한 1개월 60시간을 초과하는 시간외근로에 대하여 설정된 50% 이상의 특별할증률과의 관계에서는 1개월 시간외 근로시간수에 산입되어야 하는 시간외근로에는 법정휴일에서의 근로에는 포함되지 않지만, 법정휴일이 아닌 소정휴일에서의 시간외근로는 포함된다(菅野和夫,『労働法』(第10版), 弘文堂, 2012, 359면).
이 문제는 한국에서 매우 뜨거운 쟁점이 되고 있다. 현행 근로기준법 규정은 휴일근로의 연장근로 포함 여부에 대한 명확한 규정이 없다. 이전까지 행정해석은 8시간 초과 부분에 대해서도 중복할증을 부정하는 입장(연장근로수당만 지급)이었으나, 1991년 대법원 판결에 따라 1993년 행정해석이 변경되었다 (1993.5.31.,근기 01254-1099). 2000년 이후 일부 하급심에서 휴일근로 중복할증 인정에 대하여 ① 휴일근로 중복할증 여부 ② 1주 근로시간 한도에 관한 엇갈린 판결이 존재하고 있다. 대법원 관련 판결이 대법원 '소부'에서 '전원합의체'로 바뀌어 계류 중에 있다.

39) <역자주> 노동계약법 제7조 근로자와 사용자가 근로계약을 체결하는 경우에 사용자가 합리적인 근로조건을 정하고 있는 취업규칙을 근로자에게 주지시킨 경우에는 근로계약의 내용은 그 취업규칙에서 정한 근로조건에 의한 것으로 한다. 다만 근로계약에 있어 근로자와 사용자가 취업규칙의 내용과 다른 근로조건을 합의한 부분에 대하여는 제12조에 해당하는 경우를 제외하고 그러하지 아니하다.

40) <역자주> 노동계약법 제9조(취업규칙에 의한 근로계약 내용의 변경) 사용자는 근로자와 합의 없이 취업규칙을 변경함으로써 근로자에게 불이익하게 근로계약의 내용인 근로조건을 변경할 수 없다. 다만 다음 조의 경우는 그러하지 아니하다.

41) <역자주> 노동계약법 제10조 사용자가 취업규칙의 변경에 의해 근로조건을 변경한 경우, 변경 후의 취업규칙을 근로자에게 주지시키고, 또한 취업규칙의 변경이 근로자가 받는 불이익의 정도, 근로조건 변경의 필요성, 변경 후의 취업규칙의 내용의 상당성, 노동조합 등과의 교섭상황, 그 밖에 취업규칙 변경에 관한 사정에 비추어 합리적인 경우에는 근로계약의 내용인 근로조건은 그 변경 후의 취업규칙에 정한 바에 따른다. 다만, 근로계약에 있어 근로자와 사용자가 취업규칙의 변경에 의해서는 변경되지 않는 근로조건으로 합의한 부분에

제12조,[42] 제13조[43]).

또한 노동기준법의 부속법으로 **최저임금법**에 따른 최저임금 규제, **노동안전위생법**(한국은 산업안전보건법)에 따른 안전위생 규제가 있다.

〈역자주〉 한국의 근로기준법에만 있는 규정

(1) 해고제한 규정

■ 제23조(해고 등의 제한) ① 사용자는 근로자에게 정당한 이유 없이 해고, 휴직, 정직, 전직, 감봉, 그 밖의 징벌(懲罰)(이하 "부당해고 등"이라 한다)을 하지 못한다.

(2) 정리해고(경영상해고) 규정

■ 제24조(경영상 이유에 의한 해고의 제한)

① 사용자가 경영상 이유에 의하여 근로자를 해고하려면 긴박한 경영상의 필요가 있어야 한다. 이 경우 경영 악화를 방지하기 위한 사업의 양도·인수·합병은 긴박한 경영상의 필요가 있는 것으로 본다.

② 제1항의 경우에 사용자는 해고를 피하기 위한 노력을 다하여야 하며, 합리적이고 공정한 해고의 기준을 정하고 이에 따라 그 대상자를 선정하여야 한다. 이 경우 남녀의 성을 이유로 차별하여서는 아니 된다.

③ 사용자는 제2항에 따른 해고를 피하기 위한 방법과 해고의 기준 등에 관하여 그 사업 또는 사업장에 근로자의 과반수로 조직된

대하여는 제12조에 해당하는 경우를 제외하고 그러하지 아니하다.

42) 〈역자주〉 노동계약법 제12조(취업규칙의 변경절차) 취업규칙에서 정한 기준에 미달하는 근로조건을 정한 근로계약은 그 부분에 대해서는 무효로 한다. 이 경우 무효가 된 부분은 취업규칙으로 정한 기준에 의한다.

43) 〈역자주〉 노동계약법 제13조(법령 및 단체협약고 취업규칙의 관계) 취업규칙이 법령 또는 단체협약에 반하는 경우에는 그 반하는 부분에 대하여는 제7조, 제10조 및 전조(제12조)의 규정은 해당 법령 또는 단체협약의 적용을 받는 근로자와의 사이의 근로계약에 대해서는 적용하지 아니한다.

노동조합이 있는 경우에는 그 노동조합(근로자의 과반수로 조직된 노동조합이 없는 경우에는 근로자의 과반수를 대표하는 자를 말한다. 이하 "근로자대표"라 한다)에 해고를 하려는 날의 50일 전까지 통보하고 성실하게 협의하여야 한다.

④ 사용자는 제1항에 따라 대통령령으로 정하는 일정한 규모 이상의 인원을 해고하려면 대통령령으로 정하는 바에 따라 고용노동부장관에게 신고하여야 한다.

⑤ 사용자가 제1항부터 제3항까지의 규정에 따른 요건을 갖추어 근로자를 해고한 경우에는 제23조제1항에 따른 정당한 이유가 있는 해고를 한 것으로 본다.

■ 제25조(우선 재고용 등)

① 제24조에 따라 근로자를 해고한 사용자는 근로자를 해고한 날부터 3년 이내에 해고된 근로자가 해고 당시 담당하였던 업무와 같은 업무를 할 근로자를 채용하려고 할 경우 제24조에 따라 해고된 근로자가 원하면 그 근로자를 우선적으로 고용하여야 한다.

② 정부는 제24조에 따라 해고된 근로자에 대하여 생계안정, 재취업, 직업훈련 등 필요한 조치를 우선적으로 취하여야 한다.

(3) 해고의 서면통지

■ 제27조(해고사유 등의 서면통지)

① 사용자는 근로자를 해고하려면 해고사유와 해고시기를 서면으로 통지하여야 한다.

② 근로자에 대한 해고는 제1항에 따라 서면으로 통지하여야 효력이 있다.

③ 사용자가 제26조에 따른 해고의 예고를 해고사유와 해고시기를 명시하여 서면으로 한 경우에는 제1항에 따른 통지를 한 것으로 본다. <신설 2014.3.24.>

(4) 부당해고 구제신청 등

■ 제28조(부당해고 등의 구제신청)

① 사용자가 근로자에게 부당해고 등을 하면 근로자는 노동위원회에 구제를 신청할 수 있다.

② 제1항에 따른 구제신청은 부당해고 등이 있었던 날부터 3개월 이내에 하여야 한다.

(5) 이행강제금제도

■ 제33조(이행강제금) ① 노동위원회는 구제명령(구제명령을 내용으로 하는 재심판정을 포함한다. 이하 이 조에서 같다)을 받은 후 이행기한까지 구제명령을 이행하지 아니한 사용자에게 2천만 원 이하의 이행강제금을 부과한다.

② 노동위원회는 제1항에 따른 이행강제금을 부과하기 30일 전까지 이행강제금을 부과·징수한다는 뜻을 사용자에게 미리 문서로써 알려 주어야 한다.

③ 제1항에 따른 이행강제금을 부과할 때에는 이행강제금의 액수, 부과 사유, 납부기한, 수납기관, 이의제기방법 및 이의제기기관 등을 명시한 문서로써 하여야 한다.

④ 제1항에 따라 이행강제금을 부과하는 위반행위의 종류와 위반 정도에 따른 금액, 부과·징수된 이행강제금의 반환절차, 그 밖에 필요한 사항은 대통령령으로 정한다.

⑤ 노동위원회는 최초의 구제명령을 한 날을 기준으로 매년 2회의 범위에서 구제명령이 이행될 때까지 반복하여 제1항에 따른 이행강제금을 부과·징수할 수 있다. 이 경우 이행강제금은 2년을 초과하여 부과·징수하지 못한다.

⑥ 노동위원회는 구제명령을 받은 자가 구제명령을 이행하면 새로운 이행강제금을 부과하지 아니하되, 구제명령을 이행하기 전에 이미 부과된 이행강제금은 징수하여야 한다.

⑦ 노동위원회는 이행강제금 납부의무자가 납부기한까지 이행강제금을 내지 아니하면 기간을 정하여 독촉을 하고 지정된 기간에 제1

항에 따른 이행강제금을 내지 아니하면 국세 체납처분의 예에 따라 징수할 수 있다.

⑧ 근로자는 구제명령을 받은 사용자가 이행기한까지 구제명령을 이행하지 아니하면 이행기한이 지난 때부터 15일 이내에 그 사실을 노동위원회에 알려줄 수 있다.

(6) 법정퇴직금제도

■ 제34조(퇴직급여 제도) 사용자가 퇴직하는 근로자에게 지급하는 퇴직급여 제도에 관하여는「근로자퇴직급여 보장법」이 정하는 대로 따른다.

(7) 생리휴가

■ 제73조(생리휴가) 사용자는 여성 근로자가 청구하면 월 1일의 생리휴가를 주어야 한다.

(8) 직장내 괴롭힘

■ 제76조의2(직장 내 괴롭힘의 금지) 사용자 또는 근로자는 직장에서의 지위 또는 관계 등의 우위를 이용하여 업무상 적정범위를 넘어 다른 근로자에게 신체적·정신적 고통을 주거나 근무환경을 악화시키는 행위(이하 "직장 내 괴롭힘"이라 한다)를 하여서는 아니 된다.[본조신설 2019.1.15., 시행 2019. 11. 1.]

다음으로 '규제의 효력'을 보면 **노동기준법**에는 그 정한 근로조건의 기준을 밑도는 근로계약의 부분을 무효라고 하는 '**강행적 효력**'과, 이 무효로 된 부분은 법률이 정하는 기준이 직접으로 적용된다고 하는 '**직률적 효력**'('**보충적 효력**')이 있다(제13조44) 참조). 이러한 효력에 따라, 노동

---

44) <역자주> 노동기준법 제13조(이 법 위반의 계약) 이 법에서 정하는 기준에 미달인 근로조건을 정한 근로계약은 그 부분에 대하여는 무효로 한다. 이 경우에 무효로 된 부분은 이 법에서 정한 기준에 따른다"는 규정도 두고 있다.; 한

기준법이 정한 근로조건은 최저기준이 되고, 이것을 밑도는 근로조건에 합의하는 것을 법상 허용하지 않는다. 최저임금법에도 동일한 효력을 규정하고 있다(제4조 제2항).[45] 법률에는 당사자의 합의에 따라 법률에서 일탈하는 것을 부정하지 않는 '**임의규정**'[46][47]이나 법률상 효력이 없는 '**이념규정**' 및 '**훈시규정**'도 있고, 사법상의 효력이 없는(법원에 구제를 요구할 수 없는) '**노력의무규정**'이 있다. 하지만 노동기준법이나 최저임금법은 '**강행적 효력**'과 '**직률적 효력**'이라는 강력한 효력을 가지고, 계약자유를 제한하고 있는 것이다(이 밖에 노동기준법이나 최저임금법은 벌칙에 따른 공법적인 규제를 수반하고 있다. 노동안전위생법은 오로지 공법적 규제에 따라 동법의 이행을 담보하고 있다).

이와 같이 노동기준법을 대표하는 노동보호법규의 적용 범위는 광범위하게 걸쳐 있다. 노동보호법규의 적용대상자는 **근로자**이고, 이 점에

국 근로기준법 제15조(이 법을 위반한 근로계약) ① 이 법에서 정하는 기준에 미치지 못하는 근로조건을 정한 근로계약은 그 부분에 한하여 무효로 한다. ② 제1항에 따라 무효로 된 부분은 이 법에서 정한 기준에 따른다.

45) <역자주> 일본 최저임금법 제4조(최저임금의 효력) 제2항 최저임금의 적용을 받는 근로자와 사용자 사이의 근로계약 중 최저임금액에 미치지 못하는 금액을 임금으로 정한 부분은 무효로 하며, 이 경우 무효로 된 부분은 이 법으로 정한 최저임금액과 동일한 임금을 지급하기로 한 것으로 본다(=한국 최저임금법 제6조(최저임금의 효력) 제3항).

46) <역자주> 일본 민법 제91조(임의규정과 다른 의사표시) 법률행위의 당사자가 법령 중의 공공의 질서에 관하지 아니하는 규정에 다른 의사를 표시한 때에는 그 의사에 따른다.; 한국 민법 제105조(임의규정) 법률행위의 당사자가 법령 중의 선량한 풍속 기타 사회질서에 관계없는 규정과 다른 의사를 표시한 때에는 그 의사에 의한다.

47) <역자주> 일본의 경우 당사자의 합의가 있으면 그 합의가 우선되는 '**임의 법규**'(당사자의 합의로 변경하는 것이 인정되는 규정)가 있다. 대부분은 각각의 법규가 강행법규 또는 임의법규인지는 법조문상 명확하지 않고, 법규정의 취지 등에 비추어 판단된다. 민법은 공공질서에 관계하지 않는 규정은 임의법규로 하고 있기 때문에(제91조), 강행법규는 공공 질서 규정으로 이해할 수 있다(공공질서에 반하는 합의는 무효가 된다(제90조).

서는 정규직도 비정규직도 상위가 없다(⇒제1장 1. 왜 법률에는 비정규직의 정의가 없는가). 일본형 고용시스템에서 정규직과 비정규직의 격차는 노동보호법규가 규제하지 않는 범위, 내지는 노동보호법규가 규제하고 있지만 그 정한 기준을 초과하는 범위에서 발생하는 것이다. 이것은 바로 '사적 자치(계약자유)'가 적용되는 영역인 것이다.

(2) 차별금지규정에 따른 개입

사적 자치가 적용되는 분야라고 해도 일정한 차별금지 규정이 적용되면 불법이 될 수 있다. 예를 들어 최저임금을 상회하고 있다는 의미에서 적법한 수준의 임금이라고 해도 혹은 법률에 따른 규제가 없는 상여금에 대해서도 다른 근로자와의 비교에서 차별로서 위법이 될 수가 있다.

이러한 차별금지 규정의 대표적인 예는 '조합원의 차별'이다. 어느 근로자의 임금이 노동조합의 조합원이기 때문에 비조합원보다도 낮은 경우는 설령 그러한 것이 최저임금법에 따른 최저임금을 상회하는 경우라고 해도 위법(부당노동행위)이 된다(노동조합법 제7조 제1호).

이 밖에도 노동기준법에서는 '국적, 신조 또는 사회적 신분을 이유로 한 근로조건에 대한 차별'(제3조)과 '남녀 간의 임금차별'(제4조)이 위법이 되고 있다. 또한 다른 법률로는 장애인 차별을 금지하는 장애자고용촉진법 제35조 등이 있다(모집·채용시에 한정되지만, 연령차별도 금지하고 있다[노동시책 종합추진법 제9조]).

그러면 비정규직임을 이유로 한 차별을 금지하는 규정은 있을까? 노동기준법 제3조는 '사회적 신분'에 따른 차별을 금지하고 있기 때문에 비정규직임을 이유로 하는 차별은 여기에 해당될 것 같지만, 통설은 '사회적 신분'은 "자기 의사에 따라서는 피할 수 없는 사회적 분류"라고 해석하고(菅野 2017, 231쪽), 비정규직이라는 고용형태상의 구분은 '사회적 신분'에 포함되지 않는다고 한다(판례도 같은 취지). 결국 2007년의 파트노동법 개정에서 정규직(풀타임 근로자)과 동일시해야 하는 파트타임 근로자에 대하여 파트타임 근로자임을 이유로 한 차별을 금지하는 규정(당시 제8조, 현재 제9조)이 도입되기 전까지는 비정규직임을 이유로 한 차별을 금지하는 규정은 존재하지 않았다.

즉, 2007년 파트노동법을 개정할 때까지는 정규직의 지위와 비정규직의 지위의 격차를 문제 삼는 법률의 명문상의 근거는 없고, 사적 자치(계약의 자유)의 영역에 있었던 것이다.

/ **칼럼 8** ┊ 📖 간접차별 법리

'간접차별'이란 그 자체로는 누구에게도 적용되는 중립적인 기준이고 그러한 까닭에 차별적이지는 않지만, 이것을 적용한 결과 특정한 속성을 가진 자에게 불이익이 발생하는 형태의 차별을 말한다. 예를 들어 근로자의 모집 시에 업무상 이유 없이 일정한 이상의 신장(키)과 체중(몸무게)의 요건을 부과하여 여성에게 불리하게 되는 경우가 이것에 해당한다. 일본에서는 남녀고용기회균등법의 2006년 개정에서 '성(性)'을 이유로 하는 간접차별금지 규정을 도입하였다(제7조).

이러한 명문 규정이 없는 경우 차별금지 규정이 간접차별의 금지까지 포함하는지는 해석에 맡겨진다. 예를 들어 노동기준법 제4조는 남녀 사이의 임금차별을 금지하는 규정이지만, 이 차별에 간접차별도 포함하는지는 논란이 있다.

유럽에서는 파트타임 근로자에 대한 임금차별 문제는 당초 **남녀의 동일(가치)근로 동일임금 규정**(EEC 창립 조약 [로마조약] 제141조)을 근거로 여성에 대한 간접차별에 해당하는지의 여부를 둘러싸고 논의되었다. 일본의 노동기준법 제4조에서도 정규직이 남성이고, 비정규직이 여성이라는 경우에는 비정규직에 대한 차별은 여성에 대한 간접차별이라고 해석할 여지가 있다. 적어도 격차의 실질적인 이유가 여성인 것을 이유로 한 것으로 인정할 수 있는 경우에는 동조 위반의 성립을 인정할 수 있다(비정규직의 사례는 아니지만, 판례로서 산요물산(三陽物産) 사건.[48] 다만, 이 사례는 여성임을 이유로 한 직접차별로 평가할 수 있다). 일

본에서는 파트타임 근로자와 풀타임 근로자 사이의 임금 격차를 여성에 대한
간접차별로서 노동기준법 제4조 위반이라고 한 판례는 필자가 아는 범위에서는
아직까지는 없다.

---

03   사법의 동향

(1) 법의 흠결을 보충하는 판례

앞의 제3장 1.(사적 자치란 무엇인가)에서 살펴보았듯이, 정규직과
비정규직 사이의 격차를 직접 시정하려는 법률은 2007년 파트노동법을
개정할 때까지 존재하지 않았다. 그러나 법률로 규제가 없어도 법원이
규제해야 하는 사항에 법률의 규제가 없고('**법의 흠결**'[欠缺]49)), 이것이

---

48) 東京地判 1994.6.16 (労判 651호 15면) [三陽物産 事件] <最重判 131> 1991
    年 (ワ) 第5511号・1992年 (ワ) 第14509号.

49) <역자주> **법의 흠결**[法—欠缺]: 법으로 규율해야 할 사항에 관하여 법이 존재
    하지 않는 것. 법실증주의에서는 법의 논리적 완결성을 전제로 법의 흠결을 인
    정하지 않으나, 실제에서는 법이 그 규율대상인 사회현실과 정확하게 일치한다
    는 것은 하나의 이상(理想)에 불과하며 법의 흠결은 불가피한 것이다. 법 흠결
    의 원인은 필요한 모든 사항을 법에 포함할 수 없는 입법기술의 한계, 일부러
    법의 흠결로 남겨두는 입법의 보류(保留) 또는 위임(委任), 입법 당시에는 존재
    하지 않았던 사실의 발생・변경 등이다. 특히 법의 흠결은 성문법주의에서 일
    어난다. 그래서 법의 흠결을 줄이기 위하여 (i) 흠결된 사항에 대한 특별법의
    제정, 세부 규정의 마련, (ii) 다양한 사항에 포괄 적용가능한 '일반조항' 또는
    '불확정 개념'을 사용한다. 그럼에도 성문법은 법의 흠결을 완전하게 해소할 수
    없다. 이에 성문법에 의한 법의 공백을 보충하려면 성문법주의를 취하면서도
    불문법을 받아들이게 된다.
    법의 흠결이 최대 문제는 어떠한 사항에 관하여 재판규범이 결여되어 있는 경
    우이다. 민사사건에서는 재판규범의 흠결이 있더라도 재판거부금지의 원칙에

'사회적 정의'에 현저하게 반한다고 판단한 경우에 **조리(條理)**,[50] **신의칙**, **공서양속** 등을 근거로 스스로 흠결 보충적인 판례를 형성할 수는 있다 (이러한 판례는 나중에 법률로 도입되기도 한다). 앞의 제3장 1.(사적 차란 무엇인가)에서 살펴본 것처럼, 근로계약에서 근로자의 구조적인 종속성이란 이유만으로 법원이 명문의 법률상의 근거 없이 개입하는 것은 적절하지 않다. 법의 흠결이 인정되는 경우에 개입하는 것은 예외적으로 인정된다.

이러한 흠결 보충적인 판례의 노동법 분야에서 대표적인 사례는 **남녀고용기회균등법**을 제정하기 전에 **남녀 차별**에 관하여 전개되었던 판례이다. 동법을 제정하기 전에는 남녀 차별에 대해서는 노동기준법 제4조[51]의 남녀 동일임금의 규정만 존재했었는데, 법원은 헌법 제14조[52]

따라 법관은 반드시 재판을 해야만 한다. 이때에는 성문법→관습법→조리(條理)에 따른다(민법 제1조). 민법에 명문의 규정은 없으나 '판례법'도 법의 흠결을 보충하는 중요한 근거가 되고, 법의 해석도 큰 기능을 맡는다. 유추해석 등 각종의 논리해석의 방법은 그 기능과 관계된다. 하지만 형사사건에서 재판규범의 흠결은 관습형법이나 유추해석을 인정하지 않는 죄형법정주의의 원칙에 따라 곧 무죄를 의미한다.(네이버 지식백과─두산산백과)

50) <역자주> 조리[條理, naturalis ratio, Natur der Sache(독일어), nature des choses(프랑스어): 사물의 성질·순서·도리·합리성 등의 본질적 법칙을 의미한다. 경우에 따라서는 경험칙(經驗則)·공서양속(公序良俗)·사회통념(社會通念)·신의성실(信義誠實)·사회질서(社會秩序)·정의(正義)·형평(衡平)·법(法)의 체계적 조화·법의 일반원칙 등의 명칭으로 표현되는 일도 있다. 그 법원성에 대하여는 긍정설과 부정설이 있다. 아무리 완비된 성문법이라도 완전무결할 수 없다. 따라서 법의 흠결이 있을 경우에는 조리에 의하여 보충하여야 한다. 우리 민법 제1조는 "민사에 관하여 법률의 규정이 없으면 관습법에 의하고 관습법 없으면 조리에 의한다"(일본 민법은 관련이 없다)고 하여 민사재판에서 성문법도 관습법도 없는 경우에는 조리가 재판의 규범이 된다고 명문으로 규정하고 있으므로 조리는 보충적 효력을 가진다고 한다.[네이버 지식백과─법률용어사전]

51) <역자주> 노동기준법 제4조(남녀동일임금의 원칙) 사용자는 근로자가 여자임을 이유로 임금에 대하여 남자와 차별대우를 해서는 아니 된다.; 한국 근로기준법 제6조(균등한 처우) 사용자는 근로자에 대하여 남녀의 성(性)을 이유로

의 '**법 앞의 평등**'의 규정의 간접 적용, 민법 제1조 제2항 및 제3항(신의칙, 권리남용의 금지), 제90조(공서양속의 법률행위의 무효),⁵³⁾ 제709조(불법행위로 인한 손해배상)⁵⁴⁾ 등을 적용하고, 일정한 구제를 부여해 왔다(대표적인 판례는 남녀 정년차별에 관한 **닛산(日産) 자동차 사건**⁵⁵⁾).

그런데 정규직과 비정규직 사이의 시정에 대해서는 법원이 이와 같은 흠결보충적 개입을 하지도 않았다. 그 이유는 법원도 이 격차가 일본형 고용시스템에 의해 만들어진 것이고, 그 일본식 고용시스템 자체가 노사자치의 산물로서 사적 자치의 영역에 속하는 것을 의식하고 있었기 때문이라고 추측할 수 있다.

해설 4   🔑 단체협약은 비정규직에도 적용 가능?

노동조합법 제17조⁵⁶⁾는 단체협약으로 정한 근로조건은 그 공장 및 사업장 차원

차별적 대우를 하지 못하고, 국적 · 신앙 또는 사회적 신분을 이유로 근로조건에 대한 차별적 처우를 하지 못한다.

52) <역자주> 일본 헌법 제14조(법 앞의 평등) ① 모든 국민은 법 아래 평등하며 인종, 신조(信條), 성별, 사회적 신분 또는 문벌(門閥)에 의하여 정치적, 경제적 또는 사회적 관계에 있어서 차별받지 아니한다.; 한국 헌법 제11조 ① 모든 국민은 법 앞에 평등하다. 누구든지 성별 · 종교 또는 사회적 신분에 의하여 정치적 · 경제적 · 사회적 · 문화적 생활의 모든 영역에 있어서 차별을 받지 아니한다.

53) <역자주> 일본 민법 제90조(공서양속) 공공의 질서 또는 선량한 풍속에 반하는 사항을 목적으로 하는 법률행위는 무효로 한다.; 한국 민법 제103조(반사회질서의 법률행위) 선량한 풍속 기타 사회질서에 위반한 사항을 내용으로 하는 법률행위는 무효로 한다.

54) <역자주> 일본 민법 제709조(불법행위에 의한 손해배상) 고의 또는 과실로 인한 타인의 권리 또는 법률상 보호되는 이익을 침해한 자는 이에 의하여 발생한 손해를 배상할 책임을 진다.; 한국 민법 제750조(불법행위의 내용) 고의 또는 과실로 인한 위법행위로 타인에게 손해를 가한 자는 그 손해를 배상할 책임이 있다.

55) 最3小判 1981. 3. 24 (民集 35巻 2号 300면) [日産自動車 事件] 1979年(オ) 第750号.

에서 **동종의 근로자의 4분의 3 이상**에 적용되는 경우에는 다른 동종의 근로자에 대하여 단체협약을 체결한 노동조합에 가입하고 있지 않은 경우에도 자동적으로 적용된다고 하는 **단체협약의 확장 적용**('일반적 구속력'이라고도 한다) **제도**를 규정하고 있다. 법 규정에 따라 정규직이 조직한 노동조합이 체결한 단체협약이 정한 근로조건을 비정규직에게도 확장 적용하면 근로조건의 격차 해소로 이어질 수 있다.

노동조합법 제17조의 적용을 둘러싸고는 일찍이 '**본공(本工)**'이 조직한 노동조합이 체결된 단체협약이 '**임시공**'(臨時工)에게 적용되는지가 문제되었다. 여기에서 특히 쟁점이 된 것이 본공과 임시공이 '**동종(동일한 종류)의 근로자**'라고 할 수 있는가에 있었다. 많은 판례는 동종성의 판단에는 작업 내용이나 작업 형태의 동일성이 필요하다고 했기 때문에 일반적 구속력의 혜택을 받은 것은 본공에 가까운 취업실태가 있는 '**기간적(基幹的) 임시공**'에 한정되었다.

그러나 단체협약의 확장 적용은 **인적 적용범위**(단체협약이 대상으로 하고 있는 근로자의 범위)에 포함되어 있다. 하지만 이것은 어떠한 이유로 노동조합에 가입하지 않은 근로자에게 적용하는 것을 목적으로 한 제도로, '동종의 근로자'는 단체협약의 인적 적용범위에 포함되어 있는 자를 가리킨다고 해석해야 한다. 따라서 노동조합이 비정규직에게 노동조합의 가입 자격을 인정하지 않고, 그러한 까닭에 단체협약의 인적 적용 범위에도 포함되어 있지 않는 경우에는 비정규직 근로자를 '동종의 근로자'라고 하여 정규직만을 조직하는 노동조합의 단체협약을 확장 적용하는 것은 인정되어서는 안 된다.

---

56) <역자주> 일본 노동조합법 제17조(일반적 구속력) 하나의 사업장에 상시 사용되는 동종 근로자의 4분의 3 이상의 수의 근로자가 하나의 단체협약의 적용을 받게 된 때에는 당해 사업장에 사용되는 다른 동종의 근로자에 대하여도 당해 단체협약이 적용되는 것으로 본다.; 한국 노조법 제35조(일반적 구속력) 하나의 사업 또는 사업장에 상시 사용되는 동종의 근로자 반수 이상이 하나의 단체협약의 적용을 받게 된 때에는 당해 사업 또는 사업장에 사용되는 다른 동종의 근로자에 대하여도 당해 단체협약이 적용된다.

(2) 고용해지의 제한법리

하지만 이러한 법원의 신중한 태도도 예외가 있었다. 이것은 유기
근로계약의 고용(계약)해지57)를 제한하기 위하여 구축된 판례 법리이다.

근로계약에 기간의 정함이 있는 경우에 정해진 기간이 만료되면
근로계약이 종료되는 것이 원칙이다. 유기고용 근로자의 고용이 불안정
하게 되는 것은 이 때문이다. 그런데 최고재판소(대법원)는 1974년에 **유
기고용의 임시공**이 근로계약을 반복갱신되어 기간화(基幹化)되어 있는 경
우에는 갱신의 거절에 대하여 해고법리를 유추해야 한다고 했다(도시바
야나기쵸(東芝柳町)공장 사건).58) 이것이 '**고용해지 제한법리**'(내지 '고용해지
법리')이다. 해고 법리의 유추(類推)란 1975년에 해고권의 남용법리가 구
축된 후에는 **해고권의 남용법리**(노동계약법을 제정한 후 동 제16조)의 유추
적용을 의미하는 것이 된다.

도시바 **야나기쵸(東芝柳町)공장** 사건에서는 임시공은 계약서에 기재
된 기간은 2개월로 있었던바, 갱신을 거듭하여 마치 무기계약과 실질적
으로 다르지 않은 상태로 존속하고 있었다고 인정되고, 결과적으로 고
용해지의 의사표시는 실질적으로 해고의 의사표시에 해당한다고 판단
되었다. 실질적으로 해고에 해당하고, 해고의 법리가 유추된다는 것은
근로계약은 기간이 만료하지만 당연히 종료하지 않고, 그 종료에는 취
업규칙상의 '근거'나 '정당한 이유'가 필요하다는 것이다.

또한 그 다음의 최고재판소 판결에서는 무기계약과 실질적으로 같
은 상태라고까지는 말할 수 없는 사례에서도 공장의 임시직원(臨時員)
(계약기간은 2개월)이 계절적 노무나 특정물의 제작과 같은 임시적인 작
업을 위해 고용된 것이 아니고, 그 고용관계는 어느 정도 계속이 기대

---

57) <역자주> 고용(계약)해지(やといどめ, 雇(い)止め): 근로계약 기간 만료 시
     에 사업주가 계약 갱신[연장]을 거부하고 일방적으로 계약을 종료시키는 것.
58) 最1小判 1974. 7. 22 (民集 28卷 5号 927면) [東芝柳町工場 事件]<最重判65.
     1970年(オ) 第1175号.

되어 있으며 실제로도 5회에 걸쳐 계약이 갱신되었다고 하는 사실관계
에서는 고용해지에 대하여 해고에 관한 법리가 유추된다고 판시하였다
(히타치 메디코(日立メディコ) 사건).[59]

그 후 최고재판소 판결은 이상과 같은 고용해지 제한법리를 "유기
근로계약이 마치 무기 근로계약과 실질적으로 다르지 않는 상태로 존재
하는 경우 또는 근로자에 있어서 그 기간이 만료된 후에도 고용관계가
계속될 것으로 기대하는 것에 합리성이 인정되는 경우에는 유기 근로계
약의 고용해지는 객관적으로 합리적인 이유가 결여되어 사회통념상 상
당하다고 인정되지 않는 경우에는 허용되지 않는다는 법리이다"라고 정
식화하고 있다(파나소닉 플라즈마 디스플레이(파스코) 사건).[60]

고용해지 제한법리는 비정규직인 유기고용 근로자의 고용해지에
대하여 해고의 법리를 어디까지나 유추적용하는 것에 불과하고, 고용해
지를 해고와 완전히 동일시하는 것은 아니다. 또한 이 법리를 적용해
고용해지가 부당하다고 해도 유기 근로계약의 갱신이 강제되는 것에 불
과했다.

사실, 도시바 야나기쵸공장 사건의 제1심 판결에서는 반복 갱신에
따라 임시공의 임시성이 잃어버린 결과, 본공 계약으로 되지는 않지만,
무기계약으로 전환하였다고 판단하였다. 그러나 최고재판소 판결은 "유
기 근로계약이 마치 무기 근로계약과 실질적으로 다르지 않는 상태로
존재한다"고 해도 무기 근로계약으로 전환하는 것까지는 인정하지 않았다.

최고재판소는 유기고용 근로자의 고용에 대한 계약이 반복 갱신되
어 실질적으로 무기고용으로 인정하거나, 계속 고용의 기대에 합리성이
있는 경우의 고용해지 규제가 없는 것을 '법의 흠결'이라고 판단하였다.

---

59) 最1小判 1986. 12. 4 (労判 486号 6면) [日立メディコ 事件] 1981年(オ) 第
    225号.
60) 最2小判 2009. 12. 18. (民集 63巻 10号 2754면) (パナソニックプラズマティ
    スクプレイ (パスコ) 事件) <最重判 14> 2008年 (受) 第1240号.

다만, 이때 최고재판소이 무기고용으로의 전환이라는 것처럼, 보다 정규
직에 가까운 지위를 부여하는 것까지는 인정하지 않았던 점은 중요하다.

일본형 고용시스템에서는 근로계약기간은 단순한 근로조건의 하나
가 아니다. 무기고용은 기업이 장기적인 관점에서 인재를 육성하는 대
상으로 선별한 결과를 보여주는 것이다. 따라서 근로계약이 반복 계속
되고 있었다는 사실이 있을 뿐이고, 또한 근로자 쪽에 계속 고용의 기
대가 있다고 하는 것만으로, 무기고용으로 전환을 인정하는 것은 일본
형 고용시스템에서는 허용하기 어려운 개입이 된다.

또한 고용해지 제한법리는 현재는 2012년 노동계약법을 개정해 성
문화하였다(제19조).[61][62] 동 개정은 아울러 '무기전환의 룰'도 도입하였
다(제18조).[63][64] 이것은 일본형 고용시스템을 고려한다고 하는 사법(司

---

61) <역자주> 노동계약법 제19조(유기근로계약의 갱신 등) 유기근로계약으로서
다음의 각 호의 어느 하나에 해당하는 것의 계약기간이 만료하는 날까지의 사
이에 근로자가 그 유기근로계약의 갱신신청을 한 경우 또는 계약기간의 만료
후 지체 없이 유기근로계약의 체결신청을 한 경우로서, 사용자가 그 신청을 거
절하는 것이 객관적으로 합리적인 이유를 결여하고 사회통념상 상당하다고 인
정되지 않는 때에는, 사용자는 종전의 유기근로계약의 내용인 근로조건과 동일
한 근로조건으로 그 신청을 승낙한 것으로 간주한다.
    1. 유기근로계약이 과거에 반복하여 갱신된 적 있는 것으로서 그 계약기간의
       만료 시에 그 유기근로계약을 갱신하지 않음으로써 유기근로계약을 종료시
       키는 것이 기간의 정함이 없는 근로계약을 체결하고 있는 근로자에게 해고
       의 의사표시를 함으로써 기간의 정함이 없는 근로계약을 종료시키는 것과
       사회통념상 동일시될 수 있다고 인정될 것
    2. 근로자에게 있어서 유기근로계약의 계약만료 시에 그 유기근로계약이 갱신
       되는 것으로 기대하는 것에 대하여 합리적인 이유가 있는 것이라고 인정될
       수 있는 것
62) <역자주> 반복갱신에 의하여 무기근로계약과 실질적으로 다르지 않거나, 또
는 갱신의 합리적 기대가 있는 유기근로계약에 대해서는 해고권 남용법리를
유추적용한다는 법리(고용중지법리)를 조문화한 규정이다.
63) <역자주> 노동계약법 제18조(유기근로계약의 기간의 정함이 없는 근로계약
으로의 전환) ① 동일한 사용자와의 사이에 체결된 2 이상의 유기근로계약(계
약기간의 시기가 도래하기 전의 것은 제외한다. 이하 이 조에 있어 같다)의 계

法)[65]이 보이고 있던 신중한 태도를 **입법으로 크게 수정한 것을 의미한다**

　약기간을 통산한 기간(다음 항에서 '통상계약기간'이라 한다)이 5년을 넘는 근로자가 사용자에 대하여, 현재 체결하고 있는 유기근로계약의 계약이 만료하는 날까지의 사이에, 만료하는 날의 다음 날로부터 노무가 제공되는 기간의 정함이 없는 근로계약의 체결신청을 한 때에는, 사용자는 그 신청을 승낙한 것으로 간주한다. 이 경우 그 신청에 관련된 기간의 정함이 없는 근로계약의 체결신청을 한 때에는, 사용자는 그 신청을 승낙한 것으로 간주한다. 이 경우 그 신청에 관련된 그 기간의 정함이 없는 근로계약의 내용인 근로조건은, 현재 체결하고 있는 유기근로계약의 내용인 근로조건(계약기간을 제외한다)과 동일한 근로조건((근로조건(계약기간을 제외한다)에 대하여 별도의 정함이 있는 부분을 제외한다)으로 한다.

　② 사용자와의 사이에 체결된 하나의 유기근로계약의 계약기간이 만료한 날과 그 사용자와의 사이에 체결된 그 다음의 유기근로계약의 계약기간의 초일과의 사이에 이들 계약기간의 어디에도 포함되지 않는 기간(이들 계약기간이 연속한다고 인정되는 것으로서 후생노동성령에서 정하는 기준에 해당하는 경우의 어디에도 포함되지 않는 기간을 제외한다. 이하 이 항에서 '공백기간'이라 한다)이 있고, 그 공백기간이 6월(그 공백기간의 직전에 만료한 하나의 유기근로계약의 계약기간[그 하나의 유기근로계약기간을 포함한 2 이상의 유기근로계약기간의 사이에 공백기간이 없는 때에는, 2 이상의 유기근로계약의 계약기간을 통산한 기간. 이하 이 항에서 같다]이 1년에 미달하는 경우에는 그 하나의 유기근로계약의 계약기간에 2분의 1을 곱하여 얻은 기간을 기초로 하여 후생노동성령에서 정한 기간. 이상인 때에는 공백기간 전에 만료한 유기근로계약의 계약기간은 통산계약기간에 산입하지 않는다).

64)　<역자주> 유기근로계약이 갱신되어 총 '5년'(이용가능기간)을 초과하면, 무기근로계약으로 변경(전환)할 수 있도록 하는 권리가 근로자에게 부여된다(제18조. 5년의 기산은 2013년 4월 1일 이후(-2019년 4월), 개정부칙 제1항, 제2항 2012년 정령(政令) 267호). 일본 정부는 본조에 대하여 시행 후 '8년'을 경과한 경우에 시행 상황을 고려하면서 검토해, 필요하다고 인정된 경우에는 그 결과를 기초로 필요한 조치를 강구하도록 하고 있다(개정부칙 제3항). 이 규정은 근로자는 유기고용인 대로라면, 법률에서 부여받은 권리(연차유급휴가 등)를 행사할 수 없는 등 정규직 이상으로 종속적 지위에 있기 쉬워지는 것을 고려해 신설하였다. 이러한 의미에서 종속노동론에 따른 입법의 하나로 볼 수도 있었다(이를 위해 대학 등의 연구자나 교원, 고도의 전문지식 등을 가진 자 등 종속성이 희박한 근로자에게 '특례'도 있는 것이다).

65)　<역자주> 사법(司法): 국가의 기본적인 작용의 하나. 어떤 문제에 대하여 법을 적용하여 그 적법성이나 위법성, 권리관계 따위를 확정하여 선언하는 일.

(⇒ 제5장 2. 노동계약법 2012년의 개정).66)

66) <역자주> **유기고용계약의 법규제와 노동계약법의 작성 경위**: 일본에서 서비스경
제화와 여성, 고령근로자의 증가 등에 따라 고용형태의 다양화가 진전되어 노
동법제를 이러한 구조변화에 곧바로 대응하는 것이 필요하였다. 1998년 및
2003년 개정 노동기준법에서 근로계약기간의 상한규제가 완화되었다. 상한은
일반근로자(원칙) 3년, 특례근로자(예외) 5년으로 되었고, 그 담보로서 행정지
도의 통달이 '고시'로 격상되었다(2003년 제14조 제2항, 제3항). 이 당시에 시
행 후 3년을 경과한 시점에서의 재검토 규정이 마련되었다(부칙 제3조). 또는
노동계약법 요강에 대한 노동정책심의회 근로조건분과회의답신(2006. 12. 27.)
에서는 유기계약에 대하여 '이번에 강구하게 된 시책 이외의 사항에 대해서도
계속해 거모하는 것이 적당하다'고 제언하였다. 이렇게 유기근로계약연구회의
검토를 거쳐서 유기노동계약법에 관한 검토가 3자 구성의 노동정책심의회 근
로조건분과회의에서 2010년 10월부터 시작되었다. 그 분과위원회에서는 (i)
유기근로계약의 이용을 일시적인 노동수요가 있는 경우에 제한 하는 '입구규
제'의 시비, (ii) 반복갱신의 횟수나 기간에 대하여 상한을 마련하는 '출구규제'
의 시비, (iii) 판례의 고용중지법리를 조문화하는 '고용중지규제'의 시비, (iv)
유기계약근로자를 위한 균등·균형처우 룰의 명문화 등이 주요한 논점이었다.
심의는 난항을 겪었지만, 2011년말에 (i)의 입구규제는 채택하지 않고, (ii)-
(iv)의 규제를 노동계약법 중에 새로운 조항으로 추가하는 것으로 항 동 분과
회의 최종보고를 정리했다. 이에 따르면, 2012년 2-3월에 법조 요강의 심문과
답신, 법안의 각의 결정과 국회 상정이 순차적으로 이루어졌다. 2012년 2월 분
과회의에서 '노동조합측'은 유기근로계약은 합리적인 이슈가 없는 경우(예외사
유에 해당하지 않는 경우)에는 체결할 수 없는 구조로 해야 한다고 주장하고,
그 전제로서 근로계약에 대해서는 기간의 정함이 없는 것을 원칙(유기의 것은
예외)으로 해야 한다고 주장하였다. 분과회의 최종보고에서는 '예외업무를 둘
러싼 분쟁다발에 대한 우려와, 고용기회의 감소 우려 등을 바탕으로 조치를 강
구해야 한다는 결론을 맺지 못하였다. 이에 대하여 菅野和夫 교수는 "유기근로
계약의 원칙적 금지는 실제로는 기업과 근로자 양측에게 고용의 선택지를 대
폭적으로 감소시킬 수도 있기 때문에 현명한 결론이라고 평가한다(菅野和夫,
勞動法, 308-311면). 또한 유기근로계약의 외국 입법동향을 보면 **'유럽국가'**에서
는 유기근로계약이 불안정한 고용이라는 점에 착안하여 그 체결시 합리적인
이유(노동력의 일시적인 수요나 교육훈련상의 필요성 등)를 필요로 하거나, 갱
신회복의 한도나 갱신에 따라 입법되었다, 반면에 부당한 차별을 금지한 뒤 노
동시장의 자유를 관철하는 **'미국'**에서는 유기근로계약의 이용은 계약의 자유에
위임해 왔다. 그 후 **'한국'**이나 **'중국'**에서도 유기계약근로자의 차별적 취급을 금
지하거나 일정기간 경과 후 유기근로계약을 무기근로계약으로 전환시키는 등
유기근로계약에 대한 강력한 규제를 실시하게 되었다(菅野和夫, 勞動法, 308-

(3) 비례적 구제를 인정하였던 마리코 경보기 사건 판결

비정규직의 저임금 문제에 대해서도 사법(司法)은 사적 자치를 존중하는 입장을 취해 왔다. 예를 들어 파트타임 근로자의 격차문제에 대하여 처음으로 근로자 구제를 인정한 획기적인 판례라고 언급하였던 **마르코 경보기(丸子警報器) 사건** 판결[67]도 다음에서 보는 것처럼 정규직과 비정규직의 격차를 위법으로 인정하는 것에는 신중한 입장을 보이고 있었다.

"사용자가 고용계약에서 어떻게 임금을 결정하는가는 기본적으로 계약자유의 원칙이 지배하는 영역이며, 근로자와 사용자의 힘 관계의 상위에 주목해 근로자의 보호를 위하여 입법화된 각종 노동법규상의 규제를 보더라도 노동기준법 제3조(균등대우), 제4조(남녀 동일임금 원칙)와 같은 차별금지 규정과 임금의 최저한을 보장하는 최저임금법은 존재하지만 동일(가치)근로 동일임금의 원칙이 천명하는 실정법의 규정은 아직 존재하고 있지 않다. 그러면 명문법규는 없어도 '공의 질서'(사회질서)로서 이 원칙이 존재한다고 생각해야 하는가 하면, 이것에 대해서도 부정하지 않을 수 없다. 이것은 지금까지 우리나라(일본)의 많은 기업에서는 연공서열에 따른 임금체계를 기본으로 하고, 또한 경력에 따른 임금의 가산 또는 부양 가족수당의 지급 등 다양한 제도를 마련해 온 것으로, 동일(가치)근로에 단순히 동일임금을 지급해 온 것은 아니다. 요즘의 기업에서는 기존의 연공서열이 아닌 급여체계를 채택하려는 동향도 볼 수 있다. 하지만 여기에서도 동일(가치)근로 동일임금 등의

311면).

67) 長野地上回支判 1996. 3. 15. (労判 690号 32면) [丸子警報器 事件] ＜最重判 71＞ 2005年 (フ) 第109号.

기준이 단순하게 적용되고 있다고는 반드시 말할 수 없는 상황이기 때문이다. 게다가 동일 가치의 근로에 동일한 임금을 지급해야 한다고 말하더라도, 특히 직종이 다른 근로를 비교하는 경우에는 그 근로가치가 동일한 것인지 여부를 객관성을 가지고 평가판정하는 것은 사람의 근로라는 것의 성질상 매우 곤란한 것은 분명하다. …요약하면, 이 <u>동일(가치)근로 동일임금의 원칙은 후술하는 바와 같이 불합리한 임금격차를 시정하기 위한 하나의 지도이념으로는 될 수 있어도, 이것에 반하는 임금 격차가 즉시 위법이 된다는 의미에서의 공서(公序)(사회질서)로 간주할 수 없다고 말하지 않으면 안 된다.</u>"

판결은 이상과 같이 밝히고, 정규직과 비정규직 사이에서 "동일(가치)근로 동일임금의 원칙은 근로관계를 일반적으로 규율하는 법규범으로 존재한다고 생각할 수 없다"고 명언하였다. 그러나 이 판결은 '동일(가치)근로 동일임금 원칙의 기초에 균등대우의 이념은 임금 격차의 위법성 판단에서 하나의 중요한 결정 요소로 고려해야 하며, 그 이념에 반하는 임금 격차는 사용자에게 허용된 재량의 범위를 일탈한 것으로서 공서 양속 위반의 위법을 초래하는 경우가 있다"라고 하고, <u>결론적으로 이 사건에서 가장 중요한 근로 내용이 정규직과 동일한 것이고, 일정한 기간 이상 근무한 임시원에 대해서는 연공이라는 요소도 정규직과 마찬가지로 고려해야 한다고 하여, **20% 이상의 격차**는 위법이라고 하여 그 차액에 대한 손해배상책임을 인정하였다</u>('비례적 구제').

이렇게 이 판결은 정규직과 비정규직의 임금 격차에 대하여 직무 내용이나 근속연수의 관점에서 정규직과 다르지 않은 취업실태에 있는 비정규직('의사(疑似) 비정규직')에 한정하여 계약 내용의 수정은 하지 않은 채 과거의 격차 부분의 일정 부분을 민법의 불법행위(손해배상) 법리로 구제하는 것을 인정한 것이다(이 후에도 이 판결과 같은 패러다임에 기초한 후, 그러한 사안이 비정규직과 동일가치근로에 종사하는 비교 가능한 정규직이

없었기 때문에 손해배상책임을 부정한 판례로서 **교토시 여성협회**(京都市女性協會) 사건이 있다).[68]

(4) 구제를 부정한 일본우편체송 사건 판결

다만, 다음의 판례는 과거 손해분의 일부 구제라는 억제적인 구제 조차도 부정한 사례가 있다. 이것은 **일본우편체송**(日本郵便遞送) **사건**이 다.[69] 이 판결은 다음과 같이 판시하고 있다(밑줄은 필자).

"임금 등 근로자의 근로조건은 근로기준법 등에 따른 규제가 있지 만, 이러한 법규에 반하지 않는 한에서는 당사자 사이의 합의에 따라 정해지는 것이다. 우리나라(일본)의 많은 기업에서는 임금은 연공서열에 따른 임금체계를 기본으로 하여 기업에 따라 그 내용 은 다르지만, 학력, 연령, 근속연수, 직능 자격, 업무 내용, 책임, 성과, 부양가족 등의 다양한 요소에 따라 정해져 왔다. 근로의 가 치가 동일한지 여부는 직종(職種, 직무의 종류)이 다른 경우는 물론, 비슷한 직종에서도 고용형태가 다르면, 이것을 객관적으로 판단하 는 것은 어렵고, 임금이 근로의 대가라고 해도 반드시 일정한 임 금의 지급기간만의 근로의 양에 따라 이것이 지급되는 것이 아니 고, 연령, 학력, 근속연수, 기업 공헌도, 근로 의욕을 기대하는 기 업 측의 의사 등이 고려되고, 순수하게 근로의 가치에 따라서만 결정되는 것은 아니다. 이와 같이 <u>장기고용제도 아래에서는 근로 자에 대한 미래의 기대를 포함하여 '연공형 임금체계'가 취해져 왔</u>

---

68) 大阪高判 2009. 7. 16. (労判 1001号 77면)[京都市女性協会 事件] 2008年 (ネ) 第2188号.

69) 大阪地判 2002. 5. 22. (労判 830号 22면) [日本郵便遞送 事件] 2000年 (ワ) 14386号.

던 것이고, 연공에 따라 임금의 증가가 보장되는 한편으로 이것에 상응한 **자질의 향상**이 기대되고, 동시에 장래의 **관리자적 입장**에 설 수 있는 것도 기대됨과 동시에, 다른 한편으로 이것에 대응한 **복무 및 책임**이 요구되고, 연찬(研鑽, 학문 따위를 깊이 연구함)의 노력도 요구되고, **배치전환**, '**강급**'(降級), '**강격**'(降格)70) 등도 부담지게 된다. 이것에 대하여 기간고용근로자의 임금은 이것이 원칙적으로는 단기적인 수요에 기초한 것이기 때문에 그때마다의 노동시장의 시세에 따라 정해지는 경향을 가지고, 장래에 대한 기대가 없기 때문에 일반적으로 연공적인 고려는 되지 않고, 임금제도에는 장기고용 근로자와 상위(差違, 차이)가 설정될 수 있는 것이 일반적이다. 그래서 장기 고용근로자와 단기 고용근로자는 고용형태가 다르고 또한 임금제도도 다른 것이 되지만, 이것을 반드시 불합리하다고 할 수 없다.

노동기준법 제3조(균등대우) 및 제4조(남녀동일임금의 원칙)도 '고용형태의 상위'에 근거로 한 임금 격차까지를 부정하는 취지는 아니라고 해석된다.

이러한 것에서 원고들이 주장하는 동일근로 동일임금의 원칙이 일반적인 법규범으로서 존재하고 있다고는 말하기 어려운 것으로, 일

---

70) <역자주> 다만, 일본의 경우 영업소장을 영업소의 성적 부진을 이유로 영업사원으로 '강격'(降格＝강직＝강등)하는 경우와 근무성적 불량을 이유로 하여 부장을 일반직으로 '강격'할 경우와 같이 일정한 보직을 해제하는 강격에 대하여 취업규제에 근거 규정이 없어도 인사권의 행사로서 재량적 판단에 의하여 가능하다고 판단하고 있다. 강격에는 직위와 직무를 격하시키는 경우(승진의 반대조치)와 직능자격제도상의 자격이나 직무·역할 등급제상의 등급을 저하시키는 경우(승격의 반대조치)가 있다. 또 징계처분으로서의 강격과 업무명령에 의한 강격(인사이동의 조치)이 있다. 강격의 경우 대체로 권한, 책임, 요구되는 기능 등의 저하를 동반하고, 따라서 이러한 것에 따라 정해져 있는 임금(기본급, 보직수당)의 저하를 초래하는 것이 일반적이다. 즉 강격에 의한 임금의 인하는 취업규칙(임금규정 등)에서 정해진 임금의 체계와 기준에 따라서 이루어져야 한다(菅野和夫, 勞動法, 681-684면).

반적으로 기간 고용의 임시 종업원에 대하여 이것을 정규직과 다른 임금체계에 따라 고용하는 것은 정규직과 동일한 근로를 요구하는 경우에서도 계약자유의 범주이며, 어떠한 위법이 없다고 해야 한다."

이 판결은 정규직과 비정규직 사이의 격차는 임금제도 자체의 상위에서 유래하는 것이고, 장기고용을 전제로 한 정규직과 단기고용을 전제로 한 비정규직 사이에서 임금제도가 다른 것은 불합리하다고는 말할 수 없다고 판시하고 있다. 이것은 일본형 고용시스템에서 정규직 지위와 비정규직의 지위의 상위를 직접적으로 **법률론**(法律論)에 실어서 사적 자치를 존중하는 입장을 보였던 것이라고 할 수 있다.

(5) 사법의 신중한 태도

비정규직으로 채용됐지만 그 후 지속적으로 고용되어(유기 근로계약의 반복 갱신 등) 기업의 중요한 업무에 종사하거나 관리직을 부여받게 된 경우(비정규직의 기간화 사례 등), 취업의 실태를 고려해 근로조건의 격차가 위법이라고 하여 불법행위로 인한 손해배상이 인정되는 것에 대해서는 일반론으로서 이론(異論)은 없다.

다만, 이러한 구제가 인정되는 것은 비정규직이 더이상 단기고용 근로자라고는 규정하지 않고, 기업에 대한 공헌도에서도 정규직과 변함없이 이른바 기업 조직의 구성원으로 정규직에 비견할 수 있는 취업실태가 있는 경우, 즉 해당 비정규직에 정규직과의 비교 가능성이 있는 경우이다.

마르코 경보기 사건의 비정규직은 직무도 근로시간도 같고, 계약의 반복 갱신이 이루어져 근속이 장기이며, 이러한 의미의 비교 가능성이 인정되는 예외적인 경우였다고 볼 수 있을 것이다(大內 2010). 그렇게

보면 일본우편체송(日本郵便遞送) 사건 판결까지 명확한 것은 아니라고
해도, 마르코 경보기 사건 판결도 결국 사적 자치를 경시하는 것은 아
니다. 오히려 의사(疑似) 비정규직의 경우에도 불법행위에 의한 비례적
구제밖에 인정하지 않았던 점에서 보면 이 당시 법원은 임금의 격차문
제에 대해서도 사적 자치를 존중하고, 여기에 개입하는 것에 신중한 태
도를 가졌다고 평가해도 좋을 것이다.

04   학설의 동향

(1) 대립하는 학설

고용의 안정성에 대해서는 1974년에 구축된 고용해지 제한법리가
있었기 때문에 우선 일정한 법적 해결을 하고 있었다. 하지만 근로조건
의 격차에 대해서는 사적 자치에 맡겨진 채 헤이세이(平成) 시대에 돌입
하였다. 이러한 가운데 정규직과 비정규직 사이의 격차문제에 대하여
학설은 격차에 개입할 것인지 여부, 개입한다고 하면 그 법적 근거는
무엇인지, 또한 법적 근거가 있다면 어떻게 어느 정도까지 개입할 수
있는지를 놓고 논쟁을 펼쳐왔다. 처음에는 (ⅰ) 노동기준법 제3조(균등
대우) 및 제4조(남녀동일임금의 원칙), 또는 (ⅱ) 국제적인 논의의 조류를
근거로 하여 '인권 보장'의 관점에서 개입을 근거 짓는 입장이 있는 반
면, (ⅲ) 정규직과 비정규직의 격차에는 합리성이 있고, 일반조항인 공
서양속(민법 제90조)을 근거로 개입하기에 적합하지 않다고 하는 입장이
있었다(학설의 자세한 내용은 미즈차미(水町) 1997, 오오우치(大內) 編 2014,
제1장 제1절 (3) 파트타임이나 유기 및 파견은 근로조건의 한 가지[오오키(大
木) 집필]을 참조).

이러한 가운데, 앞의 제3장 3.(사법의 동향)의 마르코 경보기 사건에서 실제로 동일근로 동일 임금이 쟁점이 된 것을 계기로서 학설의 논의는 더욱 깊어졌다. 여기에서는 2007년 파트노동법을 개정하면서 새로운 '균등·균형대우 규정'을 도입하기 전에 주장했던 대표적인 견해를 살펴보고자 한다.

(2) 사적 자치를 중시하는 견해

우선, '처우격차'에 대해서는 기본적으로 사적 자치에 맡겨야 한다는 견해가 있었다(菅野·諏訪) 1998).[71] 이 견해는 해석론으로는 "파트타임 근로자(비정규 직원)라는 이유로 더 열등한 임금은 최저임금을 명확히 하는 한 '개별적 고용관계' 또는 '단체적(집단적) 노사관계'에서 사적 자치, 즉 계약관계에 맡겨져 있다. 현행법상 계약관계에 있어 사적 합의 내용을 위법으로 하는 유일한 단서는 계약 내용에 일반적인 틀을 씌우는 민법 제90조의 공서이다"라고 하고, 그 공서에 대해서는 "균등대우 원칙은 노동시장의 유연성과 그 법규제에 대해서 사고방법에 의존하는 입법정책 과제에서 남녀 사이의 균등대우와 같은 인류의 보편적 인권 원리라고는 할 수 없을 것 같다"고 하고 "직종 개념이 애매한 일본에서는 '동일(가치)근로'는 임금결정의 그저 하나의 기준에 불과하며, 그 밖에 연령, 근속연수, 학력, 근무평가, 성과, 부양가족, 잔업·전근 등의 구속도 등의 다종다양한 기준이 병용되고", "고용형태도 이러한 기준의 하나"인 일본에서는 "유럽과 같은 동일근로 동일임금은 산업사회의 실태로서 성립하지 않으며, 또한 원칙적으로도 인지(認知)되어 있지 않다"고 하였다.

---

71) 菅野和夫·諏訪康雄 「パートタイム労働と均等待遇原則—その比較法的ノート」 山口俊夫先生古稀記念 『現代ヨーロッパ法の展望』 (1998年, 東京大学出版会) 113면 이하.

또한 **입법론**으로도 "균등대우원칙은 서구 산업사회에서 동일(가치) 근로 동일임금 원칙을 기반으로 하고 있고, 명확한 기준을 가진 사회적인 구성 개념에 따라 요청되고, 또한 담보되고 있는 것에 유의해야 한다"고 하고, "균등대우 원칙의 입법화는 파트는 단순 정형근로에, 정규직은 비정형적 판단적인 근로에 라고 하는 경영 측의 대응을 초래하여, 결국 전체로서의 파트타임 근로자의 지위 향상에 연결되지 않는다고 하는 경고(警告)[72]는 국제비교에 있어서 전혀 뒷받침이 없는 것은 아닌 것처럼 생각된다"고 하여 법의 개입에 부정적인 입장을 나타냈다.

이것은 일본형 고용시스템에서는 정규직과 비정규직 사이는 비교가능성이 없고, 법이 개입해 격차를 시정하기 위한 법적 근거가 없다(공서 위반성도 없다)고 하는 동시에 입법론으로도 이러한 개입은 적절하지 않다고 설명하는 견해이다. 법에 따른 계약 내용의 수정을 부정할 뿐만 아니라, 불법행위로 인한 손해배상청구까지 거부한 점에서 사적 자치(계약자유)를 철저히 한 것이라고 할 수 있다.

이와 같이 <u>사적 자치를 철저히 하는 견해</u>는 그 후 모습을 볼 수 없게 되지만, **최근 부활하는 경향도 볼 수 있다**(⇒ <보론 17>(주목할 만한 최근의 학설)에서 본 大木 2018).[73]

(3) 균등대우를 지향하는 견해

사적 자치를 철저히 하는 견해와는 달리, 계약자유를 초월하는 강

---

72) <역자주> 경고: 일본의 법령에는 규정되어 있지 않지만 행정지도로서 '경고'와 '주의'가 있다. 먼저 '경고'는 법 위반을 인정할 정도로 증거가 충분하지 않지만 법 위반의 의심이 있는 경우에 행한다. '주의'는 법 위반의 존재를 의심할 증거조차 없지만 법 위반으로 이어질 우려가 있는 경우에 행한다. '권고'에 이를 정도는 아니지만 행위의 개선이 필요한 경우에 (행정)지도가 이루어진다.

73) 大木正俊 「非正規雇用の雇用保障法理および處遇格差是正法理の正當化根拠をめぐる一考祭」 日本勞働研究雜誌 691号 (2018年) 10면 이하.

행적인 법규범으로서 동일(가치)근로 동일임금의 원칙을 긍정하고, 정규직과 비정규직의 사이에도 이 원칙을 적용해야 한다는 견해도 있었다. 동일(가치)근로 동일임금은 문자 그대로 파악하면, 비교 가능성의 기준을 동일(가치)근로로 하게 되는데, 이를 일본의 고용실태에 맞게 개량하고 논의를 정치화(精緻化)하는 계기가 된 것이 비교 가능성을 동일한 구속성인 것을 요구하는 '동일(同一)의무 동일임금설'이다(미즈마치(水町) 1997).[74] 이 견해는 근로의 양과 질, 기업에 따른 구속도(잔업, 배치전환, 근무시간외 활동의 제약, 근무시간의 결정, 휴가취득 시의 근로자의 자유 없음 등)로부터 의무의 동일성을 평가하고, 이것이 긍정되면 동일임금을 지급해야 한다.

그 밖에 헌법 제13조(개인의 존중/행복추구권/공공의 복지), 제14조(법 앞의 평등), 노동기준법 제3조(균등대우), 제4조(남녀 동일임금 원칙)를 근거로 "사용자는 근로자를 합리적 이유 없이 차별적으로 취급하는 경우에는 '공서'에 위반된다고 평가하고…, 이 균등대우 원칙에 따른 사용자의 의무내용의 하나로서 동일(가치)근로를 이루는 근로자에 대한 동일임금 지급의무가 포함된다고 해야 한다"고 한 후, 구체적으로 풀타임 근로자와 파트타임 근로자의 임금 상위가 합리적이라는 것은 "연령, 학력, 직무(업무의 범위와 책임), 능률, 기능, 근속기간, 기업공헌도 등의 상위에서 비롯되는 경우"이라고 하는 견해(浅倉(아사쿠라) 1996)[75]도 유력하게 주장되었다.

이 두 학설은 일본식 고용시스템 하에서도 정규직과 비정규직 사이의 격차를 위법이라고 할 여지가 있다는 생각을 기초로 하여 균등한 대우를 의무화하기 위한 기준(혹은 격차가 정당하다고 여겨지는 기준)을 모색한 견해라고 할 수 있다.

---

74) 水町勇一郎『パートタイム労働の法律政策』(1997年, 有斐閣)

75) 浅倉むつ子 「パートタイム労働と均等待遇原則─新白砂電機事件に関する法的検討(下)」労働法律旬報 1387号 (1996年) 38면 이하.

(4) 비례적 구제를 지향하는 견해

이상과는 달리, 마르코 경보기 사건 판결을 비판적으로 검토하면서, 파트노동법의 구 제3조("사업주가 그 고용하는 단시간 근로자에 대하여 그 취업의 실태, 통상의 근로자와의 균등 등을 고려하여 적정한 근로조건의 확보 및 교육훈련의 실시, 복리후생의 충실, 그 밖의 고용관리의 개선 … 을 도모하기 위하여 필요한 조치를 강구함으로써 해당 단시간 근로자가 그 소유의 능력을 유효하게 발휘할 수 있도록 노력하는 것으로 한다.")의 규정에서 보여지는 '균형의 이념'을 근거로 "사용자가 파트타임 근로자의 현저한 임금 격차를 방치하고 있는 경우에 이것이 공서(공의 질서) 위반으로 위법성을 갖추어, 민법 제709조에 근거한 불법행위책임(손해배상책임)을 발생시킨다"라고 하고, 불법행위에 따른 비례적 구제의 사고방법을 연마한(brush-up) 견해도 있다(土田(츠치다), 1999).[76] 이 견해에서는 "사용자가 '균형의 이념'에 위반했는지 여부는 ① 임금 격차의 정도가 파트근로자의 근로 내용(질 및 양의 두 측면) 및 구속의 내용에 입각하여 사회적으로 허용할 수 있는지 여부라는 면을 기본으로 하면서, ② 사용자가 그 시정에 노력했는가라는 노사자치의 기능 면(구체적으로는 파트근로자의 처우 개선 및 정규 근로자로의 '등용제도'의 활용 등)도 고려해 판단할 필요가 있다"고 하고 있다.

이 견해는 계약자유의 원칙과 실정법화된 '균형의 이념'의 조정을, 불법행위에 따른 '비례적 구제'라는 수법으로 실현하는 것이다. 정규직과 파트타임 근로자 간의 대우격차의 문제는 양자의 동일성을 문제라고 하기보다 격차는 허용한 후에 적절한 균형을 어떻게 하여 도모할 수 있는지가 핵심인 것을 지적한 점에서 **학설사**(學說史)의 중요한 공헌이 있다.

---

76) 土田道夫 「パートタイム労働と 『均衡の理念』」 民商法雑誌 119卷4=5号
   (1999年) 543면 이하.

05 소결

　정규직과 비정규직의 격차는 존재한다. 그러나 제2장(비정규직의 실상)까지 살펴보았듯이 비정규직 대부분이 주된 생계 유지자가 아닌 경우도 있고, 비정규직 자체가 노동시장의 약자로 특별한 고용정책의 목표가 된 경우는 없었다. 이것을 법적으로 지탱하는 원리가 **사적 자치**였다. 특히 비정규직의 지위가 일본형 고용시스템이라는 노사가 자주적으로 창출한 제도에서 정규직으로서의 지위와 보완적인 관계에 있는 것(**노사자치**), 또한 비정규직의 자리에 오르는 것은 비정규직 본인이 자주적으로 체결한 계약에 따른 것(**계약자유**)이기 때문에 그 고용이나 근로조건에 개입하는 것은 이중의 의미에서 사적 자치에 반하는 것이라고 말하였다.

　이 중 '**계약자유**'에 대하여는 2007년의 파트노동법 개정까지는 일반 근로자를 대상으로 한 입법 개입은 있었다(최저임금법이라는 최저기준 입법이나 차별금지 규정 등). 하지만 비정규직을 대상으로 한 규제는 존재하지 않았다. 정규직과 정규직의 격차는 법을 규제하지 않는 영역에서 생겨난 것으로 법은 이를 계약자유의 문제로 방임하고 있었다. 이러한 자세는 비정규직과 정규직의 격차가 일본식 고용시스템 내에서 생겨난 것으로, 여기에 개입하는 것은 노사자치에 반한다고 보았던 것도 의미한다. 즉 법은 노사자치(집단적 자치)를 존중하고, 그러한 까닭에 계약자유(개별적 자치)도 존중한다는 이중적 의미로 사적 자치를 존중해 온 것이다.

　사법(司法)의 장에서도 이러한 입법 태도와 조리(條理)를 맞추었다. 유기 근로계약의 고용해지에 대해서는 고용해지의 제한법리를 구축하는 형태로 법원은 개입을 했는데, 이것은 계약이 반복 계속되어 실질적으로 무기한 고용상태가 되고 있는지, 고용 계속의 기대가 합리적이라고 하는 상황에서 고용해지의 제한이 없는 것이 뚜렷하게 정의에 반한다(법의 흠결이 있다)고 하는 것과 같은 한정된 경우에 해고에 준한 취급이 행해진 것에 지나지 않고, 또한 부당하다고 간주된 경우에서도 무기고용으로 전환하는 것이 아니라, 유기 근로계약의 갱신이 강제되는 데 그치는 것이었다.

또 근로조건의 격차에 대해서도 하급심의 판례 중에는 **마루코 경보기 사건 판결**과 같이 격차 시정을 인정하는 판단한 사례도 있다. 하지만 이것은 정규직과 동일시할 수 있는 의사 비정규직의 사안으로, 한편 계약내용의 시정을 인정한 것이 아니라, 불법행위로서 과거 격차의 일부를 손해로 하는 비례적 구제를 인정한 것에 불과하였다. 즉, 사법에서도 사적 자치를 우선시키고, 여기에 강하게 개입하는 것에는 신중하였던 것이다.

한편, 학설 중에는 근로조건의 격차문제를 중심으로 철저한 '**사적 자치 우위론**'과 그에 반하여 '**동일(가치)근로 동일임금 원칙**' 등을 근거로 한 법적 개입을 인정하는 견해가 대립하고 있었다. 그러나 법적 개입을 긍정하는 학자도 일본형 고용시스템 그 자체를 부정하는 것이 아니라, 정규직과 동일성(비교가능성)이 인정되는 경우에 구제를 인정하는 것과, 격차를 인정한 후에 그 격차가 균형을 잃고 있는 경우에 비례적 구제를 인정하는 것 등에 그치고 있었다.

즉 파트노동법의 2007년 개정 이전의 상황을 보면 입법, 사법(司法), 학설 모두가 일본형 고용시스템 그 자체를 근본적으로 재검토하는 움직임은 없고, 부분적으로 수정하려는 움직임(사법에 따른 고용해지의 제한법리나 근로조건 격차에 대한 불법행위에 따른 부분적 구제 등)은 있지만, **특히 그 후의 시대와 비교하면, 사적 자치(노사자치·계약자유)가 널리 인정받았다고 평가할 수가 있다.**

CHAPTER

04

소극적 개입의 시대

격차의 사회문제화

(1) 고용 포트폴리오

일본형 고용시스템에서의 정규직과 비정규직의 이중구조는 1995년 당시 **일본경영자단체연맹**(일경련[日經連, 닛케렌]. 현재는 **일본경제단체연합회** [경단련(經團連, 케이단렌)][77]으로 통합되어 있음)이 「**신시대의 '일본적 경영'** 」(新時代の日本的經營)을 발표해, (i) 근로자를 장기적인 시점에 선 인재 를 육성하고 활용하는 대상이 되는 **'장기 축적능력 활용형 그룹'**(정규직), (ii) 일반(generalist)형[78]의 정규직에게는 없는 전문적인 기능을 가진 전

---

77) <역자주> 경단련: 일본 대기업을 중심으로 1,400여 기업으로 구성된 연합회 이다. 한국의 '전경련'(전국경제인연합회)과 비슷한 조직이다. 현재의 일본 경 제단체 중에서 가장 큰 영향력을 가지고 있다. 2019년 경단련 회장은 히타치제 작소의 나카니시 히로아키 회장이다.

78) <역자주> généralist, (전문의에 대하여) 일반[종합] 의사; 갖가지 지식[기능] 이 있는 사람, 만능 선수.〈OPP.〉 specialist.

문가(specialist)로서 활용되는 '고도 전문능력 활용형 그룹', (iii) 경영상황
의 변화에 따라 고용조정의 대상이 되는 '고용 유연형 그룹'(전형적 비정규
직)이라는 세 유형으로 나누어, 이들의 조합에 따른 고용관리에 따라서
경영환경의 변화에 대응한 인사노무관리를 실시해 가는 것('고용 포트폴
리오')을 제창함으로써 새로운 국면을 맞이하였다.

고용 포트폴리오는 원래 투자나 자산내용 등에 사용되는 단어인
'포트폴리오'(portfolio)를 인건비 관리의 적정화를 위하여 응용한 것으로,
(i) 저출산·고령화 진행에 따른 연공형 임금의 인건비 부담 증가, (ii)
플라자 합의(1985년)[79]에 따라 급격한 엔고(환율 환산에 따른 임금의 상승)

---

79) <역자주> 플라자합의와 엔고불황: 제1차 석유위기 후 1974년의 불황 속에서
기업의 합리화 정책의 효과가 나타나기 시작하고, 자동차나 컬러 TV 등 기계
류가 수출증가의 주력이 되면서 1975년부터 일본의 수출은 다시 급증하기 시
작하였다. 그러나 1977-1978년에 걸쳐 엔고가 진행되고, 1979년 제2차 석유위
기까지 겹쳐 일본의 수출은 다시 침체상태에 빠졌다. 그런데 미국의 지미 카터
대통령이 계속되는 달러 약세를 막기 위해 1980년 4월 달러화 방위조치를 내
놓자 환율은 1982년 10월 274.70엔까지 떨어지게 되고, 이에 일본의 수출도
1984년 이후 크게 회복하였다. 하지만 엔저로 일본의 무역수지 흑자가 지나치
게 늘어나자 1985년 9월 뉴욕의 플라자호텔에서 5개국 재무장관·중앙은행총
재회의(G5)에서 달러 절하와, 엔과 마르크의 절상을 합의하였다('플라자합의').
이러한 엔고로 1986년 후반 수출산업의 불황으로 일본 경제는 침체되기 시작
했다(엔고불황).
경기가 자율 회복은, (i) 수입물가 저하의 영향이 널리 확산된 것이다. 엔고불
황이라도 수출산업이 불황이었지 비수출산업은 호황으로 비수출형 산업의 이
익률은 1986년부터 상승하였다. (ii) 엔고에 의한 수출가격 인상을 회피하기
위한 기업 측의 합리화 노력이다. 낮은 가격수준에서도 채산이 맞고 기업이 이
윤을 낳을 만큼 합리화에 성공해 1985-1991년에 수출가격의 인상은 20% 이하
로 억제되었다. (iii) 제1차 석유위기 이래 침체해온 건설부문의 호황이다. 기
업의 설비투자의 활기, 자동차, 일렉트로닉스 등 성장산업에서도 설비의 신설
확장이 많았다. 그 이유는 1960년대 말까지 설비투자 갱신의 시기가 도래와
1986-1987년의 저금리였다. 이러한 1970년대 두 번의 석유위기, 1985년 엔고
불황을 경험하면서도 일본 경제는 감량경영과 합리화 정책으로 위기를 극복해,
1970-1980년대 말까지 20년간 약 4%의 고성장을 지속해, 세계 제2위의 경제
대국을 실현하였고, 1인당 국민소득도 1987년에는 미국을 앞지르게 되었다.[네

에 대응하는 것을 목적으로 한 것이다(나루세[成瀨] 2014).[80]

고용 포트폴리오의 구분 자체는 경영 측의 정착해 주길 바라는 인재와 이동되어도 좋은 인재를, 근로자 측의 장기근속 또는 단기근속이라는 희망에 따라 매칭하는 목적이 있었다. 그러나 세간에서는 정규직의 연공임금을 재검토한다는 면보다도 '고용 유연형 그룹'의 저임금 근로자가 증가하는 면이 주목되게 되어, 고용 포트폴리오는 정부의 '규제완화정책'을 진행하는 것과 맞물려, 비정규직 증가의 원인으로 보게 된다.

(2) '구조개혁' 정책

이 당시에 정부의 규제완화정책은 '구조개혁'이라고 불렸고, 그 목표는 경제에서 많은 부분을 차지하고 있었다. '노동시장의 개혁'도 그중에 포함되어 있었다. 특히 주목되는 것이 1996년 12월에 각의(閣議)에서 결정된 「6개 분야의 경제구조개혁」이다. 그 6개 분야 중 하나로 '고용·노동'이 있다. 이와 관련된 구체적인 제언으로서 (ⅰ) '노동력 공급의 확대 및 질적 향상의 촉진', (ⅱ) '근로자의 능력을 탄력적으로 활용하는 것을 촉진하기 위한 개혁', (ⅲ) '노동력의 수급조정(노동시장의 매칭) 기능의 강화', (ⅳ) '화이트칼라(사무직)의 자기 계발 등 지원정책'이 제시되었다. 이 가운데 비정규직과 관계되는 것은 '노동력 수급조정'과 관계되는 '근로자파견'이었다. 근로자파견에 대해서는 다음과 같은 '규제완화'를 제안하고 있었다.

이버 지식백과]

80) 成瀨健生 「雇用ポートフォリオ提言とこれからの雇用問題」 連合総研レポート 295号 (2014年) 5면 이하.

"근로자파견은 거시적으로는 노동력의 가동률을 높이는 데 공헌한
다. 또한 개개의 사용기업에서도 근로자파견의 활용은 필요에 따라 인
재를 활용하는 길을 열고, '고정비'를 절감하는 데에 이바지한다. 또한
벤처기업이 창업할 때에 파견근로를 활용할 수 있게 하기 위하여 이러
한 기업의 육성, 나아가서는 경제 전체의 활성화에도 이바지한다. 또한
취업의식이 다양해지면서 근로자파견에 따른 취업을 희망하는 근로자
도 증가하고 있고, 근로자파견사업과 관련된 규제를 완화해 가는 것은
잠재적인 취업의사를 가진 자에게 실제로 취업할 기회를 주는 효과도
가진다.

또한 현행 법제에서도 **건설, 경비 등**의 업무는 **네거티브 리스트(원칙적
인 자유)**로 열거되어 있다. 근로자 보호에 어긋날 개연성이 높은 업무를
여기에 추가하는 방식을 채택하는 것이 가능하다는 점에도 유의하고,
적용대상 업무를 네거티브 리스트화한다. 통상의 근로자파견사업의 허
가 요건의 완화, 허가 등의 절차의 간소화·명확화를 실시한다."

이때부터 비정규직과 관련된 정책의 중심에 파견근로자가 놓여지
게 된다. 그러나 처음에는 비정규직으로서의 파견근로자보다도 근로자
파견이라는 형태에 따른 노동력 수급을 매칭하는 방향이 초점으로 되어
있었다.

(3) 근로자파견의 자유화

근로자파견이란 "자기가 고용한 근로자를 그 고용관계 아래에서
타인의 지휘명령을 받아, 그 타인을 위한 근로에 종사하게 하는 것"을
말한다(근로자파견법 제2조 1호).[81] 이것은 파견사업(인재서비스회사)의 관

---

81) <역자주> 한국 파견법 제2조(정의) 1. "근로자파견"이란 파견사업주가 근로
    자를 고용한 후 그 고용관계를 유지하면서 근로자파견계약의 내용에 따라 사

점에서 정의를 내린 것이다. 하지만 사용회사(유저·수용(受入)회사)에서 보면 다른 회사에 고용되어 있는 근로자를 자기 회사에서 받아들여 지휘명령을 해서 일하게 하는 것이 된다(간접고용). 다른 기업의 인재를 활용하는 점에서는 '**업무처리도급**'(業務處理請負) 등과 마찬가지의 '**업무 아웃소싱**'의 하나라고 할 수 있다. 동시에, 노동시장에서 완수하는 역할을 보면 근로자파견은 '**직업소개**'(구인 및 구직을 신청받아 구인자와 구직자의 고용관계 성립을 알선하는 것)[82]에 필적하는 노동력 수급을 매칭시키는 기능을 가지고 있었다.

그러나 근로자파견은 1985년에 「근로자파견법」이 제정되기 전까지는 금지되어 있었다(1986년 7월 시행). 제2차 세계대전 이후 GHQ(General Headquarters, 연합국군 최고사령관 총사령부)는 **근로자공급**("공급 계약에 따라 근로자를 타인의 지휘명령을 받아 근로에 종사하게 하는 것" 직업안정법 제4조 제7항)이 **노동 보스**[83]가 부하 근로자의 임금을 '**삥땅**'[84]하면서 일을 하게 하는 봉건적인 '**노동관행**'의 온상이 되었다고 보고, 그 엄격한 금지를 내세우고 있으며(근로자공급사업의 금지[동 제44조]). 예외는 노동조합이 후생노동대신(厚生勞働大臣, 한국의 고용노동부장관+보건복지부장관)의 **허가**를 받아 **무료**로만 행할 수 있다[동 제45조]), 근로자파견도 이것에 해당하기 때문이다. 근로자파견법을 제정해 파견기업이 고용하는 유형은 근로자파견으로서 근로자공급의 정의에서 제외되고(동 제4조 제7항 후단), 근로자파견사업도 직업안정법의 엄격한 규제에서 벗어나게 되었다(동 47

용사업주의 지휘·명령을 받아 사용사업주를 위한 근로에 종사하게 하는 것을 말한다.

82) <역자주> 한국 직업안정법 제2조의2(정의) 2호에서 "직업소개"란 구인 또는 구직의 신청을 받아 구직자 또는 구인자(求人者)를 탐색하거나 구직자를 모집하여 구인자와 구직자 간에 고용계약이 성립되도록 알선하는 것을 말한다.

83) <역자주> 보스 (boss): 실권을 쥐고 있는 최고 책임자. 두목, 우두머리, 영수(領袖).

84) <역자주> 삥땅(ピンハネ): (미리) 웃돈을 떼는 것; 삥땅(을) 치는 것. 가로채다. 〈 속 〉 다른 사람에게 넘겨주어야 할 돈 따위의 일부를 중간에서 가로채는 짓.

조의 2).

하지만 근로자파견에도 그 사업에 참가하는 것은 엄격하게 규제하였고, 파견 가능 업무를 한정하는 등 규제도 있었다. 참가 규제에 대해서는 근로자공급이 금지되어온 취지를 바탕으로 파견기업이 고용의 안정성에 불안이 적은 '상용형 파견'만을 하는 경우(특정 근로자파견사업)는 '신고제'로는 좋지만, 그 밖의 '등록형 파견'(파견기업에 등록된 근로자가 근로자파견기간만 그 기업에 고용되는 것)도 행하는 경우(일반 근로자파견사업)는 '허가제'로 하고, 문제가 있는 업자가 '인신매매'(人身賣買)적인 근로자파견사업을 영위할 수 없도록 하고 있었다. 또한 2015년에 법이 개정된 이후에 모두 **허가제**로 되었다.

또, 파견가능 업무를 "그 업무를 신속하고 정확하게 수행하기 위해서 전문적인 지식, 기술 또는 경험을 필요로 하는 업무"(구 제4조 제1항 1호)와 "그 업무에 종사하는 근로자에 대하여 취업형태, 고용형태 등의 특수성에 따라 특별한 고용관리를 실시할 필요가 있다고 인정되는 업무"(동 2호)에 한정하는 것(특정 업무에서만 근로자파견을 인정한다는 의미에서 '포지티브 리스트 방식'이라 불렸다)에 의해(처음에는 13개 업무. 그 후에 26개 업무로 확대), 정규직의 지위(position)가 파견근로자로 대체되는 '상용대체'가 일어나, 일본형 고용시스템에 영향이 미치지 않도록 배려하고 있었다.

그런데, 이상과 같이 근로자파견법을 제정한 당시에 규제의 틀은 '**구조개혁**' 정책에 따라 이루어졌던 1999년 개정 근로자파견법에서 크게 개선되었다. 이 개정으로 파견업무는 법에 금지된 것을 제외하고, 모두 업무에서 가능하게 되었다(네거티브 리스트 방식. 법률의 명문으로 금지한 업무가 **항만운송업무, 건설업무, 경비업무**이다. 또한 거의 같은 시기에 **직업안정법**도 개정되어 **유료 직업소개**의 **자유화**가 추진되었다).

이 개정으로 근로자파견은 전문업무에서 노동력을 조달하는 수단이라는 입법을 제정할 당시부터의 자리매김은 소멸하고, 단순 업무에서도 근로자파견이 인정되었다. 또한 <u>1999년 개정 당초는 금지가 유지되었던 제조업에서 파견('제조업 파견')도 2003년 개정(2004년 3월 시행)으로 해금(解禁)되고, 전형적인 블루칼라(생산직) 근로에도 근로자파견을 활용하게 되었다.</u>

그러나 전문업무 파견과 새롭게 파견이 해금된 업무(자유화 업무)에서의 파견과의 사이에 상위가 없었던 것은 아니다. 이것은 **파견 가능기간의 상한**의 문제였다. 1999년 파견법을 개정할 당시에는 전문 26개 업무는 3년, 자유화 업무는 1년이다. 2003년 개정으로 전문 26개 업무의 기간 제한이 철폐되고, 자유화 업무는 3년으로 되었다. 또 자유화 업무에서는 사용기업은 파견가능기간의 상한(개인단위가 아닌 업무단위이고, 사람이 바뀌어도 그 업무에 파견근로자로 받아들여지고 있는 한 통산되었다)을 초과해 받아들이고 있으면, 파견근로자에게 직접고용의 신청을 의무화하고 있었다(근로자파견법 구 제40조의4. 다만, 사법(私法)[85]상 효력이 없다고 해석되고 있었다).

이와 같이 자유화 업무에는 여전히 전문업무와 다른 규제가 있었다. 그러나 파견 가능 업무의 제한을 철폐한 영향은 크고, 기업은 단기적인 요구의 단순 업무를 근로자파견으로 노동력을 조달하는 유력한 수단이 되었다.

해설 5 파견 가능 업무 확대와 전문업무

파견 가능 업무가 확대되는 변천과정은 다음과 같다.
- 1986년 7월(근로자파견법 시행시) 13개 업무
  ① 소프트웨어 개발
  ② 사무용 기기 조작

---

85) <역자주> 사법(私法): 개인 사이의 권리나 의무 관계를 규정한 법률. 민법·상법 등. ↔공법(公法).

③ 통역 · 번역 · 속기

④ 비서

⑤ 파일링

⑥ 조사

⑦ 재무처리

⑧ 거래 문서 작성

⑨ (상품의) 실물 선전(demonstration)

⑩ 단체여행 안내가이드(添乘)[86]

⑪ 건설물 청소

⑫ 건축설비 운전 · 점검 · 정비

⑬ 안내 · 접수 · 주차장 관리 등

■ 1986년 10월 16개 업무로 확대(3개 추가)

⑭ 기계 설계

⑮ 방송 기기 조작

⑯ 방송 프로그램 등의 제작

■ 1996년 12월 26개 업무로 확대(근로자파견법시행령 제4조)

① 소프트웨어 개발 · 보수

② 기계 · 설비 설계

③ 방송 기기 조작

④ 방송 프로그램 등 연출

⑤ 전자계산기 등 사무용 기기 조작

⑥ 통역, 번역, 속기

⑦ 비서

⑧ 문서 · 자기 테이프 등의 파일링

⑨ 시장 등 조사, 조사결과 정리 · 분석

⑩ 재무 처리

⑪ 계약서 등 거래문서 작성

⑫ 기계의 성능과 조작 방법 등에 관한 실물 전시

---

86) <역자주> 첨승(添乘): 단체 여행을 수행 · 안내하는 업무.

⑬ 단체여행 안내가이드

⑭ 건축물 청소

⑮ 건축 설비 운전, 점검, 정비

⑯ 안내, 접수, 주차장 관리 등

⑰ 화학에 관한 지식·응용기술을 이용한 연구개발

⑱ 사업의 실시 체제의 기획·입안

⑲ 서적 등의 제작·편집

⑳ 상품·광고 등 디자인

㉑ 인테리어 코디네이터(interior coordinator)[87]

㉒ 아나운서

㉓ OA 교육[88]

㉔ 텔레마케팅[89] 영업

㉕ 세일즈 엔지니어 영업

㉖ 방송 프로그램 등에서의 대·소도구

■ 2012년 법 개정으로, 일용파견은 원칙적으로 금지되었다(⇒제5장 1. 근로자
파견법의 2012년 개정). 하지만 예외적으로 허용된 "그 업무를 신속하고 정
확하게 수행하기 위하여 전문적인 지식, 기술 또는 경험을 필요로 하는 업
무'(제35조의 4. 근로자파견법시행령 제4조)와의 관계에서 ⑯의 '안내, 접수,
주차장 관리 등'이 '안내, 접수'와 '주차장 관리 등'으로 구분되고(전자는 일
용파견 가능 업무, 후자는 금지업무로 나누어졌다), 그리고 2012년 정령(政
令)[90]을 개정하면서 ⑮ 중에서 '수도시설 등 설비 운전 등'이 추가되었다.
하지만 그 후 별개로 정해져 28개 업무로 되었다. 다만, 2015년 개정에서 파
견 가능기간의 상한 규제방식이 근본적으로 바뀌어(⇒ <해설 7> 근로자

---

87) <역자주> 실내장식 등을 전체적으로 조화롭게 꾸미는 일을 전문적으로 하는
   사람.

88) <역자주> OA instruction: 사무 자동화(office automation) 교육.

89) <역자주> 텔레마케팅(telemarketing): 전화나 컴퓨터 등을 이용한 마케팅 활
   동. 상품 소개 및 판매·서비스 제공·시장 조사·고객 관리 등을 행함.

90) <역자주> 정령(政令): 일본 헌법 제73조 제6호에 근거하여 내각이 제정하는
   명령이다. 일본 행정기관이 제정하는 명령 가운데 가장 우선적인 효력을 가진
   다. 우리나라의 '시행령'에 해당한다.

파견법의 2015년 개정) 전문 28개 업무를 구별하는 의미는 없어졌다. 현재
는 오로지 일용파견 가능 업무의 18개 업무만이 근로자파견법시행령 제4조
에서 열거되어 있다.

(4) 워킹 푸어의 증가

고용 포트폴리오는 세 가지 구분의 근로자 그룹을 규정하고 있다.
하지만 결과적으로는 종래형의 정규직과 비정규직의 중간 형태로 있는
'고도 전문 능력 활용형 그룹' 층은 늘지 않고, '고용 유연형 그룹'이 늘
어난 셈이다. 비정규직 비율은 1990년에는 20% 정도였다. 하지만 1991
년 거품경제가 붕괴한 후 일어난 헤이세이(平成) 불황의 영향도 있고,
그 후에는 점점 상승하고, 2003년에는 30%를 초과하고, 2018년에는
38%에 이르렀다(또한 제2장 2.(비정규직은 왜 증가하고 있는가)에서 소개
한 숫자와 120쪽의 도표(정규고용자(정규직)와 비정규고용(비정규직)의 추
이)의 숫자는 비교하는 달이 다르기 때문에 약간의 차이가 있다).
　1990년대 이후 비정규직 비중이 증가한 배경에는 거품경제의 붕괴
시 정규직의 구조조정이 늘어난 것, 또 경기 회복기에 들어서도 기업은
거품경제기에서 과잉 채용의 반성으로 정규직의 채용을 억제해 상대적
으로 비정규직이 증가하였다는 사정이 있다.
　그러나 비정규직이 증가해도 종래와 같이 이것이 가계 유지자가
아닌 주부 파트나 학생 아르바이트가 중심이라면 심각한 사회문제가 되
지 않는다. 그러나 후생노동성의 전국 모자가구(母子世代) 등 조사에 따
르면, 20세 미만의 미혼의 아이를 **한부모**에서 양육하고 있는 '한부모가
구'는 1993년에는 모자(母子) 가구 79만, 부자(父子) 가구 15만 7천이었
던 것이 1998년에는 모자 가구 95만 5천, 부자 가구 16만 3천, 2003년
에는 모자 가구 122만 5천, 부자 가구 17만 4천이 되었다. 특히 모자 가

구가 급증하고 있다. 여기서 짐작할 수 있는 것은 생계 유지자이지만, 자녀의 양육을 위하여 비정규직으로 일할 수밖에 없는 여성 근로자가 증가하고 있다는 점이다.

실제의 수입 상황을 알기 위하여 국세청의 「민간급여 실태통계조사」를 보면, 연간 200만 엔 이하의 급여 소득자의 비율은 1990년은 19.5%에서 그 후 1990년대는 17% 수준이었다. 하지만 2000년에 들어서서 상승세를 보이고, 2003년에는 20%를 넘어 20.2%가 되었다. 그 후에도 계속 증가해 2009년에는 24.5%가 되었다. 최근 통계인 2017년에서 21.9%에 이르렀다. 여기에서 추측할 수 있는 것은 생계를 유지해야 하는 비정규직이 저소득 계층으로서 2000년에 들어서면서 급속하게 늘어난 것이다. 이러한 상황이 워킹 푸어(빈곤층)의 존재가 사회문제로 인식되어, 2007년 최저임금법의 개정과도 관련이 있다.

또한 파트타임 근로자의 기간화도 중요하다(혼다(本田) 2004도 참조). 파트타임 근로자가 양적으로나 질적으로나 정규직과 다르지 않은 역할을 부여받게 됨에 따라 양자의 비교 가능성이 발생해 정규직과의 격차가 문제로 쉽게 표면화되기 쉬워졌다. 이러한 일도 있었는데, 2003년에는 **파트타임 노동지침**(「사업주가 강구해야 하는 단시간근로자 고용관리 개선 등을 위한 조치에 관한 지침」)을 개정하여, 정부는 정규직과의 균형을 고려한 처우라고 하는 견해를 밝혔다. 이것이 2007년 파트노동법의 개정으로 이어졌다.

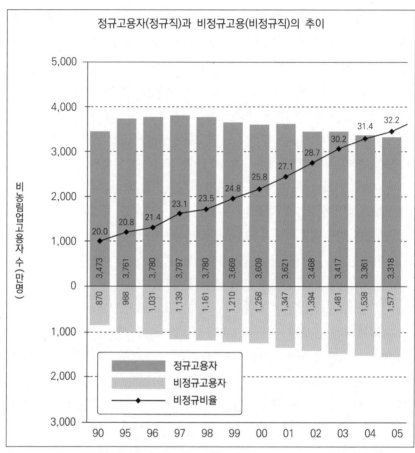

(주) 비농림업고용자(임원 제외)가 대상. 1월-3월 평균(2001년 이전은 2월). 남자 합계와 여
자 합계를 합한 결과. 비정규고용자에게는 파트·아르바이트 외에 파견사원, 계약사원,
촉탁 등이 포함된다. 2011년 이와테(岩手)·미야기(宮城)·후쿠시마(福島)를 제외.

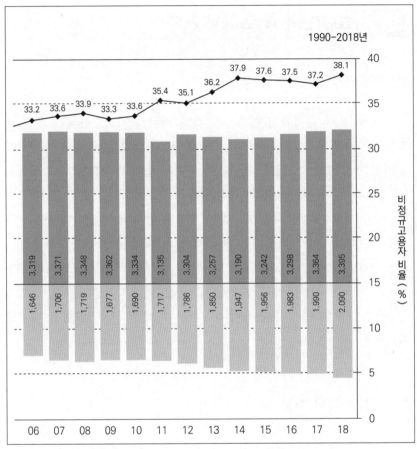

(자료) 노동력조사
(출처) 사회실정데이터 도록(圖錄)[91]

---

91) <역자주> 도록(圖錄): 사람이나 물건의 이름을 적은 목록.

02   2007년의 파트노동법 개정

(1) 파트타임 노동법의 개정

워킹 푸어 문제와 같이 비정규직의 지위가 사회적인 관심을 끌게 되었다. 그 원인은 비정규직 고용의 불안정과 저임금에 있다는 인식이 높아진 것도 있었다. 이에 2007년에 잇따라 법이 개정되었다. 그중에서도 중요한 것이 **파트노동법의 개정**이다.

1993년에 제정된 파트노동법은 제정할 당시에 규제의 내용은 근로조건 면에서는 빈약한 것이었다(⇒ 제1장 1. 왜 법률에는 비정규직의 정의가 없는가?). 그러나 2007년 파트노동법을 개정해 크게 환골탈태하였다. 여기서 목적은 파트타임 근로자의 기간화를 배경으로 그 움직임에 적절한 공정 대우의 결정 룰을 만들고, 풀타임 정규직과의 균형된 대우를 확보하는 것이었다.

(2) 공정한 대우 확보

일련의 개정 중에서 우선 주목되는 것이 **균등대우 규정**이다(구 제8조). 그 내용은 ① 직무의 내용(업무의 내용 및 해당 업무에 따른 책임의 정도), ② 인재활용의 방법(직무내용 및 배치 변경의 범위), ③ 계약기간에 대하여 풀타임 정규직(법문상은 '통상의 근로자')과 비교할 경우에 ①이 동일하고, ②가 직무내용이 동일하게 되기 때문에 고용관계가 종료할 때까지의 모든 기간을 통하여 동일한 것으로 예상된다. 또한 ③에 대해서 무기 또는 반복 갱신에 따라 실질적으로 무기가 되는 경우에는 풀타임 정규직과 동일시해야 하는 파트타임 근로자로 간주되어 임금, 교육훈련, 복리후생시설의 이용 등 근로조건에서의 차별적 취급이 금지된다

(균등대우 규정 등과 차별금지 규정의 관계에 대해서는 ⇒ <보론 15> 균등대우 규정과 차별금지 규정의 관계).

　이 개정시까지 정규직과 비정규직 사이의 격차를 금지하는 규정은 존재하지 않았다(⇒ 제3장 2. 사적 자치를 제한하는 입법). 하지만 이 규정에 따라 ①에서 ③의 세 가지 요건을 충족시키는 파트타임 근로자는 파트타임 근로자라는 이유로 격차를 하는 것이 금지된 것이다. 이 규정은 그 후 2014년 파트노동법 개정에서 ③의 무기 요건이 삭제되고, 적용범위가 확대된다(제9조). 이어서 2018년 파트·유기노동법을 제정해 유기고용 근로자에게도 비슷한 규정이 적용된다(제9조. 다만, 차별적 취급이 금지되는 대상은 '기본급, 상여금, 그 밖의 대우 각각'으로 수정되었다).

　둘째, ① 직무가 동일하고, ② 인재활용의 방법이 일정한 기간에서 동일하다고 전망되는 근로자는 풀타임 정규직과 동일한 방법으로 임금을 결정하는 노력의무를 규정하고 있다(구 제9조 제2항). 다만, 이 규정은 2014년 법을 개정할 때에 삭제되었다.

　셋째, 그 밖의 파트타임 근로자에게는 직무의 내용, 성과, 의욕, 능력, 경험 등을 감안해 풀타임 정규직과의 균형 있는 임금을 결정하는 노력의무를 부과하였다(구 제9조 제1항). 이 균형대우 규정 등은 2014년 개정에서도 유지하고(제10조), 2018년 파트·유기노동법에서는 유기고용 근로자를 적용대상에 포함해 고려 요소에 "그 밖의 취업실태 사항"을 추가한 후에 유지하고 있다(제10조).

　넷째, 교육훈련에 대하여 ① 직무가 동일한 단시간 근로자에게는 직무 수행에 필요한 능력은 풀타임 정규직에 대한 것과 동일한 교육훈련을 실시해야 한다고 규정하였다(구 제10조 제1항). 그 밖의 파트타임 근로자에게는 직무의 내용, 성과, 의욕, 능력, 경험 등을 감안해 균형 잡힌 교육훈련을 실시할 노력의무를 부과하였다(구 제10조 제2항). 이 규정은 2014년 개정에서도 유지되고(제11조), 2018년 파트·유기노동법에서는 유기고용 근로자를 적용대상에 포함해 제2항에서 감안 요소에 '그 밖의 취업실태 사항'을 추가한 후 유지하고 있다(제11조).

　　다섯째, 복리후생 시설에 대하여 모든 파트타임 근로자에 건강의 유지 또는 업무의 원활한 수행에 이바지하는 시설을 풀타임 정규직과 마찬가지로 이용할 기회를 주도록 배려해야 한다고 규정하였다(구 제11 조). 이 규정은 2014년 개정에서도 유지하고(제12조), 2018년 파트·유기 노동법에서는 지금까지의 배려의무 규정에서 "이용할 기회를 주어야 한 다"고 하는 직접적인 부여 의무규정으로 개정하였다(제12조).

　　이와 같이 2007년 법 개정은 파트타임 근로자를 풀타임 정규직과 동일시해야 하는 자와 그렇지 않은 자로 구분해, 전자는 균등대우(차별 적 취급의 금지)를 규정하였다. 후자는 직무의 내용과 인재활용의 방법이 같다면 임금의 결정방법을 동일하게 하는 것으로 한다(노력의무). 그 밖 의 경우에는 임금은 균형대우의 노력의무를 규정하였다. 또한 직무의 내용이 같다면 직무수행에 필요한 교육훈련은 동일하게 하도록 하고 (그 밖의 경우는 균형대우의 노력의무), 복리후생은 직무의 내용 등에 관계 없이 모든 파트타임 근로자에게 균등하게 취급하는 배려의무를 규정하 였다.

(3) 전환 추진 조치 등

　　이러한 균등·균형대우 규정 이외에 파트노동법 2007년 개정에서 주목받은 것이 정규직 전환을 추진하기 위한 조치를 강구하는 것을 **사 업주**에게 의무화한 점이다. 구체적으로는 ① 통상 근로자를 모집할 경 우에 해당 모집에 관련된 사업장에 게시함으로써 그 사람이 종사해야 하는 업무의 내용, 임금, 근로시간, 그 밖의 해당 모집에 관련된 사항을 해당 사업장에 고용하는 단시간근로자에게 주지하는 것, ② 통상 근로 자의 배치를 새롭게 할 경우에 해당 배치의 희망을 신청할 기회를 해당 배치에 관련된 사업장에서 고용하는 단시간근로자에게 주는 것, ③ 일정한 자격을 가진 단시간근로자를 대상으로 한 통상의 근로자로의 전환을 위한 시험제도를 마련하는 것, 그 밖의 통상의 근로자로의 전환을 추진하기 위한 조치를 강구하는 것 중의 한 가지를 의무화하고 있었다(구 제12조). 이 규정은 파트·유기노동법에서도 유기고용 근로자를 적용대상에 포함시킨 후에 그대로 유지하고 있다(제13조).

그 밖에 2007년 개정에서는 파트타임 근로자의 요구가 있었을 경우에 사업주가 대우의 결정 등에서 고려한 사항에 대하여 설명할 의무를 규정하였다(구 제13조). 2014년 개정에서는 파트타임 근로자를 고용할 경우에 신속하게 법률로 대우에 관하여 강구하도록 되어 있는 조치의 내용을 설명할 의무를 추가하고 있다(제14조 제1항). 또한 파트·유기노동법에서는 유기고용 근로자를 적용대상에 포함된 후에 파트타임 근로자의 요구가 있었을 경우에 행해야 하는 설명의무의 대상으로 **대우 상위의 내용** 및 **이유**를 추가하였다(제14조 제2항)(⇒ 제5장 3. 2018년 법 개정).

(4) 억제적인 개입

파트노동법 2007년 개정 시점의 내용을 보면 분명히 정규직과 동일시해야 할 파트타임 근로자에 대한 균등대우 규정을 도입한 것은 계약자유에 대한 커다란 개입으로 볼 수 있다. 그러나 풀타임 정규직과 동일시해야 하는 파트타임 근로자인지 여부를 판단하는 세 요건 중의 하나인 **인재를 활용하는 방법의 동일성**을 보면 "해당 사업장에서의 관행, 그 밖의 사정에서 보아 해당 사업주와의 고용관계가 종료할 때까지의 모든 기간에 그 직무내용 및 배치가 당해 통상의 근로자의 직무 내용 및 배치의 변경 범위와 동일한 범위에서 변경될 것으로 전망되는 것"으로 되어 있다. 이는 정규직의 지위의 본질적 요소이기도 한 인재육성 면에서의 동일성을 요구하는 것이다. 또한 근로계약의 기간에 관한 요건이 무기 또는 실질적으로 무기인 점도 장기적인 고용보장이 이루어지

는 정규직의 본질적인 특징과 관련되어 있다. 이러한 요건을 갖춘 파트타임 근로자는 정규직과의 비교 가능성이 있는 '의사 비정규직'이며, 정규직보다 1주의 소정 근로시간이 짧다(파트타임 근로자의 정의[파트노동법 제2조]를 참조)는 이유만으로 격차를 지우는 것은 "같은 것은 같게"[92]라는 정의의 요청에 비추어 보아도 문제가 있다(⇒ 제7장 1. 근로조건의 격차와 계약자유). 또한 이 규정의 법적 효력으로는 위반한 계약을 무효화하는 강행적 효력이 있기는 하지만 계약의 내용을 정규직 근로조건과 동일한 것으로 시정하도록 강제하는 효력(직률적 효력·보충적 효력 ⇒ 제3장 2. 사적 자치를 제한하는 입법)까지는 인정되지 않고, 불법행위로 인한 손해배상청구를 인정하는 것에 그치는 것으로 해석되고 있다(스게노(菅野) 2017, 360쪽 등. 판례는 니야쿠 코퍼레이션(ニヤクコーポレーション)[93]사건 및 쿄토시립욕장(京都市立浴場) 운영재단 외 사건).

그리고 또 한 가지 간과해서는 안 되는 것은 정규직과 동일시되는 세 요건을 충족하는 파트타임 근로자가 거의 없었던 점이다. 「헤이세이 23년(2011) 파트타임 근로자 종합 실태조사의 개황」(후생노동성)에서 정규직과 파트타임 근로자의 모두를 고용하고 있는 사업장의 파트타임 근로자 전체에서 차지하는 비율을 보면 정규직과 직무가 동일한 파트타임 근로자의 비율은 8.1%, 그중 인사이동의 유무와 범위 등이 정규직과 동일한 파트타임 근로자의 비율은 2.1%, 그리고 이 중 무기 근로계약을 체결하고 있는(실질 무기를 포함) 파트타임 근로자(즉, 정규직과 동일시해야 할 파트타임 근로자)의 비율은 1.3%에 불과하다. 이것은 일본형 고용시스템에 있어서 비정규직인 파트타임 근로자와 비교 가능성이 있는 풀타임 정규직은 거의 없었던 것을 의미하고 있다. 결과적으로 사적 자치(계약자유)에 깊게 개입하는 균등대우 규정은 앞에서 살펴본 것처럼 정의의

---

92) <역자주> 같은 것은 같게: 균등의 원칙. 다른 것은 다르게: 차등의 원칙, 존 롤스의 정의론 핵심.

93) <역자주> 하역 회사.

요청에 합치하고, 이론적으로 정당화할 수 있는 개입이다. 하지만 실제로 임팩트(영향)는 한정되어 있었던 것이다. 그리고 압도적으로 많은 파트타임 근로자에 대해서는 사적 자치(계약자유)에의 영향이 거의 없는 노력의무 또는 배려의무를 정한 규정을 적용하는 것에 그치고 있었다.

또한 **정규직으로의 전환 추진 규정**은 격차 시정을 위한 근본적인 조치이다. 하지만 파트노동법은 직접적인 전환을 규정한 것이 아니라, 파트타임 근로자에게 전환의 기회를 주는 데 그치고 있었다.

이렇게 보면 파트노동법 2007년 개정은 일본형 고용시스템 자체를 수정하려는 것이 아니라, '**의사 비정규직**'과 같이 일본형 고용시스템에서 정규직으로 취급해야 하는 비정규직에 대하여 균등대우 규정에 따른 개입을 한 것에 그치고(게다가 계약 내용이 정규직과 동일한 근로조건으로 수정되는 효력까지는 아니다), 기본적으로는 계약자유를 존중하고, 또한 정규직의 지위와 비정규직의 지위의 이중구조를 형성해 온 노사자치를 배려한 것이었다. 즉, 법률은 여전히 사적 자치에 대한 개입에는 소극적인 자세를 취하고 있다고 볼 수 있다.

또한 2007년 노동계약법을 제정한 해이기도 하다(2008년 3월 시행). 이 법에는 비정규직 규정으로는 유기고용 근로자에 대한 **중도 해제의 제한 규정**(제17조 1항)과 유기 근로계약에 대해서 근로자를 사용하는 목적에 비추어, 필요 이상으로 짧은 기간을 정해 반복 갱신하지 않도록 배려해야만 한다는 규정(동조 제2항)을 도입하는 것에 그쳤다. 전자는 민법 제628조[94]의 규정과 실질적으로 동일한 내용이고, 후자는 배려의무 규정에 불과하다. 이것은 유기 고용근로자의 격차문제는 지금까지와 같이 사법(司法)의 판단에 맡기는 것을 의미하고 있었다.

---

94) <역자 주> 일본 민법 제628로(부득이한 사유에 의한 해제) 당사자가 고용기간을 정한 경우에도 부득이한 사유가 있을 때에는 각 당사자는 즉시 계약을 해제할 수 있다. 다만, 그 사유가 당사자 일방의 과실로 인하여 생긴 때에는 상대방에 대하여 손해배상의 책임을 진다.; 한국 민법 제629조

칼럼 9　📖 정규직과의 동등성의 2요건화에 대한 의문

본문에서도 살펴보았듯이, 파트타임 근로자가 정규직과 동일시되는 세 가지 요건 중에서도 정규직의 지위의 에센스인 **장기적인 인재육성**이라는 면에서 보면 **'인재활용의 방법의 동일성'**과 **'기간의 정함이 없는 것'**이라는 두 가지의 요건이 매우 중요하다. 그런데, 파트노동법을 2014년 개정할 때에 지금까지 세 가지 요건이 너무 엄격하기 때문에 '기간의 정함이 없는 것'이라는 요건이 삭제되었다. 이에 따라 실질적으로는 장기적인 인재활용을 상정하고 있지 않는 파트타임 근로자도 직무내용과 인재활용의 방법이 동일하다면 정규직과의 동등성을 긍정하여 균등대우가 적용되게 되었다.

이 규정은 2018년 법을 개정한 후에도 유기고용 근로자를 명시적으로 적용대상에 포함시킨 후 그대로 유지하고 있다(파트·유기노동법 제9조). 다만, 유기고용 근로자에 있어서 "해당 사업주와 고용관계가 종료할 때까지 전체 기간"에서 인재활용의 방법이 정규직과 동일하다고 예상된다고 하는 요건을 충족하는 사례는 상정하기 어려울 것이다.

어느 경우든 균등대우 규정을 적용하는 것이 정당화된다. 정규직과 비교 가능한 유기고용 근로자란 어떠한 근로자인가는 근본적으로 재검토할 필요가 있다. 적절한 비교 가능성의 기준을 찾는 것이 어렵다면, 균등대우 규정으로서의 **파트·유기노동법 제9조**는 삭제되어야 할 것이다.

해설 6　📖 최저임금법의 개정

노동기준법에 맞는 최저임금 규정은 1959년 **최저임금법**을 제정해 노동기준법에서 분리되었다. 당초의 최저임금 결정방식으로는 ① 업자(業者) 사이 협정을 최저임금으로 결정하는 방식(구 제9조), ② 업자 사이 협정에 따른 최저임금을 확장하는 방식(구 제10조), ③ 단체협약에 최저임금 규정을 확장하고, 최저임금으로서 결정하는 방식(구 제11조), ④ 위의 ①~③의 방식에서 최저임금을 결정하는 것이 곤란 또는 부적당한 경우에 최저임금심의회의 조사에 따라 국가가 최저임금을 결정하는 방식(구 제16조)이 있었다. 그런데 1968년 최저임금법 개정

시에 ①과 ②는 폐지하고, ④는 최저임금을 결정하는 것이 곤란 또는 부적당한 경우에 한정되지 않고, 임금이 낮은 근로자의 근로조건을 개선하기 위해서 필요하다고 인정할 경우에는 채택할 수 있게 되었다. 그 후, **도도부현**95)별의 '**지역별 최저임금**'과 '**직업별 최저임금**'의 두 가지로 최저임금결정 방식이 된다. 전자는 1976년 모든 도도부현에 지역별 최저임금이 적용된다.

2007년 법 개정은 지역 최저임금을 반드시 설치해야 하는 의무적인 것으로 개정한 후에, **생활보호**96)와의 정합성도 고려하도록 결정 기준을 명시하였다. 즉, 이 개정으로 "지역별 최저임금은 지역에서의 근로자의 <u>생계비</u> 및 임금과 통상적인 사업의 임금지급능력을 고려하여 정해야 한다"고 규정하고(제9조 제2항), "앞의 항의 근로자의 생계비를 고려할 때는 근로자가 건강하고 문화적인 최저한도의 생활을 영위할 수 있도록 생활보호에 관한 시책과의 정합성을 배려하는 것으로 한다"고 규정하였다(제9조 제3항).

제9조 제3항이 새롭게 설치된 것은 생활보호의 지급액보다도 취업해 임금을 받는 사람의 수입이 낮다는 '**역전현상**'은 워킹 푸어를 상징하는 것으로 언론에서도 언급된 것이 영향을 미치고 있다. 이 개정 이후 최저임금액은 매년 크게 상승하고, 2014년도에는 모든 도도부현에서 역전현상은 해소되었다고 한다.

또 제2차 아베 내각 이후, **디플레이션**97)의 탈피를 위한 **임금 인상**이라는 방침 아래 정부가 경영자 측에 최저임금의 인상을 적극적으로 요청하는 일도 발생하고 있다.

---

95) <역자주> 도도부현(都道府縣): 도(都)는 도쿄(東京都), 도(道)는 홋카이도(北海道), 부(府)는 교토부(京都府)와 오사카부(大阪府), 그리고 43개의 현(縣)을 말한다. 정확히 일치하지는 않지만 우리나라의 특별시, 광역시, 자치시, 도에 해당한다.

96) <역자주> 생활보호(生活保護): 사회 보장의 하나로서, 국가 또는 지방 자치 단체가 살기 어려운 사람의 생활을 보호하는 일.

97) <역자주> 디플레이션(deflation): 인플레이션으로 떨어진 화폐 가치를 끌어 올리는 수단으로 통화를 수축시키는 방법. 또는 그 현상. 통화 수축.

03 변화의 조짐

(1) 네거티브 체크리스트 문제

파트노동법 2007년 개정에 대한 비판의 하나는 앞에서 살펴본 것처럼, 사법상의 효력이 있는 균등대우 규정의 적용대상이 되는 파트타임 근로자가 너무 적은 점에 있었다. 원래 이러한 것은 정규직과 비교할 수 있는 파트타임 근로자만이 균등대우 규정의 적용을 받는 데 적합한 사람이며, 일본형 고용시스템에서는 이러한 파트타임 근로자가 적은 것을 증명한다고도 할 수 있다.

오히려 문제는 이 균등대우 규정을 적용받지 않는 파트타임 근로자의 근로조건에 대해서는 격차는 적법하다는 메시지가 전달되어 버린 것에 있다. 파트노동법에서는 풀타임의 정규직과 동일시해서는 안 되는 파트타임 근로자에게도 균형을 고려한 노력의무 규정 등이 적용된다. 이 때문에 법이 격차를 허용한 것은 아니었지만, 이것은 사법상의 효력이 있는 규정이 아니었기 때문에 실무적으로는 경시되어진 것이다.

이렇게 파트노동법 2007년 개정은 기업에 대하여 풀타임 정규직과 동일시해야 하는 3요건(① 직무내용의 동일성, ② 인재활용의 방법의 동일성, ③ 계약기간이 무기인 것)은 파트타임 근로자의 고용관리에서 법적 자유재량을 얻기 위한 '네거티브 체크리스트'가 되는 사태를 가져왔다.

그러면 '공정한 처우'라는 법 개정의 목적을 실현할 수 없다. 이 때문에 법적 개입의 입구를 넓히기 위하여 이처럼 엄격한 비교 가능성 요건을 설정해서는 되지 않는다는 논의가 나오게 된다. 이것이 2012년 노동계약법의 개정이나, 2014년의 파트노동법의 개정에서 '비교 가능성'을 문제삼지 않고, 단적으로 격차가 '불합리한지 여부'만을 묻는 규정을 도입한 것이다(⇒ 제5장 2. 노동계약법의 2012년 개정).

(2) 위장도급 문제

한편 같은 시기에 파견근로자를 둘러싼 '**위장도급 문제**'가 부상하고 있었다. 기업이 업무처리를 다른 기업에 도급주는 형태(업무처리도급)를 취하고 있어도, 실제로는 도급기업이 발주기업의 사업장에 취업해 발주기업 소속의 근로자의 지휘명령 아래에서 일하고 있다면, 근로자파견의 정의에 부합하기 때문에 법적으로는 근로자파견법의 규제에 따르게 된다. 근로자파견을 업(業)으로서 행하는 경우에는 후생노동대신의 허가(내지 신고)가 필요하지만, 도급기업은 이러한 절차를 거치지 않았기 때문에 '**위법파견**'이 된다. 이것이 '**위장도급**' 문제이다.

위장도급은 파견이 금지된 '**제조업**'에서 문제되는 경우가 많았다. 2004년 3월 이후에는 제조업의 파견이 해금(解禁)되었기 때문에 위법파견이 되는 리스크(위험)가 큰 업무처리도급이라는 사업형태를 가질 필요는 없어졌다. 하지만 이때까지는 다른 회사의 근로자를 이용하기 위해서는 '**업무처리도급**'이라는 **선택사항**밖에 없었다.

위장도급인지 여부를 결정하는 방법은 발주기업에 따라 도급기업의 근로자에게 '**지휘명령**'의 유무이다. 하지만 그 판단기준이 반드시 명확한 것은 아니었다(「**근로자파견사업과 도급에 따라 행해진 사업과의 구분기준**」 1986. 4. 17. 노동성 고시 제37호를 참조). 그러나 2006년 무렵부터 이러한 기준의 불명확성이 발주기업을 면책하지 않는다는 동향이 강화되었다. 위장도급으로 고발된 기업 중에는 일본을 대표하는 대기업도 포함되어 있다. 그 '**준법의식**'의 **결여**로 사회적 비난을 크게 받게 되었다.

(3) 근로자파견에 대한 엄격한 시선

위장도급에 대한 엄격한 시선은 근로자파견에 부착되어 있던 부정적인 평가와도 관련되어 있다. **첫째,** 근로자파견은 앞에서 살펴본 것처럼, 원래는 근로자공급이라는 '인신매매'적인 비즈니스의 하나로서 금지됐던 것이고, 1985년 근로자파견법은 이를 엄격한 요건 하에서 허용한 것에 불과하다. 그래서 법의 요건을 충족하지 못한 근로자파견은 근로자공급이고, 도저히 허용되지 않는다고 생각되었던 것이다.

둘째, 첫째와 관계되지만 회사는 근로자를 활용하는 경우에는 그 근로자를 고용한 후 행해야 한다는 **'직용주의'**(直用主義, 직접고용주의)를 근거로, 근로자파견은 발주기업(대기업인 경우가 많다)이 고용책임을 지지 않은 채 노동력을 활용하는 **'간접고용'**이라는 점에서 직용주의에 반기 때문에 가능한 한 피해야 한다는 견해도 유력하게 주장되어 왔다.

셋째, 파견근로자는 노동법을 적용받는 점에서는 통상의 근로자와 동일하지만 그 고용주인 **인재서비스기업**(파견기업)은 사용기업과의 사이에 교섭상 열등한 상황에서 근로자파견계약(그 자체는 통상의 상법(商法)상의 계약)을 체결할 수 밖에 없는 입장에 있어, 이러한 기업에 고용되는 파견근로자는 매우 불안정한 지위에 있는 것도 문제시되었다.

때마침 2008년 미국의 투자은행인 **리먼 브라더스**(Lehman Brothers)의 **경영 파탄**에서 발단하여 전 세계로 연쇄적으로 일어난 금융위기의 영향은 일본 경제에도 직격탄을 날리고(이른바 **'리먼 쇼크'**),[98] **'유기고용의**

---

98) <역자주> 리먼 쇼크(사태): 골드만삭스, 모건스탠리, 메릴린치에 이은 세계 4위의 투자은행(IB)으로 꼽혀온 리먼 브라더스(Lehman Brothers)가 2008년 9월 15일 새벽 뉴욕 남부법원에 파산보호(챕터11)를 신청하면서 글로벌 금융위기를 촉발시킨 사건이다. 서브프라임 모기지 부실과 파생상품 손실에서 비롯된 **6130억 달러(약 660조 원)** 규모의 부채를 감당하지 못한 것이다. 이는 역사상 최대 규모의 파산으로 기록되면서 글로벌 금융시장과 부동산시장에 엄청난 충격을 몰고 왔다. 이날 하루 동안에만 미국과 유럽은 물론 아시아 증시까지 2-4% 일제히 폭락했으며, **글로벌 금융위기**와 10여 년에 걸친 **세계경제의 장기 부진**

고용해지'와 같은 '사회문제'를 일으켰다. 특히 유기고용의 파견근로자의 고용해지는 '파견중단'이라고 불리며, 파견근로자는 비정규직 고용의 불안정성을 상징하는 것으로 언론 등에도 종종 보도되었다. '파견 중단'은 '일용파견'이나 '등록형 파견'의 형태에서 크게 문제가 되어 이러한 형태의 파견을 금지해야 한다는 강경론도 출현하게 되었다.

파견근로자는 1999년 개정으로 '규제완화'(네거티브 리스트화) 후에도 그다지 늘지는 않았고, 정점에 도달한 때에도 2008년 145만 명, 고용자에 점유율로 2.8%에 그친다.[99] 파견근로자는 일본의 노동력 인구 중에

을 예고하는 신호탄이 되었다. 리먼 브라더스는 1850년 설립된 국제적인 투자은행으로 글로벌 주식 채권 인수 및 중개, 글로벌 기업 인수·합병(M&A) 중개, 사모펀드 운용, 프라이빗 뱅킹 등을 담당해 왔다. 계열사로는 리먼브라더스 은행, 노이버거 베르만, 오로라 론서비스, SIB모기지 등이 있다.

리먼 브라더스 사태의 근본적 원인은 2007년부터 시작된 미국 부동산가격 하락과 이에 따른 서브프라임모기지론(비우량주택담보대출) 부실이 지목된다. 서브프라임(sub-prime)은 정상 대출이라 할 수 있는 프라임 대출보다 소득이 낮은 사람들을 대상으로 한 대출을 말한다. 앨런 그린스펀 당시 연방준비제도(FED, 연준) 의장은 9·11사태 이후 침체된 경기를 부양하기 위해 초저금리 정책을 폈다. 미국 금융회사들은 이를 이용하여 주택대출을 확대하였고, 이는 부동산 가격 상승을 부추겼다. 이로 인해 신용과 소득이 낮은 사람에게도 주택자금을 빌려주는 서브프라임 모기지도 활발하였다. 금융회사들은 서브프라임 모기지론을 통해 구입한 주택의 저당권을 활용해 '주택저당증권(MBS)'이라는 금융상품을 만들어 냈다. MBS는 쉽게 말해 집의 저당권을 재판매하는 금융상품으로 미래에 받을 채권을 미리 현금화하는 일종의 자산유동화증권(ABS)이다. MBS는 다시 채권과 섞어 부채담보부증권(CDO)을 만들어냈다. MBS와 CDO는 각종 채권의 출처를 파악해 내기 힘들고, 리스크를 미리 발견해 내기도 사실상 불가능하다. 그러던 중 경기과열을 우려한 미국 정부가 2006년 6월 기준금리를 5.25%까지 인상하자, 신용도가 낮은 대출자는 높은 이자 부담을 감당해내지 못하고 파산하여 길거리에 내몰렸다.

이 같은 서브프라임 부실 사태는 MBS·CDO 등 파생금융상품을 사들인 리먼 브라더스를 포함한 전 세계 금융회사를 순식간에 파산위기로 내몰면서 10여 년에 이르는 장기 글로벌 금융위기에 봉착하였다. 또한 리먼 브라더스의 파산으로 미국은 '부동산 거품 붕괴'와 '투자 손실'로 19조 2000억 달러에 달하는 가계 자산이 증발하였다.[네이버 지식백과 – 시사상식사전]

99) http://www.jassa.or.jp/keywords/index1.html

서는 2-3%의 소수파이고, 비정규직 중에서도 6-7% 정도의 소수파에
불과했다. 양적으로 본 경우에 파견근로자가 비정규직의 대표라고는 도
저히 말할 수 없다.

그러나 근로자파견은 그 볼륨과 관계없이 비정규직의 열악한 일하
는 방식을 상징하는 것으로 받아들여지게 되었다. 그리고 그 비판의 화
살은 파견 비즈니스에 따라 이익을 얻고 있는 인재서비스기업이 아니
라, 고용을 책임지지 않은 채 파견근로자를 이용해 이익을 얻고 있는
발주기업 쪽으로 향하게 된다(이 점이 동일하도록 노동력의 수급 매칭 기능
을 수행했어도 발주기업이 근로자를 직접 고용하는 '직업소개'와의 상위로서 문
제시되었다). 이러한 가운데 파견 비즈니스를 규제하는 관점에서 파견기
업을 주된 규제 대상으로 삼아온 근로자파견법의 결함을 지적해 왔다.

(4) 사용기업의 고용책임

이러한 근로자파견법의 결함을 보완하기 위하여 나온 것이 위법파
견이 이루어진 경우에 사용기업의 쪽에 엄격한 제재를 부과해야 한다고
하는 논의이다. 그 대표적인 것은 **'위법파견'**시 더이상 법적으로 근로자
파견이 아니라, 근로자공급이 되기 때문에 근로자공급을 받은 기업에게
도 벌칙을 적용해야 한다는 견해이다(직업안정법 제44조(근로자공급사업의
금지)는 "누구라도 다음의 조항100)에 규정하는 경우를 제외하는 외에,

---

100) <역자주> 일본 직업안정법 제45조(근로자공급사업의 허가) 노동조합 등이
    후생노동대신의 허가를 받은 경우에는 무료근로자공급사업을 할 수 있다.; 한
    국 직업안정법 제33조(근로자공급사업) ① 누구든지 고용노동부장관의 허가를
    받지 아니하고는 근로자공급사업을 하지 못한다. <개정 2010. 6. 4.> ③ 근로
    자공급사업은 공급대상이 되는 근로자가 취업하려는 장소를 기준으로 국내 근
    로자공급사업과 국외 근로자공급사업으로 구분하며, 각각의 사업의 허가를 받
    을 수 있는 자의 범위는 다음 각 호와 같다.
    1. 국내 근로자공급사업의 경우는 「노조법」에 따른 노동조합
    2. 국외 근로자공급사업의 경우는 국내에서 제조업·건설업·용역업, 그 밖의

근로자공급사업을 실시 또는 그 근로자공급사업을 행하는 자로부터 공급되는 근로자를 자신의 지휘명령 아래에서 근로시켜서는 안 된다"[101] 고 하고, 같은 법 제64조(벌칙) 제9호는 같은 법 제44조 위반에 대하여 **벌칙**(1년 이하의 징역 또는 100만 엔 이하의 벌금)을 규정하고 있다). 근로자파견법에는 사용기업을 처벌하는 규정이 없기 때문에 직업안정법을 적용할 것인지 여부는 발주기업의 처벌 가능성에 영향을 준다. 즉, <u>위법파견은 위법이라고 하나 근로자파견인 이상 근로자파견법만을 적용할 것인지, 위법파견은 법적으로는 근로자공급이 되는 것으로서 직업안정법을 규제받을 것인지가 중요한 해석문제가 되었다.</u>

또한 쟁점이 되었던 것이 <u>사용기업이 위법파견을 하고 있던 경우에 파견근로자와 근로계약이 성립하게 되는지 여부이다.</u> 이 점에 대해서는 사용기업이 파견근로자를 위법파견의 형태로 지휘명령하고 있었음을 규범적으로 평가하고, '**묵시적 근로계약**'의 성립이 있었던 것으로 해석해야 한다는 견해(이른바 '규범적 해석론')가 유력하게 주장되어 왔다(학설에 대해서는 요로이(萬井) 2017[102]을 참조). 여기서 '**묵시적 근로계약**'이란 당사자 사이의 명시적인 의사는 나타나지 않았지만, 법원이 객관적인 상황에서 판단해 그 성립을 인정하는 근로계약을 말한다.

특히 **위장도급의** 사안에서 근로자파견으로 보면, 파견 가능기간을 초과하였을 경우에 당시의 '**근로자파견법 제40조의4**'(사용기업에 직접고용의 신청의무를 정한 규정)에 **사법상의 효력이 인정되지 않는다**(통설, 판례)고

서비스업을 하고 있는 자. 다만, 연예인을 대상으로 하는 국외 근로자공급사업의 허가를 받을 수 있는 자는 「민법」 제32조에 따른 비영리법인으로 한다. (위반 시 제47조(벌칙) 5년 이하의 징역 또는 5천만 원 이하의 벌금<개정 2014. 5. 20.>)

101) <역자주> 한국 직업안정법 제2조의2(정의) 7. "근로자공급사업"이란 공급계약에 따라 근로자를 타인에게 사용하게 하는 사업을 말한다. 다만, 「파견법」 제2조제2호에 따른 근로자파견사업은 제외한다.

102) 寓井隆令『労働者派遣法論』(2017年, 旬報社)

하여도 묵시적 근로계약에 따라 근로계약의 성립을 인정할 것인지가 쟁점이 되었다.

이러한 논점이 문제된 대표사례가 **파나소닉 플라즈마 디스플레이(파스코) 사건**103)이었다.

(5) 파나소닉 플라즈마 디스플레이(파스코) 사건

이 사건은 도급기업(A사)이 발주기업(B사)로부터의 업무를 도급, A사의 종업원인 C를, B사의 사업장에서 일을 시켰던 사안이다. 동 사건의 고등법원 판결은 대체로 다음과 같은 논리 구성으로 묵시적 근로계약의 성립을 인정하였다.

우선, A사와 B사 사이의 계약은 A사가 그 종업원 C를 B사의 지휘명령을 받아 B사를 위하여 근로에 종사하게 하는 근로자공급계약으로, C와 A사 사이의 계약은 그 목적 달성을 위한 계약이다. 이들의 계약은 이것이 이루어진 2004년 1월 시점에서는 '제조 업무'에서 근로자파견을 금지하고 있었기 때문에 탈법적인 근로자공급계약으로 **직업안정법 제44조**에 위반되고, 공서양속에 위배되기 때문에 그 체결할 처음부터 무효이다.

다음으로, 묵시적 근로계약의 성립에 대하여,

"근로계약도 다른 사법상 계약과 마찬가지로 당사자 사이의 명시적인 합의에 따라 체결되는 것뿐만이 아니라 묵시적 합의에 따라서도 성립될 수 있는바, 근로계약의 본질은 사용자가 근로자를 지휘명령 및 감독하고, 근로자가 임금을 지급받아 노무를 제공하는 것에 있기 때문에, 묵시적 합의에 따라 근로계약이 성립되었는지 여부는 해당 노무공

---

103) 最2小判 2009. 12. 18. (民集 63巻 10号 2754면) (パナソニックプラズマティスクプレイ (パスコ) 事件) <最重判 14> 2008年 (受) 第1240号.

급형태의 구체적인 실태에 따라 양자 사이에 사실상의 사용종속관계, 노무제공관계, 임금지급관계가 있는지 여부, 이 관계로부터 양자 사이에 객관적으로 추인되는 묵시적 의사에 합치하는지의 여부에 따라 판단하는 것이 상당하다"

고 하는 **일반론**을 서술한 후, 이 사건에서는 B사는 C를 직접 지휘감독하고 있고, 그 사이에 사실상의 사용종속 관계가 있었다고 인정되고, C가 A사로부터 급여 등으로 수령하는 금원은 B사가 C사에게 **업무위탁료**로 지급한 금원(金員)을 기초로 하는 것이고, B사는 C가 급여 등의 명목으로 수령하는 금원의 금액을 실질적으로 결정하는 입장이었다고 말할 수 있다. 이 때문에 B사는 C를 직접 지휘해 작업하게 하고, 그 채용, 실직(失職), 취업조건의 결정, 임금 지급 등을 실질적으로 실시해, C가 이것에 대응해 노무제공을 하였다고 할 수 있다고 판시하였다.

그리고 C와 B사 사이의 실체 관계를 법적으로 근거할 수 있는 것은 양자의 사용종속관계, 임금지급관계, 노무제공관계 등에서 객관적으로 추인되는 C와 B사 사이의 근로계약 이외에는 없고, <u>양자 사이에는 묵시적 근로계약의 성립을 인정해야 한다고 결론지었다.</u>

그런데 최고재판소는 이 판단을 뒤집었다. 판례의 취지는 다음의 I.에서 Ⅲ.으로 정리된다.

I. "도급계약에 있어서는 도급인은 주문자에게 대하여 일을 완성할 의무가, 도급인에게 고용된 근로자들에 대한 구체적인 작업의 지휘명령은 오로지 도급인에게 맡겨져 있다. 따라서 도급인의 의한 근로자에 대한 지휘명령 없이 주문자가 그 현장 실내에서 근로자에게 직접 구체적인 지휘명령을 하여 작업을 수행시키고 있는 것 같은 경우에는 설령 도급인과 주문자 사이에 도급계약이라는 법형식을 채택했다 하더라도, 이것을 도급계약이라고 평가할 수 없다. 그리고 위의 경우에

는 주문자와 근로자 사이의 고용계약이 체결되지 않았다면 위의 3자 사이의 관계는 **근로자파견법 제2조 제1호**104)에서 말하는 '근로자파견'에 해당하는 것으로 해석해야 한다. 그리고 이러한 근로자파견도 이것이 근로자파견인 이상은 **직업안정법 제4조 제6항**105) [필자 주: 현재는 제4조 제7항]에서 말하는 '근로자공급'에 해당할 여지가 없는 것이라고 해야 한다."

Ⅱ. C는 A사가 B사에 파견하고 있던 파견근로자의 지위에 있었지만, 근로자파견법의 규정을 위반하고 있었다. "그러나 근로자파견법의 취지 및 그 단속법규로서의 성질, 더 나아가서는 파견근로자를 보호할 필요성 등에 비추어보면, 이를테면 근로자파견법을 위반한 근로자파견이 이루어진 경우에도 특별한 사정이 없는 한 이것만으로 파견근로자와 파견기업 사이의 고용계약이 무효가 될 수 없다고 해석해야 한다. 그리고 C와 A사 사이의 고용계약을 무효로 해석해야 하는 특별한 사정을 엿볼 수 없기 때문에 위의 양자 사이의 고용계약은 유효하게 존재한 것으로 해석해야 한다."

Ⅲ. "B사 및 C와 법률관계에 대해서 보면 … B사는 A사의 C의 채용에

---

104) <역자주> 일본 파견법 제2조(용어의 정의) 1. 근로자파견: 자기가 고용한 근로자를 당해 고용관계하에서 타인의 지휘명령을 받아 당해 타인을 위한 근로에 종사시키는 것을 말하고, 당해 타인에 대하여 당해 근로자를 당해 타인에게 고용시키는 것을 약정하여 하는 것을 포함하지 아니하는 것으로 한다.; 한국 파견법 제2조(정의) 1. "근로자파견"이란 파견사업주가 근로자를 고용한 후 그 고용관계를 유지하면서 근로자파견계약의 내용에 따라 사용사업주의 지휘·명령을 받아 사용사업주를 위한 근로에 종사하게 하는 것을 말한다. 2. "근로자파견사업"이란 근로자파견을 업(業)으로 하는 것을 말한다.

105) <역자주> 일본 직업안정법 제4조(정의) ⑥ '근로자 공급'이란 공급계약에 기초하여 근로자를 타인의 지휘명령을 받아 근로에 종사하게 하는 것을 말하며 파견법(1985) 제2조 제1호에 규정하는 근로자파견에 해당하는 것을 포함하지 아니하는 것으로 한다.; 한국 직업안정법 제2조의2(정의) 7. "근로자공급사업"이란 공급계약에 따라 근로자를 타인에게 사용하게 하는 사업을 말한다. 다만, 「파견법」 제2조제2호에 따른 근로자파견사업은 제외한다.

관여하고 있었다고는 인정할 수 없는 것이며, C가 A사에서 지급받고 있던 급여 등 금액을 B사가 사실상 결정하였다고 할 수 있는 사정도 엿볼 수 없고, 오히려 A사는 … 배치를 포함한 C의 구체적인 취업형 태를 일정한 한도에서 결정할 수 있는 지위에 있다고 인정되는 것으로, 위의 사실관계 등에 나타난 그 밖의 사정을 종합해서도 … B사 및 C를 사이에 고용계약관계가 묵시적으로 성립하고 있다고 평가할 수가 없다."

최고재판소는 판례의 <취지 I>에서 **위법파견**이라도 그 근로자 파견행위가 직업안정법상 근로자공급으로 평가되지는 않는다고 명언한다 (B사가 직업안정법 위반으로 처벌될 가능성을 부정), 게다가 판례의 <취지 Ⅱ>에서 **위법파견**이기 때문에 파견근로자와 도급회사(파견기업) 사이의 계약이 당연히 무효가 되지 않는다고 고등법원에서 내린 판결의 입장을 부정하였다. 그리고 판례의 <취지 Ⅲ>에서 묵시적인 근로(고용)계약이 성립할 가능성을 검토했지만, 이 사건은 이것을 인정할 수 없다고 하여 고등법원 판결의 결론을 부정하였다.

최고재판소는 이 사례의 업무처리도급이 위법한 근로자파견이라고 인정하였다. 그러나 사용기업(B사)에 대한 페널티로서 묵시적 근로계약의 성립을 인정하는 '규범적 해석'의 수법은 채택하지 않았던 것이다.

최고재판소가 발주(사용)기업에 고용책임을 부정하는 판단을 내렸던 것에서, 그렇다면 발주(사용)기업이 고용책임을 부담하는 법률을 제정할 필요가 있다는 **입법론**으로 논의가 이동되었다. 이것을 통하여 민주당 정권에서 사용기업에 따른 파견근로자의 직접고용을 강제하는 '근로자파견법 제40조의6'가 창설된 것이다.

04 소결

1990년대 후반부터 닛케이렌(日経連)의 고용 포트폴리오의 발표, 구조개혁정책에 이어 근로자파견의 네거티브 리스트화(원칙적 자유화), 잇따른 헤이세이 불황의 영향 등에서 오는 비정규직의 증가 등에 직면하면서, **2007년 파트노동법**이 개정되었다. 이러한 법 개정에서는 균등대우 규정을 도입함으로 근로조건의 격차 시정을 단행하게 되었다. 하지만 정규직과의 비교 가능성을 엄격하게 해석함으로 그 영향은 한정적이고, 사적 자치에 대한 개입은 소극적인 것에 그쳤다. 그러나 동시에 도입된 균형대우 규정은 사법상의 효력이 없는 노력의무였지만, 근로조건의 격차 시정을 추진하는 입법의 방향성은 나타나고 있었다. 이러한 의미에서 2007년 파트노동법의 개정은 일본형 고용시스템에 과감한 (drastic) 재검토를 요구하지는 않았지만, 점진적인 재검토의 요구를 요청하였다고 할 수 있다.

그러나 리먼 쇼크의 영향으로 '파견 중단'문제 등으로 상징되는 것처럼 국민의 눈앞에 매스미디어를 통해 비정규직 고용의 불안정성이 부각되었다. 이러한 점진적인 재검토로는 허용되지 않는다는 여론을 형성해왔다. 그리고 보수 정당인 '**자유민주당**'(自由民主黨)이 물러나고, 자유주의적인 정치 성향을 가진 **민주당(民主黨) 정권**이 탄생하였다.[106] 이러한

---

106) <역자주> 일본 민주당(民主党): 1998년에 창당해 2016년까지 존재했던 정당이다. 이념은 독자적인 노선인 '민주중도', 정치적 위치는 '중도주의'이다. 2003년 제43회 중의원 의원 총선거와 2004년 제20회 참의원 의원 통상선거에서는 비례구의 득표에서 자유민주당을 누르고 제1당이 되었다. 2007년 제21회 참의원 의원 통상선거에서는 야당 역사상 최대 의석을 획득하며 참의원 제1당을 탈환하였다. 그리고 2009년 8월 30일 중의원 의원 선거에서 308석(정수 480)을 획득하며 대승, 사실상 자민당 독주 체제였던 일본 정치계에서 '역사적인 정권 교체'를 이루었다. 그 후 사회민주당, 국민신당과 연립 정부를 구성했다. 하지만 2012년 제46회 중의원 의원 총선거에서 다시 자민당 아베 내각에

'<u>정권 교체</u>'를 계기로 비정규직에 대한 입법은 적극적인 개입의 시대로 돌입하게 된다.

정권을 내주고 제1야당으로 전락하였다. 2016년에 유신당과 합당해 민진당을 창당하였다.

창당 시 당규에 명기된 '기본 이념'(강령)은 (i) 현재 상황 인식: 일본은 지금 관(官) 주도의 보신주의·획일주의와 결탁·유착의 구조에 가로막혀 시대의 변화에 대응하지 못하고 있다. 기존의 사고방식과 이익 구조에 갇힌 구체제를 타파하고, 당면한 여러 과제를 해결함으로써 본격적인 저출산·고령사회를 맞이하는 21세기 초반까지 '여유와 풍요' 속에서 사람들의 개성과 활력이 사는 새로운 사회를 창조해야 한다. (ii) 우리의 입장: 우리는 지금까지 기득권의 구조로부터 배제되어 온 사람들, 성실하게 일하고 세금을 내는 사람들, 어려운 상황에 있으면서도 자립을 목표로 하는 사람들(생활자, 납세자, 소비자)의 입장을 대표한다. '시장 만능주의'와 '복지 지상주의'라는 대립하는 개념을 넘어 자립한 개인이 공생하는 사회를 지향하며, 정부의 역할은 이를 위한 체제 구축으로 한정한다는 '**민주중도**'의 새로운 길을 창조한다.

CHAPTER

05

적극적 개입의 시대

(1) 근로자파견의 규제 강화

제4장 3.(변화의 조짐)에서 살펴본 것처럼, 근로자파견에 대한 역풍이 강해지면서 민주당 정권의 마지막 해인 **2012년 3월**에 **근로자파견법**을 대개정하였는데, 그때까지 규제완화의 방향이었던 근로자파견의 규제를 강화하였다. 2012년 개정의 포인트를 살펴보면 다음과 같다.

첫째, 법률의 명칭을 변경했으며, 법률의 구성도 수정하였다. 이전에는 근로자파견법은 법률의 명칭과 구성에서 「근로자파견사업의 적정한 운영의 확보」와 「파견근로자의 취업조건 정비」가 양대 산맥을 이루고, 업법(業法)적인 성격이 농후했지만, 후자는 '파견근로자 보호 등'으로 대체하였다. 이것은 근로자파견법은 파견근로자를 특별 보호의 대상으로 하는 것을 명기한 것을 의미하고, 바로 이 법이 비정규직에 대한 적극적인 개입에 대한 서곡(序曲)이라는 것을 상징하고 있다.

둘째, 파견근로자 보호의 관점에서 지금까지 근로자파견의 불안정성을 상징이었던 '**일용파견**'(매일 또는 30일 내의 기간을 정해 고용하는 파견)도 원칙적으로 금지되었다(근로자파견법 제35조의 4). 예외는 ① 일용근로자의 적정한 고용관리에 지장을 미칠 우려가 없다고 인정되는 업무(일정한 전문업무)에 대한 파견, 또는 ② 고용기회의 확보가 특별히 곤란하다고 인정되는 근로자의 고용 계속 등을 도모하기 위하여 필요하다고 인정되는 경우의 파견이다. 후자는 구체적으로는 (ⅰ) <u>60세 이상인 자</u>, (ⅱ) <u>고용보험을 적용받지 않는 학생</u>, (ⅲ) <u>생업 수입이 500만 엔 이상인 자('**부업[副業] 파견**')</u>, (ⅳ) <u>가구 소득이 500만 엔 이상인 자(피부양자 파견)</u>가 대상이 되었다(근로자파견법시행령 제4조). 한편 '**일용파견**'과 함께 <u>비판하던 '**등록형 파견**'의 규제를 보류하였다.</u>

또한 직접고용의 사원을 파견근로자로 대체하는 것을 방지하기 위<u>하여 **이직한 후 1년 이내인 자**를 파견근로자로 받아들이는 것이 금지되었다</u>(근로자파견법 제40조의 9, 제35조의 5). 또한 <u>파견기업과 동일한 그룹 내의 기업으로의 파견(그룹기업 내 파견)의 비율을 **80% 이하**로 제한하는 규제도 도입되었다</u>(동 제23조의 2).

(2) 파견근로자의 고용안정

파견근로자의 고용안정을 배려한 규정도 도입되었다. 첫째, 파견기업에 대하여 고용기간이 통산 1년 이상인 유기고용·파견근로자에 대하여 그 희망에 따라 무기고용으로의 전환을 추진하는 조치를 취하는 것(① 무기고용의 근로자로서 고용기회의 제공, ② 소개예정파견의 대상으로 하는 것에 따름, ③ 사용기업에서의 직접고용의 추진, ④ 무기고용 근로자로의 전환을 추진하기 위한 교육훈련의 실시 등)을 **노력의무**로 하였다(근로자파견법 제30조).

이 규정은 근로자파견법의 2015년 개정에서 (ⅰ) 동일한 조직 단위에 계속해 3년 이상 파견될 전망이 있는 유기고용·파견근로자에게는

① 사용기업에 대한 직접고용의 의뢰, ② 새로운 사용기업의 제공(합리적인 내용인 경우에 한한다), ③ 파견기업에 의한 무기고용, ④ 교육훈련 등 고용안정을 도모하기 위하여 필요한 조치 중 어느 하나를 강구할 의무를 부과하고, (ii) 동일한 조직 단위에서 계속해 1년 이상 3년 미만 파견될 전망이 있는 유기고용 파견근로자에게는 이것을 **노력의무로** 하는 규정으로 재편성되었다.

또한 사용기업에 대해서는 근로자파견계약을 해제할 경우에 파견근로자의 새로운 취업 기회의 확보 및 휴업수당 등의 지급에 소요되는 비용부담 등의 조치를 의무화하였다(근로자파견법 제29조의 2). 사용기업에서 근로자파견계약의 해제는 파견근로자의 고용을 위태롭게 한다는 지적이 있는 반면, 근로자파견계약은 노동법상 계약이 아니기 때문에 규제가 어렵다고 간주되는 가운데, 2012년 개정에서 해제 자체의 규제가 아닌 해제에 따른 파견근로자의 불이익에 대한 대응을 의무화하는 규정을 도입한 것이다.

(3) 파견근로자의 공정한 대우

파견근로자의 공정한 대우를 실현하기 위한 규정도 도입하였다.

먼저, 파견기업은 파견근로자의 대우를 개선하는 관점에서 파견요금과 파견근로자의 임금의 차액이 파견 비용에서 차지하는 비율(이른바 '마진율'[107]) 등의 **정보의 공개를 의무화**(근로자파견법 제23조 제5항)하고, 또한 고용할 당시에 1인당 파견요금의 액수를 파견근로자에게 명시할 의무를 부과하였다(동 제34조의 2).

이 규정은 사용기업이 지급 대가에서 파견기업이 마진을 취하는 것은 '**중간착취**'[108](노동기준법 제6조[109] 참조)를 상기(想起)하게 하는 것이

---

107) <역자주> 마진율(margin率): 원가와 판매 가격의 차액, 곧 이익금의 비율.

며, 근로자파견에 대한 부정적인 평가의 상승에 대응하는 것이다.

또한 파트타임 근로자의 '균형대우'와 마찬가지로 파견근로자의 '임금' 등을 결정하는 데 파견기업은 동종 업무에 종사하는 사용기업의 근로자와의 균형을 고려하는 것을 의무화하였다(근로자파견법 제30조의 3). **2015년 근로자파견법 개정에서는 파견기업은 파견근로자의 요구가 있을 경우에 대우를 결정하는 데 고려한 내용을 본인에게 설명해야 한다고 개정하였다**(동 제31조의2 제2항). 그러나 이러한 규정은 **2018년 근로자파견법 개정에서 파트·유기노동법에 따른 내용으로 개정하였다**(⇒ 제5장 3.[2018년 법 개정])

(4) 파견근로자의 직접고용

2012년 개정에서 가장 크게 주목되는 점은 일정한 위법파견의 경우에 파견기업에 파견근로자의 **직접고용을 의무화하는 규정**이다. 이것을 구체적으로 살펴보면 **위법파견의 경우**((i) 파견근로자를 파견금지업무에 종사시키는 것, (ii) 사업 허가를 받지 않은 파견기업으로부터 파견근로자를 받아들이는 것, (iii) 파견 가능기간의 제한을 위반해 파견근로자를 받아들이는 것, 이른바 '위장도급'의 경우)에 있어 사용기업이 불법인 것을 알면서도 혹은 몰랐던 것에 과실이 있고, 파견근로자를 받아들이고 있는 경우에는 위법행위의 시점에서 파견기업과 파견근로자 사이의 근로계약과 동일한 근로조건의 내용에서 사용기업이 파견근로자에게 근로계약을 신청한

---

108) <역자주> 중간착취(中間搾取): 착취자와 피착취자의 중간에서 착취를 돕거나 대행해서 이득을 얻는 일. 부당하게 소개비, 수수료 등을 받는 악습을 말한다.

109) <역자주> 일본 노동기준법 제6조(중간착취의 배제) 누구든지 법률에 의하여 허용되는 경우 이외에 업(業)으로서 타인의 취업에 개입하여 이익을 얻어서는 아니 된다.; 한국의 근로기준법 제9조(중간착취의 배제) 누구든지 법률에 따르지 아니하고는 영리로 다른 사람의 취업에 개입하거나 중간인으로서 이익을 취득하지 못한다.

것으로 간주한다고 한다('근로계약 신청간주제', 파트근로자파견법 제40조의
6).

    2012년 개정에서 이 규정은 특히 영향이 컸기 때문에 시행은 2015
년 10월로 연장하게 되었다.

해설 7 ⦿ 🔲 근로자파견법의 2015년 개정

근로자파견법은 2015년에 개정하였다. 본문에서 언급한 **'고용안정화 조치'**(제30
조에 관한 부분)와 **'대우 결정에 관한 고려사항의 설명의무'** 이외에도 중요한 개정
포인트가 있다.

첫째, 근로자파견사업을 '**허가제**'로 **일원화**하였다. 신고제로 되어 있던 특정 근로
자파견사업이 악질적인 인재파견업자를 만들어 온 것의 반성에서 허가기준을
엄격하게 한 후 모두 허가제로 하였다(특정 근로자파견사업의 '폐지').

둘째, 파견 가능기간의 '**제한**'을 재검토하였다. 지금까지는 전문업무 파견의 여
부에 따라 상이한 기간을 제한해 왔지만, 2015년 개정에서 파견 가능기간의 제
한은 (i) 파견사용사업장 단위의 제한(3년. 사용사업장의 과반수대표의 의견
청취를 거쳐 연장은 가능)과 (ii) 파견근로자 개인 단위에서의 제한(조직마다 3
년)이라는 방식으로 개정하였다. 그러나 무기고용파견 기간 규제의 적용제외로
하였다. 그 결과로 파견 가능기간의 제한이 없었던 전문업무 파견은 이것이 유
기고용파견이라면 다시 파견 가능기간의 제한에 따르게 되었다.

또한 근로자파견법을 제정한 이후에 근로자파견은 사용기업에서의 '**상용대체**'를
방지하기 위하여 **전문업무 파견**을 중심으로 하는 사고방식(원래는 파견 허용 업
무를 이것으로 제한하고, 1999년 개정 후에는 파견 가능기간의 제한을 완만하
게 함)은 **완전하게 폐기**하였다. 보호해야 할 중심은 일본형 고용시스템을 적용하
는 사용기업의 정규직보다도 파견근로자에게 있다는 발상으로 바꿨다. 또한 파
견기업에 무기고용된 파견근로자는 보호할 필요성이 낮기 때문에 파견 가능기
간의 제한을 없애도 좋다고 생각한 것이다.

셋째, 파견기업에 파견근로자에 대한 단계적·체계적인 **교육훈련**과 희망자에 대
한 **커리어 컨설팅**을 행할 의무를 도입하였다.

---

02 | 노동계약법의 2012년 개정

(1) 민법과 노동기준법에 따른 유기 근로계약의 규제

유기 근로계약은 오랫동안 민법, 이어서 노동기준법에 따른 계약기간의 상한 규제만이 존재하고 있었다. 근로계약의 기간은 근로에 구속되는 기간의 길이를 의미한다. 이 때문에 인신의 자유를 보장하기 위하여 고용기간 사이에 5년을 초과하거나 당사자의 일방 또는 제삼자의 종신 동안 계속해야 경우에는 5년이 경과한 후 언제든지 계약을 해지할 수 있다(민법 제626조 1항).[110] 또한 기간의 정함이 없는 경우에는 당사자가 고용기간을 정하지 아니한 때에는 각 당사자는 언제든지 해지를 신청할 수 있다. 2주 예고를 하면 언제든지 해지할 수 있다(민법 제627조(기간의 정함이 없는 고용의 해지 통보) 제1항.[111] 다만, 사용자의 해지인 '해고'는 노동계약법 제16조 등[112]에서 규제하고 있다).

---

110) <역자주> 한국 민법 제659조(3년 이상의 경과와 해지통고권) ① 고용의 약정기간이 3년을 넘거나 당사자의 일방 또는 제삼자의 종신까지로 된 때에는 각 당사자는 3년을 경과한 후 언제든지 계약해지의 통고를 할 수 있다. ② 전항의 경우에는 상대방이 해지의 통고를 받은 날로부터 3월이 경과하면 해지의 효력이 생긴다.

111) <역자주> 한국 민법 제660조(기간의 약정이 없는 고용의 해지통고) ① 고용기간의 약정이 없는 때에는 당사는 언제든지 계약해지의 통고를 할 수 있다. ② 전항의 경우에는 상대방이 해지의 통고를 받은 날로부터 <u>1월</u>이 경과하면 해지의 효력이 생긴다. ③ 기간으로 보수를 정한 때에는 상대방이 해지의 통고를 받은 당기 후의 일기를 경과함으로써 해지의 효력이 생긴다.

112) <역자주> **일본의 해고제도:** 해고를 제한하는 법 규정은 근로자의 경제적 종속성의 중요한 요인이 되는 해고를 제한하고, 아울러 해고의 위협에서 발생하는 인적 종속성을 제한한다는 점에서 바로 종속 근로자를 보호하는 대표적인 것이다. 그러나 이러한 법 규정은 모든 국가에서 노동법의 초기 단계에서 성문화된 것은 아니다. 일본에서도 1975년의 최고재판소(우리나라의 대법원)에서 '해고권의 남용법리'로서 확립되어(日本食塩製造 사건·最2小判 1975. 4. 25.

이상과 같이 민법 규정에 따른 계약기간의 상한 규제는 노동기준법에서 강화하였다.

제정 당시의 규정(제14조)에 따르면, '기간의 정함이 없는 것'이나 '일정한 사업 완료에 필요한 기간을 정한 것'을 제외하고, 기간의 상한은 1년으로 하고 있었다.[113] 1998년의 법 개정에서 **특례**를 마련하여 '고도의 전문지식 등을 가진 근로자'와 '만 60세 이상의 근로자 사이의 체결되는 경우'에 상한이 3년으로 하였다 또한 2003년의 법 개정에서 유기 근로계약의 상한은 원칙적으로 3년으로 인상하였다. 다만, 부칙 제137조에 따라 근로자 쪽에서는 1년을 경과하면 언제든지 퇴직(사직)할 수 있다고 하였다. 또한 특례의 경우에 상한은 3년에서 5년으로 **연장**하였다(또한 부칙 제137조는 특례의 경우에는 적용하지 않는다).

근로계약기간 도중에 해제할 경우에는 민법 제628조[114]는 '부득이

[最重判 47 事件]) 정식화된 판례에서는 "사용자의 해고권 행사도 그것이 객관적으로 합리적인 이유가 결여되고, 사회통념상 상당하다고 시인할 수 없는 경우에는 권리남용으로서 무효가 된다"고 판시하고 있다. 2003년에 드디어 노동기준법 제18조의 2으로 성문화되었다(2007년 11월 이후에는 노동계약법 제16조). "해고는 객관적으로 합리적인 이유가 결여되고 사회통념상 상당하다고 인정되지 않는 경우는 그 권리를 남용한 것으로서 무효로 한다." 이러한 노동기준법의 해고권남용법리는 노동계약법이 성립됨에 따라 그대로 노동계약법의 내용으로 바뀌었다. 사실 일본에서는 노기법의 제정 시행 후에 한동안 '정당한 사유'가 필요하다는 입장이 주창되었다. 하지만 이것은 민법상의 해고의 자유(제627조 제1항)를 기초로 하는 현행법에서는 무리가 있으므로, 곧 권리남용의 법리(민법 제1조 제3항)를 응용하여 실질적으로 동일한 귀결을 가지고 오는 해고권 남용법리가 다수의 판례가 축적되면서 확립되었다. 반면에 우리나라는 근로기준법에서 "사용자는 근로자에게 정당한 이유 없이 해고, 휴직, 정직, 전직, 감봉, 그 밖의 징벌(이하 부당해고 등이라고 한다)을 하지 못한다"고 규정하고 있다(제23조 제1항).

113) <역자주> 한국 근로기준법 제16조(계약기간) 근로계약은 기간을 정하지 아니한 것과 일정한 사업의 완료에 필요한 기간을 정한 것 외에는 그 기간은 1년을 초과하지 못한다(유효기간 2007. 6. 30.).

114) <역자주> 일본 민법 제628조(부득이한 사유로 인한 고용의 해제) 당사자가 고용기간의 약정이 있는 경우에도 부득이한 사유가 있는 때에는 각 당사자는

한 사유'가 있으면 즉시 해제할 수 있다(이 경우 '부득이한 사유'에 대하여 과실이 있으면 손해배상책임을 부과). 계약에 따른 구속에서의 해방을 '부득이한 사유'라는 엄격한 요건으로 인정한 규정이다.

이상의 규제는 근로계약의 기간이 근로자를 구속하는 측면에 착안하여 그 상한을 규제하려고 한 것이다(또한 민법 규정은 사용자에 대해서도 근로자와 마찬가지로 구속에서 해방을 인정하고 있다). 그러나 근로계약의 기간은 근로자를 고용해 일할 수 있다는 의미를 가지고 있어 반드시 짧은 쪽이 좋다고는 할 수 없다. 유기고용 근로자가 **'불안정고용의 비정규직'**으로 문제시되는 것은 총계약기간은 오히려 긴 편이 낫다는 사고방식이 강한 것을 나타내고 있다. 실제로 이미 살펴본 고용해지 제한법리는 이러한 관점에서 고용해지에 해고에 준한 '정당한 이유'를 요구하고, 이것을 충족하지 않는 경우에는 고용의 계속을 강제한 것이다.

(2) 노동계약법에 따른 규제

2007년의 노동계약법을 제정할 당시에는 유기 근로계약 규정은 제17조만을 두었다. 그 내용도 (계약으로부터의 해방(解放)을 인정하는 취지이다) (ⅰ) **민법 제628조**의 규정을 사용자의 중도해제를 제한하는 규정을 재편성하여 사용자는 '부득이한 사유'가 없으면 중도해고는 할 수 없다고 한 것(제1항. 또한 '부득이한 사유'는 **노동계약법 제16조**(해고)[115]에서 해

계약을 해제할 수 있다. 이 경우에 그 사유가 당사자 일방의 과실로 인하여 생긴 것인 때에는 상대방에 대하여 손해배상책임을 진다.; 한국 민법 제661조 (부득이한 사유와 해지권) 고용기간의 약정이 있는 경우에도 부득이한 사유 있는 때에는 각 당사자는 계약을 해지할 수 있다. 그러나 그 사유가 당사자 일방의 과실로 인하여 생긴 때에는 상대방에 대하여 손해를 배상하여야 한다.

115) <역자주> 일본 노동계약법 제16조(해고) 해고는 객관적으로 합리적인 이유를 결여하고 사회통념상 상당하다고 인정되지 아니하는 경우에는 그 권리를 남용한 것으로 무효로 한다.; 한국 근로기준법 제23조(해고 등의 제한) 제1항

고가 인정되는 경우보다 엄격한 기준이라는 것이 통설, 판례의 입장이다)과, (ⅱ) "사용자는 유기 근로계약에 대하여 그 유기 근로계약에 따라 근로자를 사용하는 목적에 비추어 필요 이상으로 짧은 기간을 정함으로써 그 유기 근로계약을 반복 갱신하는 일이 없도록 배려해야 한다"는 배려 규정(제2항)을 설정한 것에 불과하였다.

그러나 2012년 **노동계약법 개정** 시에는 유기 근로계약에 관한 본격적인 '**규제의 방식**'을 고려하였다. 특히 비정규직인 유기고용 근로자의 '**고용안정**'이라는 관점에서의 규제는 종전의 고용해지 제한법리의 성문화(成文化)뿐만 아니라(제19조),[116] **외국법의 사례도 참고**해 근로계약기간의 설정 자체를 제한하는 규제('**입구규제**') 및 유기 근로계약이 기간 만료에 따라 종료하는 것을 제한하는 규제('**출구규제**')의 도입을 검토하였다. 특히 입구 규제(구체적으로는 유기 근로계약의 체결은 합리적인 이유를 필요로 하는 등)의 도입을 둘러싸고 논의가 있었다. 하지만 최종적으로는 입구규제는 보류하고, 출구규제의 하나인 '**무기전환 룰**'(노동계약법 제18

사용자는 근로자에게 정당한 이유 없이 해고, 휴직, 정직, 전직, 감봉, 그 밖의 징별(이하 '부당해고 등'이라 한다)을 하지 못한다.

116) <역자주> 노동계약법 제19조(유기근로계약의 갱신 등) 유기근로계약으로서 다음의 각 호의 어느 하나에 해당하는 것의 계약기간이 만료하는 날까지의 사이에 근로자가 그 유기근로계약의 갱신신청을 한 경우 또는 계약기간의 만료 후 지체 없이 유기근로계약의 체결신청을 한 경우로서, 사용자가 그 신청을 거절하는 것이 객관적으로 합리적인 이유를 결여하고 사회통념상 상당하다고 인정되지 않는 때에는, 사용자는 종전의 유기근로계약의 내용인 근로조건과 동일한 근로조건으로 그 신청을 승낙한 것으로 간주한다.

1. 유기근로계약이 과거에 반복하여 갱신된 적 있는 것으로서 그 계약기간의 만료 시에 그 유기근로계약을 갱신하지 않음으로써 유기근로계약을 종료시키는 것이 기간의 정함이 없는 근로계약을 체결하고 있는 근로자에게 해고의 의사표시를 함으로써 기간의 정함이 없는 근로계약을 종료시키는 것과 사회통념상 동일시될 수 있다고 인정될 것

2. 근로자에게 있어서 유기근로계약의 계약만료 시에 그 유기근로계약이 갱신되는 것으로 기대하는 것에 대하여 합리적인 이유가 있는 것이라고 인정될 수 있는 것

조)117)을 도입하였다.

(3) 무기전환 룰의 신설

노동계약법 제18조는 유기 근로계약을 갱신해 '통산 5년'을 초과하는 경우에 다음 갱신 시 무기 근로계약을 신청하면 사용자는 별도의 규정이 없는 한 종전과 동일한 근로조건으로 승낙을 한 것으로 간주하는 규정(간주승낙제)이다(제1항). 이것은 '무기전환 룰'이라고도 부르고, 유기고

---

117) <역자주> 노동계약법 제18조(유기근로계약의 기간의 정함이 없는 근로계약으로의 전환) ① 동일한 사용자와의 사이에 체결된 2 이상의 유기근로계약(계약기간의 시기가 도래하기 전의 것은 제외한다. 이하 이 조에 있어 같다)의 계약기간을 통산한 기간(다음 항에서 '통상계약기간'이라 한다)이 5년을 넘는 근로자가 사용자에 대하여, 현재 체결하고 있는 유기근로계약의 계약이 만료하는 날까지의 사이에, 만료하는 날의 다음 날로부터 노무가 제공되는 기간의 정함이 없는 근로계약의 체결신청을 한 때에는, 사용자는 그 신청을 승낙한 것으로 간주한다. 이 경우 그 신청에 관련된 기간의 정함이 없는 근로계약의 체결신청을 한 때에는, 사용자는 그 신청을 승낙한 것으로 간주한다. 이 경우 그 신청에 관련된 그 기간의 정함이 없는 근로계약의 내용인 근로조건은, 현재 체결하고 있는 유기근로계약의 내용인 근로조건(계약기간을 제외한다)과 동일한 근로조건((근로조건(계약기간을 제외한다)에 대하여 별도의 정함이 있는 부분을 제외한다)으로 한다.
② 사용자와의 사이에 체결된 하나의 유기근로계약의 계약기간이 만료한 날과 그 사용자와의 사이에 체결된 그 다음의 유기근로계약의 계약기간의 초일과의 사이에 이들 계약기간의 어디에도 포함되지 않는 기간(이들 계약기간이 연속한다고 인정되는 것으로서 후생노동성령에서 정하는 기준에 해당하는 경우의 어디에도 포함되지 않는 기간을 제외한다. 이하 이 항에서 '공백기간'이라 한다)이 있고, 그 공백기간이 6월(그 공백기간의 직전에 만료한 하나의 유기근로계약의 계약기간[그 하나의 유기근로계약기간을 포함한 2 이상의 유기근로계약기간의 사이에 공백기간이 없는 때에는, 2 이상의 유기근로계약의 계약기간을 통산한 기간. 이하 이 항에서 같다]이 1년에 미달하는 경우에는 그 하나의 유기근로계약의 계약기간에 2분의 1을 곱하여 얻은 기간을 기초로 하여 후생노동성령에서 정한 기간) 이상인 때에는 공백기간 전에 만료한 유기근로계약의 계약기간은 통산계약기간에 산입하지 않는다.

용 근로자가 일정한 연수를 경과한 것만으로 무기 근로계약으로 전환할 수 있는 점에서 **획기적인 규정**이었다(다만, 갱신 사이의 일정한 '냉각(cooling)기간'을 두면 기간의 통산은 저지된다[동조 제2항]). 그러나 이 규정은 근로조건은 종전대로이기 때문에 근로조건의 격차를 시정하려고 하는 것은 아니다. 그러나 계약기간이라는 가장 중요한 근로조건을 무기(기간의 정함이 없음)화하여 격차를 없애는 것이고, **실무에 미치는 영향은 컸다.** 이 조항은 2013년 4월 1일 이후에 개시한 유기 근로계약에 적용하기 때문에 무기전환권은 2018년 4월 1일 이후에 발생한다.[118)

또한 5년의 연수(年數) 요건은 노동계약법을 제정한 직후부터 특정한 유형의 근로자에게 적용하는 것이 적절치 않다는 지적이 있었다. 그 결과로 전문지식 등을 가진 유기고용 근로자에게는 소정의 요건을 충족하면 10년까지 인상된다(유기고용특별조치법 제8조 제1항). 이러한 10년의 특례 규정은 대학 등의 연구자, 교원(敎員) 등에 대해서도 마련되었다(대학 교원의 임기(任期)에 관한 법률 제7조, 연구개발시스템의 개혁 추진 등에 따른 연구개발능력의 강화 및 연구개발 등의 효율적인 추진 등에 관한 법률 제15조의 2). 또한 '정년 후 계속 고용된 고령자'에 대해서는 소정의 요건을 충족하면 계약기간을 통산하지 않고 실질적으로 노동계약법 제18조를 적용제외하였다(유기고용특별조치법 제8조 제2항).

(4) 고용해지 제한법리의 성문화

노동계약법 제19조는 기존의 '고용해지 제한법리'를 성문화하고 있다(이것도 광의의 '출구규제'의 하나이다). 다만, 규정의 형식은 반복 갱신에

---

118) <역자주> 일본 노동기준법 개정부칙 제1항, 제2항 2012년 정령(政令, 시행령) 267호. 일본 정부는 본조에 대하여 시행 후 '8년'을 경과한 경우에 시행 상황을 고려하면서 검토해, 필요하다고 인정된 경우에는 그 결과를 기초로 필요한 조치를 강구하도록 하고 있다(개정부칙 제3항).

따라 실질적인 무기로 되어 있는지, 갱신을 기대하는 것이 합리적일 경우에 근로자로부터 유기 근로계약을 갱신하는 신청에 대한 거절이 "객관적으로 합리적인 이유가 결여되어, 사회통념상 상당하다고 인정되지 않을 때"에는 '종전의 근로조건'(계약기간을 포함)과 동일한 근로조건으로 신청을 승낙한 것으로 간주하는 것(간주승낙제)이 되었다.

(5) 불합리한 근로조건의 금지

노동계약법 제20조[119]는 유기고용 근로자의 근로조건이 기간의 정함이 있는 것(유기)에 따라 동일한 사용자의 무기고용 근로자의 근로조건과 상이한 경우에는 직무의 내용, 인재활용의 방법, 그 밖의 사정을 고려해 불합리하다고 인정되는 것이어서는 안 된다는 것이다. 이 규정은 파트노동법 제9조(2014년 개정 전에는 제8조)에서 통상의 근로자(풀타임의 정규직)와 동일시해야 할 '단시간근로자'(파트타임 근로자)와의 차별적 취급의 금지를 정한 규정이 그 적용범위가 너무 좁다는 '네거티브 체크리스트 문제'에 대한 반성에서(⇒ 제4장 3. 변화의 조짐), 동일한 사용자하에서의 유기고용 근로자라면, 폭넓게 비교 가능성을 인정해 구제의 범위를 확대하려고 한 것이다. 또한 2012년 개정 과정에서 입법 관계자가 이 규정을 강행규정으로 공통적으로 이해했기 때문에 매우 사정범위가 넓은 강력한 격차시정 규정이 되었다. 그러나 이 조문과 관련해서는 '불합리성의 판단'

---

119) <역자주> 노동계약법 제20조(기간의 정함이 있는 것에 의한 불합리한 근로조건의 금지) 유기 근로계약을 체결하고 있는 근로자의 근로계약의 내용인 근로조건이 기간의 정함이 있다는 것에 의해 동일한 사용자와 기간의 정함이 없는 근로계약을 체결하고 있는 근로자의 근로계약 내용인 근로조건과 서로 다른 경우에는 그 근로조건의 차이는 근로자의 업무의 내용 및 업무에 따른 책임의 정도(이하 이 조에 있어서 '직무의 내용'이라 한다), 직무내용 및 배치의 변경의 범위 그 밖의 사정을 고려하여 불합리하다고 인정되는 것이어서는 아니 된다.

을 비롯한 여러 가지 해석문제가 있었다(⇒ <보론 9>)

보론 9   📑 노동계약법 제20조와 관련한 논점

노동계약법 제20조는 파트노동법 제9조(2014년 개정 전은 제8조)와 같은 균등
대우 규정 및 차별금지 규정과는 다른 새로운 유형의 규제방식을 채택하였다
(이 방식은 파트노동법 2014년 개정에서 파트타임 근로자에게도 영향을 미치고
있다). 다만, 이 조문은 불합리성의 판단기준 등 많은 해석상의 논점을 일으켰
다. 이것에 대해서는 개정 직후에 나온 **통달(通達)**[120]('**노동계약법의 해석**'에 대
하여 2012. 8. 10. 기발(基發) 0810 제2호. 이하 「**노동계약법시행통달**」)에서 상당
부분은 명확히 되었지만, 반드시 그 후의 판례(<해설 8>에서 보면 하마쿄우
렉스(ハマキョウレックス) 사건·최고재판소 판결과 나가사와 운수(長澤運輸)
사건·최고재판소 판결)이나 학설이 이를 지지하지는 않았다. 이하에서는 특히
중요하다고 생각되는 해석상의 논점을 제시해 둔다.

(1) 노동계약법 제20조에서 문제가 되는 근로조건의 상위는 '기간의 정함이 있
는 것'으로 발생해야 한다. 이 점에 대하여 노동계약법시행통달은 '기간의
정함이 있는 것'을 이유로 한 상위(相違)를 대상으로 한다. 판례는 "근로조
건의 상위가 기간의 정함의 유무에 관련해 발생하는 것을 말한다"고 하고
있다(하마쿄우렉스 사건 최고재판소 판결). 학설 중에서는 '기간의 정함이
있는 것'에 따른 상위 여부는 요건이 아니라 '불합리성의 판단'으로만 고려
하면 된다는 견해도 있다.
  이 논점은 노동계약법 제20조가 유기고용 근로자를 유기고용이기 때문에
유기고용이 아니면 적용되었을 근로조건보다 낮은 근로조건을 적용하는 것
을 금지한다는 차별금지 규정의 발상으로 보는지, 그렇지 않고 단순히 격차
의 불합리성 그 자체를 보고 구제를 하는(차별적인 사정이 없더라도 구제
를 하는) 것인지는 규정의 성격을 둘러싼 본질적인 상위에 관계하고 있다.
또한 노동계약법 제20조를 파트타임 근로자에게도 적용하기 위하여 마련된

---

120) <역자주> 통달(通達, 훈령): 상급관청이 하급관청의 권한행사를 지시하기
   위해 하는 일반적 형식의 명령을 말한다.

파트노동법 제8조(2014년 개정 후)에는 동법 제9조 차별금지 규정에 존재하는 "단시간근로자인 것을 이유로서"라는 문언은 포함되어 있지 않지만, 이것은 행정해석에 따르면, 자명한 것이기 때문에 규정하지 않았다고 한다 (「단시간근로자의 고용관리개선 등에 관한 법률의 일부를 개정하는 법률의 시행에 대하여」 2014. 7. 24. 기발 0724 제2호 등).

(2) 불합리성을 판단하는 3요소인 ① '직무내용', ② '인재활용의 방법', ③ '그 밖의 사정'에 대하여 그 관계를 어떻게 해석할 것인지, 또는 '그 밖의 사정'을 어디까지 폭넓게 해석할 것인지도 논의가 있다. 파트노동법 제9조(2014년 개정 후)가 '직무내용'과 '인재활용의 방법'의 동일성이 있는 경우에 차별적 취급의 금지를 고려해 노동계약법 제20조를 해석하더라도 양자에 동일성이 있으면, 상위의 정도에 관계없이 이것을 정당하다고 해석해야 특별한 사정이 없는 한 불합리한 것으로 판단한 판례도 있었다(나가사와 운수 사건·지방법원 판결). 그러나 이 판단은 동일한 사건의 항소심 판결과 그 후의 판례에서는 지지를 받지 못하였고, 3요소를 종합적으로 고려해 불합리성을 판단하는 접근방식을 선택하고 있다.

노동계약법시행통달은 '그 밖의 사정'을 "합리적 노사관행 등의 여러 사정을 예상한다"고 넓게 파악(제5의 6(2) ㄱ)한다. 판례도 '그 밖의 사정'을 직무내용과 인재활용의 방법에 대한 사정에 한정해야 할 이유는 없다고 판시하고 있다(나가사와 운수 사건 최고재판소 판결). 또한 노동계약법시행통달은 정년 후 유기로 계속 고용된 근로자의 근로조건의 상위는 직무내용과 인재활용의 방법 등이 변경되는 것이 일반적임을 고려하면 특별한 사정이 없는 한 불합리하다고 인정하지 않는다고 하였다(제5의 6(2) ㄱ). 하지만 판례는 직무내용과 인재활용의 방법이 동일한 사안에서도 불합리성을 부정하고 있다(나가사와 운수 사건·최고재판소 판결).

(3) "불합리하다고 인정되는 것이어서는 안 된다"에 대해서는 학설상 '합리적이어야 한다'는 취지로 해석해야 한다는 견해도 주장되었다(오가타(緒方) 2013[121]) 등). 한편, 통설은 불합리하다고 함은 **법적으로 부인할 정도로 불공정하게 낮은 경우**를 말한다고 하고, 합리적이지 않지만 불합리하지도 않은 경

---

121) 緒方桂子 「改正労働契約法20条の意義と解釈上の課題」 季刊労働法　241号 (2013年) 17면 이하.

<u>우가 있을 수 있다고 하는 입장이었다</u>(아라키(荒木) 외 2014·234쪽).[122]
판례와 노동계약법시행통달도 조문에 따라 '불합리성' 여부를 묻겠다는 입
장이다.

(4) 위의 (3)과 관련해 **불합리성에 관한 주장 입증책임**은 어떻게 할 것인지가 문
제된다. 이 점에 대하여 판례는 "근로조건의 상위가 불합리한 것인지 여부
의 판단은 규범적 평가를 수반하는 것이기 때문에, 그 상위가 불합리하다고
평가를 기초화하는 사실에 대해서는 그 상위가 동조에 위반하는 것을 주장
하는 자가 그 상위가 불합리하다는 평가를 방해하는 사실에 대해서는 그
상위가 동조에 위반하는 것을 다투는 자가 각각 주장 입증책임을 진다"고
판시하고 있다(하마쿄우렉스 사건·최고재판소 판결. 노동계약법시행통달
(제5조의6 (2) キ)도 같은 취지).

(5) 불합리성의 판단은 **개별 근로조건마다 행할 것인지도 문제**된다. 노동계약법시
행통달은 이것을 긍정하고 있었다(제5의 6(2) オ). 판례는 임금에 관하여
"근로자의 임금이 여러 임금항목으로 구성된 경우에 개별 임금항목과 관련
한 임금은 일반적으로 임금 항목별로 그 취지를 달리한다고 할 수 있으므
로 불합리성을 판단할 경우에는 "양자의 임금 총액을 비교하지만 말고, 그
임금항목의 취지를 개별적으로 고려할 필요가 있다고 해석함이 상당하다"
고 판시하였다. 하지만 관련성이 있는 임금은 종합적으로 고려할 가능성을
인정하고 있다(나가사와 운수 사건, 최고재판소 판결).

(6) 불합리하다고 판단된 경우의 효과에 대하여 판례는 노동계약법 제20조는
강행적 효력이 있기 때문에(훈시규정이 아니기 때문에), 동조에 위반하는
근로조건의 상위를 둔 부분은 무효라고 한 후, 이 경우에도 "동조의 효력에
따라서 그 유기계약 근로자의 근로조건이 비교대상인 무기계약 근로자의
근로조건과 동일한 것이 안 된다고 해석함이 상당하다"고 하며, 일부 학설
이 주장한 보충적 효력(무효로 된 부분을 무기고용 근로자의 근로조건에서
보충하는 효력)을 부정하고 있다.
또한 이 경우에 무기고용 정규직의 취업규칙이 유기고용 근로자에게도 적
용된다고 하는 합리적인 해석은 이론적으로는 있을 수 있다. 하지만 최고재
판소는 문제된 사실에서는 정규직에게 적용되는 취업규칙과 유기고용 근로

---

122) 荒木尚志·菅野和夫·山川隆一 『詳説労働契約法(第2版)』 (2014年, 弘文堂)

자에게 적용되는 취업규칙이 별개의 독립한 것으로 작성되는 것으로서 이러한 합리적인 해석은 인정되지 않는다고 판시하고 있다.

결국 최고재판소는 격차 부분에 대해서는 사용자에게 과실이 있을 경우에 불법행위로 인한 손해배상을 인정하는 것에 그쳤다. 하급심에는 불법행위의 손해배상액에 대하여 판사가 손해액의 상당한 인정을 인정하고 있는 민사소송법 제248조123)를 근거로 격차 전액의 구제가 아닌 비례적인 구제를 인정한 것이 있다(일본우편(日本郵便)(東京) 사건).124)

해설 8 하마쿄우렉스 사건 최고재판소 판결과 나가사와(長澤)
운수 사건·최고재판소 판결의 개요

Ⅰ. 노동계약법 제20조의 취지에 대하여

노동계약법 제20조는 유기계약 근로자는 무기계약 근로자와 비교하여 합리적인 근로조건을 결정이 이루어지기 어렵고, 양자의 근로조건의 격차가 문제되던 것 등을 바탕으로 '유기계약 근로자의 공정한 처우를 도모하기 위하여 그 근로조건에 대하여 기간의 정함이 있는 것보다 불합리하도록 하는 것'을 금지하고 있다.

(하마쿄우렉스 사건 판결)

Ⅱ. 노동계약법 제20조의 법적 성격에 대하여

노동계약법 제20조는 유기계약 근로자와 무기계약 근로자 사이에서 근로조

---

123) <역자주> 일본 민사소송법 제248조(손해액의 인정) 손해가 발생하였음이 인정되는 경우, 손해의 성질상 그 금액을 입증하기가 매우 곤란한 때에는 재판소는 구두변론의 전체 취지 및 증거조사의 결과에 기초하여 상당한 손해액을 인정할 수 있다. : 한국 민사소송법 제202조의2(손해배상 액수의 산정) 손해가 발생한 사실은 인정되나 구체적인 손해의 액수를 증명하는 것이 사안의 성질상 매우 어려운 경우에 법원은 변론 전체의 취지와 증거조사의 결과에 의하여 인정되는 모든 사정을 종합하여 상당하다고 인정되는 금액을 손해배상 액수로 정할 수 있다.

124) 東京地判 2017. 9. 14.(労判 1164号 5면) [日本郵便(東京) 事件] 2014年 (ワ) 第11271号.

건에 상위가 있을 수 있는 것을 전제로 직무의 내용, 그 직무내용 및 배치변경의 범위, 그 밖의 사정의 차이에 따른 균형 잡힌 처우를 요구하는 규정이다. (하마쿄우렉스 사건 판결 및 나가사와 운수 사건 판결)

Ⅲ. '기간의 정함이 있는 것보다'의 해석에 대하여

유기계약 근로자와 무기계약 근로자와의 근로조건의 상위가 기간의 정함의 유무에 관련해 발생한 것이 있는 것을 말한다.

(하마쿄우렉스 사건 판결 및 나가사와 운수 사건 판결)

Ⅳ. 불합리성 판단의 대상이 되는 근로조건에 대하여

(1) 근로자의 임금이 여러 가지 임금항목으로 구성되어 있는 경우, 임금 항목마다 그 취지를 달리하는 것이고, 임금의 상위가 불합리하다고 인정되는 것인지 여부를 판단하는 데 있어서는 임금항목의 취지에 따라 그 고려해야 할 사정이나 고려의 방법도 다를 수 있다고 해야 하는 점에서 보면 양자의 임금 총액을 비교하는 것만이 아니라, 그 임금항목의 취지를 개별적으로 고려해야 한다.

(2) 또한 어떠한 임금항목의 유무 및 내용이 다른 임금항목의 유무 및 내용을 바탕으로 결정된 경우에 이러한 사정도 개별임금의 상위가 불합리하다고 인정되는 것인지 여부를 판단하는 데에 고려되게 된다.

(이상은 나가사와 운수 사건 판결)

Ⅴ. '불합리하다고 인정되는 것이어서는 안 된다'의 해석에 대하여

(1) 노동계약법 제20조에서 말하는 "불합리하다고 인정되는 것"이란 유기계약 근로자와 무기계약 근로자와의 근로조건의 상위가 불합리하다고 평가할 수 있는 것을 말한다.

(하마쿄우렉스 사건 판결 및 나가사와 운수 사건 판결)

(2) 불합리한 것인지 여부의 판단은 규범적인 평가를 동반하는 것이기 때문에 상위가 불합리하다고 평가를 기초화하는 사실에 대해서는 그 상위가 동조에 위반하는 것을 주장하는 자가, 그 상위가 불합리하다고 평가를 방해하는 사실에 대해서는 해당 상위가 동조에 위반을 다투는 자가 각각 주장 입증책임을 진다.

(하마쿄우렉스 사건 판결)

Ⅵ. 불합리성의 판단요소에 대하여

근로자의 임금에 관한 근로조건은 '직무내용' 또는 '그 직무내용 및 배치 변경의 범위(변경 범위)'에 따라 일의적으로 정한 것이 아니라, 사용자는 '고용 및 인사에 관한 경영판단의 관점'에서 다양한 사정을 고려해 근로자의 임금에 관한 근로조건을 검토하고, 또한 임금의 존재의미는 기본적으로는 단체교섭 등에 따른 노사자치에 맡겨져야 할 부분이 크기 때문에, 불합리성의 판단은 직무내용 및 변경범위 또 이러한 것과 관련한 사정에 한정되지 않으며, 유기계약 근로자가 정년퇴직 후에 재고용된 자인 것은 '그 밖의 사정'으로서 고려되는 사정이 된다.

(나가사와 운수 사건 판결)

Ⅶ. 사법상의 효력에 대하여

(1) 노동계약법 제20조가 "불합리하다고 인정되는 것이어서는 안 된다"고 규정하고 있는 것이나, 그 취지가 유기계약 근로자의 공정한 처우를 도모하는 것에 있다는 점 등에 비추어 보면 동조의 규정은 사법상의 효력을 가진다고 해석하는 것이 상당하며, 유기 근로계약 중 동조에 위반하는 근로조건의 상위를 마련한 부분은 무효가 된다.

(2) 노동계약법 제20조는 유기계약 근로자에 대하여 무기계약 근로자와의 직무내용 등의 상위에 따른 균형 잡힌 처우를 요구하는 규정이라는 점과, 문언상 정함도 없는 점에서, 동조에 위반하는 경우라고 해도, 동조의 효력에 따라 그 유기계약 근로자의 근로조건이 비교대상인 무기계약 근로자의 근로조건과 동일한 것이 되는 것은 아니다.

(3) 정규직의 취업규칙 및 계약직원의 취업규칙이, 별개의 독립한 것으로 작성되어 있는 경우에는 양자의 근로조건의 상위가 동조에 위반하는 경우에도 전자의 계약직원에게 적용된다고 해석하는 것은 취업규칙의 합리적인 해석으로 곤란하다.

(이상은 하마쿄우렉스 사건 판결. 나가사와 운수 사건 판결도 같은 취지)

03 | 2018년의 법 개정

(1) 파트 · 유기노동법의 제정

2018년 6월에 가결된 「일하는 방식 개혁을 추진하기 위한 관계 법률의 정비에 관한 법률」은 많은 법률의 개정에 관계하고 있다. 하지만 이 책과 관련된 중요한 부분은 '고용형태에 관계없는 공정한 대우의 확보'에 관한 것이다(시행은 대기업이 2020년 4월, 중소기업이 2021년 4월). 그 개요를 제시하면 다음과 같다.

첫째로, 파트노동법을 개정하여 「단시간근로자와 유기고용 근로자의 고용관리의 개선 등에 관한 법률」(파트 · 유기노동법)로 개정하고, 유기고용 근로자도 대상으로 하기로 한 것이다. 이에 따라 노동계약법 제20조를 폐지하고, 기존의 파트노동법 제8조와 통합하였다. 새로운 **파트 · 유기노동법 제8조**는 다음과 같은 규정이다.

"사업주는 그 고용하는 <u>단시간 · 유기고용 근로자의 기본급, 상여금, 그 밖의 대우 각각에 대하여 그 대우에 대응하는 통상 근로자의 대우와의 사이에서</u> 그 단시간 · 유기고용 근로자 및 통상 근로자의 업무내용과 그 업무에 따른 책임의 정도(이하 '직무의 내용'이라고 한다.), 해당 직무의 내용과 배치의 변경의 범위, 그 밖의 사정 중 그 <u>대우의 성질과 그 대우를 행하는 목적에 비추어</u> 적절한다고 인정되는 것을 고려하여 <u>불합리하다고 인정되는 상위를 마련해서는 안 된다.</u>"(밑줄은 주된 개정 부분에서 필자에 따른다)

(2) 파트 · 유기노동법 제8조

파트 · 유기노동법 제8조는 이제까지의 노동계약법 제20조와 파트노동법 제8조와 어느 부분이 다른 것인가?

첫째, 파트·유기노동법 제8조에서는 법률명의 개정에서 보듯이 파트타임 근로자(법률에서는 단시간근로자)와 유기고용 근로자의 양쪽(양자를 합쳐서 법문에서는 '단시간·유기고용 근로자')을 목표로 하고, 공통의 규제를 마련하고 있다(⇒ 제1장 1. 비정규직의 정의가 왜 법률에는 없는가?).

둘째, 파트·유기노동법 제8조에서는 노동계약법 제20조에 있던 "기간의 정함이 있는 것보다"란 문언이 없어졌다(⇒ <보론 9> 노동계약법 제20조를 둘러싼 논점(1)도 참조). 이 점에 대해서는 개정 전의 파트노동법 제8조 당시의 행정해석과 동일한 형태, 문언이 없어도 "단시간근로자, 또는 유기고용 근로자인 것을 이유로서"라는 문언은 어떻게 해석할 것인지, 그렇지 않고 문언대로 없는 것으로서 해석할 것인지 문제된다.

노동계약법 제20조의 해석으로서 판례는 근로조건의 상위가 "기간의 정함의 유무에 관련해 발생한 것"은 필요하다는 입장이다(하마쿄우렉스 사건·최고재판소 판결). 그러나 만약 이 요건도 필요가 없어지면, 비정규직(단시간·유기고용 근로자)인 것과 관련하지 않고 발생한 격차라고 해도 폭넓게 불합리성의 판단대상이 된다.

셋째, 파트·유기노동법 제8조는 "기본급, 상여금, 그 밖의 대우의 각각에 대하여" 불합리성을 판단한다고 하고, 비정규직의 근로조건을 종합적으로 비교해 격차를 보는 것이 아니라, 개별 근로조건마다 불합리성의 판단 대상으로 하는 것을 명시하고 있다.

넷째, 근로조건의 비교대상에 대하여 파트·유기노동법 제8조는 "그 대우에 대응하는 통상적인 근로자의 처우"로 하고 있다. 비교 대상이 '대우'임을 명기한 것이지만, 이것이 구체적인 해석에 어떻게 영향을 미치는지는 명확하지 않다.

다섯째, 불합리성의 판단은 기존에 명기해 온 '직무 내용, 인재활용의 방법, 그 밖의 사정'이라는 3요소에 대하여 "그 대우의 성질 및 그 대우를 행할 목적에 비추어 적절하다고 인정되는 것을 고려해" 행한다고 하였다. 불합리성의 판단요소를 한정하는 것처럼도 해석할 수 있지만, 노동계약법 제20조의 판례는 '그 밖의 사정'을 폭넓게 해석하는 방향성을 보이고 있었기 때문에, 파트·유기노동법 제8조의 위의 문언은 이것에 어긋나는 것이기도 하다. 그러나 불합리성을 판단할 경우에 비정규직에게 그 대우가 적용할 수 있는지를 우선적으로 판단할 필요가 있고, 그 적용 가능성을 판단할 경우에는 대우의 성질이나 목적에 비추어 판단할 필요가 있는 것(예를 들면, 정규직에게 주택수당을 지급한 반면에, 비정규직에게 지급하지 않은 경우 이 격차의 불합리성을 생각할 경우에 주택수당의 성질이나 목적이 비정규직에게도 적용할 수 있는지 여부를 판단해야 한다)을 고려하면, 이 문언은 당연한 것을 규정한 것에 불과하고, 특히 불합리성의 판단요소를 한정하는 기능을 완수하는 것은 아니라고 해석할 수 있다.

(3) 파트·유기노동법의 그 밖의 개정 내용

파트·유기노동법과 그 밖의 개정 내용은 제4장 2.(2007년의 파트노동법 개정)에서도 살펴보았지만, 재차 정리하고자 한다.

파트·유기노동법 제9조의 차별금지 규정은 유기고용 근로자도 대상으로 확대해 개정하였다. 또한 개정 전은 "**임금의 결정, 교육훈련의 실시, 복리후생시설의 이용**, 그 밖의 대우에 대하여 차별적 취급을 해서는 안 된다"를 "**기본급, 상여금**, 그 밖의 대우 각각에 대하여 차별적 취급을 해서는 안 된다"로 변경하였다.

파트·유기노동법 제10조(균형대우 규정)에서 규정하는 임금에 관한 균형을 고려할 경우의 고려 요소(노력의무)는 "직무의 내용, 직무의 성과, 의욕, 능력 또는 경험 등"이라고 되어 있던 종래의 규정에 "그 밖의 취업실태에 관한 사항"을 추가하였다. '교육훈련에 관한 노력의무'에 대해서도 마찬가지로 개정하였다(제11조 제2항).

파트 · 유기노동법 제12조에서 규정한 '복리후생 시설'의 균등대우에 대해서는 기존에는 "이용할 기회를 주도록 배려해야 한다"라는 배려의무 규정이었던 것이, "이용할 기회를 주어야 한다'는 의무규정으로 개정되었다.

그리고 '사업주가 강구하는 조치 내용 등의 설명의무'를 정한 **파트 · 유기노동법 제14조**에 대해서는 근로자로부터 요구가 있었던 때에 설명해야 하는 사항으로 되어 있던 것 중에서 "그 단시간 · 유기고용 근로자와 통상의 근로자 사이에 대우 상위의 내용 및 이유"가 추가되고(제2항), 게다가 "사업주는 단시간 · 유기고용 근로자가 앞의 항의 요구를 한 것을 이유로 그 단시간 · 유기고용 근로자에 대하여 해고, 그 밖의 불이익한 취급을 해서는 안 된다"라는 규정을 신설하였다(제3항).

(4) 근로자파견법의 개정

파견근로자에 대하여 사용기업의 근로자와의 근로조건의 균형을 도모하기 위한 규정을 2012년 근로자파견법 개정시 도입하였다. 하지만 2018년 근로자판견법 개정에서 단시간 · 유기고용 근로자의 공통 규제로 된 내용에 따른 규정을 도입하였다. 이것에 따라 비정규직 전체에 대한 공통 규제를 실현하게 되었다. 그러나 파견근로자에게는 그 특수성을 바탕으로 특별한 규제도 도입되었다.

우선, **근로자파견법 제30조의3 제1항**은 "파견사업주는 그 고용하는 파견근로자의 기본급, 상여금, 그 밖의 대우의 각각에 대하여 그 대우에 대응하는 사용기업에 고용된 통상 근로자의 대우와의 사이에 그 파견근로자 및 통상 근로자의 직무내용, 그 직무 내용 및 배치의 변경 범위, 그 밖의 사정 중 그 대우의 성질 및 그 대우를 행할 목적에 비추어 적절하다고 인정되는 것을 고려해 불합리하다고 인정되는 상위를 마련해서는 안 된다"라고 개정해, 파견근로자에게도 파트 · 유기노동법 제8조와 거의 동일한 내용의 규정을 도입하였다.

또한 파견사업주는 직무의 내용이 사용기업에 고용된 통상 근로자와 동일한 파견근로자로, 그 근로자파견계약 및 그 사용기업에서의 관행, 그 밖의 사정에서 보아 그 사용기업에서의 파견 취업이 종료할 때까지 모든 기간에, 그 직무의 내용 및 배치가 그 사용기업과의 고용관계가 종료할 때까지의 전체 기간에서의 그 통상 근로자의 직무내용 및 배치변경의 범위와 동일한 범위에서 변경되는 것이 전망되는 것에 대해서는 정당한 이유가 없고, 기본급, 상여금, 그 밖의 대우의 각각에 대해서 그 대우에 대응하는 그 통상 근로자의 대우에 비하여 불리한 것으로 해서는 안 된다"라는 규정도 도입하였다(2018년 개정 이후 **근로자파견법 제30조의3 제2항**). 이것은 파트·유기노동법 제9조가 정한 차별금지 규정(2018년 개정에서 유기고용 근로자도 적용대상에 포함)과 같은 취지의 규정처럼도 보이지만, 파트·유기노동법 제9조에 "비정규직인 것을 이유로 하여"라는 취지의 문언이 포함되지 않고, "차별적인 취급을 해서는 안 된다"라는 문언도 "**불리한 것으로 해서는 안 된다**"라는 문언으로 **의식적으로 바꾸었다**. 이로 인하여 근로자파견법 제30조의 2를 파트·유기노동법 제9조와 같은 성질의 차별금지 규정으로 평가하는 것에는 의문할 여지가 없을 것 같다. 그러나 이 규정의 해석으로는 역시 "파견근로자인 것을 이유로 한" 차별적 취급의 금지를 정한 것으로 해석할 필요가 있다(이 점에 대해서는 〈보론 15〉 균등대우 규정 등과 차별금지 규정도 참조).

파견근로자에 대해서는 파트타임 근로자나 유기고용 근로자에게는 없는 특별한 '균형' 규정도 추가되었다(제30조의 4). 즉, 파견기업이 과반수 대표와의 서면협정에 따라 파견근로자의 임금결정 방법을 파견근로자의 업무와 동종의 업무에 종사하는 일반 근로자의 평균적인 임금의 금액으로서 동등 이상이며, 동시에 법 소정의 교육훈련을 하고, 파견근로자의 직무의 내용, 직무의 성과, 의욕, 능력 또는 경험, 그 밖의 취업실태에 관한 사항의 향상이 있었던 경우에 임금이 개선될 것 등을 정하고 있던 경우에는 제30조의 3의 규정을 적용하지 않는 것으로 하였다.

이 방식(노사협정 방식)은 정규직과의 균형을 도모하는 것이 아니라, 파견근로자가 특정한 기업에 속하지 않고 자신이 전문으로 하는 업무에서 커리어(경력)를 형성해 가는 것을 염두에 둔 규정이다. 사용기업의 정규직과의 균등대우나 균형대우를 도모하는 것은 이러한 파견근로자의 임금을 결정하는 방법으로 반드시 타당하다고는 말할 수 없는 경우가 있기 때문이다.

칼럼 10 : 📖 아베 정권의 노동법개혁 동향

아베 신조(安倍晋三) 총리가 고이즈미 준이치로(小泉純一郎) 일본 총리의 뒤를 이어 총리 자리에 오른 것은 바로 '워킹 푸어'(빈곤층)가 문제되기 시작한 때와 겹치고 있다. 이 제1차 아베 내각(2006년 9월~2007년 9월)은 단명으로 끝났다. 하지만 그 사이 2007년 6월에 파트노동법의 대개정(⇒ 제4장 2. 2007년 파트노동법 개정)이 있었다. 이 내각을 이어 받았던 후쿠다 야스오(福田康夫) 내각(2007년 9월~2008년 9월)에서는 2007년 12월 노동계약법의 제정과 최저임금법을 개정하였다. 그 후 아소 다로(麻生太郎) 내각(2008년 9월~2009년 9월) 후에 민주당 정권이 탄생하고, 민주당하에서 2012년 법이 개정되었다(⇒ 제5장 1.(근로자파견법 2012년 개정)과 2.(노동계약법 2012년 개정). 그 후 자유민주당이 정권에 복귀하고 제2차 아베 내각 시대(2012년 12월~2014년 12월)가 시작된다.

그 후 아베 총리의 정책은 매년 6월에 발표하는 「일본재흥전략」(日本再興戰略)을 보면 알기 쉽다. 제2차 아베 내각은 당초 비정규직을 명확한 정책의 목표로 삼고 있지 않았다. 2013년 6월에 발표한 「일본재흥전략 2013」에서 비교적 근접한 정책으로 꼽힌 것은 "'다원적이고 안심할 수 있는 일하는 방식'의 도입 촉진"과 "지속적인 경제성장을 위한 최저임금의 인상을 위한 환경 정비"가 있었다. 후자는 최저임금의 인상을 언급하고 있지만, 이는 제2차 아베 내각의 경제정책(이른바 아베노믹스)의 '3개의 화살'의 일환으로 '임금의 상승 ⇒ 소비의 상승 ⇒ 기업 업적의 개선 ⇒ 투자의 개선'의 '선순환'으로 디플레이션 경제에서 탈출하는 것을 목표로 한 것이었다. 춘투(春鬪, 춘계노사교섭)[125]에 있어 정부가 임금

인상을 요청하게 된 것도 이것과 궤를 같이한다. 이 의미에서 2007년 **최저임금법을 개정할 때와는** 상황이 다소 다르고, '**비정규직의 처우개선**'이라는 취지는 명확하게는 포함되어 있지 않았다.

오히려 당초에는 "**다양한 정규직 모델**"의 제안에 역점을 두었다. **규제개혁회의의** 「**고용 워킹그룹 보고서**」(2013년 6월)에서는 "**다양한 정규직**"으로서 '**한정(限定) 정규직**'을 둘러싼 논의가 중심으로 이루어졌다. 또한 「**일본재흥전략 2013**」에 근거하여 후생노동성에 설치된 "'**다양한 정규직**'을 보급·확대하기 위한 유식자(有識者, 전문가) 간담회" 보고서(2014년 7월)에서도 정규직과 비정규직의 양극화의 완화를 어떻게 노사 양측의 바람직한 형태로 보급할 것인가라는 문제의식에 입각한 것이다. 즉, 정규직과 비정규직 사이의 격차라는 문제에 대하여 정부는 '**한정 정규직**'의 보급의 형태로 해결한다는 것이다('한정 정규직'에 대해서는 오오우치(大內) 2014(b) 제2장도 참조).[126]

2014년 6월의 「'**일본재흥전략' 개정 2014** -미래의 도전-」은 전년도 보고서와 기본적인 방향성에 변함이 없고, 비정규직에 관계된 정책으로는 "직무 등을 제한한 '다양한 정규직'의 보급·확대"와 "지속적인 경제성장을 위한 최저임금의 인상을 위한 환경 정비'를 언급하는 데 그쳤다.

비정규직에 대한 정책이 드디어 구체화한 실현을 향하여 움직이기 시작한 것은 **제3차 아베 내각 시대**(2014년 12월~2017년 11월) 도중인 2016년부터이다. 그 전년의 9월에 「**근로자의 직무에 따른 대우 확보 등을 위한 시책 추진에 관한 법률**」(「**동일근로 동일임금 추진법**」이라고 하였다)을 제정하고, 여기에서는 "정부는 근로자의 직무에 따른 대우의 확보 등을 위한 시책을 실시하기 위하여 필요한 법

125) <역자주> **일본의 춘투(春鬪)**: 일본에서 대부분의 노동조합은 1960년대 후반부터 매년 3-4월에 임금인상 교섭을 집중해 왔다. 춘투(춘기 노사교섭)는 고도 경제성장기에 임금인상 구조로서 매우 효과적이었다. 하지만 제1차 석유위기(1973년) 후 경제가 변동하면서 오히려 임금인상을 국민경제로 조정하는 사회구조가 되었다. 거품경제의 붕괴 후 세계경제의 심화와 기업 재편성의 진전으로 기업에 파급구조는 약해지고, 노동계도 고용유지가 우선과제였다. 하지만 노사는 춘투 시 기업, 산업, 국가 차원의 경영, 거시경제, 노동정세 등의 공통과제를 의미 있게 논의하는 기회로 활용하고 있다(菅野和夫『労働法』, 837면).
126) 大內仲裁『雇用改革の真実』(2014年(b), 日本経済新聞出版社)

제(法制), 재정(財政) 또는 세제(稅制)상의 조치, 그 밖의 조치를 강구하는 것으로 한다"고 규정하고 있었다(제4조).

그리고 2016년 1월 아베 총리는 시정 방침 연설(제190회 국회)에서 "비정규직 고용 여러분의 균형대우를 확보하는 데에 노력합니다. … 올해에 성사되는 '일본 1억 총활약 플랜'에서는 동일근로 동일임금을 실현하기 위해 뛰어들 생각입니다"라고 구체적인 정책을 언급하였다. 이때부터 "동일근로 동일임금"이 비정규직에 대한 정책적 슬로건으로 언급되게 된다.

2016년 6월 "일본재흥전략 2016 – 제4차 산업혁명을 향하여 – "에서는 「일하는 방식 개혁, 고용제도개혁」이라는 항목 중에서 "동일근로 동일임금의 실현 등"을 내세우고, 후생노동성이 발표한 "정규직 전환·대우개선 실현 플랜"(2016년 1월 28일 정규직 전환·대우개선 실현 본부 결정)을 바탕으로 비정규직의 정규직 전환·대우 개선을 강력하게 추진한다고 기재되었다.

같은 해 8월에 탄생한 제3차 아베 제2차 개조 내각에서 '일하는 방식 개혁 담당 대신(大臣, 장관)'을 신설하여, '일하는 방식 개혁'이라는 단어가 언론에서도 폭넓게 사용되게 되었다. 같은 해 9월에는 아베 총리 자신이 의장(議長)이 되고, 노동계와 산업계 대표자를 포함한 "일하는 방식 개혁실현회의"를 설치해, 동일근로 동일임금의 실현은 9개의 긴급 검토 항목, 중요 과제의 하나로 거론하였다. 그리고 그해 12월 20일에는 "동일근로 동일임금 가이드라인(안)"을 발표해, 입법안이 나오기 전에 가이드라인(지침)안이 발표하는 이례적인 전개를 펼쳤다.

2017년 3월에는 이 회의의 성과로서 '일하는 방식 개혁 실행 계획'을 발표하고, '가이드라인 안의 실효성을 담보하기 위하여 재판(사법판단)으로 구제받을 수 있도록 그 근거를 정비하는 법 개정(노동계약법, 파트노동법, 근로자파견법)을 행하였다. 개정 사항의 개요는 ① 근로자가 사법 판단을 요구할 경우에 근거 규정의 정비, ② 근로자에 대한 대우의 설명 의무화, ③ 행정에 따른 재판 외 분쟁해결절차의 정비, ④ 파견근로자에 관한 법 정비였다.

이러한 정부의 동향과 병행해 후생노동성은 2016년 3월에 "동일근로 동일임금의 실현을 위한 검토회"를 설치하고, 같은 해 12월 16일에는 위의 가이드라인에 앞서 중간 보고를 발표하였다. 이 검토회는 2017년 3월에 종료하고, 같은 해 4월에 노동정책심의회 근로조건 분과회·직업안정 분과회, 고용균등 분과회에 동일근로 동일임금 부회를 출범시켜, 6월에 "동일근로 동일임금에 관한 법 정비에 대하여'라는 보고서를 제출하고, 노동정책심의회는 후생노동대신에게 이 내용을 '건의'하였다.

그 후 후생노동성이 같은 해 9월 8일에 노동정책심의회에 자문한 「일하는 방식 개혁을 추진하기 위한 관계 법률의 정비에 관한 법률안 요강」에 대하여 노동정책심의회의 각 분과회·부회(部會)에서 심의를 행한 결과, 동일근로 동일임금 관련 부분에 대해서는 노동정책심의회의 직업안정분과회에 있는 고용 환경·균등 분과회의 동일근로 동일임금 부회에서 같은 해 9월 12일 부회 보고를 정리해, 같은 해 9월 15일에 이 심의회에서 카토 가즈노부(加藤勝信) 후생노동대신(당시)에 대하여 답신이 이루어졌다.

2017년 11월 출범한 **제4차 아베 내각 시대**에서 2018년 1월 22일에 시작된 제196회 국회에서 핵심 법안의 하나로 알려진 「**일하는 방식 개혁을 추진하기 위한 관계 법률의 정비에 관한 법률안**」은 <u>모리토모·가계(森友·加計) 학원 문제</u>와 <u>재무성 (財務省)의 성희롱 문제</u> 등으로 국회의 심의가 분규하는 중에 같은 해 4월 6일에 드디어 중의원(衆議院)·참의원(參議院) 양원에 상정되어 회기를 연장한 후, 같은 해 6월 29일에 가결되기에 이르렀다.[127]

04   부정된 사적 자치

(1) 채용자유의 부정

2012년의 법 개정에서 주목해야 할 것은 **기업의 '채용자유'**(계약자유 속에서 '계약 체결의 자유'와 '상대방 선택의 자유'에 상당)를 부정하는 입법이 이루어졌다. 구체적으로는 **근로자파견법**은 일정한 위법파견의 경우에 사용기업은 파견근로자를 직접고용을 해야 하고(**근로계약 신청간주제**, 제40

---

127) <역자주> 당시 국회에서 위 법안이 심의되고 있었던 2018년 6월 1일에는 최고재판소에서는 하마쿄우렉스 사건과 나가사와운수 사건의 두 개의 판결이 나왔다. 이 개혁의 움직임을 가속하게 하는 것이 되었다.

조의 6), **노동계약법**은 종전의 **고용해지 제한법리**를 답습한 것이라고는 하나, 유기 근로계약의 고용해지가 부당한 경우에는 갱신을 강제하고(간주 승낙, 제19조), 또한 유기 근로계약의 갱신에 따라 통산 5년을 초과하면 무기 근로계약에서의 갱신을 강제하였다(간주 승낙, 제18조).

이러한 것은 모두 단순한 신규채용의 사례는 아니지만, 기업의 근로계약을 체결할 것인지 여부의 자유를 제한하고, 그 의사에 반한 근로계약의 성립을 강제하고 있다는 점에서 고용의 자유를 제한하고 있다.

채용의 자유는 최고재판소가 **미쓰비시 수지 사건 판결**[128]에서 "헌법은 사상, 신념의 자유와 법 아래의 평등을 보장함과 동시에, 다른 한편 제22조(거주이전 및 직업선택의 자유), 제29조(재산권) 등에서 재산권의 행사, 영업, 그 밖의 폭넓게 경제활동의 자유도 기본적 인권으로서 보장하고 있다. 이러한 까닭에 기업자는 이와 같은 경제활동의 일환으로 하는 계약 체결의 자유를 가지고, 자신의 영업을 위하여 근로자를 고용할 경우에 어떠한 사람을 고용할지, 어떠한 조건으로 이것을 고용할지에 대하여 법률, 그 밖의 따른 특별한 제한이 없는 한 원칙적으로 자유롭게 이것을 결정할 수 있다"고 언급한 것처럼, 헌법에서 보장하고 있는 것이다. 따라서 채용자유의 제한 입법은 이 헌법의 취지에 위반할 수 있다.

그러나 이 자유는 "법률, 그 밖의 따른 특별한 제한이 없는 한"의 보장에 불과해, 남녀고용기회균등법 제5조, 노동시책종합추진법 제9조, 장애인고용촉진법 제34조와 같이 모집·채용시의 남녀 차별, 연령 차별, 장애인 차별을 금지하는 입법례가 이미 존재하고 있다. 다만, 이러한 법률은 순전히 신규 채용에 적용되는 경우도 있고, 이 규정에 위반한 차별이 이루어져도 근로자에게 '**채용청구권**'까지는 인정하지 않는 것이 통설이다(불법행위로 인한 손해배상청구에 그친다).

128) 最大判 1973. 12. 12. (民集 27卷 11号 1536면) [三菱樹脂 事件] <最重判 17> 1968年(才) 第932号.

이것에 대하여 2012년의 근로자파견법 제40조의 6, 노동계약법 제18조 및 제19조는 실질적으로는 '**채용청구권**'까지를 인정하고 있는 점에서 보다 채용의 자유에 파고들고 있다. 모두 채용거부 단계에서 이미 일정한 법률관계를 인정하는 사례(파견근로자로서의 취업, 유기고용 근로자로서의 취업)이기 때문에 실질적으로 해고와 동일시할 수 있는 상황이 있다고 볼 수 있다(오오우치(大內) 2013(a)).[129] 그렇다고는 하나 채용거부를 근로계약의 해고문제로 '전이(轉移)'시켰다 하더라도 기업에서 본다면 자신이 선택하지 않은 근로자의 고용을 강제하는 것에는 변함이 없다. 비정규직 보호의 취지에 따른 것이었다 해도 **헌법상 보장되고 있는 자유를 부정하는 것의 타당성을 신중하게 검토할 필요가 있을 것이다**(⇒ 제6장 채용의 자유는 어디까지 제약해도 되는가?).

보론 10　🔎 고령자의 정년 후 근로계약 체결 강제

제2장(<해설 2> 고령자고용안정법)에서도 살펴본 것처럼, 2012년은 고령자고용안정법이 개정된 해이기도 하였다. 이 개정으로 사업주는 근로자가 희망하는 한, 정년 후에도 재고용이나 근무연장을 하는 등 고용을 계속해야 하게 됐다. 하지만 동조 위반을 했더라도 계속고용을 강제하는 사법상의 효력이 없다는 것이 판례 입장이다(NTT西日本 사건 등).

이로 인하여 실제의 재판에서는 계속고용에서 배제된 근로자는 재고용 규정과 취업규칙의 해석을 통하여 계속고용을 인정하는 해석을 모색해 왔다(츠다 전기계기(津田電氣計器) 사건[130] 등 참조).

고령자 고용확보 조치가 의무화되었던 2004년의 법 개정 이후 많은 사업주는 '재고용형태'로 계속 고용제도를 채택하였다. 그렇기 때문에 정년 후에는 촉탁 등의 신분으로 유기 근로계약으로 재고용하는 것이 고령자 고용확보 조치의 주

---

129)　大內伸哉 「雇用強制についての法理論的検討―採用の自由の制約をめぐる考察」菅野和夫先生古稀記念 『労働法学の展望』 93면 이하 (2013年(a), 有斐閣)

130)　最1小判 2012. 11. 29. (労判 1064号 13면) [津田電気計器 事件] <最重判 62> 2011年(受) 第1107号.

된 패턴이 되었다. 이 때문에 유기고용 근로자의 구성 비율에서 정년 후의 고령자가 늘어났다(⇒ 제2장 2. 비정규직은 왜 증가하고 있는가?). 정년 후의 고령자는 통상의 유기고용 근로자와 비교해 보호의 필요성이 줄어들기 때문에 낮은 처우인 것은 그다지 심각한 문제로 다루어지지 않았다. 그러나 '정년 전후'에 동일한 직무에 종사하게 한 경우까지 임금이 낮아지는 것에 대해서는 문제될 여지가 있었다. 하지만, 최고재판소는 **나가사와 운수 사건** 판결[131](앞에서 정리함)에서 이러한 사례에서 근로조건의 격차는 '**정근수당**'의 격차를 제외하고, 불합리하지 않는 것으로 판단하고 있다.

또한 고령자고용안정법의 2012년 개정에서 이전과 같이 노사협정에 따라 기준을 마련하고, 계속 고용대상자를 선별할 수 없게 되어, 모든 희망하는 고령자에게 정년 후의 고용(2025년 이후에는 65세까지의 고용)을 확보하는 것이 의무화되었기 때문에, 기업이 '**퇴직권장**'의 목적으로 고령자가 받아들이기 어려운 직무를 제시할 수 있었다. 후생노동성의 「고령자고용안정법 Q&A」에 따르면, 정년 후의 계속고용 시의 직무내용은 사업주의 합리적인 재량의 범위 조건을 제시하고 있으면 좋다고 하고 있다. 하지만 판례는 "제시한 근로조건이 사회통념에 비추어 그 근로자에게 도저히 받아들이기 어려운 직무내용을 제시하는 등 실질적으로 계속고용의 기회를 주었다고 인정되지 않는 경우"에는 위법한 것이고, **사무직**이었던 근로자에게 정년 후 재고용 시 **청소업무** 등 단순근로를 제시하고, 결국 재고용이 성립하지 않았던 사례에서 기업에 '**위자료**'의 지급을 명령한 사례가 있다(도요타(ト ヨ タ) 자동차 사건[132]).

131) 最2小判 2018 .6. 1 (民集 72巻 2号 202면) [長澤運輸 事件] 2017年 (受) 第442号.
132) 名古屋高判 2016. 9. 28 (労判 1146号 22면) [ト ヨ タ自動車 事件] <最重判 64> 2016年 (ネ) 第149号.

(2) 계약자유의 부정을 동반한 '사회개혁'

유기고용 근로자의 불합리한 근로조건을 금지한 노동계약법 제20조는 강행적 효력을 가짐으로써, 민법상 의사표시의 법리(강박, 사기, 착오 등)에 저촉되지 아니하는 경우에도, 또한 공서양속에 반하지 아니하는 경우에도 기업이 유기고용 근로자와 체결한 근로계약이 무효가 될 가능성을 낳았다.

특히 파트노동법 제9조(2014년 개정 전은 제8조)가 비교 가능성의 기준을 엄격하게 한정하고(2014년 개정으로 완화했지만), 그 사이에서 차별만을 금지해 온 것과는 달리, 노동계약법 제20조는 비교 가능성을 불문한 채, 유기고용 근로자와 정규직 사이에 격차가 있는 모든 근로조건에 대한 '불합리성'을 심사할 수 있고, 계약자유(특히 '내용의 자유')을 강하게 제한하였다.

이것은 고용의 안정과 임금의 보장은 정규직의 지위와 이것을 보완하는 기능을 가진 비정규직의 지위를 겸비한 일본형 고용시스템을 법률에 따라 개혁하려는 동향으로 평가할 수 있고, 지금까지의 계약자유와 노사자치를 존중해 소극적인 개입으로 그쳤던 입법 입장에서 크게 전환한 것이다. 이러한 전환은 정권이 '자유민주당'에서 '민주당'으로 정권교체된 것도 관계하고 있지만, 또한 사적 자치를 존중하는 견해를 발표하였던 유력한 학설(⇒ 제3장 4. 학설의 동향)에서 노동계약법 제20조를 "직무내용(업무의 내용·책임)이나 직무내용·배치에서는 장기고용 커리어(경력) 코스에 포함되지 않은(혹은 부분적으로밖에 포함되지 않은) 유기계약 근로자에게도 근로조건에 대하여 단순히 정규직과의 밸런스(조화)를 생각한 노력과 배려를 촉구에 그치지 않고, 민사적 효과를 가진 규범에 따라 사업주가 개선하도록 현실적인 대응을 요청하였다"는 것에서 '사회개혁적 규정'이라고 긍정적으로 평가하는 입장(스게노(菅野) 2017. 335쪽)도 관계했던 것이 아닌가 생각한다.

결국, 법이 비정규직의 지위를 향상시키기 위해 적극적으로 개입할 필요가 있다는 인식이 학설의 지지도 받아서 입법부를 움직이고 있었던 것이다. 그리고 최고재판소도 이 흐름을 타고서, 정규직과 비정규직 사이의 수당 격차에 대한 이러한 취급은 동조(파트·유기노동법을 시행한 후에는 같은 법 제8조)에 비추어 무효가 될 수 있다고 판단하였다(하마쿄우렉스 사건·최고재판소 판결 등). 향후 동조의 해석·적용을 통하여 사법의 영향으로 이 '사회개혁'을 추진해 갈 것 같다.

(3) 노사자치가 살아날 여지는

가장 주의해야 할 점은 이러한 사회개혁을 지지하는 입장도 노사자치가 기능하는 여지를 전면적으로 부정하고 있지 않은 점이다. 예를 들어 위의 학설은 "보충적 효력이라는 중대한 법적 효과를 인정한다면 … 법문상 당연히 그 취지를 명기해야 하는데, 이것이 이루어지고 있지 않기" 때문에 노동계약법 제20조에 따라 "무효로 된 근로조건을 어떻게 보충하는지는 기업의 종업원을 그 역할과 대우에서 어떠한 단계적 변화(gradation)를 하여 조직할 것인가의 경영 과제와 관련시키면서 기업 노사에 의한 근로조건의 적정한 집단적 설정의 틀 안에서 결정해야 것"이라고 말하였다(스게노(菅野) 2017·345쪽). 그리고 무효가 된 비정규직의 근로조건을 보충하는 것은 어디까지나 법률의 효력에 따른 것이 아니라, 관련 단체협약, 취업규칙, 근로계약 등의 규정을 합리적인 해석·적용에 따라야 한다. 이것은 노동계약법 제20조는 강행적 효력은 인정하지만 보충적 효력은 인정하지 않는다는 생각에서 최고재판소도 지지하는 입장이다(⇒ 제5장 2. 노동계약법의 2012년 개정).

이러한 입장은 보충적 효력을 인정하지 않는 점에서 비정규직의 지위를 어떻게 설정해 갈 것인가에 대하여 노사자치를 존중하는 해석을 취한 것이라고 할 수 있지만, 다소 어중간한 느낌도 부정할 수 없다. 특히 보충적 효력을 부정해도, 단체협약이나 취업규칙 등의 규정을 합리적으로 해석·적용할 수 있다고 하는 것은 노사에서 정규직에만 적용되는 것으로 되어 있던 근로조건을 비정규직에게 미치게 되므로, 노사자치를 침해하는 면이 있다. 또한 실무적으로는 최고재판소가 정규직의 취업규칙 및 계약직원의 취업규칙이 별개로 독립된 것으로 작성되어 있는 경우에는 양자의 근로조건의 상위가 노동계약법 제20조를 위반하는 경우에도 전자가 계약직원에게 적용한다고 해석하는 것은 취업규칙의 합리적인 해석으로 어렵다고 하기 때문에 많은 경우에 정규직의 취업규칙 등의 적용은 부정되는 것이 될 것이다(⇒ <해설 8> 하마쿄우렉스 사건·최고재판소 판결과 장진운수 사건·최고재판소 판결의 개요의 판단 취지 Ⅶ(3)).

만약 보충적 효력도 취업규칙 등을 적용하지 않는다고 하면, 무효로 된 후의 근로조건은 특정할 수 없게 된다. 하지만 이러한 사태가 발생하는 것이 허용되지 않는 것은 말할 것도 없다. 이렇게 생각하면 강행적 효력을 인정하여 무효로 한다면, 보충적 효력을 인정하고, 비교대상이 되는 정규직과 동일한 근로조건을 당연히 보장해야 한다는 견해도 일리가 있다(西谷 2013·453쪽 등). 노동계약법시행통달도 "법 제20조는 민사상 효력이 있는 규정인 것. … 법 제20조에 따라 무효로 된 근로조건에 대해서는 기본적으로는 무기계약 근로자와 동일한 근로조건을 인정할 수 있다고 해석되는 것"이라고 하고 있다(제5조의 6(2) カ).

그러나 보충적 효력이 사적 자치에 매우 강한 제약(당사자가 합의하지 않는 근로조건을 강제하게 된다)이라는 점에서 보면 명문 규정이 없는 이상 이러한 효력을 인정해서는 안 된다. 이렇게 생각하면, 근본적인 문제는 노동계약법 제20조에 강행적 효력을 인정하고, 기존의 근로조건을 무효화하는 데에 있다. 노사자치를 존중하려고 한다면, 기존 비정규직의 근로조건에 대한 설정도 노사자치의 산물인 일본형 고용시스템을 바탕으로 사적 자치를 존중하는 해석을 취하는 편이 일관하는 것같이 생각된다. 이 점은 제7장(법은 계약 내용에 어디까지 개입해도 되는가?)에서 다시 논의하기로 한다.

05 소결

2012년의 근로자파견법 및 노동계약법의 개정은 정규직과 정규직의 격차문제에 대한 법적 개입의 방식에 큰 전환을 가져왔다. 특히 일정한 위법파견의 경우에 사용기업이 파견근로자를 직접고용하는 것을 규정하고, 간접고용에서 직접고용으로의 전환을 강제하는 규정(근로자파견법 제40조의6)과 유기 근로계약을 통산 5년을 초과하여 갱신한 경우에 무기전환 룰을 정한 규정(노동계약법 제18조)은 기업 내 근로자의 지위를 법률로 강제로 바꾸는 효과를 가진 것이었다. 이것은 기업의 채용 자유를 정면으로 부정하는 것에 더불어, 노사가 형성해 온 일본형 고용시스템에서의 정규직과 비정규직의 존재 의미에 대하여 법률이 직접 개혁을 추진하려고 한다는 의미에서 일본 노동법의 역사상 큰 전환점이 되는 개정이었다.

그러나 그 구체적인 영향이 무엇인지를 신중하게 검토할 필요가 있다. 근로자파견법 제40조의 6에 따른 직접고용화에서는 근로조건은 종래의 것이 인계된다. 새로운 계약을 여기에서 시작하는 것은 아니라, 파견기업 사이의 계약기간의 잔여 부분에서 사용자의 지위가 파견기업에서 사용기업으로 이전할 뿐이다. 이러한 의미에서 채용 자유를 제한한다는 강한 개입을 하고 있다고는 하나, 그 영향은 그 만큼 크지 않다고도 할 수 있다.

또한 노동계약법 제18조에 따른 무기전환에서도 근로조건은 기간 이외의 점에 대해서는 종래의 것이 인계된다. 이 때문에 임금 등에 변화가 없고, "언제, 어디서나, 무엇이든'의 정규직의 특징(⇒ <칼럼 3> 이온(イオン(AEON))의 니노미야(二宮)의 정규직의 정의)이 즉시 닥쳐올 수도 없다. 실제로는 근무지의 한정(전근이 없음), 직종의 한정(배치전환이 없음), 근로시간의 한정(시간외근로 없음)이라는 **'한정 정규직'**이라는 지위

로 전환하는 것에 불과할 가능성이 높다. 이것은 정규직의 지위가 기업 내 인재육성의 대상인지 여부는 인사관리상의 취급과 밀접하게 관계되어 있는 것을 생각하면, 이러한 대상이 아닌 '한정 정규직'은 실질적으로는 정규직이 아니라고 규정될 가능성이 높다. 즉, 무기전환이 강제되어도, 비정규직을 정규직으로 취급하는 것을 강요받았다고 까지는 말할 수 없다. 물론, 유기 근로계약이 해고규제가 엄격하고 이러한 무기 근로계약으로 바뀐 것의 의미는 과소평가할 필요는 없다. 하지만 근무지의 한정 및 직종의 한정이 된 경우에는 이것은 기업의 해고회피의 범위를 제한하는 방향으로 기능하고, 단순한 정규직과 동일한 고용보장은 기대할 수 없는 것이다(이 점에 대해서는 오오우치(大內) 2013(b), 175쪽 참조).

　　이상과 같은 지위의 전환에 따른 격차를 시정하려는 시도가 근로조건의 시정을 동반하는 것이 아니었던 것에 대하여, 지위의 전환이 없는 경우의 격차의 시정을 시도하려고 한 것이 노동계약법 제20조이다. 지위의 전환이 법적으로는 '극약(劇藥)'이 될 수 있는 것에 대하여, 근로조건의 시정은 비정규직의 지위를 형식적으로는 유지하면서도 실질적으로 그 내용을 변경하려는 것이다. 2018년 개정은 그 방향을 더욱더 강화하였다고 할 수 있다. 다만, 이것도 규제로는 결코 약한 것이라고는 할 수 없다.

　　현재 일본법에서 계약의 자유를 존중하고 입법의 개입을 자제한다는 생각은 희박해지고 있다. 특히 리먼 쇼크 이후는 정규직과 비정규직의 격차를 발생시킨 일본형 고용시스템에 대한 부정적인 평가가 추진력을 얻고, 입법에 따른 시정에 저항이 약해지고, 노사자치를 존중하는 생각도 약해지고 있다. **사적 자치의 위기이다.**

　　2018년 6월 최고재판소의 2개의 판결은 노동계약법 제20조에 강행적 효력을 인정했지만, 보충적 효력을 부인하였다. 그러나 이것은 보충적 효력을 인정하는 명문 규정이 없는 것과, 균형대우 규정인 동조에서는 보충할 수 있는 근로조건을 특정할 수 없다는 법기술적인 이유에 따른 것으로, 노사자치를 존중한 것은 아니었다.

확실히, 나가사와(長澤) 운수 사건·최고재판소 판결은 노사자치를 존중하도록 동일한 결론을 내렸다. 하지만 이것은 정규직으로서의 지위를 정년으로 마감한 후 재고용 단계에 비정규직의 근로조건이 문제였다는 사안의 특수성에 따른 부분이 크다. 오히려 하마쿄우렉스 사건·최고재판소 판결을 살펴보면 비정규직과 격차가 있는 정규직의 수당 등을 순서대로 불합리성을 심사해 가는 접근을 취하고 있으며, 여기에는 노사자치를 존중하는 자세를 찾아볼 수가 없다.

그렇다면, 이러한 입법(立法)이나 사법(司法)의 태도는 이론적으로 보아 어떻게 평가해야 할 것인가?

비정규직을 이론적 · 정책적으로 생각하다

2012년의 일련의 법 개정에서는 무기전환 룰 및 파견근로자의 직접고용 등의 채용 자유의 부정이나 균형대우 규정에 대한 강행적 효력을 부여하는 것과 같은 사적 자치를 부정하는 입법이 이루어졌다. 이러한 것은 이론적으로 보면 채용의 자유를 부정하기 위한 충분한 정당화의 근거가 없거나, 정규직과 비정규직의 비교 가능성 기준을 명시하지 않은 채 계약의 내용에 개입하였다는 점에서 큰 문제가 있었다. 또 정책적으로도 노사자치에 따라 형성해 온 일본형 고용시스템을 무리하게 시정하려는 개입은 부작용을 초래하거나 기업의 회피 행동을 낳는 등 그 타당성에 의문이 남는 것이었다.

CHAPTER

06

채용의 자유는 어디까지 제약해도 되는가?

01 일본법에서 채용의 자유

(1) 일본형 고용시스템에 필수적인 채용의 자유

제5장 4.(부정된 사적 자치)에서도 살펴본 것처럼, 2012년 법 개정 (근로자파견법, 노동계약법)은 '**채용의 자유**'(계약자유, 특히 '계약체결의 자유' 와 '상대방 선택의 자유')를 부정하는 입법을 도입하였다. 채용의 자유는 판례에 따르면 헌법에서 절대적으로 보장하고 있지 않다. "법률, 그 밖에 따른 특별한 제한"이 있으면 허용하는 것이었다. 그렇다고 해서 어떠한 제한도 허용되는 것은 아니다. 적어도 일본형 고용시스템에서는 기업은 정규직을 단순히 특정한 직무에 종사시키기 위한 노동력으로는 규정하고 있지 않다. 정규직은 장기적인 전망 속에서 교육훈련을 하여 육성하는 인재이다. 여기에는 광범위한 인사권의 행사에 따르는데, 그 대신에 '**고용 및 임금의 안정**'을 보장하는 관계를 전개하고 있다. 채용이란 이러한 일본형 고용시스템의 아래에 들어가는 초기 단계임을 생각하면, 기업이 누구를 정규직으로 선택할 것인지 자유를 폭넓게 인정하는

것은 충분히 정당화할 수 있을 것이다.

　법적으로나 인사권을 넓게 인정하는 판례가 있는 반면(배치전환법리
등), 해고권 남용법리(노동계약법 제16조)에 따른 고용의 보장 등 일본형
고용시스템과 밀접하게 관련된 근로계약법리(판례)를 전개하고, 그중 일
부는 「**노동계약법**」으로 성문화되었다. 해고의 제한을 인정하는 이상 채
용에서 재량을 인정하지 않으면 균형을 잃고, 장기적 · 계속적 관계가 되
면 상호간에 성실 · 배려의 관계가 형성되고, 기업에는 근로자의 인격적
인 이익을 배려하는 것이 법적으로 요구되는 것(근로계약의 인적 성격)도
기업이 어떠한 근로자를 채용할 것인가의 선택의 자유가 넓게 인정되는
근거가 된다.

(2) 채용자유의 제약의 2단계 구조

　채용의 자유를 제한하는 법률을 이론적으로 분석하는 경우, (ⅰ)
채용자유의 제약에는 이러한 제약을 부과할 것인지 여부, 부과한다면
어느 범위까지라는 문제(제1단계)와 (ⅱ) 그 제약을 위반하여 채용을 거
부한 기업에게 어떠한 제재를 부과할 것인가 하는 문제(제2단계)로 구분
할 수 있다.

　예를 들어 **남녀고용기회균등법 제5조[1]**에서는 채용 시 남녀 차별을
금지하고 있다. 하지만 통설은 규정 위반에 대한 제재로 **근로계약의 체결
강제**(근로자의 '**채용청구권**')까지는 인정하지 않았다. 이것은 제1단계의 제

---

1)　<역자주> 일본 남녀고용기회균등법 제5조(모집 및 채용) 사업주는 근로자의
　　모집 및 채용에 있어서 여성에 대하여 남성과 균등한 기회를 주어야 한다.; 한
　　국 고평법 제7조(모집과 채용) ① 사업주는 근로자를 모집하거나 채용할 때 남
　　녀를 차별하여서는 아니 된다. ② 사업주는 여성 근로자를 모집 · 채용할 때 그
　　직무의 수행에 필요하지 아니한 용모 · 키 · 체중 등의 신체적 조건, 미혼 조건,
　　그 밖에 고용노동부령으로 정하는 조건을 제시하거나 요구하여서는 아니 된다.
　　<개정 2010. 6. 4>

약은 있지만, 제2단계의 제약은 강한 정도가 아닌 것을 의미한다.

동조가 제1단계의 제약을 인정한 것은 여성에 대한 채용 차별을 금지하고, 여성의 고용 촉진을 목표로 했기 때문이다. 남녀 차별금지는 **헌법 제14조**[2)]에도 근거를 가진 인권보장적인 것이라는 근거와, 노동시장에서 취약계층의 고용을 촉진한다는 정책 목적은 적어도 제1단계까지라면, 기업의 채용자유의 제약을 정당화한다고 하는 것이다. 모집·채용 시의 '연령차별'을 금지한 **노동시책종합추진법 제9조** 또는 '장애인차별'을 금지한 **장애인고용촉진법 제34조**에도 이것이 해당된다.

한편, 동조를 제정할 때에 근로계약의 체결강제라는 제재 수법을 도입하지 않고, 학설도 이 수법을 찬성하지 않은 이유는 채용의 자유를 정당화하는 근거, 특히 근로계약의 인적 성격을 고려했기 때문이다.

이렇게 채용자유의 제약에는 2단계의 것이 있고, 제1단계의 제약에 대해서는 법이 금지하는 '차별에 대한 해당성'과 '고용의 촉진'이라는 정책 목적이라는 두 가지를 정당화하는 근거가 있는 것, 제2단계의 제약 위반의 제재에 대해서는 근로계약의 체결강제까지는 원칙적으로 인정되지 않으며, 여기에는 근로계약의 인적 성격에 대한 배려가 있는 것을 확인할 수 있다.

또한 제1단계의 제약에서 두 가지를 정당화하는 근거('차별금지' 및 '고용촉진')는 동등한 것은 아니다. '고용촉진'은 차별금지와 달리 그 자체만으로 기업에 고용책임을 지우는 것을 정당화하는 것은 아니다. 고용의 확보는 본래 국가의 책무로 해석되기 때문이다. 고용촉진이라는 정책 목적에 헌법 제14조(법 앞의 평등)에도 근거를 갖고, 공서성(반사회 질서)이 높은 차별금지 규범에 위배된다는 귀책성을 부가하고서야 비로

---

2) <역자주> 일본 헌법 제14조(법 앞의 평등) ① 모든 국민은 법 아래 평등하며 인종, 신조(信條), 성별, 사회적 신분 또는 문벌(門閥)에 의하여 정치적, 경제적 또는 사회적 관계에 있어서 차별받지 아니한다.; 한국 헌법 제11조 ① 모든 국민은 법 앞에 평등하다. 누구든지 성별·종교 또는 사회적 신분에 의하여 정치적·경제적·사회적·문화적 생활의 모든 영역에 있어서 차별을 받지 아니한다.

소 채용자유의 제약도 정당화된다고 해석할 수 있다. 게다가 차별금지라는 근거가 있더라도 근로계약의 체결강제라는 제재까지는 인정받지 못한다는 점에서 보면 제2단계에서 근로계약의 체결강제라는 제재를 부과하기 위해서는 차별금지를 초월하는 매우 고도의 귀책성(歸責性)이 필요하다는 것을 시사하고 있다.

이것과는 달리, 채용자유의 제약에는 고용해지 제한법리(노동계약법 제19조)와 같이 종전의 법적 관계에서 생기는 <u>고용 계속에 대한 합리적 기대의 보호</u>라는 해고규제와 같은 근거(오오우치(大內) 2013(b))[3]에 해당되는 경우도 있다. 여기서는 채용거부(유기근로계약의 경우는 갱신거부)가 실질적으로 해고와 동일시할 수 있는 경우에 채용거부를 해고로 '전이(轉移)'시킨 것이라고 평가할 수 있다. <u>이 전이 유형의 경우에는 해고가 부당한 경우에 무효화되어 고용계속이 강제되는 것과 마찬가지로, 제2단계에서 근로계약의 체결강제를 인정하게 된다</u>(이상은 오오우치(大內) 2013(a)[4]도 참조).

(3) 근로계약의 체결 강제에 파고든 2012년 개정

이상과 같은 채용자유의 제약의 2단계 구조에 비추어 보면 2012년 근로자파견법과 노동계약법의 개정은 어떻게 평가할 수 있는 것인가?

우선, 2012년 법 개정에는 전사(前史)가 있었다. 즉 근로자파견법은 2003년 개정에서 사용기업에 직접고용을 의무화하고(당시 제40조의4 등), 또 고령자고용안정법 2004년 개정에서는 고령자의 고용확보 조치를 의무화하고, 정년 후 재고용 거부를 부정하는 규정을 도입함으로(제9조) 채용의 자유를 직접적으로 제약하고 있었다. 여기에는 적어도 차별에

---

3) 大内伸哉 『解雇改革—日本型雇用の未来を考える』 (2013年(b), 中央経済社)

4) 大内伸哉 「雇用強制についての法理論的検討—採用の自由の制約をめぐる考察」 菅野和夫先生古稀記念 『労働法学の展望』 93면 이하 (2013年(a), 有斐閣)

해당하는 고도의 귀책성을 요건으로 규정하고 있지는 않았다(고령자고용 안정법의 쪽은 '정년제'가 연령차별에 해당된다는 견해도 있지만, 현행법상 연령차별금지는 모집 및 채용 단계에서 제한하고 있고, 차별금지 규정과의 저촉이라는 귀책성을 인정해서는 안 된다). 채용의 자유를 앞서 본 지금까지의 정당화의 근거를 넘어 제약한 것이었다. 다만, 어느 사례에서도 제2단계의 제약에서 근로계약의 체결강제까지는 인정하지 않고, 아슬아슬하게 채용의 자유에 대한 배려가 있었다고 할 수 있다.

그런데 2012년 법 개정에서는 제2단계에서 근로계약의 체결강제까지 인정하는 입법이 이루어졌다. 그 하나인 **노동계약법 제19조**는 분명히 앞에서 살펴본 것처럼 '해고'와 동일시할 수 있는 전이 유형으로 설명이 가능했고, 체결 강제된 근로계약은 유기 근로계약에 불과하며 근로조건도 종전과 동일하였다. 그런데 **노동계약법 제18조**는 5년이라는 연수 요건뿐이고, 근로조건은 동일한 것이라고는 하나, 무기 근로계약의 체결을 강제하고 있다. 여기에는 해고로의 전이가 허용될 만한 요건을 설정하고 있지 않고(단순히 5년이라는 연수 요건으로는 불충분할 것이다), 또한 기업의 (고도의) 귀책성에 따른 정당화도 없이 채용의 자유에 대한 강한 제약을 부과하고 있다.

게다가 근로자파견법 제40조의6도 해고에 대한 전이를 인정하는 것과 같은 사정은 요건으로 되어 있지 않으며, 또 차별에 해당하는 귀책성도 없다(다만, 혼조(本庄) 2016·417쪽[5])은 사용기업 한정의 등록형 파견에 대해서는 전이 사례로 인정할 수 있다고 한다). 확실히, 동조는 위법파견의 경우에 대하여 선의(善意)[6] 무과실(無過失, 위법임을 몰랐던 것에 과실이 없었음)로 있었던 경우에는 면책되기 때문에, 실제로 직접고용을 강제하는 것은 악의이든가(위법인 것을 알았다) 유과실인(몰랐던 것에 과실이

---

5) 本庄淳志『労働市場における労働者派遣法の現代的役割』(2016年, 弘文堂)

6) <역자주> 선의(善意): 자신의 행위가 법률 관계의 발생·소멸 및 그 효력에 영향을 미치는 사실을 모르는 일.

있는) 경우에 한한다. 또, 실제로 문제되는 일이 많은 '**위장도급**'의 사례 (동조 제1항 5호)는 "법률 규정의 적용을 면할 수 있는 목적"이라고 하는 요건이 있기 때문에 이것에 해당하면 반규범성이 높다고도 할 수 있다. 그러나 법률로 금지한 차별적 이유로 채용 거부라는 위법행위를 행한 기업과, 근로자파견사업에 대한 규제를 위반해 파견근로자를 사용한 것에 불과한 기업을 귀책성의 관점에서 동렬(同列)에 놓는 것은 어려울 것이다.

02   유럽연합에서는 어떤가?

(1) 비교법이라고 하면 유럽

그런데 노동법 분야에서 일본법의 비교법 대상으로 먼저 미국과 유럽을 들 수 있다.

미국은 '**임의고용**(employment at will) **원칙**'에서 알려진 것같이 차별 금지 규정이 적용되지 않는 한 근로계약에도 불구하고 계약자유가 지배적이고(해고조차도 원칙적으로 자유이다), 노동시장에 법이 개입하는 것에 소극적인 법문화를 가지고 있다. 미국에서 발달한 것은 '**차별금지법**'과 '**노동조합과 관련된 단체법 분야**'이다. 일본인이 미국을 비교법의 대상국으로 연구하는 경우에는 이러한 분야를 테마로 하는 경우가 많다. 다만, 차별금지법이 발달한 미국에서도 비정규직 등에 대한 고용형태에 따른 차별이라는 관점에서 입법 규제는 행해지지 않았다.

한편, 유럽 국가(특히 대륙법계 국가)는 근로계약의 분야에서는 '**종속 노동론**'(⇒ 제3장 1.(사적 자치란 무엇인가))의 관점에서 입법 개입에 적극적이고, 계약자유의 제한에 강한 저항이 없는 법문화를 가지고 있다. 그렇기 때문에 일본에서 '근로계약이론'과 관련해 새로운 입법을 추진할 경우에 유럽 국가(독일, 프랑스 등)를 비교법의 연구 대상으로 삼는 것이 일반적이었다. 2012년의 노동계약법 및 근로자파견법을 개정할 때에도 유럽의 입법례가 있어 적극적으로 입법에 개입해 사적 자치를 제한하는 것의 중요한 근거가 되었다.

그래서 이하에서는 비정규직에 대한 법규제가 있는 프랑스법과 독일법을 다룬다. 특히 일본의 노동계약법 제18조 및 근로자파견법 제40조의6에 관련된 부분을 소개하고자 한다.

(2) 프랑스법

프랑스는 **노동법**(Code du travail) **L1221-2조 제1항**에서 기간의 정함이 없는 근로계약은 근로관계의 '표준적이고 일반적인 형태(forme normale et générale)'라고 명언한 것이 먼저 눈에 띈다. 그리고 근로계약 기간의 설정은 법 소정의 사유와 조건에서만 가능하고(동조 제2항), 그 법규제에 위반시 기간의 정함이 없는 것으로 간주한다(L1245-1조). 18개월의 상한 규제(L1242-8-1조) 또는 2회 갱신 횟수의 상한 규제(L1243-13-1조) 등을 위반시에도 마찬가지이다.

프랑스에서는 '**간주 무기**'를 '**계약의 재성질(再性質) 결정**(requalification du contrat)'이라고 한다. 그 실질은 당사자가 선택한 유기 근로계약이라는 법적 성격을 법에 따라(구체적으로는 판사에 따라) 무기 근로계약으로 전환하게 하는 것이다. 하지만 이것은 정책 관점에서 무기전환이 아니라, 법문상 무기 근로계약을 표준으로 명기(明記)한 가운데, 기간의 설정행위는 법률에서 한정한 이유에서만 인정하는 법의 논리 구조에서 발생하는 점을 유념해야 한다.

따라서 기간설정 행위 그 자체에 제한없이(입구 규제의 결여), 이러한 이유로 무기고용을 원칙으로 한다(또는 표준으로 한다)는 생각이 실정법화되지 않은 일본법에서 프랑스법을 참고해 무기전환을 논의하는 경우에는 신중할 필요가 있다.

또한 프랑스에서는 '**근로자파견**'(travail temporaire)도 기본적으로는 유기 근로계약의 일종이며, 유기 근로계약에 대한 규제를 기반으로 파견 고유의 규제를 추가하는 구조이다. 그리고 사용기업(유저기업: entreprise utilisatrice)이 파견업무(mission)를 종료(최대 18개월)한 이후에도 근로계약을 체결하지 않고, 또한 새로운 파견계약을 체결하지 않고, 파견근로자를 취업하게 한 경우에는 파견근로자(salarié temporaire)와의 계약은 무기 근로계약을 체결한 것으로 간주하는 재성질 결정이 이루어진다 (L1251-39조 제1항). 이것이 프랑스류의 직접고용 의무라고 할 수 있다.

(3) 독일법

한편, 독일은 프랑스의 노동법과 같은 무기 근로계약을 원칙으로 규정한 명문 규정은 없다. 하지만 일반적으로 기간의 정함이 없는 풀타임 근로관계를 의미하는 '**표준근로관계**'(Normalarbeitsverhältnis)의 개념이 있고(다만, 세세한 점에서 그 정의는 사람에 따라 다르다), 유기고용은 여기에서 벗어난 비전형 근로관계로 보아 왔다. 이것은 「**단시간근로 및 유기고용근로계약에 관한 법률**(Gesetz über Teilzeitarbeit und befristete Arbeitsverträge: TzBfG)」에서 근로계약에 기간의 설정은 소정의 객관적인 정당한 이유가 있는 경우에만 허용된다(제14조 제1항). 다만, 2년의 기간까지는 객관적인 정당한 이유가 필요 없고, 또한 그 기간 중에는 3회까지 갱신할 수 있다 (제2항). 그리고 이 요건을 충족하지 못한 경우에는 기간의 설정은 무효이고, 기간의 정함이 없는 근로계약을 체결한 것으로 간주한다(제16조 제1항). 이것이 독일류의 무기전환이다. 이 무기전환도 프랑스법과 마찬가지이다. 즉 무기 근로계약을 표준으로 하는 사고방식을 기초로 기간의 설정 행위가 법률에서 한정한 이유에서만 인정할 수 있는 법의 논리 구조에서 발생한다고 보아도 좋다(하지만 입구 규제에 대한 예외가 많고, 그 원칙성이 약해지고 있다).

/ **보론 11** : 📖 독일법의 의제적 근로관계

근로자파견은 독일법에서는 일본의 직접고용 규정과 유사한 '**의제적 근로관계**'(fingierte Arbeitsverhältnis)제도가 있다. 즉 독일의 근로자파견법(Arbeitnehmerüberlassungsgesetz: AÜG)은 파견기업이 허가를 받지 않고 근로자파견을 행한 경우에 파견근로자와 파견기업 사이의 근로계약은 무효로 된다(제9조 제1항 1호). 파견근로계약이 무효로 되면 사용기업과의 사이에서 근로계약이 성립한다(제10조 제1항 1문). 이것은 그야말로 입법에 따라 근로관계를 창설한 것이고, 일본의 근로자파견법 제40조의 6과 유사하다. 다만, 독일의 이 제도는 파견근로자의 보호를 목적으로 할 뿐만 아니라, 근로자파견사업의 허가제도와 연계된 것이며, 사용기업에게 파견기업에 대한 감독책임을 부과하는 기능을 가진 제도이다(오오하시(大橋) 2016).[7]

또한 파견기간의 상한규제를 위반 시에도 의제적 근로관계를 인정해 왔다. 2000년대 초 하르츠 개혁 시 먼저 상한규제를 철폐하였다. 하지만 2017년의 법 개정에서 18개월 상한 규제를 마련하고, 그 위반 시 의제적 근로관계가 성립한다고 규정하고 있다(제9조 제1항 1b호. 혼조(本庄) 2016·370쪽 이하 참조).[8]

---

7) 大橋範雄「ドイツ労働者派遣法における擬制労働関係論の再検討(1)(2·完)」大阪経大論集67巻 2号 1면 이하, 3号 7면 이하. (2016年)

8) 本庄淳志『労働市場における労働者派遣法の現代的役割』(2016年, 弘文堂)

03   비교법적 고찰

(1) 해고규제와 입구규제의 관계

무기고용 근로자를 해고할 경우에 정당한 이유를 필요로 하는 규제가 있는 법제도에서는 유기 근로계약의 체결은 해고 규제를 잠탈(潛脫)[9]하기 위한 수단으로서 사용할 위험이 있다. 이 때문에 유기 근로계약의 체결은 근로관계를 유기로 하는 정당한 이유가 있어야 한다는 사고방식을 수반하게 된다(입구 규제). 독일에서는 바로 이러한 생각에 따라 유기 근로계약의 입구 규제의 사고방식을 전개해 왔다.

일본에서는 해고에 정당한 이유를 필요로 하는 **해고권 남용법리**를 판례가 확립한 것은 1975년으로(일본 식염제조(食鹽製造) 사건), 이것이 성문화된 것은 2003년의 노동기준법을 개정할 때이다(당시 제18조의 2. 현재는 노동계약법 제16조). 당시에도 유기 근로계약의 체결이 해고권 남용법리를 잠탈한다고 하는 견해가 없었던 것은 아니지만, 구체적인 법규제로는 이어지지 못했다.

그 이유로 생각할 수 있는 것은 일본에서는 근로계약의 체결 단계(입구 단계)에서 기업이 장기적인 관점에서 인재육성의 대상으로 할지의 기준에 따라 무기고용의 정규직을 선별하는 경우에 적어도 무기고용의 정규직에 적합한 인재를, 해고 규제를 잠탈하기 위하여 유기고용 비정규직으로 채용할 장점이 기업에는 없었던 것을 들 수 있을 것이다(기업의 입장에서는 어떻게 하면 기업 내에 인재를 껴안을 것인지가 중요하였다).

오히려 일본에서는 유기고용 비정규직의 계약을 반복계속하고, 더욱더 계속고용에 대한 합리적인 기대가 발생한 경우에는 **고용해지 제한 법리**(현재는 노동계약법 제19조[10])에 따라 고용을 유지하는 방법을 선택하

---

9) 잠탈: 몰래 빠져나간다. 몰래 잠식해서 차지함.

고 유기 근로계약의 활용 그 자체를 제약하려는 수법은 취하지 않았다.

그런데 2012년 노동계약법 개정에서는 입구 단계에서의 규제를 행하지는 않았다. 하지만 유기 근로계약의 활용이 5년을 초과하면, 근로자 측에 무기 근로계약에 대한 선택권(option)을 부여하는 형태의 출구 규제를 도입하고, 유기 근로계약의 갱신에 제약을 부과하였다(제18조).11) 여기에는 **5년**(이용가능기간)을 초과해 유기 근로계약을 이용하는 것

---

10) <역자주> 노동계약법 제19조(유기근로계약의 갱신 등) 유기근로계약으로서 다음의 각 호의 어느 하나에 해당하는 것의 계약기간이 만료하는 날까지의 사이에 근로자가 그 유기근로계약의 갱신신청을 한 경우 또는 계약기간의 만료 후 지체 없이 유기근로계약의 체결신청을 한 경우로서, 사용자가 그 신청을 거절하는 것이 객관적으로 합리적인 이유를 결여하고 사회통념상 상당하다고 인정되지 않는 때에는, 사용자는 종전의 유기근로계약의 내용인 근로조건과 동일한 근로조건으로 그 신청을 승낙한 것으로 간주한다.
1. 유기근로계약이 과거에 반복하여 갱신된 적 있는 것으로서 그 계약기간의 만료 시에 그 유기근로계약을 갱신하지 않음으로써 유기근로계약을 종료시키는 것이 기간의 정함이 없는 근로계약을 체결하고 있는 근로자에게 해고의 의사표시를 함으로써 기간의 정함이 없는 근로계약을 종료시키는 것과 사회통념상 동일시될 수 있다고 인정될 것
2. 근로자에게 있어서 유기근로계약의 계약만료 시에 그 유기근로계약이 갱신되는 것으로 기대하는 것에 대하여 합리적인 이유가 있는 것이라고 인정될 수 있는 것

11) <역자주> 노동계약법 제18조(유기근로계약의 기간의 정함이 없는 근로계약으로의 전환) ① 동일한 사용자와의 사이에 체결된 2 이상의 유기근로계약(계약기간의 시기가 도래하기 전의 것은 제외한다. 이하 이 조에 있어 같다)의 계약기간을 통산한 기간(다음 항에서 '통상계약기간'이라 한다)이 5년을 넘는 근로자가 사용자에 대하여, 현재 체결하고 있는 유기근로계약의 계약이 만료하는 날까지의 사이에, 만료하는 날의 다음 날로부터 노무가 제공되는 기간의 정함이 없는 근로계약의 체결신청을 한 때에는, 사용자는 그 신청을 승낙한 것으로 간주한다. 이 경우 그 신청에 관련된 기간의 정함이 없는 근로계약의 체결신청을 한 때에는, 사용자는 그 신청을 승낙한 것으로 간주한다. 이 경우 그 신청에 관련된 그 기간의 정함이 없는 근로계약의 내용인 근로조건은, 현재 체결하고 있는 유기근로계약의 내용인 근로조건(계약기간을 제외한다)과 동일한 근로조건((근로조건(계약기간을 제외한다)에 대하여 별도의 정함이 있는 부분을 제외한다)으로 한다.
② 사용자와의 사이에 체결된 하나의 유기근로계약의 계약기간이 만료한 날과

은 유기 근로계약의 남용이고, 근로자의 고용을 불안하게 하는 것이라는 사
고방식이 있다.

(2) 유럽과 비슷하나 전혀 다른 '남용'규제

노동계약법 제18조에서 볼 수 있다. 유기 근로계약의 남용적 이용을
억제한다는 관점에서 출구 규제를 하는 수법도 EU(유럽연합)에 원류(源
流)가 있다. 이것이 유럽 노사가 체결한 **'구조협약'**(framework agreement)
을 도입한 1999년 6월 28일의 EC(European Community, 유럽 공동체) **지침**
(1999/70/EC)이다. 지침이 원용한 **구조협약의 제5조**는 유기 근로계약의 연
속적인 이용으로 생기는 남용을 방지하기 위하여 ① 유기 근로계약의 갱
신을 정당화하는 객관적 이유, ② 연속적인 유기 근로계약의 통산기간의
상한, ③ 유기 근로계약의 갱신 횟수에 관한 조치 중 최소한 하나는 강구
하도록 하고 있다. 또한 각 회원국은 어떠한 조건 아래에서 유기 근로계
약이 '연속적(successive)'으로 볼 것인지 및 무기 근로계약으로 간주할 것
인지를 결정하도록 하고 있다.

앞서 말한 프랑스법 및 독일법에서 '갱신 제한'과 '무기고용 전환'은
이 지침의 내용을 국내법으로 설정한 것이라고 할 수 있다. 일본 노동

그 사용자와의 사이에 체결된 그 다음의 유기근로계약의 계약기간의 초일과의
사이에 이들 계약기간의 어디에도 포함되지 않는 기간(이들 계약기간이 연속
한다고 인정되는 것으로서 후생노동성령에서 정하는 기준에 해당하는 경우의
어디에도 포함되지 않는 기간을 제외한다. 이하 이 항에서 '공백기간'이라 한
다)이 있고, 그 공백기간이 6월(그 공백기간의 직전에 만료한 하나의 유기근로
계약의 계약기간[그 하나의 유기근로계약기간을 포함한 2 이상의 유기근로계
약기간의 사이에 공백기간이 없는 때에는, 2 이상의 유기근로계약의 계약기간
을 통산한 기간. 이하 이 항에서 같다]이 1년에 미달하는 경우에는 그 하나의
유기근로계약의 계약기간에 2분의 1을 곱하여 얻은 기간을 기초로 하여 후생
노동성령에서 정한 기간) 이상인 때에는 공백기간 전에 만료한 유기근로계약
의 계약기간은 통산계약기간에 산입하지 않는다.

계약법 제18조에서 채택한 출구 규제는 이 EC지침에서 비추어 보면 세 가지 조치 중 ② 연속적인 유기 근로계약의 통산기간 상한을 설정하는 조치를 선택하고, 또 '연속적'의 판단기준에 대해서는 냉각기간에 대한 규제를 마련하고(동조 제2항), 무기고용 근로계약의 전환 조건은 갱신에 따라 5년을 초과한 것을 규정한 것이라고 할 수 있다. 요컨대, 일본법은 EC지침에 비추어 보면 **5년**을 초과한 유기 근로계약의 연속적인 이용을 '남용'으로 평가한 것이다.

　　그러나 프랑스법, 독일법 모두는 기간을 설정하는 것에 정당한 이유를 요구하는 입구 규제가 있다. 이러한 중에서는 유기 근로계약의 연속적인 이용은 바로 입구 규제의 잠탈을 추인함으로 '남용'이라고 하는 것이 적절하다. 한편, 일본은 입구 규제를 하지 않았기 때문에 유기 근로계약의 연속적인 이용은 입구 규제의 잠탈이라는 의미에서의 남용에는 해당하지 않는다. 노동계약법 시행통달에 있는 것은 유기에 따라 고용의 불안정화를 초래하는 것 그 자체가 남용이고, 또한 "고용해지 … 의 불안이 있는 것에 따라 연차유급휴가의 취득 등 근로자로서 정당한 권리행사가 억제되는 등'이라는 근로자 보호의 관점이다(4. (1) 법에 의한 강제). 유럽과 비교하면, 이론적인 정합성보다도 실질적인 논의를 정면으로 다루고 있는 점이 일본의 특징이라고 할 수 있다. 다만, 연차유급휴가의 취득 등의 문제라면, 그 권리행사의 존재 의미에 직접 개입해 대처할 수도 있었을 것이다. <u>유기고용 근로자의 권리행사를 확보하기 위하여 무기전환을 강제하는 것은 **목적과 수단의 균형을 잃고 있다는 의문**을 금할 수 없다.</u>

(3) 비교법의 한계?

　　일본이 참고로 삼은 외국법에서는 적어도 유기 근로계약의 무기전환에는 이것을 정당화하는 논리가 있었다. 전자는 법의 입장에서는 무기고용을 표준(원칙)으로 하고, 기간 설정에는 정당한 이유가 필요하다는 입구 규제가 있다. 이것은 해고규제의 잠탈방지 등의 이유에 따라서도 정당화할 수 있는 것이었다. 그리고 입구 규제가 있으면서 유기 근로계약의 연속적인 사용은 남용으로 평가할 수 있다. 여기에서 출구 규제로서 원칙적인 형태인 무기 근로계약으로 전환한다는 논리가 있었던 것이다.

그러나 일본에는 이러한 논리는 없었다. 원래 근로계약에 기간을 설정하는 것에 대한 규제는 어떻게 해야 하는가라는 입구 규제에 대한 법적 입장이 명확하게 되어 있지 않다. 법률을 보는 한, 유기고용 근로계약이 필요한 이상으로 반복 갱신을 하지 않도록 배려해야 하는 규정이 있는 것에 불과하고(노동계약법 제17조 제2항[12])), 무기 근로계약을 원칙으로 하는 사고방식은 볼 수 없다. 즉, <u>노동계약법 제18조는 계약기간의 설정에 관한 계약자유(사적 자치)의 **이론적 관계를 정리하지 않은 채** 무기전환이라는 강력한 규제에 매진한 **단순한 정책입법**인 것이다.</u>

물론, 정책 입법이기 때문에 즉시 문제가 있다고 할 수 없다. 다만 원래 비정규직 정책을 생각하는 데 유럽의 법제도가 어디까지 참고할 만한 것인지는 한번 생각할 필요가 있다. 일본형 고용시스템에서 정규직의 지위와 비정규직 지위의 상위는 반복해 살펴본 것처럼 단순한 근로조건의 상위가 아니다. 일본에서는 유기로 채용하는 것은 단순히 근로계약의 기간을 한정하는 것에만 그치지 않는 의미가 있다. 정규직과 비정규직의 상위는 **인재 육성과 활용방법의 상위에 관계**하고 있다. 그리고 이 상위야말로 일본형 고용시스템의 중요한 요소이었던 것이다. 정규직과 비정규직 사이의 대우 균등 내지 형평에 관하여 규정한 파트 · 유기

---

12) <역자주> 노동계약법 제17조(계약 기간 중의 해고 등) ② 사용자는 유기근로계약에 대하여 그 유기근로계약에 의해 근로자를 사용하는 목적에 비추어 필요 이상으로 짧은 기간을 정함으로써 그 유기근로계약을 반복해 갱신하는 일이 없도록 배려해야 한다.

노동법 제8조 및 제9조가 인재활용의 방법(직무의 내용과 배치 변경의 범위)을 언급하고 있는 것은 이 점을 무시하며 정규직과 비정규직을 비교할 수 없기 때문이다.

보론 12 ⏧ 고용정책에서 본 비정규직

최근 유럽의 비정규직 정책의 특징은 **청년층의 고실업 문제** 등에 직면하면서, 노동시장에 진입하기 위한 최초의 단계로 '유기고용' 및 '근로자파견'을 규정하는 부분에 있다. 이 때문에 유기 근로계약의 입구 규제가 완화되는 경향을 볼 수 있다(비교법으로는 오오우치(大內) 편 2014도 참조). 그러나 **스페인이 경험한 것처럼 입구 규제의 대폭적인 완화로 인하여 유기고용 근로자가 너무 증가하면, 노동시장의 이중구조가 심각해진다.** 스페인법은 이 상황에 대처하기 위하여 유기고용을 이용하는 경우와 무기고용을 이용하는 경우의 고용종료의 비용을 평준화하는 시도를 계속해 왔다(오오우치(大內)·가와구치(川口) 편 2018[13])의 제4장 3.[다카하시 나나(高橋奈々) 집필]도 참조).

이러한 시도의 이론적 전제가 되는 것이 남유럽의 경제학자를 중심으로 주장되어 온 '단일 근로계약(single labor contract)론'이다. 이 주장의 핵심은 유기 근로계약과 무기 근로계약을 사용하는 경우에 고용종료 비용의 격차를 없애기 위하여 그 비용을 근속연수에 비례시키려고 하는 것이다. 단일 근로계약론은 무기 근로계약의 주된 해고 규제가 '금전해결 방식'인 것이 전제이기 때문에 이것에 회의적인 법률가 사이에서는 거의 지지를 받지 못해 확산되지는 못했다.

한편, 노동시장의 이중구조에 대한 해소책으로 유럽에서 구체적으로 노력한 것이 **입구 규제완화와 연동시켜, 유기고용에서 무기고용으로 단계를 추진해 가는** 것이다. 여기에서 볼 수 있는 것은 유기고용의 폭을 넓히고, 여기서 '경험'을 축적하는 것이 좋은 고용의 획득으로 이어진다는 발상이다(오오우치(大內) 편 2014[14])· 294쪽은 일본에서도 이러한 관점에서 유기 고용정책을 전개할 필요가 있다고

---

13) 大内伸哉·川口大司編 『解雇規制を問い直す金銭解決の制度設計』(2018年, 有斐閣)

14) 大内伸哉編 『有期労働契約の法理と政策—法と経済·比較法の知見をいかして』(2014年, 弘文堂)

주장하고 있다).

또한 유럽에서는 후술하는 것처럼, 임금체계에서 '직무급'이 확립되어 있기 때문에 유기인 것, 파트타임인 것, 파견인 것에 따라 적어도 동일한 직무에 종사하는 한 기본급에서는 격차는 발생하지 않는다(그 밖에도 EC지침에 따라 차별적 취급을 금지하고 있다. 제7장 3). 이 때문에 유기인 것에는 위에서 살펴본 것처럼, 고용의 불안정성에서 오는 노동시장의 이중구조 문제는 있지만, 파견인 것이나 파트타임인 것 그 자체를 문제로 보는 관점은 희박하다(오히려 파트타임은 '일자리 나누기(work sharing) 정책'으로 활용될 수도 있고, 프랑스법과 같이 주 법정시간을 35시간으로 한다면, 정규직의 원칙적인 일하는 방식이 파트타임이라고 말할 수도 있다). 이 점이 비정규직 문제가 일본형 고용시스템에서의 정규직과 비정규직의 격차문제와 관련지어 논의할 수 있는 일본과의 결정적인 차이점이다.

04 정책적 타당성

(1) 법에 따른 강제의 한계

일본형 고용시스템 아래에서는 정규직의 지위와 비정규직의 지위의 격차는 명확하고 양자 사이의 비교 가능성은 낮다. 이것은 이론적으로 격차 시정을 위한 법적 개입의 정당성을 약화시킨 것이지만, 정책적으로는 반대로 격차 시정의 필요성을 높이는 것으로도 볼 수 있다.

그러나 정책적으로 격차 시정이 필요하다고 판단되더라도 그 실현 방법으로 노동계약법 제18조에 보이는 것처럼 유기 근로계약을 무기 근로계약으로 강제적으로 전환하는 것이 적합하다고는 할 수 없다.

기업의 입장에서 정규직은 비용을 들여 장기적으로 인재육성을 해

활용해 가는 대상이 되는 근로자이다. 노동계약법 제18조와 같이, 근로
조건은 그대로 단순히 기간만을 무기로 하는 어중간한 지위로 채택하는
것을 강요해도, 이것은 정규직과 비정규직의 격차문제의 해결로는 연결
되지 않을 것이다. 원래 기업이 인재육성의 대상으로 하지 않은 근로자
를 법에 따라 인재육성의 대상으로 하라고 강요해도 그 실효성은 기대
하기 어려운 것이다. 파트·유기노동법 제11조가 사업주에게 직무 내용
이 동일한 비정규직에 대한 직무 수행에 필요한 능력을 부여하는 **'교육
훈련'**만을 강제하고, 그 밖의 경우에는 노력의무로 하고 있는 것도 비정
규직에게 정규직의 인재육성과 동일한 것을 강요해서는 안 된다는 인식
을 기초로 하고 있다고 생각할 수 있다.

　물론, **경영의 관점**에서 비정규직도 어느 정도는 육성해 활용할 필요
가 있는 경우도 있을 것이다. 하지만 이러한 경우에는 기업이 자발적으
로 **'비정규직의 정규직화'** 또는 중간적인 **'한정 정규직화'**를 진행하면 좋을
것이다. 이것을 **법으로 강제할 필요는 없다.**

　또는 <u>**정부가 '국민'**의 인재육성이라는 고차원의 정책적 관점에서 '비
정규직의 정규직화'가 필요하다고 판단할 수도 있다.</u> 그러나 이러한 정
책을 실제로 진행해 가는 데 있어서도, 역시 기업이 진정으로 인재육성
에 적합하다고 생각해 채용한 근로자가 아니면 제대로 기능하지 않을
것이다. 중요한 것은 <u>기업이 정규직으로 채용하고 싶어 하는 인재를 어
떻게 육성할 것인가에 있고, 그 분야야말로 정부가 개입해야 하는 것이다.</u>

보론 13　📖 파견근로자의 인재육성

유기고용의 무기전환이 격차 해소로 연결되지 않는 것은 아닌가 하는 의문은
파견근로자를 유기로 직접고용을 강제해도 더욱 강하게 해당된다. 격차의 본질
인 인재육성 측면에서 차이는 고용을 강제해도 해소할 수 없기 때문이다. 하지
만 이 점은 2015년 개정에서 파견기업에게 파견근로자에 대한 단계적·체계적
인 교육훈련이나 희망자에 대한 커리어(경력) 컨설팅을 실시할 의무를 도입한

점은 주목된다. 사용기업이 파견근로자에게 교육훈련을 행할 인센티브는 없더라도, 파견기업에게는 파견근로자를 교육훈련을 통해 기술을 향상시키는 것은 파견비즈니스에 도움이 되기에 인센티브로 작동하게 된다.

원래 이 점에 대해서도 파견근로자가 유기고용인 경우, 파견 가능기간의 규제를 안고 있는 데다, 노동계약법 제18조의 제약도 걸려, 장기적으로 파견근로자를 활용하는 것이 어렵기 때문에, 파견기업에서 파견근로자를 교육훈련시키는 인센티브는 적어질 것이다.

한편, 무기 고용파견의 경우에 파견 가능기간의 규제가 적용되지 않는 데다, 해고규제로 장기간 활용할 필요도 발생하기 때문에 교육훈련을 실시하는 인센티브도 커질 것이다. 그러나 파견기업에게 있어 해고규제 그 자체가 무거운 부담이 되면 무기 고용파견을 증가시키려고 하지 않을 가능성은 있다.

(2) 기업의 회피행동의 위험성

정규직과 비정규직의 구분이라는 일본형 고용시스템이 노사자치의 산물이라면 여기에 법이 강행적으로 개입하는 것은 부작용을 일으킬 가능성이 크다. 특히 정규직과 비정규직의 구분을 어떻게 마련할 것인가? 여기에 어떠한 인재를 배치하는가는 기업의 경제활동의 자유의 근간을 위협하는 것이다. 여기에 법이 개입하면 기업의 회피행동만 일어날지도 모른다. 구체적으로는 무기전환 룰(노동계약법 제18조)과의 관계는 5년의 연차 요건에 도달하기 전에 고용해지가 발생하고, 오히려 유기고용 근로자의 고용에 불안정화를 초래할 가능성이 있다. 물론 이러한 고용해지가 당연히 유효하게 되는 것은 아니다(노동계약법 제19조). 하지만 기업이 그 위험을 크다고 판단하면, 유기고용 근로자의 사용 자체를 회피하는 행동에 나설 가능성도 있다.

동일한 사항은 근로자파견에 해당된다. 직접고용을 강제하는 위험을 피하기 위하여 파견근로자의 사용 자체를 회피할 가능성이 있다. 그렇다고 해서 업무처리도급을 활용하려고 해도 사용기업이 지휘명령을 하고 있다고 인정되어 위장도급(위법파견)이 되면, 역시 직접고용이 강제되는 경우가 있다는 점에서 보면 아무리 위법파견이라는 것에 선의 무과실이면 면책된다고 법에서 규정하고 있어도, 위험을 회피하기 위하여 간접고용 자체를 이용하지 않는 방향으로 기업을 유도할지도 모른다.

그러나 기업은 유기고용 근로자와 파견근로자를 활용할 필요가 있는 이상 이러한 규제가 있다고 하여, 위와 같은 회피행동은 취할 수 없다는 의견도 있을지도 모른다. 다만, 여기서 주의해야 하는 사항은 비정규직의 활용을 회피하는 선택사항이 현실적으로 기업에 얼마나 있는지이다. 비정규직을 사용하지 않고, 현존의 정규직을 활용해 변통할 수 있다고 하면 어떠할까? 비정규직의 고용을 개선하지 않은 채로 정규직의 과중근로를 일으키는 원인이라는 지극히 문제가 많은 시나리오가 될 위험이 있다(이와 달리, 정규직이 실질적으로 증가하는 것이 최선의 시나리오이다. 하지만 그 실현에 많은 것을 기대하는 것은 지나치게 낙관적인 것이다).

또는 더이상 고용 근로자를 늘리지 않고, (ⅰ) 도급근로자 등의 자영업으로 취업자(개인 자영업자)을 활용하거나, (ⅱ) 기계를 도입해 인간의 근로를 대체하거나(로봇과 AI(인공지능)의 도입 등), (ⅲ) 인건비가 낮은 해외로 사업을 이전하는 선택사항도 있다. 적어도 이러한 선택사항이 현실적인 실체로서 존재하고 있는 한, 법이 강인하게 기업의 채용자유에 개입하려고 해도 정규직과 비정규직의 격차 시정이라는 소기의 목적은 달성하지 못할 가능성이 높은 것이다.

(3) 비자발형 비정규직의 축소 정책은?

이것은 정규직과 비정규직의 격차라는 문제를 설정하는 자체가 잘못되었을 가능성이 있음을 시사하고 있다. 올바른 문제의 설정은 비정규직의 사용을 '남용'으로 보는 것이 아니라, 어느 근로자가 희망했음에도 불구하고 정규직으로 왜 채용되지 않는가라는 원인을 직시하는 것에서 시작해야 한다. 그리고 그 원인을 규명해 보면 그 근로자가 기업의 입장에서 시간을 들여서 육성할 만한 인재로 평가되지 않기 때문이라는 결론에 간신히 도달할 것이다. 만약에 이 결론이 옳다면, 이것에 대처하기 위하여 필요한 정책은 기업이 정규직에 적합하지 않다고 생각하는 근로자를 정규직으로 채용하도록 유도하는 것이 아니라, 정규직에 적합한 인재가 되도록 근로자 측에 촉구하는 정책이다. 이것은 구체적으로는 **교육훈련 분야**의 정책이다.

물론 기업에 대해 촉구하는 정책이 매우 필요하다. 예를 들어 유럽의 유기 근로계약의 입구 규제를 완화하는 추세는 기업에게 비용도 위험도 낮은 유기 근로계약을 활용함으로써 기능이 아직 충분히 축적되지 않은 '청년'에게 최초의 고용기회를 부여하는 의미가 있다. 즉 유기 근로계약을 디딤돌로 규정하는 정책이다. 근로자파견은 이것에 노동력의 수급을 매칭하는 기능도 추가된다. 기업에 있어 유기고용 및 근로자파견의 활용을 쉽게 하는 고용정책은 정규직에게 가까워지기 위한 교육훈련의 장(場)을 설정한다는 의미이기도 하다.(⇒ <보론 12> 고용정책에서 본 비정규직).

다만, 비정규직(유기고용 근로자와 파트타임 근로자)에서 정규직으로 가는 길, 혹은 파견근로자에서 직접고용이 되고, 또한 정규직이 되는 길은 결코 평탄한 것은 아니다('**소개예정파견**'[15])도 직접고용으로의 길을 열 수

---

15) <역자주> 소개예정파견: 파견취업 종료 후의 직업소개를 예정하는 잡 서치(job search)형 파견을 말한다. 허가기준을 개정해 2000년 12월부터 허용되었고, 2003년 파견법 개정 시 기본규정 중에 '소개예정파견'을 정의해 전면적으로 제도화되었다. 이에 따라 근로자파견업자가 직업안정법상의 허가를 받거나 신청을 하면, 파견취업의 개시 전 또는 개시 후의 직업소개나 파견종료까지의 채용내정을 할 수 있게 했다. 또 사용기업에 의한 파견근로자의 사전면접 등 사용기업이 파견 개시 전에 파견근로자를 특정하는 행위를 하는 것을 예외적으로 인정하기로 했다(제26조 제7항). 2015년 개정법은 파견업자가 소개예정파견을 적극적으로 행하도록 파견사업주가 직업소개사업의 허가를 신청할 경우

있지만, 정규직으로의 길까지 열려져 있다는 의미는 아니다[근로자파견법 제2
조 4호[16]를 참조]).

오히려 여기에서 근본적인 문제로 검토해야 하는 것은 회사 측이
정규직을 신규 졸업할 때에 '일괄 채용'하는 방법을 앞으로도 유지해 가
는 것이 좋은 것인가라는 점이다. 이러한 채용관행이 정규직이 되는 길
을 부당하게 좁힐 가능성이 있기 때문이다. 정부가 '중도채용'을 늘리기
위한 정책에 진력하기 시작했던 것도 이 때문일 것이다(예를 들면, 2018
년에 발표한 「연령과 관계없이 전직·재취업을 받아들이는 촉진을 위한 지침」 참조).
다만, 일본형 고용시스템은 노사에서 구축한 것인 이상, 그 재검토도 본
래는 노사가 자율적으로 진행할 필요가 있다. 이러한 관점에서 '케이단
렌'(經團連)이 이른바 '취업활동 룰'('채용선발고사에 관한 지침')의 폐지를 결정
하고, 신규 졸업자의 일괄 채용을 재검토하려는 동향은 주목할 만하다.

어느 경우든, 노동력의 인구가 감소하는 가운데 기업 측도 정부
에도 말할 필요도 없이 우수한 인재를 확보하려면 지금까지의 채용 관
행을 고집할 수는 없게 될 것이다. 특히 '고도의 외국인재'를 모집하려고
한다면, 장기적인 전망에 따른 고용관계를 상정하지 않고, 기업이 어떠

에 첨부서류의 생략(직업안정법시행규칙 제18조 제7항) 및 근로자파견계약에
서 소개수수료를 지불하는 것을 사전에 정해두는 것 등에 의한 분쟁방지조치
를 포함시키는 것으로 하였다(파견법시행규칙 제22조 제4항).; 한국 파견법에
는 관련 규정이 없다.

16) <역자주> 파견법 제2조 4호(소개예정파견)에서는 근로자파견 중 제5조 제1
항의 허가를 받았던 자(이하 '파견사업주'라고 한다.)가 근로자파견의 노무 제
공의 개시 또는 개시 후에 당해 근로자파견과 관련 파견근로자 및 당해 파견근
로자에 관련한 근로자파견의 노무 제공을 받았던 자(제3장 제4절을 제외, 이하
'사용사업주'라고 한다)에 대하여 직업안정법 기타의 법률 규정에 의한 허가를
받거나, 또는 신청을 하고 직업소개를 행하거나 또는 행하는 것을 예정해 하는
것을 말한다. 당해 직업소개에 의하고, 당해 파견근로자자가 당해 사용사업주
에 고용되는 취지가, 당해 근로자파견의 노무 제공의 종료 전에 당해 파견근로
자와 당해 사용사업주와의 사이에서 약정되는 것(채용내정)을 포함하는 것으
로 한다.

한 기능을 필요로 하는지를 명확하게 하고, 그 기능을 가진 근로자의 '성과'와 현재화(顯在化)된 '능력'에 따른 처우를 제시할 필요가 있다. 이것은 일본형 고용시스템과는 다른 것이다. 이것은 동시에 동 시스템의 핵심에 있는 정규직의 의미를 바꾸는 것도 함의하고 있다. 그렇게 되면, 정규직과 비정규직을 고집하는 정책의 중요성이 떨어질지도 모른다.

칼럼 11 ┊ 노동정책의 검증할 중요성

본문에서 언급했듯이, 채용의 자유는 헌법상 보장되는 **경제활동의 자유**(제22조,[17] 제29조[18])에 포함되는 것이다. 하지만 경제활동의 자유는 '공공의 복지'에 따른 제약이 있는 것이고, 법령에 대한 판례의 위헌심사 기준을 보아도 정신적인 자유에 대한 제약 입법과는 달리, 완만한 기준을 마련하고 있다. 또한 반복 인용하고 있는 것처럼, **미쓰비시 수지(三菱樹脂) 사건** · 최고재판소 판결은 채용의 자유에 대하여 '법령에 따른 특별한 제한'이 없는 한 자유라고 분명하게 말하고 있다. 이러한 것에서 헌법의 관점에서는 채용의 자유를 어디까지 제약할 수 있는지에 대해서는 합헌성의 최종적인 판단권이 있는 최고재판소도 적극적으로는 개입하지 않고, 전문기관인 입법부의 판단을 존중하고 있다.

문제는 현재의 입법부가 과연 전문성을 발휘할 수 있는 기관인지이다. 노동정책의 형성은 **의원내각제**[19]에서는 **여당**이 영향력을 가진 '**후생노동성**'의 '**노동정책**

---

17) <역자주> 일본 헌법 제22조 제1항(거주 · 이전 및 직업선택의 자유) ① 누구든지 공공의 복지에 반하지 아니하는 한 거주, 이전 및 직업선택의 자유를 가진다.; 한국 헌법 제14조 모든 국민은 거주 · 이전의 자유를 가진다. 한국 헌법 제15조 모든 국민은 직업선택의 자유를 가진다.

18) <역자주> 일본 헌법 제29조(재산권) ① 재산권은 이를 침해해서는 아니 된다. ② 재산권의 내용은 공공의 복지에 적합하도록 법률로 정한다. ③ 사유재산은 정당한 보상하에 공공을 위하여 사용할 수 있다.; 한국 헌법 제23조 ① 모든 국민의 재산권은 보장된다. 그 내용과 한계는 법률로 정한다. ② 재산권의 행사는 공공복리에 적합하도록 하여야 한다. ③ 공공 필요에 의한 재산권의 수용 · 사용 또는 제한 및 그에 대한 보상은 법률로써 하되, 정당한 보상을 지급하여야 한다.

19) <역자주> **의원내각제**[parliamentary cabinet system, 議院內閣制, 의원정부제]

심의회'(노정심)을 통하여 행하는 것이 지금까지의 일반적인 정책을 형성한 과정이었다. 그러나 제2차 아베 내각 이후에는 관저(官邸)에 따른 정치 주도가 강해져서, 실질적으로 내각부가 결정한 것을 노정심에 법안 작성만 '도급'시키는 현상도 일어나고 있다(<칼럼 10> 아베 정권의 노동법 개혁 동향). 또한 노정심 자체 노사정의 삼자구성이 안고 있는 문제가 있다(예를 들어 반드시 노사 교섭에 맡겨서는 안 되는 전문기술성이 높은 주제는 노사의 관여에 따른 정책형성이 반드시 타당하다고는 할 수 없다).

노동정책의 형성도 최종적인 입법부의 판단에서 참고가 되어야 하는 것은 증거(evidence)로 지탱되어진 '효율성'과 '법적 정의의 실현'(공정성)의 쌍방을 고려한 설득력이 높은 것이어야 한다. 특히 이 책에서 다룬 비정규직의 영역에서 2012년 이후 적극적인 입법의 개입을 보면 '노동정책'과 '노동입법'의 타당성이라는 관점에서 검증할 필요성이 커지고 있는 것 같다(이 점에 대해서는 오오우치(大內) 2018(a)를 참조).[20]

정부의 성립과 존립이 국회의 신임을 필수조건으로 하는 정부형태이다. 한국은 제2공화국 시절 의원내각제를 실시한 바 있다. 행정부는 의회에서 선출된 내각이 운영하고 그 내각은 의회에 대하여 정치적 책임을 지는 정치 제도로, '대통령제'와 함께 현대 입헌민주국가의 양대 정부 형태를 이룬다. 의원내각제하에서는 내각이 그 성립 및 존속은 하원의 신임을 필요로 하며, 국회(하원)의 내각불신임이 있으면 내각은 총사퇴하거나 국회(하원)를 해산해 국민에게 신임을 묻는 총선거를 실시해, 그 결과에 따라 진퇴를 결정해야 한다. 의원내각제는 권력융합의 원칙 및 의회중심주의에 따라 정부가 조직된다. 즉, 의회에서 선출되고 의회에 대해 정치적 책임을 지는 내각 중심으로 국정이 운영된다. 일본의 의원내각제는 행정수반인 내각총리대신(수상)은 국회에서 선출된다. 국회는 중의원(衆議院)과 참의원(参議院)으로 양원제이다. 국회는 국권의 최고기관이며 유일한 입법기관으로서 행정권과 사법권에 비해 상대적으로 우월한 지위를 차지한다. 메이지시대 이후 일본의 정치는 민주적 정당정치를 지향해왔다. 제2차 세계대전 이후 일본의 정당구조는 1960년대 후반 이후 기본적으로 다당제이지만, 1955년 이후 보수정당인 자유민주당의 집권은 1993년부터 2년 5개월, 2011년 민주당 정도를 제외하고 현재까지도 지속되고 있다.[네이버 지식백과]

20) 大内伸哉 「法律による労働契約締結強制－その妥当性の検討のための覚書き」 法律時報90巻 7号(2018年(a)) 7면 이하.

05 소결

채용의 자유는 헌법상 보장을 받고 있다. 하지만 판례에 따르면, 이것은 법령에 따른 특별한 제한이 없는 한에서 보장이고, 실제로 채용의 자유를 제한하는 입법은 적지 않다. 그러나 채용자유의 제약에도 (ⅰ) 이러한 제약을 부과하는지 여부라는 문제와 (ⅱ) 부당하게 채용을 거부한 기업에게 어떠한 제재를 부과하는가 하는 문제가 있다. 후자에서 근로계약의 체결 강제까지를 인정하는 법률은 오랫동안 존재하지 않았다. 예외는 판례의 고용해지 제한법리(현재는 노동계약법 제19조)에서 볼 수 있는 바와 같이, 채용 거부가 해고와 동일시할 수 있는 전이(轉移) 유형에 한정되어 있었다. 그런데 2012년의 일련의 법 개정은 전이 유형 이외에까지 근로계약의 체결 강제를 인정하는 규정을 확대하였다.

근로계약의 체결 강제를 인정하는 근거의 하나로서 고려된 것이 **비교법**이다. 특히 유기 근로계약은 프랑스법이나 독일법에 볼 수 있듯이 무기 근로계약을 원칙으로 하는 법체계 아래에서 기간 설정은 정당화가 필요하며(입구 규제), 정당화할 수 없는 유기 근로계약은 해고규제의 잠탈(潛脱)로서 부정적 평가를 받거나 유기 근로계약의 남용으로 무기로의 전환을 요구하기도 했다.

그런데 일본법에서는 유기 근로계약을 어떻게 규정할 것인가에 대하여 원칙적인 입장이 명확하지 않은 채, **연수(年數) 요건**만으로 무기전환을 인정하는 입법을 채택하였다. 즉, **이론적인 근거가 모호한 채 눈앞의 정책 목표를 추구해온 것**이다.

이러한 자세는 이론적으로 문제가 있을 뿐만 아니라 정책적으로도 역효과적인 측면이 있다. 우선 일본에서 비정규직을 논의할 경우에는 **일본형 고용시스템**과 분리하여 생각할 수 없다. 일본형 고용시스템에서는 비정규직은 정규직과는 다른 역할이 주어지고 있다. 가령 양자 사이의 근로조건의 면 등에서 격차가 있는 것에 문제가 있다고 해도, 그 시정을 위해서는 비정규직만을 보고 있더라도 충분하지 않고, **정규직의 지위에도 눈을 돌려야 한다.** 정규직에 고용과 임금의 안정을 보장하고 있는 이상, 탄력적인 근로자로서의 비정규직의 존재는 불가결하다. 비정규직과 정규직과의 격차를 없애기 위한 가장 효과적인 방법은 **정규직의 고용 및 임금 안정**의 쪽에 메스를 가하는 것이다.

그렇다고는 하나, **정부도 일본형 고용시스템의 핵심에 있는 정규직의 지위까지 메스를 가할 의도는 아직 없는 것 같다.** 또한 비정규직을 강인하게 정규직으로 하려는 것도 아니다. 유기고용 근로자에게 무기전환권을 부여하지만 근로조건은 종전과 동일한 것은 그 증좌일 것이다. 위법으로 파견근로자로 취급된(또는 위장도급 하에서 취업하게 된) 자에게 직접고용을 인정해도 종전의 근로조건(기간도 포함)을 인계될 뿐인 것도 마찬가지다. **비정규직은 어디까지나 비정규직**(기껏해야 한정 정규직)**인 것이다.**

그러나 이러한 '**미온적인**' 법적 개입에서도 이론상 채용의 자유(계약 자유)를 제한하거나, 노사자치의 산물인 일본형 고용시스템에 개입하는 등 사적 자치에 위배한다는 문제가 있는 것에 더불어, 정책적으로는 기업의 회피행동을 초래하여 자발적으로 비정규직으로 일하고 있는 사람의 **고용기회를 감소**시키거나, 오히려 **유기고용의 불안정화를 초래**하는 등의 **부작용의 발생이 예상**된다는 문제가 있다. 그렇다면, 고용의 불안정성이라는 비정규직과 관한 과제를 해결하기는커녕 오히려 악화시킬 수도 있다.

이렇게 생각하면, 무기전환 룰을 정한 **노동계약법 제18조**에 대해서는 그 철폐를 검토해야 할 것이 있고, 사용기업에 따라 근로계약 신청 간주제를 규정한 **근로자파견법 제40조의 6**에 대해서는 위법파견의 제재로서의 직접고용의 타당성을 사적 자치와의 관계나 직접고용주의의 현행법상의 규정 등의 이론적 시사점에 더불어, **노동력 수급의 매칭**이라는 근로자파견에 부여된 중요한 기능을 해칠 수도 있는 **과잉규제의 폐해** 등을 바탕으로 근본적으로 재검토해야 할 것이다.

또한 정책의 입장(stance) 면에서 보면, 비자발형 비정규직의 감소를 위하여 정규직을 늘리려는 기업에게 촉구하는 방향성 그 자체를 재고(再考)받게 될 것이다. 구체적으로는 정규직으로 채용되기에 적합한 인재를 육성한다는 근로자 측에 착안한 **교육훈련정책**을 전개하는 것이 필요하다. 그런데 정부 쪽에서 어떠한 교육훈련이 필요한지를 판단하기란 어렵다. 지금까지는 직업훈련은 기업이 실시해왔기 때문에, 이러한 면에서 정부가 개입해야 할 필요성은 적었다. 그러나 향후 산업계와 정부가 협력해 기업의 요구에 맞는 인재를 육성하는 정책을 전개하는 것이 요구된다. 이것이야말로 비자발형 비정규직을 줄이기 위한 지름길인 것이다. 그리고 이러한 정책 중에서 비정규직의 규제가 아니라, 오히려 비정규직의 지위를 활용해 청년이 교육훈련을 받을 수 있는 기회를 늘리고, 정규직으로의 디딤돌로 삼는다고 하는 것도 당장은 포함된 것이다.

그러나 비정규직과 정규직이라는 분류는 일본형 고용시스템이 있기 때문에 존재하는 것이다(⇒제1장 2. 노동계약법의 2012년 개정). 그런데 현재 정작 일본형 고용시스템 자체가 크게 흔들리고 있다. 그렇다면 정규직과 비정규직에게 구애된 정책은 목적을 달성하지 못할 가능성도 있다. 이 점은 다음의 **제8장**(사라지는 비정규직)에서 검토한다.

보론 14 📖 자발형 비정규직에 대한 '법의 개폐'(derogation)의 필요성

노동계약법 제18조가 제정되는 것으로, 기업은 통산 5년의 요건에 도달할 때까지 당해 유기고용 근로자를 무기전환하거나 고용해지할 것인지의 선택에 직면하게 될 것이다. 만약의 규정이 없다면, 기업은 유기고용 근로계약의 상태로 계약을 계속했을지도 모르고, 자발형의 유기고용 근로자라면 유기 근로계약의 상태로 계약을 계속하는 것에 불만을 가지는 사람이 적지 않을 것이다. 즉 동조가 없으면 유기 근로계약에서 계속 일할 수 있었는데, 이 규정이 있기 때문에 고용해지가 되어버리는 사례가 발생한 것이다.

그러나 노동계약법 제18조가 있어도 근로자 쪽이 유기 근로계약을 계속할 의사가 명확하고 무기전환권을 행사할 가능성이 없으면, 쌍방이 원하는 것처럼 유기 근로계약을 계속할 수 있을 것이다. 하지만 **기업**으로서는 유기고용 근로자가 **언제 번복하고 무기전환권을 행사할 모르기 때문에 5년을 초과해 유기고용 근로계약을 갱신하는 것은 엄청난 위험**이다. 유기고용 근로자가 번복할 수 없도록 하기 위하여 무기전환권을 사전 포기(放棄)가 인정되면 좋다. 하지만 **행정해석**[21]은 이러한 사전포기는 공서양속(사회질서)에 반하여 무효라고 하고 있다. 왜냐하면 고용해지로 고용의 상실을 두려워하는 근로자에게 기업이 무기전환 신청권의 포기를 강요하는 상황을 초래할 수 있기 때문이다(노동계약법시행통달 제5의4(2) オ).

다만, 근로자의 권리는 노동기준법상 강행규정에 근거한 것이라고 해도, 자유의사에 따른 것이 인정된다고 하면, 포기(放棄)는 가능하다는 판례가 있다(싱어 소잉 머신 사건[シンガー・ソーイング・メシーン], 닛신제강[日新製鋼] 사건)). 이 판례를 바탕으로 하면, 기업에 따른 강요가 없고, 유기고용 근로자의 자유의사에 따른 포기라는 것을 확인할 수 있으면, 이것은 계약자유의 범주 문제로서 유효성을 긍정해도 좋다고 생각한다.

현재 상황에서는 그 기업에서 유기 근로계약의 계속을 원하는 근로자는 기업으로부터 5년 요건을 회피하기 위한 **냉각기간**의 요청을 받아들여, 일단 계약관계를 해소하는 방법이 취해지는 경우가 많다. 하지만 이것은 법의 취지에 반하여 냉각기간의 남용이라는 측면이 있다. 어느 경우든 이와 같은 기업과 근로자 모두에게 부담이 되는 절차를 취하지 않아도 되도록 하기 위해서도, 정부는 행정해석을 개정해 판례의 취지에 따른 요구사항을 설정하고, 무기전환권의 포기를 인정하게 해야 할 것이다.

원래, 이 주제에 한정되지 않는 일반적인 논점으로서 노동법의 강행규정을 모든 근로자에게 일률적으로 적용하는 것은 근로자 중에는 교섭력에 상위가 있는 것을 고려하면 무리가 있다. 근로자 중에는 계약자유를 인정해도 문제가 없는

---

21) <역자주> 행정해석(통달)은 행정기관(근로기준감독서 등)이 노동기준법 등의 법규를 적용해 행정감독을 할 경우에 그 통일된 해석·적용을 위해 내린다. 행정해석은 행정 내부의 해석에 불과하고, 법원은 다른 해석을 제시할 수 있다 (이때에 법원의 해석이 우선한다). 하지만 실무상 고용주는 이를 무시할 수 없게 되어 중요한 역할을 맡고 있다.

사람도 있기 때문이다. 중요한 것은 이러한 근로자 여부를 어떻게 판단할 것인 가이다. **입법론**으로는 예를 들어 노동국(勞動局)과 노동위원회 등의 행정기관에 서 근로자 의사의 진의성(眞意性)을 확인하는 절차를 마련하고, 그 절차를 거친 경우에 근로자가 강행규정에 따른 권리를 포기하거나, 강행규정에 위반하는 합 의를 유효하다고 하는 구조를 도입하는 것을 검토할 필요가 있다(강행규정에서 일탈하는 것은 '**법의 개폐**'(derogation, 開閉)라고도 함). 이것에 따라 근로자는 과잉적인 보호를 포기하는 대신에, 고용기회를 얻거나, 임금을 인상하는 등의 교섭을 할 수 있게 된다.

CHAPTER

07

법은 계약내용에 어디까지
개입해도 좋은 것인가?

01   근로조건의 격차와 계약자유

(1) 계약자유의 원칙과 예외

제3장(사적 자치 존중의 시대)에서도 언급한 것처럼, 비정규직의 근로조건은 2007년 파트노동법을 개정한 이후에 입법 개입이 시작하기 전까지는 **계약자유 문제**로 다루고 있었다. 다만, 예외적인 입법 개입이 있었다. 이것은 다음의 두 가지의 경우이다.

첫째, 노동기준법에서 정한 최저기준을 밑도는 경우이다(제13조).[22]

---

22) 노동기준법에서 "이 법률에서 정하는 기준에 미치지 못하는 근로조건을 정한 근로계약은 그 부분에 한해서는 무효로 한다"고 규정하고 있다(제13조 제1문 ＝한국 근로기준법 제15조 제1항). 즉 강행법규로 명시된 드문 법률이다. 하지만 노동기준법이 정하는 기준보다도 근로자에게 유리한 합의는 무효가 아니기 때문에 노동기준법의 강행 법규성은 편면적인 것이다. 또한 노동기준법 제13조는 위의 법규에 계속하여 "이 경우에 무효로 된 부분은 이 법률에서 정한 기준에 따른다"는 규정도 두고 있다(＝한국 근로기준법 제15조 제2항). 법률이

임금은 최저임금법에 따라 결정되는 최저임금을 밑도는 경우가 이것에 해당한다(제4조 제1항, 제2항).[23]

둘째, 노동기준법 제3조(균등대우), 제4조(남녀 동일임금 원칙) 등에서 금지된 차별에 해당하는 경우이다.

전자의 노동기준법이나 최저임금법은 근로자의 생활보장이라는 취지에서 근로조건의 절대적인 수준에 주목한다. 반면에, 후자의 차별금지 규정은 다른 근로자와의 비교에 의한 상대적인 수준을 문제 삼는다. 구체적으로는 어느 근로자가 다른 근로자와 동등함에도 불구하고 일정한 속성을 가지는 이유로 불이익하게 취급받는 것을 금지하는 것이다(또한 차별금지 규정은 어떠한 근로자와 다른 근로자와 동등하지 않은 경우에는 그 격차가 차별적 이유에 의해 균형을 잃고 있는 경우도 대상으로 한다).

근로자의 각자에게는 다른 개성이 있고, 어떠한 속성을 이유로 한 불이익 취급을 금지하는지는 헌법 제14조(법 앞의 평등)의 요청을 바탕으로 한 입법부의 판단에 맡겨져 있다. 오랫동안 일본의 노동법은 국적, 신념, 사회적 신분, 성(남녀고용기회균등법의 제정 전에는 '임금'에 대해서만)을 금지하는 차별기준으로 다루어왔다(노동기준법 제3조, 제4조). 이러한 기준의 특징은 **국적, 신념, 사회적 신분**은 그 유무로 구별한 근로자 집단에게는 동등성이 있고, **성(性)**에 대해서도 남녀 사이에 근로자로서의 동일성이 있는 부분에 있다. 또한 이러한 기준은 불이익을 받는 사람이 사회적 배제로 이어질 가능성이 높은 점에서 **인권보장의 관점(인권론[24])**과

정하는 기준이 근로계약의 내용을 직접 규율한다는 효력('직률적 효력')까지 가지는 점에서 노동기준법은 어떠한 경우에도 최저한 적용되는 기준이 된다('최저 기준효'). 이에 25%의 할증임금도 기업이 근로자와 어느 정도 이것보다 유리하게 합의해도 법상 의미가 없다.

23) <역자주> 일본 최저임금법 제4조(최저임금의 효력) ② 최저임금의 적용을 받는 근로자와 사용자 사이의 근로계약 중 최저임금액에 미치지 못하는 금액을 임금으로 정한 부분은 무효로 하며, 이 경우 무효로 된 부분은 이 법으로 정한 최저임금액과 동일한 임금을 지급하기로 한 것으로 본다(=한국 최저임금법 제6조(최저임금의 효력) ③).

도 결부되어 있었다.

한편 비정규직의 지위는 차별금지 규정의 대상이 되지 않았다(노동기준법 제3조의 '사회적 신분'에 고용형태상의 지위가 포함되지 않는 내용은 주로 제3장 2(사적자치를 제한하는 방법)). 정규직과 비정규직 사이에는 앞에서 언급한 것과 같은 의미에서의 동등성이 없고, 비교 가능성이 없는 것에 더불어, 비정규직이라는 기준은 성, 국적, 신조에 따른 차별과 같은 인권보장과는 관계가 없다고 생각해 왔기 때문일 것이다.

(2) 균등대우와 균형대우

제정법의 범위를 넘어서 생각해 보면 격차가 법적으로 문제되는 것은 반드시 '차별'에 해당하는 경우에는 한정되지 않는다. 계약자유의 원칙 아래에서의 격차라고 해도 추상적인 '정의'의 이념에 비추어 타당

---

24) <역자주> 인권이란 사람이 개인 또는 국가의 구성원으로서 마땅히 누리고 행사하는 기본 자유와 권리이다. 인권의 관념과 제도는 근대시민혁명을 계기로 정립되었다. 인간과 시민을 권리의 주체인 인격으로 인정해 모든 인간의 이름으로 인권을 선언, 제도화한 것은 근대시민사회에서 이룩된 위대한 진보이다. 주로 사회계약론자와 계몽주의적 자연법론자에 의하여 천부적 인권론이 주장된 18세기에 형성되었다. 현행 헌법의 인권규정을 보면 ① 행복추구권, ② 평등권, ③ 자유권, ④ 사회권, ⑤ 청구권, ⑥ 참정권 등이 있다. 현대 기술문명과 정보화 및 지구적 시장화의 추세에서 인권문제는 개인의 사생활과 자기결정권의 문제, 정보접근권, 근로자의 기본적 생존권과 노동3권과 기업에 대한 관계에서 공정한 처우를 확보할 문제, 특히 노사갈등의 실업문제를 노동권 차원에서 조정 해결할 필요성의 승인, 외국인 근로자의 입국과 그들의 인권문제, 아동의 인권과 청소년의 정상적 교육·학습의 권리보장, 고령화와 노인의 인권문제, 생명권과 장기이식 문제 등 새로운 인권문제가 쏟아져 나오고 있다. 원래 인권문제란 특정한 시대와 사회적 조건에서 인간으로서 인간답게 살 자유와 권리의 문제로 사회의 변천에 따라 새로운 과제가 제기된다. 21세기 현재 환경, 인구, 전쟁과 분쟁 등이 있다. 제3세계와 선진국 간의 정치 경제 문화상의 격차는 심화되고 있다. 제3세계의 가난한 민중의 인권문제도 주목된다.[네이버 지식백과]

하지 않다고 평가할 수 있는 경우도 있다. 이 경우에 자주 원용되는 것이 "**같은 것은 같게 취급**"(다른 것은 다르게, 상대적 평등)의 원리이다. 이것은 "같지 않은 것"도 그 가치에 따라 비례적으로 취급하는 요청도 포함한다. 노동법상은 전자는 "비교대상자가 동등하면 동일한 대우를 보장한다"라는 '**균등대우 원칙**', 후자는 "비교대상자는 그 격차의 정도에 따라 비례적(균형) 대우를 보장한다"라는 '**균형대우 원칙**'으로서 구체화된다.

균등대우 원칙을 법정화하는 데는 비교대상자의 동등성(비교 가능성)을 어떻게 확정하느냐가 중요하다. 동등성의 기준을 추상화해 가면, 모든 근로자에게 동일한 대우를 보장한다는 비현실적인 결론이 될 수 있다. 실제로는 동일한 기업에 고용되어 있는 것을 동등성의 기준으로 하고, 그러고 나서 정당한 이유가 없는 한 동일한 대우를 보장한다는 규정의 내용이 될 것이다."(이유의 정당성은 격차 있는 근로조건의 취지나 성격에 따라 판단하는 것이 될 것이다).

이러한 균등대우 원칙을 현행법상 명확한 형태로 규정한 것이 파트노동법의 2007년 개정이었다(제9조, 개정 당시는 제8조). 그래서 동등성(비교 가능성)의 요건으로 한 것은 ① 직무내용의 동일성, ② 인재활용 방법의 동일성, ③ 계약기간이 무기인 것(유기로 있었더라도 반복 갱신에 따라 무기 근로계약과 동일시하는 것이 사회통념상 상당하다고 인정되는 경우를 포함)이었다(⇒ 제4장 2. 2007년 파트노동법 개정). 법은 이 3요건을 충족한 파트타임 근로자에게는 정규직과의 동등성(비교 가능성)을 긍정하고, 그 사이의 차별을 금지하려고 한 것이다. 이미 살펴본 것처럼, 일본형 고용시스템은 일반적으로 정규직과 비정규직 사이에는 비교 가능성이 없고, 그 동등성을 긍정하는 것은 곤란하다. 하지만 이 규정에서는 일본의 정규직의 특징이 되는 기준을 세 가지로 추출하고, 그 기준을 모두 충족하는 파트타임 근로자라면 정규직과 같은 취급을 하기로 한 것이다(그러나 이것에 해당하는 파트타임 근로자의 수가 적었던 것에 대해서는 제4장 2. 2007년 파트노동법 개정).

2007년의 파트노동법 개정에서는 균형대우 원칙을 실정법화하는 규정도 도입하였다(파트노동법 제9조 제1항. 2014년 개정 후에는 제10조). 이 규정은 파트타임 근로자와 풀타임 근로자 사이의 동등성(비교 가능성)을 요건으로 하지 않은 채, 격차 그 자체에 착안하여(파트타임 근로자임을 이유로 하는 격차인가 여부도 불문하고), 이것이 법 소정의 요소를 고려해 균형잡힌 것을 요구한 것이었다.

보론 15 📖 균등대우 규정과 차별금지 규정의 관계

현행법의 균등대우 규정은 파트노동법 제9조(2014년 개정 후)를 제정하기 전에도 차별금지 규정의 형태로 존재하고 있었다(노동기준법 제3조(균등대우) 및 제4조(남녀 동일임금 원칙), 남녀고용기회균등법 제6조. 최근에는 장애인고용촉진법 제35조). 차별금지 규정은 균등대우(또는 균형대우) 규정의 한 유형이지만, 그 차별 이유를 격차의 정당한 이유가 될 수 없다고 할 뿐만 아니라, 그 이유로 격차를 만드는 행위 자체에 제재를 부과한 점에 특징이 있다. 현행법상으로는 차별금지 규정 이외의 균등대우 규정은 동일가치근로 동일임금(이것은 동등성의 기준을 동일가치근로로 한 임금에 관한 균등대우 원칙이다)도 포함해, 적어도 명문으로는 존재하지 않는다.

금지되는 차별 이유는 헌법 제14조의 '법 앞의 평등'으로 통하는 인권보장적인 것도 있다면, 특정한 정책 목적(권리행사에 대한 보복 금지 등)에 따른 것도 있다. 후자에서는 '차별'이라는 표현을 사용하고, '불이익 취급의 금지'라는 표현을 사용하는 경우가 많기 때문에, 위반에 대하여 형사처벌을 부과하지 않는 등 제재가 약해지는 경향이 있다(형사처벌을 하는 이유는 노동기준법 제104조[25] 등. 형사처벌이 없는 것은 남녀고용기회균등법 제9조 제3항, 육아개호휴업법 제10조, 공익통보자보호법 제3조 등. 또한 **'노동조합에 대한 부당노동행위의 관계'**에서

---

25) <역자주> 일본 노동기준법 제104조(감독기관에 대한 신고) ① 사업장에 이 법률을 시행하기 위하여 필요하다고 인정할 때에는 사용자 또는 근로자에 대하여 필요한 사항을 보고하게 하거나 또는 출두를 명할 수 있다. ② 노동기준 감독관은 이 법률을 시행하기 위하여 필요하다고 인정할 때에는 사용자 또는 근로자에 대하여 필요한 사항을 보고하게 하거나 또는 출두를 명할 수 있다.

는 '조합원 차별 등을 금지'하는 노동조합법 제7조 제1호[26])와 '노동위원회에 구제를 요구하는 것 등'에 대한 보복적인 불이익 취급 등을 금지하는 제7조 제4호[27])가 있다). 또한 차별금지 규정은 모집·채용 단계에서는 균등기회의 부여를 명령하는 법 형식을 취하고 있다(남녀고용기회균등법 제5조, 노동시책종합추진법 제9조, 장애인고용촉진법 제34조)가 이 경우에도 제재는 약하고, 근로계약

---

26) <역자주> 일본 노동조합법 제7조(부당노동행위) 1. 근로자가 노동조합의 조합원인 것, 노동조합에 가입하거나 또는 이를 결성하고자 한 것 또는 노동조합이 정당한 행위를 한 것을 이유로 그 근로자를 해고하거나 기타 이에 대하여 불이익취급을 하는 것 또는 근로자가 노동조합에 가입하지 아니하거나 또는 노동조합으로부터 탈퇴할 것을 고용조건으로 하는 것. 다만, 노동조합이 특정한 사업장에 고용된 근로자의 과반수를 대표하는 경우에 있어서 그 근로자가 그 노동조합의 조합원이 될 것을 고용조건으로 하는 단체협약을 체결하는 것을 방해하는 것은 아니다.
한국 노조법 제81조(부당노동행위) 1. 근로자가 노동조합에 가입 또는 가입하려고 하였거나 노동조합을 조직하려고 하였거나 기타 노동조합의 업무를 위한 정당한 행위를 한 것을 이유로 그 근로자를 해고하거나 그 근로자에게 불이익을 주는 행위, 2. 근로자가 어느 노동조합에 가입하지 아니할 것 또는 탈퇴할 것을 고용조건으로 하거나 특정한 노동조합의 조합원이 될 것을 고용조건으로 하는 행위. 다만, 노동조합이 당해 사업장에 종사하는 근로자의 3분의 2 이상을 대표하고 있을 때에는 근로자가 그 노동조합의 조합원이 될 것을 고용조건으로 하는 단체협약의 체결은 예외로 하며, 이 경우 사용자는 근로자가 그 노동조합에서 제명된 것 또는 그 노동조합을 탈퇴하여 새로 노동조합을 조직하거나 다른 노동조합에 가입한 것을 이유로 근로자에게 신분상 불이익한 행위를 할 수 없다.

27) <역자주> 일본 노동조합법 제7조(부당노동행위) 4. 근로자가 노동위원회에 대하여 사용자가 이 조의 규정에 위반한 것을 신고한 것 또는 중앙노동위원회에 대하여 제27조(노동위원회의 명령 등) 제4항의 규정에 의한 명령에 대한 재심사를 신청한 것 또는 노동위원회가 이들의 신청에 관한 조사 또는 심문을 하거나 또는 노동관계조정법(1946년 벌률 제25호)에 의한 노동쟁의에 관한 조정을 하는 경우에 근로자가 증거를 제시하거나 또는 발언한 것을 이유로 하여 그 근로자를 해고하거나 기타의 이익에 대하여 불이익취급을 하는 것.; 한국 노조법 제81조(부당노동행위) 5. 근로자가 정당한 단체행위에 참가한 것을 이유로 하거나 또는 노동위원회에 대하여 사용자가 이 조의 규정에 위반한 것을 신고하거나 그에 관한 증언을 하거나 기타 행정관청에 증거를 제출한 것을 이유로 그 근로자를 해고하거나 그 근로자에게 불이익을 주는 행위

체결은 강제되어 있지 않다. 여기에는 채용의 자유에 대한 배려가 있다고 할 수 있을 것이다.

그런데 파트노동법 제9조(2007년 개정 당시는 제8조)는 '차별'이라는 표현을 사용하고 있으나, 위반 시 무거운 제재를 부과하고 있지 않다. 이것은 파트노동법 제9조가 국적, 신조, 성별, 장애 등의 인권론에 따른 차별금지 규정과는 다른 성질을 가진 것을 나타내고, 나아가 '차별'이라는 표현을 사용하는 것이 부적절한 것을 시사하는 것이다. 실제로 파트노동법 제9조와 같은 내용을 가진 파트·유기노동법 제9조에서는 '차별'이라는 표현은 유지하였다. 하지만 신설한 근로자파견법 제30조의 3 제2항에서는 "불리한 것으로서는 안 된다'라는 표현으로 되어 있다.

다만, 법적 성질으로서는 이러한 규정은 이 표현에 관계없이 특정한 이유에 따른 '불이익 취급을 금지한다'는 의미에서 차별금지 규정(광의)에 포함된다고 생각한다. 즉 넓은 의미의 차별금지 규정 중에는 협의의 '차별금지 규정'('차별'을 금지하는 규정)과 '불이익 취급 금지 규정'(불이익이나 불합리한 격차를 금지하는 규정)이 있는 것이다.

학설 중에는 차별금지 규정은 불리한 취급뿐만 아니라, 유리한 취급을 금지하는 특징을 갖고, 파트노동법 제9조는 이러한 취지로 해석해야 한다는 견해도 있다 (아라키(荒木) 2016. 508쪽).[28] 분명히 노동기준법 제3조(균등대우) 및 제4조 (남녀 동일임금 원칙) 등의 행정해석과 통설은 유리한 취급도 금지한다는 입장이다. 그러나 예를 들어 노동기준법 제4조(남녀 동일임금 원칙)는 여성의 지위를 향상시키는 것을 목적으로 하는 취지인 것은 명백하고, 여성에 대한 유리한 취급을 형사처벌로 금지하는 것은 지나친 때문에 종래 행정해석과 통설에는 의문이 있다. 차별금지 규정은 차별에 따른 불이익 행위만을 금지하는 규정으로 해석해야 하고(이 의미에서 헌법 제14조(법 앞의 평등)와는 다르다), 파트노동법 제9조의 해석에서도 '파트타임 근로자에 대한 유리한 취급까지 금지하고 있다'고 해석해서는 안 된다. 그러나 파트타임 근로자에 대한 유리한 취급은 균등대우 원칙의 관점에서 문제가 될 수 있다. 구체적으로는 상대적으로 불리하게 취급된 풀타임 근로에 따른 공서(사회질서) 위반 등을 근거로 한 '불법행위로 인한 손해배상청구'를 인정할 가능성은 있을 것이다. 즉, 차별금지 규정은 균등

---

28) 荒木尚志 『労働法(第3版)』(2016年, 有斐閣)

대우 내지 균형대우를 요청하는 것이지만, 위반에 대한 무거운 제재를 부과하는 것은 불이익 부분에 한정된다는 것이다.

---

(3) 균등 · 균형대우 규정을 어떻게 구성할 것인가?

균등대우 규정이든 균형대우 규정이든 이것이 실정법상 사적 자치(계약자유)에 우월한 법적 효력을 가지기 위해서는, 전자라면 비교대상자의 동등성의 기준(무엇을 가지고 동등하다고 평가하는가의 기준)을, 후자라면 비교대상자의 격차를 측정하는 기준(균형 기준)을 각각 명확하게 해 둘 필요가 있다. 그렇지 않으면 구체적인 적용은 어렵기 때문에 추상적인 이념 규정에 머무르게 될 것이다.

현행법의 균등대우 원칙은 앞에서 살펴본 것처럼 차별금지 규정이며, 동등성의 기준은 동일한 사용자에게 고용되어 있는지, 파트노동법 제9조(2018년 개정 후, 파트 · 유기노동법 제9조)의 경우라면, 여기서 제시하는 세 가지 요건(2014년 개정 후에는 두 가지 요건)을 만족시키는 것이고, 또한 격차가 차별적 이유에 따라 발생한 것이 요건이 되고 있기 때문에 법의 개입 기준이 명확하다. 이 명확성이야말로, 이 규정을 위반하는 근로조건을 무효로서 사적 자치에 개입하는 것을 정당화한다. 실제로 판례, 학설도 차별금지 규정을 위반한 경우에는 근로조건이 무효가 되는 것을 인정해 왔다(예를 들어 불리한 취급 금지 규정인 남녀고용기회균등법 제9조 제3항은 판례에 따라 강행규정이라고 분명히 밝혔다(히로시마 중앙보건생활협동조합(廣島 中央保健生活協同)사건).

다만, 이것은 규정 위반이 있었을 경우에 동일한 근로조건을 보장하는 것에 즉시 결부되는 것은 아니다. 동일 대우의 보장을 구체적으로 어떻게 실현하는가는 **입법자의 판단**에 따르게 된다(이것은 법의 집행(enforcement)의 문제이고, 이 점은 아라키(荒木) 2004.[29] 야마카와(山川) 201

3[30] 등을 참조). 학설 중에는 노동기준법 제3조(균등대우)와 제4조(남녀 동일임금 원칙)의 경우는 '**강행적 효력**'과 더불어 '**직률적 효력**'(直律的 效力)을 규정한 노동기준법 제13조(이 법률위반의 계약)의 적용 또는 유추 적용을 주장하는 견해도 있었다. 하지만 기존의 판례의 주류는 불법행위로 인한 손해배상을 인정하는 데 그친다(민법 제709조).[31] <u>비교대상이 된 근로자와 동일한 권리를 가진 근로계약상의 지위의 확인까지 인정한 판례는 없었다</u>(다만, 예외적으로 이것을 긍정한 것으로서 시바신용금고(芝信用金庫) 사건).[32]

한편, 현행법의 균형대우 규정인 파트노동법 제10조[33](2007년 개정할 당시에는 제9조 제1항. 2018년 개정한 후에는 **파트·유기노동법 제10조**[34])는

---

29) 荒木尚志 「労働立法における努力義務規定の機能―日本型ソフトロー・アプローチ」 中嶋士元也先生還暦記念 『労働関係法の現代的展開』 (2004年, 信山社) 19면 이하.

30) 山川隆一 「労働法の実現手法に関する覚書」 西谷敏先生古稀記念 『労働法と現代法の理論(上)』 (2013年, 日本評論社) 75면 이하.

31) <역자주> 일본 민법 제709조(불법행위에 의한 손해배상) 고의 또는 과실로 인한 타인의 권리 또는 법률상 보호되는 이익을 침해한 자는 이에 의하여 발생한 손해를 배상할 책임을 진다.; 한국 민법 제750조(불법행위의 내용) 고의 또는 과실로 인한 위법행위로 타인에게 손해를 가한 자는 그 손해를 배상할 책임이 있다.

32) 東京高判 2002. 12. 22. (労判 796号 5면) [芝信用金庫 事件] <最重判 42> 1996年(ネ) 第5543号·第5785号, 1995年(ネ) 2330号.

33) <역자주> 파트노동법 제10조(임금) 사업주는 통상의 근로자와의 균형을 고려하면서, 그 고용하는 **단시간근로자**(통상의 근로자와 동시해야 할 <u>단시간근로자</u>를 제외. 다음 조 제2항 및 제12조에 있어서 동일.)의 직무의 내용, 직무의 성과, 의욕, 능력 또는 경험 등을 감안하며 기타 임금(통근수당, 퇴직수당 기타 후생노동성령에서 정하는 것을 제외.)을 결정하는 것같이 노력하는 것으로 한다.

34) <역자주> 파트·유기노동법 제10조(임금) 사업주는 통상의 근로자와의 균형을 고려하면서, 그 고용하는 **단시간·유기고용근로자**(통상의 근로자와 동시해야 할 <u>단시간·유기고용근로자</u>를 제외. 다음 조 제2항 및 제12조에 있어서 동일.)의 직무의 내용, 직무의 성과, 의욕, 능력 또는 경험, <u>그 밖의 취업의 실태에 관</u>

균등대우 원칙을 기초로 한 차별금지 규정과는 달리, 대우의 상위가 있는 것을 전제로 "직무의 내용, 직무의 성과, 의욕, 능력 또는 경험 등"(2018년 개정한 후에는 "그 밖의 취업의 실태에 관한 사항"이 추가되었다)을 감안한 균형이 있는 임금결정을 하는 **노력의무**를 정한 것이고, 사법상의 효력이 없다는 것은 명백하다.

이 규정은 격차를 측정하는 균형기준은 특정하지 않고, 임금결정에서 기업의 재량을 전제로 한 후, 지나친 격차가 발생하지 않도록 하기 위하여 기업의 체크 항목을 감안 요소로 제시한 이념 규정으로 볼 수 있다. 그렇기 때문에 법적 성질로서는 노력의무에 그치는 것을 조문에 명기한 것이다(또한 **노동계약법 제3조 제2항**[35]은 근로자 전반을 사정하는 균형대우 규정이고, 또한 이념 규정이다).

다만, 노력의무만 규정했다고 해서 그 법적 영향을 과소평가할 수는 없다. 이 규정의 이념이 파트타임 근로자의 처우 개선에 있는 것은 분명하고, 그 이념에 준거한 '**행정지도**'(行政指導)도 상정하고 있다(파트노동법 제18조.[36] 2018년 개정한 후에는 파트 · 유기노동법 제18조[37])).

한 사항 등을 감안하며 기타 임금(통근수당, 퇴직수당 기타 후생노동성령에서 정하는 것을 제외.)을 결정하는 것같이 노력하는 것으로 한다.(2020. 4. 1. 시행)

[35] <역자주> 일본 노동계약법 제3조(근로계약의 원칙) ② 근로계약은 근로자와 사용자가 취업의 실태에 따라 균형을 고려하면서 체결, 변경하여야 한다.

[36] <역자주> 파트노동법 제18조(보고의 징수 및 조언, 지도 및 보고 등) 후생노동대신은 단시간근로자의 고용관리의 개선 등을 도모하기 위하여 필요가 있다고 인정될 때는 단시간근로자를 고용하는 사업주에 대하여 보고을 구하며 또는 조언, 지도 내지는 권고를 할 수가 있다. 2. 후생노동대신은 제6조 제1항, 제9조, 제11조 제1항, 제12조-제14조 및 제16조의 규정에 위반하고 있는 사업주에 대하여 전항의 규정에 의한 의한 권고를 받았던 자가 이것에 따르지 않았을 때는 그 취지를 공표할 수가 있다. 3. 앞의 제2항에 정한 후생노동대신의 권한은 후생노동성에서 정한 바대로 그 일부를 도도부현 노동국장에게 위임할 수가 있다.

[37] <역자주> 파트 · 유기고용노동법 제18조(보고의 징수 및 조언, 지도 및 보고 등) 후생노동대신은 단시간 · 유기고용근로자의 고용관리의 개선 등을 도모하

　　결국 정부는 이 균형대우 규정에서 파트타임 근로자의 임금이 원래 계약자유의 원칙을 적용하는 것이었음을 바탕으로, 어디까지나 노사가 개별적 또는 집단적으로 교섭할 경우의 지침을 제시하는 데에 그치고, 필요에 따라 행정이 교섭을 지원한다고 하는 규제 수법을 자각적으로 채택한 것으로 이해해야 한다. 사법상의 효력을 부여하려고 하면, 아무래도 그 규범 내용을 명확히 할 필요가 있다. 사법상 효력을 인정하지 않기에 추상적이고 넓은 사정 범위를 가진 규정으로 활용할 수 있어 노사가 실태에 맞는 유연한 교섭을 하기 쉬워진다는 장점이 있는 것이다.

　　물론, 노력의무 규정이라고 해도 민법 제1조(신의칙), 제90조(공서양속), 제709조(불법행위에 의한 손해배상) 등 **사법(私法)의 일반 규정**의 적용은 있을 수 있다. 이러한 의미에서 지나친 격차에 대하여 '불법행위로 인한 손해배상'을 청구할 가능성이 남아 있음은 두말 할 필요도 없다(예를 들어 마루코 경보기(丸子警報器) 사건을 참조).[38]

02　노동계약법 제20조의 효력론

(1) 균형대우 규정으로 노동계약법 제20조

　　노동계약법 제20조는 그 제목에서 알 수 있는 것처럼, 기간의 정함이 있는 것에 따른 불합리한 근로조건을 금지한 것이며, 파트노동법 제

기 위하여 필요가 있다고 인정될 때는 단시간·유기고용근로자를 고용하는 사업주에 대하여 보고을 구하며 또는 조언, 지도 내지는 권고를 할 수가 있다. 2. 3. (개정 없음)(2020. 4. 1. 시행).

38) 長野地上回支判 1996. 3. 15. (労判 690号 32면) [丸子警報器 事件] <最重判 71> 2005年 (ㄱ) 第109号.

9조(2014년 개정)와 동일한 차별금지 규정처럼도 보인다. 그러나 노동계약법 제20조에서는 파트노동법 제9조와 달리 동등성(비교 가능성)의 기준을 명시하고 있지 않고, 유기고용 근로자 중 어떤 근로자가 무기고용 근로자와 동등한 것인지가 명확하게 하고 있지 않다. 이러한 규제방식을 채택한 것은 파트노동법 제9조(2014년 개정)가 비교 가능성의 요건을 너무 제한하기 때문에 동조의 적용대상자가 현저히 적었던 점, 또한 **3개 요건**(직무내용의 동일성, 인재활용의 방법의 동일성, 계약기간이 무기인 것)은 단순한 네거티브 체크리스트(원칙적 자유)로서 기능하고 있는 점에 불과했다는 반성에 있던 것은 이미 언급한 바와 같다(⇒ 제4장 3. 변화의 조짐).

즉, 노동계약법 제20조는 파트노동법 제9조와 달리, 유기고용 근로자와 무기고용 근로자 사이의 비교 가능성을 널리 긍정하고, 동일한 기업에서 고용되어 있는 한 비교 가능성이 있다고 할 것이다(그러나 동일한 기업 내에서도 무기고용 근로자의 처우 형태가 일률적이지 않은 경우에 어떠한 무기고용 근로자와 비교해 근로조건의 격차에 불합리성을 판단해야 할 것인지는 명확하지 않고, 판례도 판단이 나누어져 있다[메트로 코마스(メトロコマース) 사건, 일본 우편(도쿄) 사건, 일본 우편(오사카) 사건 등]).

근로조건의 상위가 불합리하다는 것은 정도를 물을 것도 없이 '상위'가 불합리하다는 경우뿐만 아니라, '상위의 정도'가 불합리한 경우도 포함한다. 이것은 상위의 정도에 따라 불합리하지 않을 수 있다는 것이고, 그리한 이상 노동계약법 제20조는 파트노동법 제10조와 동일한 균형대우 규정으로 해석해야 된다. 최고재판소도 노동계약법 제20조는 '직무의 내용, 해당 직무의 내용 및 배치 변경의 범위, 그 밖의 사정'의 차이에 따른 균형 잡힌 처우를 요구하는 규정이라고 서술하고, 균형대우 규정임을 명언하였다.

그런데 노동계약법 제20조는 이미 살펴본 것처럼, 강행적 효력이 있는 것은 입법 과정에서 관계자의 양해가 있었다고 하고, 판례도 이것을 긍정해 왔다(하마쿄우렉스 사건·최고재판소 판결 등. ⇒ 제5장 2. 노동계약법의 2012년 개정). 그러나 **균형대우 규정에 강행적 효력을 인정하는 것은 가능한 것인가?**

전술한 바와 같이, 파트노동법 제10조가 노력의무 규정인 것은 균형 기준이 명시하지 않고 있기 때문에 계약의 내용을 사법상의 효력을 가지고 제한하기에 적합한 규범 내용으로 되어 있지 않았기 때문이다. 노동계약법 제20조는 '직무의 내용', '그 직무의 내용과 배치 변경의 범위', '그 밖의 사정'이라는 요소는 나타내고 있지만, 이것은 불합리성의 판단요소에 지나지 않는다. 가령 이것을 유기고용 근로자와 무기고용 근로자를 비교하기 위한 균형 기준으로 전용할 수 있다고 해도 사법상의 효력이 긍정해 왔던 파트노동법 제9조(2014년 개정)와는 달리, '**그 밖의 사정**'이라는 애매모호한 문언이 들어가 있어 기준의 추상성을 면하고 있지 않다. 이 의미에서도 노동계약법 제20조는 파트노동법 제9조(균등처우 규정)가 아닌, 제10조(균형대우 규정)와 동일한 규범 내용인 것이다.

노동계약법 제20조를 강행규정으로 하는 입법 취지는 명확하더라도 실제로 제정된 규정의 규범 구조가 이러한 해석을 허용하는 내용으로 되어 있지 않으면, 이것을 도외시하고 사법상의 효력을 부여하는 것은 타당하지 않을 것이다.

/ **보론 16** ┊ 📖 기준의 추상성과 강행적 효력

노동계약법이 구체적인 균형 기준을 제시하고 있지 않은 것은 이것만으로 사법상 효력(강행적 효력 및 보충적 효력)을 부정하는 이유가 되는 것은 아니다. 예를 들어 추상적인 규범 내용일 뿐이라면 민법 제90조의 '**공서양속**'도 마찬가지이고, 노동계약법 제10조의 취업규칙의 불이익 변경의 '**합리성**', 노동계약법 제16조의 '해고의 권리남용 여부 판단'에서 문제가 되는 '**객관적 합리적 이유**'나 '**사회통념상 상당성**' 등도 기준은 추상적인 내용을 특정할 수 없지만, 모두 사법상의 효력이 인정하고 있다. 원래 법 해석은 규범에 추상성이 있기 때문에 필요

하다. 단지, 민법 제90조 등의 규정과 노동계약법 제20조의 상위는, 전자는 법률행위의 효력을 부정해도, 종전의 계약 내용이 유지될 뿐인 데 반해, 후자는 무효로 된 후 계약 내용(근로조건)이 일의적으로 확정할 수 없는 부분에 있다. 차별금지 규정이라면 불이익한 취급을 금지하는 것이기 때문에 무효가 된 후의 근로조건은 차별이 없으면 적용하고 있던 비교 가능한 근로자와 같은 근로조건에 특정할 수 있지만(다만, 실제로 이것을 어떻게 집행(enforce)하는가는 정책 판단이 되는 것은 ⇒ 1)이 노동계약법 제20조는 균형 기준이 명확하지 않은 균형대우 규정이기 때문에, 어디까지 격차라면 불합리하지 않은지 특정할 수 없다. 즉 노동계약법 제20조는 이것에 보충적 효력을 인정하는 해석을 취했다고 해도, 정규직과 같은 근로조건을 적용해야 한다는 결론은 도출되지 않고, 균형 기준이 명확하지 않은 이상 무효로 된 근로조건을 보충해야 할 근로조건을 특정할 수 없게 된다.

파트노동법 제10조에 사법상의 효력을 인정하지 않았던 것은 남녀고용기회균등법의 제정 당초와 같이 '강행규정'과 '금지규정'으로 하는 것이 '**시기상조**'라는 **정책 판단**에 노력의무 규정을 한 것뿐만 아니라, 원래 사법상의 효력을 부여하는 것이 **규범의 성질상 어려웠던 것**이기 때문이기도 하다. 따라서 근로자를 구제한다고 해도, 손해배상청구에 그치는 것으로 된 것이다. 물론 불법행위의 성립 요건은 '고의 또는 과실에 따라 타인의 권리 또는 법률상 보호되는 이익을 침해한' 것이고, 동조가 강행규정인지 여부는 관계없다(또한 이 경우 손해액을 입증할 수 없어도 판사는 '상당한 손해액'을 인정할 수 있다[민사소송법 248조]).

---

(2) 행위규범으로서의 노동계약법 제20조

노동계약법 제20조에 사법상의 효력을 인정하는 판례와 유력한 학설도 이른바 '보충적 효력'까지 인정하는 것은 아니다. 어디까지나 관계하는 취업규칙, 단체협약, 근로계약 등에 규정의 합리적인 해석 · 적용이 가능한 경우에는 그 결과로서 보충적 효력과 동일한 효과의 발생을 인정하는 것에 불과하다. 게다가 판례는 유기고용 근로자에게 적용하는 취업규칙을 작성하고 있는 경우에는 합리적인 해석에 따라 정규직의 취업규칙이 유기고용 근로자에게 적용된다고 결론을 내리는 것에 소극적이었다(하마쿄우렉스 사건·최고재판소 판결, 나가사와운수(長澤運輸) 사건·최고재판소 판결). 이러한 취업규칙 등의 해석·적용을 할 수 없는 경우에는 그때까지의 손해에 대하여 불법행위로 인한 배상을 인정하는 것(민법 제709조)에 그치게 된다(⇒ 제5장 4. 부정된 사적 자치).

이것은 정규직과 비정규직의 격차를 미래를 위하여 시정해 가는 것은 노동계약법 제20조에 따른 것이 아니라, 당사자(개인 및 노동조합)와 기업 사이의 교섭에 따르지 않을 수 없다는 것을 의미한다.

이 조를 '사회 개혁적 규정'이라고 평가하고 있는 스게노 카즈오(菅野和夫) 교수는 다음과 같이 서술하고 있다.

"원래 무기계약 근로자와 유기계약 근로자(정규직 근로자와 비정규직 근로자) 사이의 근로조건 격차는 정규직의 장기 고용관행(내부 노동시장)을 중심으로 하면서 주변에 비정규직 근로자의 유연한 고용관계(외부 노동시장)를 배치하는 일본 기업의 고용시스템에 기인하는 문제이며, 민사 노동분쟁의 법적 해결 장치에 따라서만 시정하는 것을 기대할 수 있는 규모·성격의 문제가 아니다. 이것은 일본 고용사회 전체에서의 기업과 노사의 대규모에서 전향적인 노력 없이는 해결할 수 없는 문제라고 할 수 있다. 이 조항은 주로 산업 및 기업의 노사에 대하여 고용시스템(노동시장)의 위 구조를 시정하는 노력을 촉구하는 행위규범으로서 입법한 것으로 볼 수 있다"(스게노(菅野) 2017·335쪽).[39]

---

39) 菅野和夫『勞働法(第11版補正版)』(2017年, 弘文堂). 즉 유기근로계약과 무기 근로계약이라는 정규·비정규직근로자로 분단되었던 노동시장의 현실에 대하여 강행적인 민사적 효력을 부여하여 근로계약관계의 시정을 의도하는 것이고, '사회적 개혁 규정'으로 평가할 수 있다.(335쪽)

정규직과 비정규직의 격차를 시정해 가는 것이 현행법상 **행위규범**으로 통합하였다는 견해에는 필자도 이견은 없다. 다만, 여기에서 말할 수 있는 것은 노동계약법 제20조의 내용은 노사가 바람직한 산업사회의 구조로 유도하기 위한 행위규범을 설정한 것에 지나지 않고, 현재의 법률행위를 무효로 하는 공서(사회질서)를 구현하는 것은 아니라는 것이다. 이러한 **사회개혁을 목적으로 하는** 경우에는 남녀고용기회균등법이 1985년에 제정된 때에 **점진적으로 남녀의 균등한 기회의 실현을 도모하려고** 한 것과 마찬가지로, '**노력의무 규정**'과 같은 **사법상의 효력이 없는 규정을 사용하는 것이 적절한 방법**이다.

실제로 2007년 개정 시 균형대우를 규정한 파트노동법 제10조는 이러한 방법을 자각적으로 채택하였다. 노동계약법 제20조는 이미 살펴본 것처럼, 규범의 내용으로도 규제방법으로도 파트노동법 제10조에 가까운 것이며, 이 관점에서도 노력의무 규정과 마찬가지로 사법상의 효력을 부정한 '**훈시(이념)규정**'으로 해석하는 것이 타당할 것이다.

(3) 노사교섭의 촉진 목적에 적합한 해석이란?

일본형 고용시스템은 정규직의 지위와 비정규직의 지위는 서로 밀접한 관계에 있으며, 비정규직은 정규직의 안정된 고용을 보호하기 위하여 필요한 존재였다. 물론 비정규직을 희생한 고용시스템은 적절하지 않다고 하는 의견은 경청할 만한 가치가 있고, 이것이 일련의 파트노동법의 개정과 노동계약법의 2012년 개정 시의 중심적인 정책과제였다. 다만, 상호 밀접한 관계가 있는 고용시스템의 구성요소 중 비정규직의 처우만을 강화하는 입법 개입을 강력하게 추진해 가는 것이 오히려 시스템 전체에 혼란을 야기할 우려가 있다(예를 들어 정규직의 고용보장을 뒤흔들 가능성도 있다). 일본형 고용시스템을 만든 것이 법률이 아니라 노사인 이상, 그 구성요소인 비정규직의 처우개선은 2012년의 법 개정과 2018년의 법 개정의 이념과 취지를 바탕으로 하여 노사가 다양한 실태를 고려하면서 **개별 교섭** 내지 **집단 교섭**을 통해 실현해 가는 것이 바람직하다.

또한 **인사관리론**의 측면에서 근로조건에 격차가 존재하며, 근로자가 불만을 가지고 있는 상황은 동기 부여에 영향을 미쳐서 기업에 있어 바람직한 것은 아니다. 하지만 여기서 중요한 것은 불합리한지 여부를 객관적으로(최종적으로는 재판에서) 결정하는 것이 아니라, 근로자의 주관적인 불만을 해소하거나 완화하기 위하여 기업이 근로자의 **납득**에 근거해 동의를 받도록 제대로 설명하는 것이다(공정한 대우와 근로자의 이해와의 관계는 모리시마(守島)·오오우치(大內) 2013, 63쪽 이하 참조).[40] 이러한 설명의무는 파트노동법에서는 이미 존재하고 있었고, 파트·유기노동법의 개정에 따라 유기고용 근로자와의 관계에서도 이 설명의무를 추가하였다(제14조 제2항).

다만, 기업이 적절하게 설명의무를 다하고, 노사가 교섭을 통해 근로조건을 결정해 가는 데 있어서는 노동계약법 제20조에 강행적 효력이 없는 것이 바람직하다. 기업으로서는 모처럼 설명의무를 다하여 교섭이 타결되어도, 사후적으로 동조 위반으로서 소송이 제기되어, 합의가 무효가 될 가능성이 있다는 상황은 노사교섭의 촉진을 저해하는 기능을 가지고 있을 것이다. 근로자와의 교섭 경위가 노동계약법 제20조의 '그 밖의 사정'을 고려하고, 불합리성을 부정하는 방향으로 해석될 가능성은 있다. 하지만 이러한 가능성이 있다는 것만으로는 기업은 안심할 수 없을 것이다.

노동계약법 제20조는 반복해 살펴본 것처럼, 그 규정이 추상도가 높은 것인 것('불합리'성이라는 문언을 이용하거나 그 세 가지 고려요소 중 하나가 '그 밖의 사정'인 것), 현재의 공서(사회질서)가 아니라, 바람직한 공서

---

40) 守島基博·大內伸哉『人事と法の対話─新たな融合を且指して─』(2013年, 有斐閣)

의 설정을 목적으로 하는 사회개혁적인 것에 비추어 보면 이 규정을 <u>사법상의 효력을 가진 규정으로 굳이 해석할 필요는 없고, 오히려 당사자가 교섭을 하거나 설명을 요구할 경우에 활용할 수 있는 이념적인 규정으로 자리 매김해 두는 것이 바람직하다.</u> 사법상의 효력을 부여하려고 하면, 아무래도 그 규범 내용을 명확하게 할 필요가 있지만, 반대로(파트노동법 제10조과 같이) 사법상의 효력을 부정하기 때문에 추상적이고 넓은 사정범위를 가진 규정으로 활용할 수 있으며, <u>노사가 다양한 실태에 입각한 교섭을 전개하기 쉬워진다는 장점이 있는 것이다.</u>

<u>이렇게 생각하면, 노동계약법 제20조의 의의는 유기고용 근로자와 무기고용 근로자 사이의 상위의 불합리성을 고려해야 할 요소를 적시하고, 노사교섭의 가이드라인을 정한 것으로 해석하는 것이 타당하다.</u> 그리고 이 해석은 파트 · 유기노동법 제8조에서도 계속되어야 할 것이다(학설 중에는 이탈리아법과의 비교에서 일본의 사적 자치의 기능에는 한계가 있다고 하여, 사적 자치의 활용을 제1차적인 것으로 한 후에, 노동계약법 제20조과 같은 강행적인 규제를 보조 규범으로 활용해야 한다고 하는 주목할 만한 견해도 있다[오오키(大木) 2016]).[41]

03 동일근로 동일임금이란 무엇이었을까?

(1) 동일근로 동일임금의 기원

제1차 세계대전의 전후 처리를 위하여 1919년에 체결된 **베르사유 조약의 제13편(노동편)**은 **국제노동기구(ILO)의 창설**을 결정함과 동시에, 중

---

41) 大木正俊『イタリアにおける均等待遇原則の生成と展開―均等待遇原則と私的 自治の相克をめぐって』(2016年, 日本評論社)

요도가 높은 **아홉 가지의 원칙**을 내세웠다. 그 원칙 중 하나는 "남성과 여성은 동일한 가치의 근로에 대하여 동일한 보상을 받아야 한다고 하는 원칙(The principle that men and women should receive equal remuneration for work of equal value)"이 있었다(제427조).

1951년에는 **ILO 제100호 협약**(동일가치근로에 대한 남녀 근로자에 대한 동일 보수에 관한 협약, 동등 보수 협약)을 채택하여 "모든 회원국은 보수율을 결정하기 위하여 행해지고 있는 방법에 적합한 방법으로 **동일가치근로**에 대한 남녀 근로자에 대한 동일 보수 원칙을 모든 근로자에게 적용을 촉진하고, 및 위의 방법과 양립하는 한 확보해야 한다"고 규정하였다(제2조 제1항. 일본은 1967년에 비준).[42]

일본에서는 노동기준법(1947년 제정)에서 '남녀 동일임금의 원칙'이라는 제목으로 "사용자는 근로자가 여성인 것을 이유로 임금에 대하여 남성과 차별적 취급을 해서는 안 된다"고 규정하고 있다(제4조). 이 규정은 ILO 제100호 협약과 일본 헌법 제14조 제1항("모든 국민은 법 앞에 평등하고, 인종, 신조, 성별, 사회적 신분 또는 문벌(門地)에 따라 정치적, 경제적 또는 사회적 관계에서 차별받지 못한다")의 규정을 구체화한 것이다. 하지만 ILO 제100호 협약과는 달리 '**동일가치근로**'는 언급하지 않았다. 이것은 동일 (가치) 근로에 종사하지 않는 경우라고 해도, 임금에 대한 차별적 취급에 해당하는 경우가 있는 것을 나타내는 동시에, **동일 (가치) 근로에 종사하고 있어도 여성인 것을 이유로 하는 차별적 취급에 해당하지 않는 경우가 있다는 것도** 보여주고 있다.

노동기준법 제4조는 제정 과정에서 ILO 제100호 협약에 따른 규정을 구상하고 있었다. 하지만 최종적으로 현행법과 같이 수정된 것은

---

42) <역자주> 한국은 1997년 12월 8일에 비준하였다. 동등보수협약은 사용자가 근로자에게 직·간접적으로 혹은 현금·현물의 형태로 지불하는 최저임금, 급료, 그 밖의 모든 형태의 추가급여가 남녀차별 없이 동등 지불 의무를 규정하고 있다.

"당시의 임금 관행에서 **연령 등** 근로 이외의 요소가 중요한 요소를 가지고, 종종 **남성 사이에도 동일'가치'근로 동일임금이 타당하지 않음을** 고려해, **보다 유연한 표현을 선택한 결과이다**"라고 한다(테라모토(寺本) 1998, 161쪽).[43] 학설에서도 노동기준법 제4조는 동일 (가치) 근로 동일임금의 원칙을 규정한 것은 아니라고 하는 견해가 많다(東大勞硏 2003, 101쪽 이하 [兩角道代 집필]).[44]

ILO 제100호 협약에서 동일가치근로 동일임금은 임금이 그 가치에 대하여 결정하는 것이 일반적인 상황을 전제로 하며, 여성에게 그 원칙대로 임금을 지급하지 않는 것은 차별로 금지된다는 생각에 따른 것이었다. 일본의 노동기준법 제4조가 ILO 제100호 협약과 같은 문언을 채택하지 않은 것은 이 협약이 전제로 하는 **임금의 결정방법은** 일본에서는 **일반적인 상황이 아니었기 때문이다.**

노동기준법을 제정한 지 70년 이상이 경과한 현재에도 일본형 고용시스템에서의 임금결정 방식은 동일가치근로에 대한 동일임금을 지급하지 않는 것을 고려한다면, 일본에서 이것을 법적인 원칙으로 도입한다고 하는 논의는 원래부터 빗나가 있었던 가능성이 높다.

(2) 보편적인 동일가치근로 동일임금론?

전술한 바와 같이, 동일가치근로 동일임금이 임금결정의 일반적인 상황인 경우에 여성임을 이유로 동일가치근로에 종사하고 있음에도 불구하고, 동일임금을 적용하지 않은 것을 허용할 수 없다고 하는 것이 ILO의 창설 때부터의 사고방식이었다.

다만, 1944년의 ILO 헌장(Constitution) 전문에 그 목적 중 하나에 "동

---

43) 寺本巌作 『労働基準法解説』 (1998年, 信山社)
44) 東京大学労働法研究会編 『注釈労働基準法(上)』 (2003年, 有斐閣)

일가치근로에 대한 동일 보수 원칙의 승인(recognition of the principle of equal remuneration for work of equal value)"도 포함되어 있었다. 여기에서는 동일가치근로 동일임금의 원칙은 단순히 남녀 차별과 관계할 뿐만 아니라, 보다 일반적인 임금결정의 원칙이라는 규정이었다.

분명히, 임금은 근로의 가치에 따라 지급하는 것이 본래의 모습인 것으로 생각하면, 동일가치근로에 동일임금을 지급해야 한다는 원칙을 긍정하는 것은 당연한 귀결일 것이다. 그리고 이 원칙을 철저히 할 수 있다면, 임금차별은 생기지 않을 것이다.

한편, 개별근로자가 제공하는 근로에 대하여 어디에서 가치를 찾아서 평가할 것인지는 객관적인 기준이 아니기 때문에 계약 당사자 사이의 합의에 맡길 수밖에 없다(계약자유의 원칙). 당사자가 임금을 반드시 그 종사하는 직무에 따른 것으로 합의해야 한다는 뜻은 아니다. ILO 제100호 협약에서도 동일임금의 적용은 "어디까지나 임금률의 결정방법에 적합한 방법으로, 또한 그 방법과 일관된 것인 한에서(by means appropriate to the methods in operation for determining rates of remunartion and, in so far as is consistent with such methods)"인 것이다. 임금의 결정방법까지 개입하는 것을 요구하는 것은 아니다.

(3) 유럽에서의 고용형태에 따른 격차 접근

유럽에서는 풀타임 근로자와 파트타임 근로자의 격차를 여성에 대한 간접차별에 해당한다고 하여 시정을 도모하는 접근을 취하는 경우가 있었다(⇒ <칼럼 8> 간접차별법리). 하지만 그 후 '파트타임에 관한 EC 지침'(1997년)과 '유기 근로계약에 관한 EC 지침'(1999년)이 잇따라 제정되어 (Council Directive 97/81/EC, Council Directive 1999/70/EC), 모두 '차별금지 원칙'(Principle of non-discrimination)'이라는 표제에서 "고용조건에 관하여 파트타임 근로자(또는 유기근로자)는 파트타임으로 일한다(또는 유기로 있다)는 것만으로 비교 가능한 풀타임 근로자(혹은 무기 근로자)보다 불리하게 취급해서는 안 된다. 하지만 다른 취급을 객관적인 이유로 정당화하는 경우는 예외로 한다"는 규정을 마련하였다(지침을 제정하기 전부터 독일과 프랑스 등 EU 주요국에서는 이미 비슷한 내용의 국내법이 있었다).

여기에서는 파트타임 근로자와 유기고용 근로자가 정규직과 '비교 가능한(comparable)' 근로자인 것이 차별 취급의 성립을 위한 요건으로 되어 있다. 앞의 지침에 따르면, '비교 가능한' 정규직이란 파트타임 근로자와의 관계에서는 동일한 사업장에서 동일한 유형의 고용계약 및 고용관계를 가지고, 근속연수와 자격·기능 등의 다른 요소도 고려한 후에, 동일 또는 유사한 근로(work) 내지 직업(occupation)에 종사하는 풀타임 근로자를 의미한다. 또한 유기고용 근로자와의 관계에서는 동일한 사업장에서 무기 고용계약 및 고용관계를 가지고 자격·기능을 고려한 후에 동일하거나 유사한 근로 내지 직업에 종사하는 근로자를 의미한다. 두 경우에 근로 내지 직업의 동일성 또는 유사성이 요건으로 되어 있다.

따라서 EC 지침에서는 동일(가치)근로 동일임금 원칙이 정면으로 제시되어 있는 것은 아니지만, 동일 직무에 대하여 다른 임금을 적용하는 것은 정당한 이유가 없는 한 원칙적으로 차별에 해당한다는 사고방식이 기본에 있다. 이 배경에는 유럽에서는 단체협약이 산업별로 체결된 기업 횡단적으로 **'직종별의 임금'(직무급)**이 규정되어 있다는 사정이 있다. 즉, 유럽에서의 동일근로 동일임금은 단체협약에서 직무급 임금체계를 도입하는 것을 전제로, 노사자치를 일관해 차별을 방지하기 위한 원칙인 것으로, 노사자치와 대립하는 것은 아니다. 동일근로 동일임금의 원칙은 동등성(비교 가능성)의 기준을 동일한 직무에 종사하는 것을 요구하는 균등대우 원칙의 하나이지만, 유럽에서 이것을 채택할 수 있는 것은 노사가 정한 임금의 결정방법에서 **임금과 직무와의 관련성**이 명확하다고 하는 사정이 있기 때문이다.

한편, 반복해 살펴본 것처럼, <u>일본형 고용시스템하에서의 정규직의 임금은 유럽적인 의미에서의 직무급을 채택하지는 않았다.</u> 많은 정규직에게 적용해 온 '**직능급**'은 어떠한 직무에 종사하는지가 아니라, **직무수행 능력**에 주목한 것이다. 최근에는 다양한 형태로 **성과**가 임금의 결정요소에 포함되고 있다. 하지만 이것은 동일한 직무에 종사하고 있어도 임금이 다를 수 있는 임금체계이다. 또한 <u>전통적으로 일본에서 정규직의 임금에는 '연령'과 '근속연수'나 '부양가족의 유무'를 고려하고, 또한 '잔업'이나 '배치전환' 등의 '구속성의 정도'도 고려하고 있다.</u> 이러한 정규직의 임금결정의 특징에 비추어 보면 <u>이러한 특징을 공유하지 않는 비정규직 사이에 동일근로 동일임금 원칙을 적용하는 것이 적절하지 않다고 할 수 있을 것이다.</u>

그래서 **학설**은 일본에는 동일근로 동일임금 원칙의 사회적 기반이 없다고 주장하고, **입법론**으로서도 동일근로 동일임금 원칙의 도입을 부정하였고(스게노(菅野)·스와(諏訪) 1998),[45] 이 원칙과 균등대우에 긍정적인 견해도 동일임금을 인정할 수 있는 요건으로서 일본형 고용시스템을 고려한 수정을 추가해 온 것이다(⇒ 제3장 3. 사법동향). 또한 <u>입법 차원에서도 파트노동법이 2007년 개정에서 '**동등성(비교 가능성)**'을 위한 **요건을 엄격하게 설정해,</u>** 그 범위에서만 차별금지 규정을 도입하였다(⇒ 제4장 2. 2007년 파트노동법 개정). <u>이것도 유럽적인 동일근로 동일임금이 일본에는 적합하지 않은 것을 의식(意識)되어 있었기 때문일 것이다.</u>

---

45) 菅野和夫·諏訪康雄 「パートタイム労働と均等待遇原則―その比較法的ノート」 山口俊夫先生古稀記念 『現代ヨーロッパ法の展望』 (1998年, 東京大学出版会) 113면 이하.

(4) 노동계약법 제20조와 동일근로 동일임금

노동계약법 제20조의 내용이 엄밀한 의미에서의 동일근로 동일임금의 원칙과 관련이 없는 것은 조문의 내용도 분명하다. 직무내용의 동일성은 불합리성의 판단요소의 하나에 지나지 않으며, 유럽에서는 '**차별금지 규정**'(균등대우 규정)인 반면, 노동계약법 제20조는 '**균형대우의 규정**'이고, 규정의 성질도 다르다.

원래 유럽 EC 지침은 비정규직을 비교 가능한 정규직보다도 객관적인 이유로 정당화할 수 없는 한 불이익으로 취급해서는 안 된다고 하는 규범의 논리구조가 명확한 것이다. 반면에, 노동계약법 제20조는 비교 가능성(균형 기준)을 명확히 하지 않은 채 불합리한 격차를 금지한다고 하는 것으로 어떠한 이유에서 격차를 금지하는지가 명확하게 되어 있지 않다. 근로자는 모두 평등하게 취급해야 한다는 평등원칙을 기초로 한다면 격차의 하나 하나의 합리성을 음미할 필요가 있다. 하지만 이러한 비교 가능성을 도외시한 평등론을 실정법의 근거 없이 해석론에 도입하는 것은 타당하지 않을 것이다.

어느 경우든 노동계약법 제20조가 규범으로서는 동일근로 동일임금 원칙과 관련이 없는 것은 분명함에도 불구하고, 정부는 양자를 의도적으로 혼동하여 사용해 온 인상이 있다. '동일근로 동일임금'이 정치적 슬로건으로 농락된 혐의가 있다는 것이다.

/ **보론 17** [📖] 주목할 만한 최근의 학설

최근의 학설은 기업의 평등취급 의무를 정면에서 논의한 견해도 있다(케즈카(毛塚) 2013).[46] 이에 따르면, "계약을 체결해 그 생활공간에 들어가는 것이기 때문에 계약을 체결할 때의 규범 내용은 합의에 따라 정당화하는 한편, 시간적

---

46) 毛塚勝利 「非正規労働の均等処遇問題への法理論的接近方法雇用管理区分による処遇格差問題を中心に」 日本労働研究雑誌 636号 (2013年) 14면 이하.

경과에 따라 생활공간으로의 내부화가 심화함으로써 **평등 감정**도 강화된다. 그러한 까닭에 고용관계에 있어서 평등취급 의무는 다른 기준의 규범을 설정하는 것을 즉시 부인하는 것은 아니라고는 하나, 근로자의 근무가 동일한 사용자 아래에서 장기화하는 경우에는 시간이 경과하면서 계약의 구속성이 떨어지는(계약을 체결할 때와 다른 환경 변화에 조정할 필요성이 증대하는) 한편, 시간이 경과하면서 생활공간에 내부화가 심화한 근로자의 평등 감정이 강화되는(동일한 생활공간에서 다른 구성원과 동일하게 개인으로서 존중되는 것을 요구하는 규범 의식이 강해지는) 것에서 다른 기준의 규범 내용을 조정하는 것이 필요하게 되는 특색이 있다. 따라서 언제까지나 본인의 이해(계약의 자유)를 이유로 계약을 체결할 때의 다른 취급을 유지한 채로 규범 내용을 조정하는 것을 소홀히 한 경우에는 평등취급 의무에 반하는 것이 된다"고 한다.

이 견해는 계약자유가 시간적 경과에 따라 내부화가 진행되면서 '**평등취급**'이라는 강행적인 규범에 후순위를 두도록 한 견해라고 할 수 있다. 그리고 그 평등취급의 내용은 '사용자 권능의 자의적인 행사의 금지'와 '어떠한 규범을 정립 또는 적용하는 경우에는 원칙적으로 동일한 기준에 따라 동일 내용의 법규범을 정립해 동일하게 적용하는 것'으로 하고 있다.

또한 보다 사적 자치를 중시하는 관점에서 입법 개입의 정당화를 검토하는 견해도 등장하고 있다(오오키(大木) 2018).[47] 이것에 따르면, 계약내용 결정의 자유에 대한 개입은 (ⅰ) 급부와 반대급부의 균형을 목적으로 한 개입은 정당화라는 문제, (ⅱ) 균형의 회복에 평등원칙이라는 수단을 사용하는 것은 타당한가라는 문제가 있다. 전자의 문제는 생활보장을 위한 개입은 정당화되지만, 이것을 초과한 개별 근로자에게 근로의 질 및 기업의 지배능력을 반영시킨 처우는 원칙적으로 계약자유의 문제가 되고, 외부 노동시장이 발달하지 않은 현상에서 발생한 교섭력 격차가 보이며, 또한 이것을 부당하게 이용한 경우에만 예외적으로 개입이 정당화된다고 한다. 또한 후자의 문제는 평등 자체에 가치를 둔 논의에 회의적으로, 이것보다도 **노사의 교섭 촉진과 그 기반의 정비, 양호한 일자리 창출**에 중점을 두어야 한다고 한다.

---

47) 大木正俊 「非正規雇用の雇用保障法理および處遇格差是正法理の正当化根拠をめぐる一考祭」 日本労働研究雑誌 691号 (2018年) 10면 이하.

(5) 동일근로 동일임금 가이드라인

정부가 2016년 12월 20일에 발표한 「동일근로 동일임금 가이드라인
안」도 또한 적어도 유럽적인 의미에서의 동일근로 동일임금과는 전혀
다른 것이었다. 이 가이드라인안은 파트 · 유기노동법을 제정한 후에는
약간의 수정을 추가한 후(2018년 12월 28일), 동법 제15조(지침)[48]에 따
른 지침(「단시간 · 유기고용 근로자 및 파견근로자에 대한 불합리한 대우 금지
등에 관한 지침」)이 되었다(2018. 12. 28. 후생노동성고시 430호).[49] 이 지침
에서 특히 영향이 있을 것 같은 내용은 **제수당** 부분이다. 그 내용을 몇

---

48) <역자주> 일본 파트 · 유기고용노동법 제15조(지침) ① 후생노동대신은 제6
조-제14조에 정한 조치 기타의 제3조 제1항의 사업주가 강구해야 할 고용관리
의 개선 등에 관한 조치 등에 관련해, 그 적절하면서 유효한 실시를 도모하기
위하여 필요한 지침(이하 이 절에서는 '지침'이라고 한다.)을 정하는 것으로 한
다. ② 제5조 제3항-제5항의 규정은 지침의 책정에 대하여 같은 제4항 및 제5
항의 규정은 지침의 변경에 대하여 각각 준용한다.

49) <역자주> 일본의 동일근로 동일임금 개혁의 일본 독자적인 특징은 (i) 법적
룰로서 '객관적인 사유가 없는 불이익 취급의 금지'가 아닌 '불합리한 대우 금
지'로 하고 있는 점이다. (ii) 일본에서는 기본급에 대하여 '동일근로 동일임
금'(직무급)으로 하는 것을 반드시 원칙으로 하고 있지 않고, 직무급, 직능급,
성과급, 근속급 등 어떠한 기본급제도로 하는가는 기업 및 노사의 선택에 맡겨
져 있는 점이다. (iii) 일본에서는 '균등'대우만이 아니라 '균형'대우의 확보를
필요로 하는 점이다. 이러한 점에서 일본의 동일근로 동일임금 개혁은 일본의
독자적인 특징을 가지고 있고, 위의 (ii) 및 (iii)은 '일본의 고용관행'을 고려한
것이라고 말할 수 있다. 이 중에서도 (iii)('균형'대우의 제도화)은 정규직근로
자를 중심으로 해 형성되었던 일본적 고용관행에 기인하는 '정규직·비정규직'의
격차 문제구조를 고려한 일본의 고유한 법적 요청이다. 전제가 같은 것은 같게
취급하는 '균등'대우만이 아니라, 전제가 다른 경우에 전제가 다르게 대응해 균
형을 잡아서 취급하는 '균형'대우를 법적으로 요구하는 점은 다른 국가에 사례
를 찾아볼 수 없는 선진국의 법정책이라는 비교법의 관점에서도 직무분석 및
고용관리구분 등의 형식이 다름을 넘어선 대응이 필요(직무 및 고용관리구분
등이 다른 것으로서도 그 다름에 대응해 균형 잡아 대우하는 것을 법적으로 요
청)로 하는 실무 관점에서도 중요한 의미를 지닌 일본적인 고려라고 말할 수
있다.

가지 소개한다.

"**상여금**에 대하여 회사의 업적 등에 대한 근로자의 기여에 따라 지급하는 경우에 통상의 근로자와 동일한 기여인 단시간·유기고용 근로자에게는 공헌에 따른 부분에 대하여 동일한 지급을 해야 한다. 또한 공헌에 일정한 상위가 있는 경우에는 그 상위에 따른 상여금을 지급해야 한다.

"**직책(役職)수당**에 대하여 직책의 내용(책임의 정도)에 대해서 지급하는 경우에 통상의 근로자와 동일한 내용의 직책에 취업하는 단시간·유기고용 근로자에게는 동일한 직책수당을 지급해야 한다. 또한 직책의 내용에 일정한 상위가 있는 경우에는 그 상위에 따라 직책수당을 지급해야 한다."

"단시간·유기고용 근로자에게도 통상의 근로자와 동일한 **통근수당** 및 **출장여비**를 지급해야 한다."

그 밖에도 '**복리후생시설**'(급식시설, 휴게실, 탈의실)에 대하여 통상의 근로자와 동일한 사업장에서 일하는 경우에는 동일한 이용을 인정해야 한다. '**전근자용 사택**'에 대하여 통상의 근로자와 동일한 지급요건(전근의 유무, 부양가족의 유무, 주택의 임대, 소득액 등)을 충족한 단시간·유기고용 근로자에게는 동일한 이용을 인정해야 한다 등으로 하고 있다.

즉, 지침은 정규직에 대하여 마련하고 있는 근로조건제도에 대하여 그 취지가 비정규직에게도 해당하는 경우에는 그 제도를 적용해야 하는 것이다. 이러한 발상은 최고재판소 판결에서도 나타나고 있는 **하마쿄우 렉스 사건·최고재판소 판결**에서 '**제수당**'의 격차가 불합리하다고 간주된 것은 각각의 수당의 취지에서 보면, 비정규직(유기고용 근로자)에게 적용 가능하고, 또한 그 비정규직이 적용기준을 충족했기 때문이다. 격차가 불합리하지 않다고 한 '**주택수당**'은 그 수당의 제도취지인 주택비용의 보조의 필요성이 전근이 있는 정규직에게 밖에 없고, 전근이 없는 비정규직에게는 없었기 때문이다.

다만, '기본급'에 대해서는 지침은 다소 뉘앙스가 다르다.

"기본급에 대하여 근로자의 능력 또는 경험에 따라 지급하는 경우에 통상의 근로자와 동일한 능력 또는 경험을 가진 단시간·유기고용 근로자에게는 능력 또는 경험에 따른 부분에 대하여 동일한 지급을 해야 한다. 또한 능력 또는 경험에 일정한 상위가 있는 경우에는 그 상위에 따라 지급해야 한다."

즉 지침에서는 기본급이 동일한 기준(예를 들어 능력과 경험)에서 정해져 있는 경우 비정규직이 그 기준(예를 들어 정규직과 동일한 능력과 경험)을 충족하는 경우에는 동일한 기본급을 지급할 것을 요구하고 있다. 그러나 정규직과 비정규직과 동일한 기준의 기본급 제도를 적용할 것을 요구하는 것은 아니다.

많은 기업에서는 정규직과 비정규직 사이에 '기본급'의 결정방법이 다르기(다른 기준으로 기본급을 산정하고 있기) 때문에 지침에 따르는 한에서 격차가 불합리하다고 할 여지가 없게 된다. 이 결론은 타당하지만 그렇다면 이것은 더이상 '동일근로 동일임금'이라는 단어에서 동떨어져 있다고 말하지 않을 수 없을 것이다.

(6) 중요한 것은 설명의무

이렇게 노동계약법 제20조는 정규직에게는 있지만, 비정규직에는 없는 개별적인 근로조건(임금, 복리후생 시설, 교육훈련, 안전관리 등)에 대하여 그 기업에서 정규직에게만 인정하고 있거나, 인정하고 있어도 격차가 있는 경우에 그 취지(기업마다 다를 수 있다)에 비추어 비정규직에

도 적용할 수 있는지의 여부(기본급은 동일한 기준하에 있는지의 여부)를
판단하고, 해당 비정규직이 적용의 요건을 충족하는 경우에는 '**직무내용
과 인재활용의 방법, 그 밖의 사정**'에 비추어 보아, 비정규직에 적용하지
않는 것이 불합리한 것인지를 판단할 것을 요구하는 규정이라는 것이다.
　　그러나 법이 문제삼는 것은 격차 중에서도, 특히 이것이 불합리한
경우에 불과하다. 더 중요한 것은 기업에 부과되는 **설명의무의 내용**이다
(파트·유기노동법 제14조, 특히 제2항). 격차가 불합리한지 여부에 관계없
이 기업에게는 이 의무를 부과하고 있다. 지침은 이 설명의무에 대하여
"통상의 근로자와 단시간·유기고용 근로자에게 사이에서 장래의 역할
기대가 다르기 때문에 임금의 결정기준 및 룰이 다르다" 등의 주관적·
추상적 설명으로는 충분하지 않고, 임금의 결정기준 및 룰의 상위에 대
하여 통상의 근로자와 단시간·유기고용 근로자의 직무의 내용, 해당 직
무의 내용 및 배치의 변경의 범위, 그 밖의 사정 중 당해 대우의 성질
및 그 대우를 하는 목적에 비추어 적절하다고 인정되는 객관적인 및 구
체적인 실태에 비추어 불합리한 것은 아니라는 것을 설명해야 하는 것
으로 하고 있다.
　　이러한 설명의무의 이행을 계기로 **기업**이 자발적으로 또는 노사교
섭을 통해 격차를 시정해 가는 것이 노동계약법 제20조의 바람직한 활
용 방법일 것이다. 다만, 이를 위해서는 동조에 사법상의 효력을 부여하
지 않는 편이 좋은 것은 전술한 바와 같다.

칼럼 12　📖 경제학에서 본 동일근로 동일임금

동일근로 동일임금은 경제학자도 주장할 수가 있다. 예를 들면 한 유력한 논자
는 다음과 같이 말하고 있다(야시로(八代) 2015, 303쪽).[50]

---

50)　八代尚宏 『日本的雇用慣行を打ち破れ―働き方改革の進め方』 (2015年, 日本
　　経済新聞出版社)

"경제학의 관점에서 동일근로 동일임금은 이데올로기가 아니라, 시장경쟁이 충분히 작동하고 있으면 자연스럽게 생기는 '**시장 균형**'의 결과이다. 말하자면 보편적인 '**일물 일가(一物一價)의 법칙**'[51]이란 노동시장의 버전에 불과하다. 실제로 시장의 진입이 자유로운 지역별 파트타임 근로나 파견근로자의 임금에는 이러한 법칙이 거의 성립되어 있다. 그 의미에서는 기업은 인사관리의 필요성에서 마련한 다양한 수당 등의 인센티브에 대해서는 동일근로 동일임금 원칙에 위반하는 것이 아니고, 단순히 직원에 대한 책임을 명확화하면 된다고 할 수 있다."
여기에서 동일근로 동일임금을 규범으로 강행해야 한다고 말하고 있는게 아니라, 오히려 정규직과 비정규직 사이의 임금 격차에 대하여 정확히 설명하라고 하는 점이 중요하다.
구체적으로는 합리성을 입증할 수 있는 '**인사평가**'의 기록을 축적해 가야 하며, "장기적인 이익의 균형을 도모하는 일본의 고용관행 하에서 매년 인사의 '**설명책임**'이 인사부에 부과되는 것은 번거로운 면도 있지만", "직원이 이해하는 능력별 인사관리를 실시하기 위해서는 이러한 인사평가를 실시하는 것은 피할 수 없고, 이것은 장기적으로는 **인사관리의 효율화**를 통하여 기업이익의 향상에 기여할 것이다"고 말하고 있다.
동일근로 동일임금은 이러한 **경영개선**을 위한 규범으로 보는 것이야말로 의미있는 것으로 될 것이다.

---

51) <역자주> 일물일가의 법칙[law of indifference, 무차별의 원칙]: 시장에서 같은 종류의 상품에 대해서는 하나의 가격만이 성립한다는 원칙. 경제학상의 원칙의 하나로서, 만약 같은 시장에서 동일한 상품이 다른 가격을 갖는다고 하면 완전경쟁이 이루어지고 있는 한, 사람들은 보다 싼 상품을 사려고 할 것이므로 높은 가격의 상품에 대한 수요는 전혀 없어져 가격을 인하하지 않을 수 없게 된다. 즉 동일한 시장의 어떤 한 시점에서는 동질의 상품가격은 단 하나의 가격밖에 성립하지 않는다. 반대로, 이 법칙이 작용하는 범위를 하나의 시장이라고 할 수 있다. [네이버 지식백과]

04 소결

비정규직의 낮은 처우문제를 해결하기 위해서는 단적으로 소득보장을 위한 정책을 취한다는 접근도 있다. 현행법상 '최저임금법'이 그 역할을 수행해 왔다. 그러나 '소득보장정책'에는 최저임금의 설정 이외에도 다양한 수법이 있을 수 있기 때문에, 어떠한 방법이 가장 효율적인지를 증거에 기반하여 검증해 갈 필요가 있다. 다만, 가설로는 최저임금은 그다지 효율적이지 않은 측면이 있다고 생각된다. 이렇다는 것은 최저임금은 자발형 비정규직을 포함한 모든 근로자에게 적용되기 때문에, 세대 단위에서는 '빈곤'으로는 한정되지 않는 근로자에게도 적용하는 등 정말로 정부의 개입을 필요로 하는 목표와의 오차가 많아진다. 또한 노동시장으로 강하게 개입하기 때문에 고용기회가 감소하는 등의 부작용도 있을 수 있다. 또한 원칙적으로는 계약자유의 원칙의 예외가 되고, 그 정당성도 문제시되어야 한다. 이러한 점에서 급부가 있는 '세액 공제'와 같은 다른 빈곤대책과의 우열을 엄격하게 검증할 필요가 있다(오오우치(大內)·가와구치(川口) 2014.[52] 제2장도 참조).

또 하나는 비정규직의 낮은 처우를 개선하는 접근으로 최근에 수행해 온 것이 정규직과의 격차를 시정하는 유형이다. 이것은 이러한 격차를 전제로 한 일본형 고용시스템에 메스를 가하는 면이 있기 때문에, 이 시스템을 만들어 낸 노사자치(사적 자치)와 저촉하는 것도 생긴다. 하지만 이러한 접근방식을 취하는 데에서 기본적인 사고방식은 '균등대우 원칙'과 '균형대우 원칙'의 두 종류가 있었다.

처음에는 균등대우 원칙의 한 유형인 '차별금지 규정'(노동기준법 제3조(균등대우), 제4조(남녀 동일임금 원칙) 등)을 비정규직으로 확장하는 접근방식을 선택하였다(파트노동법의 2007년 개정). 차별금지 규정은 강행적 효력을 가지고, 사적 자치에 강력하게 개입한다. 하지만 2007년 개정의 파트노동법 제8조(2014년 개정 후 제9조)는 비교대상자를 정규직과 동일시해야 하는 비정규직으로 엄격하게 한정했기 때문에 사적 자치에 대한 개입은 약한 것이었다.

한편, 2007년 개정에서는 비교 가능성을 엄격하게 묻지 않은 채 사적 자치에 완만하게 개입하는 '균형대우 원칙'도 도입하였다(노력의무 규정 [제9조 제1항 2014년 개정 후 제10조]). 하지만 2012년에 유기고용 근로자에게 도입한 노동계약법 제20조는 균형대우 규정임에도 불구하고, 강행적 효력이 있다고 해석되어, 사적 자치에 강하게 개입하게 되었다.

이론적으로 균등대우 원칙을 적용한 사례인 차별금지 규정은 법적 효력이 강하지만 이러한 이유로 '인권보장'과 같은 공서성이 높은 경우에 한정해 적용해야 하는 것에서 이것을 정규직 · 비정규직 사이에 적용하는 것은 적절하지 않았다. 또한 균등대우 원칙은 비교되는 사람 사이의 동등성을 엄격하게 추궁해야 하며, 이러한 동등성이 있는 것이 사적 자치에 대한 강한 개입을 정당화하는 것이었다. 동일근로 동일임금의 원칙은 동일(가치)근로에 대하여 동일임금을 지급하는 임금결정시스템이 있는 경우에서의 균등대우 원칙의 하나의 적용례이며, 이러한 임금결정시스템을 갖지 않는 일본에서는 그 적용 여지가 본래 없는 것이었다.

일본형 고용시스템의 이중구조를 개혁해야 한다는 논자는 균등대우 원칙(차별금지 원칙과 동일근로 동일임금의 원칙)의 사정범위의 협소함을 극복하기 위하여, 넓은 사정범위를 가지는 균형대우 원칙을 활용하려고 했다. 하지만 균형대우 원칙은 사정범위가 넓고 비교 가능성(균형 기준)을 엄격하게 추궁하지 않게 되면 될수록, 법적 효력을 강하게 하는 것이 어려운 것이었다. 그런데 정부는 노동계약법 제20조(및 이것을 인계한 파트노동법 제8조, 파트 · 유기노동법 제8조)에 대하여 균형대우 규정에서도 있음에도 불구하고 강행적 효력을 인정한다고 하는 무리한 것을 행하였다. 학설은 그래도 보충적 효력은 부정하는 방법으로 사적 자치(특히 노사자치)와의 정합성을 취하려고 노력했지만, 균형 기준이 명확하지 않은 균형대우 규정에 강행적 효력을 인정한 것만으로 이미 사적 자치에의 중대한 개입이 있었다.

실무적으로는 노동계약법 제20조에 강행적 효력을 인정하더라도 기업이 동조의 적용을 회피함으로써 일본형 고용시스템은 유지된 상태가 될 가능성은 남아 있다. **판례**와 새롭게 제정된 **지침**을 보면 기본급이나 취지가 다의적인 수당 등은 불합리성 심사를 극복하기 어려운 면이 있기 때문에, 기업은 정규직에 대한 수당을 폐지하고, (할증임금이나 퇴직금 등에 미치는 영향을 주의하면서) 점차적으로 기본급에 포함하거나 기존의 수당을 취지가 다의적인 수당에 재편성하여 비정규직에 대한 적용을 인정하기 어렵도록 하는지도 모른다. 이것으로는 격차는 해소되지 않는다. 한편, 격차가 해소된다 해도 정규직에 대한 수당을 폐지하는 방법으로 이것을 실현할 가능성도 있다(그러나 취업규칙의 변경에 의한 경우 **노동계약법 제10조**[53])의 합리성이 필요하다). 이것으로는 비정규직의 처우를 개선하는 것으로 이어지지 않고, 정규직의 처우를 인하한 것만으로 끝나게 된다. 어느 경우든 노동계약법 제20조에 따라 비정규직도 정규직과 동일한 수당을 확장하는 시나리오의 실현을 기대하기는 어렵다. 이러한 시나리오는 법과는 별도로 업적이 호조(好調)되어 비정규직의 확보가 필요하거나, 경영자가 비정규직의 동기 향상에 따른 생산성 향상을 도모하려고 하는 등 기업의 자주적인 판단이나 노사교섭에 따라 이

---

53) <역자주> 노동계약법 제10조 사용자가 취업규칙의 변경에 의해 근로조건을 변경한 경우, 변경 후의 취업규칙을 근로자에게 주지시키고, 또한 취업규칙의 변경이 근로자가 받는 불이익의 정도, 근로조건 변경의 필요성, 변경 후의 취업규칙의 내용의 상당성, 노동조합 등과의 교섭상황, 그 밖에 취업규칙 변경에 관한 사정에 비추어 합리적인 경우에는 근로계약의 내용인 근로조건은 그 변경 후의 취업규칙에 정한 바에 따른다. 다만, 근로계약에 있어 근로자와 사용자가 취업규칙의 변경에 의해서는 변경되지 않는 근로조건으로 합의한 부분에 대하여는 제12조에 해당하는 경우를 제외하고 그러하지 아니하다.

루어지는 것이 중심이 될 것이다.

즉, 일본형 고용시스템이 재검토된다고 해도 이것은 노사자치를 존중하는 것이어야 한다(유럽의 동일근로 동일임금도 노사자치를 일관하는 것이다). 여기서 주목할 것은 격차에 대하여 근로자의 요구에 따라 기업이 설명하는 의무이다(파트·유기노동법 제14조). 이 설명의무는 노사간의 대화를 촉진하기 위한 규범으로 자리 매김해야 의미를 가진다. 그런데 파트·유기노동법 제8조에 강행적 효력이 있는 것은 합의가 성립해서도 언제든지 근로자 측에서 제소할 가능성이 있다는 것을 의미하고, 이러한 상황에서 기업의 충분한 설명을 기대하기는 어렵다. 설명의무를 제대로 작동하려면 설명하는 것이 기업에게도 이익이 되는 구조가 되어야한다. 이 점에서도 파트·유기노동법 제8조에 강행적 효력이 있는 것에는 문제가 있다.

칼럼 13 📖 사적 자치의 제한과 정의론

사적 자치를 제한하여 균등대우 원칙과 균형대우 원칙을 적용하는 사고방식의 기본에는 법학 특유의 정의론과 관계하고 있다. 이것이 '**아리스토텔레스의 정의론**'54)이다. 이것에 따르면, 재(財)가 그 본래의 가치에 대응하여 귀속되어 있는

---

54) <역자주> 아리스토텔레스의 정의[justice, 正義] 아리스토텔레스(Aristotle, 기원전 384년-322년)는 고대 그리스의 철학자로, 플라톤의 제자, 알렉산더 대왕의 스승이다. 물리학, 형이상학, 시, 생물학, 동물학, 논리학, 수사학, 정치, 윤리학, 도덕 등 다양한 주제로 책을 저술하였다. 소크라테스, 플라톤과 함께 고대 그리스의 가장 영향력 있는 학자였으며, 그리스 철학이 현재의 서양철학의 근본을 이루는 데에 이바지하였다. 아리스토텔레스의 글은 도덕과 미학, 논리와 과학, 정치와 형이상학을 포함하는 서양 철학의 포괄적인 체계를 처음으로 창조하였다.

그의 저서 윤리학(Nicomachean Ethics) 제5권 정의론에서 정의는 '평등'과 밀접한 관계를 맺고 있음을 언급하고 있다. 정의란 '법을 지키며 이득과 손실에서 마땅한 것 이상이나 이하를 가지지 않으려는 탁월한 품성상태'를 말한다. 올바름은 법을 지키고 공정한 것이다. 정의의 일반적 규정으로 '법을 지킴'과 '공

상황이 '올바르다'(정의에 맞는 상황)고 여겨지고, 여기에는 **'배분적 정의'**와 **'교환적 정의'**가 있다고 하였다. 이 정의론은 어떠한 내용의 법을 요청하는가를 일의적으로 나타내는 것은 아니지만, 법이 개입할 경우에 원리적인 근거를 제시한다는 의미에서는 유용하다.

'배분적 정의'와 '교환적 정의'는 그 적용 범위를 달리한다. 권력자가 조직 내에서 재(財)를 배분하는 경우에 관계하는 것이 배분적 정의이고, 사인(私人, 개인) 사이의 관계(거래와 사실상의 접촉) 등에 관계하는 것이 교환적 정의이다. 전자는 조직 내에서 그 가치 상응에 재의 배분이 이루어지는 경우가 '올바른' 상태가 되고, 후자는 사인 사이의 관계에서 교환되는 가치가 동등한 경우가 '올바른' 상태로 여겨진다.

그렇다면, 기업과 근로자 사이의 근로관계는 어느 쪽의 정의가 타당한 것인가? 사실은 근로관계에 대하여 다음의 두 가지로 파악할 수 있는 방법이 있다.

첫째, 사인 사이에 노동력을 거래하는 수평적·사법적인 근로계약관계가 있다고 파악하는 방법이다. 여기에서는 법적으로는 계약자유의 원칙을 적용하는 것은 이미 확인된 대로이다. 하지만 특히 **근로관계**에서는 계약 당사자 사이에는 실질적인 비대등이 있을 수 있다고 하여 당사자의 합의에 따른 계약만으로는 교환가치의 대등성을 실현할 수 없는 경우가 있기 때문에, 가치의 대등성(교환적 정의)을 실현하기 위하여 **입법 개입이 필요하다**고 생각해 왔다. 제정법적으로는 노동기준법 등의 **최저기준 입법**과 노동조합법 등에 의한 근로자의 집단화를 통한 당사자 사이의 **대등성의 실현**이 그 구체적인 방법이었다.

둘째, 기업에서 취업실태에 착안하고, 근로자는 기업 공동체의 구성원으로 기업 사이의 지배종속관계라고 하는 수직적·공법적인 조직적 관계가 있다고 파악하는 방법이다. 이러한 조직적 관계에서 요구되는 정의는 기업에 의한 구성원의 취급이 그 가치에 따라 균등한 것을 요구하는 배분적 정의로 된다. "동일한 것은 동일하게 취급"한다고 부르는 원리이다. 그러나 지금까지의 제정법에서는 기업 공동체의 구성원이 되는 것은 정규직이고, 비정규직은 제외되고 있었다.

정함'의 두 개념, 두 기준에 따라 전체적 덕으로서의 정의와 부분적 덕으로서의 정의가 구분된다. 정의의 논의에서 반대되는 부정의 개념을 토대로 논의를 할 수 있는 것은 정의나 부정의가 품성상태라는 데서 기인한다.[네이버 지식백과]

정규직과 비정규직은 '동일한 것'(동등성)이라는 전제가 결여되어 있기 때문에 배분적 정의가 적용되지 않는다고 생각되어 왔다. 즉, 배분적 정의는 어디까지나 정규직의 범위 내에서만 적용하는 것이 있었다.

2012년 일련의 법 개정 이후의 동향은 기업 공동체의 구성원을 비정규직에게도 넓혀서 정규직과 비정규직 사이에도 배분적 정의를 적용하려고 하는 노력이 있다고 볼 수가 있다.

진정한 격차문제란

제4차 산업혁명이 진행되고 AI(인공지능)나 로봇이 인간의 업무를 대체해 가면, 비정규직의 단순 업무가 큰 폭으로 감소할 뿐만 아니라, 기업 내 업무가 재편성되어서, 개인 자영업자에게 아웃소싱이 증가해 정규직의 업무도 없어지게 될 가능성이 있다. 그렇게 되면 이제 정규직과 비정규직의 격차라는 문제 자체가 소멸된다. 여기서 생기는 새로운 격차문제는 새로운 첨단기술에 대응한 기술을 몸에 익힌 사람과 그렇지 않은 사람 사이의 격차(디지털 디바이드: Digital Devide)이다. 정부는 지속적인 성과를 기대할 수 없는 비정규직 개혁이 아니라, 향후 일어날 수 있는 **격차의 예방**을 위한 정책에 주력할 필요가 있다. 그래서 필요한 것은 **개인 자영업자 시대**가 올 것에 대비한 **교육개혁**이다.

CHAPTER
08
사라지는 비정규직

격차문제의 본질

(1) 종속노동론의 한계

고용사회에서 뭔가 노동문제가 발생했을 경우에 법학자는 아무래도 '**종속노동론**'이라는 틀에서 문제인식을 갖기 쉽다. 정규직과 비정규직의 격차에 대해서도 법학자는 이것을 기업에 따른 '**남용**'(유기 근로계약의 남용)이나 '**차별**'(비정규직에 대한 차별)이라는 도식으로 파악하는 경향이 있었다. 종속노동론에 따르면, 문제에 대한 대처방법은 기업 측의 권한과 자유(인사권, 계약자유, 경제활동의 자유 등)를 제약하기 위한 것이 중심이 된다. 그러나 대부분의 비정규직의 지위는 자발적인 계약에 따라 설정된 것이고(**계약자유**), 게다가 비정규직의 지위의 기본에 있는 일본식 고용시스템이 노사에 따라 여러 해를 거쳐서 형성된 것이다(**노사자치**). 그렇기에 기업과 비정규직 사이의 종속노동론이라는 도그마[1]적인 구조

---

1) <역자주> 도그마(dogma): ① 독단(獨斷). ② 교회에서 부동(不動)의 진리로

에서 접근해도 문제의 본질을 파고든 것이 아니고, 의도한 대로 효과는 발생하지 않을 것이다.

고용의 불안정성이나 낮은 처우라는 문제가 왜 발생하고 있는가를 <u>종속노동론을 버리고, 실태에 입각해(즉물적[即物的, sachlich]으로) 보게 되면, 이것은 비정규직이 '남용'이나 '차별'을 받고 있기 때문이 아니라, 각 기업이 정한 '정규직의 기준'에 합치하지 않았기 때문에 본인이 바라는 정규직의 지위를 얻을 수 없었다는 원인이 부상하는 것이다.</u>

(2) 잠재능력을 촉구하는 정책

각 기업이 어떠한 사람을 정규직으로 채용할 것인지를 법률로 규제할 수도 있다. 하지만 기업에 강제해 채용된 사람이 정규직이라는 지위의 에센스인 '인재육성'이라는 이익을 향수하는 것을 상정하기 어렵다. 인재육성은 기업과 근로자 모두의 신뢰관계가 있어야 성립되는 것이고, 강제로 설정된 관계에서는 성립되기는 어려울 것이다. '남녀차별'이나 '인종차별' 등은 기업의 편견에 기인하여 근로자를 낮게 평가하고 있을 가능성이 높다. 그렇기 때문에 강제적이라고 해도 능력을 평가할 기회가 부여되면, 기업도 편견을 갖고 있었다는 것을 깨닫고 새로운 신뢰관계를 발생하는 것도 상정할 수 있다.

그러나 비정규직의 정규직으로의 등용(登用)에 대해서는 상황이 다르다. 이미 계약관계에 맺고 있는 비정규직에게는 어떠한 편견에 따라 비정규직으로 채용되고 있었다고 해도 능력평가를 받을 기회가 있을 것이다. 그런데도 정규직에 등용되지 않는 것은 신규 학교졸업자(학졸자)를 중시하는 고용관행도 관련되어 있다고는 하나, 그 이상으로 '능력의 상위'(相違)가 있다고 기업이 판단하기 때문일 것이다. 그렇다면 정규직으

인정되는 교리(教理)·교의(教義)·교조(教條) 따위를 통틀어 이르는 말.

로 등용하지 않는 채 비정규직으로서 계약을 계속하는 것을 '**남용**'이라고 하거나, 근로조건의 격차가 있는 것을 '**차별**'이라고 하여 부정적으로 보아도 **문제의 해결로 이어지지 않는다.**

결국 **비정규직 개혁으로서 필요한 것**은 기업의 권한이나 자유를 제한하는 것이 아니라, 비정규직과 정규직의 격차를 초래하는 원인인 '**능력의 상위**'를 어떻게 좁히느냐가 중요하다. 능력의 상위를 방치한 채 기업에 격차의 해소를 강요해도 기업은 비정규직의 활용으로부터 회피할 뿐이다. 그렇다고 정규직이 늘어나는 것은 아니다. 오히려 기존 정규직의 노동 강화로 이어지거나, 자발형 비정규직의 고용기회가 줄어드는 등의 부작용이 생길 뿐이다.

즉, 기업이 아니라 근로자에게 촉구하여 격차가 생기지 않게 예방하는 정책이야말로 **비정규직 개혁의 핵심**이 된다. 본인이 가지고 있는 **잠재능력**(capability)에 어떻게 촉구하여 그 기능을 높일 것인지가 중요하다.

(3) 어떻게 능력을 갖출 수 있을까?

이와 같이 생각하면 문제는 정규직이 되는 것에 필요한 능력을 어떻게 갖출 것인가이다. 그런데 일본형 고용시스템의 핵심에 있는 정규직이라는 지위의 에센스는 반복적으로 서술하는 것처럼 '인재육성'에 있다. 구체적으로 말하면, 인재육성은 기업이 장기적인 전망으로 잠재적으로 유망한 인재를 모아서 자율적으로 육성해 가는 것이다. 정부가 제공하는 학교에서의 교육서비스는 미래를 향해 성장할 수 있는 인재의 기초를 만드는 것에 있고, 직접적인 직업교육에서는 분리되어 있었다(일부의 직업전문학교 등은 제외). 이러한 인재육성에서 기업과 정부의 역할분담에 비추어 볼 때, **정부가 완수해야 하는 역할**은 특별한 직업교육을 행하는 것이 아니라, 청년이 학교교육에서 탈락하지 않도록 하여 목적한 대로 학교에서 기업으로 중개할 수 있도록 하는 것이다.

그러나 이것은 일본형 고용시스템을 전제로 한 이야기다. 지금 이 고용시스템이 크게 동요하고 있다. 이것은 커다란 **환경 변화**가 발생하고 있기 때문이다. 그 첫째가 '**초고령 사회의 도래**'이다. 둘째가 '**제4차 산업 혁명의 도래**'이다.

02   초고령 사회의 도래

(1) 고령자 증가의 영향

우리는 15세까지 **의무교육**[2])을 받는다. 그 후 취직하거나 진학하든 지 늦어도 대학을 졸업하는 22세에서 근로생활을 시작하는 게 일반적이 다(다만, 특히 이과 계열의 학생은 대학원에 진학하는 경우가 많다. 그렇게 되 면 근로생활을 시작하는 연령은 조금 더 높아진다). 그 다음은 '**정년**'까지 일

---

2) <역자주> **의무교육**(義務敎育): 국가는 '국민생활의 향상'과 '복지국가 형성'을 달성하는 데 필요한 것이 교육의 의무화이다. 보호자가 그 자녀를 취학하도록 의무가 있는 교육이다. 일본에서 의무교육은 소학교 및 중학교이다.; 한국 헌법 은 '모든 국민은 그 보호하는 자녀에게 적어도 초등교육과 법률이 정하는 교육 을 받게 할 의무를 진다(헌법 제31조 2항)'고 하여 초등교육을 의무화하고, 초 등교육(6년)과 중등교육(3년)은 교육기본법에서 규정하고 있다(제8조). 이를 위해 국가는 시설의 확보 등 필요한 조치를 강구해야 하고, 지방자치단체는 그 관할 구역의 의무교육대상자를 모두 취학시키는 데에 필요한 초등학교, 중학교 및 그 과정을 교육하는 특수학교를 설립·경영해야 한다(초·중등교육법 제12 조). 교육을 받을 권리의 주체는 원래 취학연령에 있는 미성년자이나, 그 권리 의 실효를 위해 교육의 의무를 보호자가 진다. 그리고 헌법에 의무교육의 무상 이란 수업료를 받지 않는다는 의미이지만 실제로는 입학금과 수업료의 면제 외 교과서 무상공급 및 학교급식·육성회비의 국고전환 등도 있다. 나아가 '고 등학교 무상교육'은 2019년 2학기부터 3학년을 시작해, 2021년 전 학년을 실시 할 예정이다.[네이버 지식백과]

하고, 정년 이후에는 '**연금생활**'에 들어가는 것을 상정하였다. 정년은 과거에는 **55세**인 사례도 많았다. 하지만 현재는 **65세**까지 일하는 것을 상정하고 있다. **고연령자고용안정법**에서 기업에 정년을 의무화하고 있다. 정년연령은 60세 이상이다(제8조). 하지만 정년 이후에도 65세까지 고령자 고용확보 조치를 취하는 것을 의무화하고(제9조), 공적 연금의 지급개시 연령도 정년에 맞추어 65세로 인상하고 있기 때문이다(⇒ 제2장 2 「고령자고용안정법」). 이는 통계상의 생산연령이 15-64세로 되어 있는 것에 거의 대응하고 있다.

　다만, 이러한 청년기는 교육 그 후의 근로를 거쳐서, 노년기는 은퇴해 연금생활에 들어가는 틀에 박힌(stereotype, 상투적인) 인생설계는 '**인생 100년 시대**'에는 크게 재검토될 가능성이 크다(그래튼 외(グラット ン他)·2016).[3] 특히 급속한 고령사회의 도래에 직면한 일본에서는 65세에서 은퇴라는 설계에는 무리가 있다. 이미 **2015년** 시점에서 65세 이상 인구는 약 340만 명, 총인구에서 차지하는 비중으로 **26.6%**로 된다. 이것이 **2035년**에는 약 378만 명, **32.8%**로 된다(국립 사회보장·인구문제연구소 추계). 그중에서 75세 이상 인구 비율은 계속 상승하는 것으로 예상되어 '**초고령 사회**'(65세 이상 인구가 21%를 넘는 사회)가 도래한다. 공적 연금제도를 유지하기 위해서는 은퇴연령(연금지급 개시연령)을 **70세 이상**으로의 인상은 불가피하다.

　사실은 70세를 은퇴 연령으로 재설정하는 것 자체는 그다지 무리한 일이 아니다. 예를 들어 1960년의 일본인 남성의 평균수명은 65.2세로 당시 남성의 정년은 55세가 일반적이었다. 마찬가지로 정년 이후의 여명이 10년이라고 생각한다면, 남녀의 평균수명이 80세를 초과하고 있는 현재 70세까지 일하는 것은 오히려 당연하다. 게다가 '**의학의 발달**'이 고령까지의 취업을 가능하게 하고 있다.

---

3) <역자 주> 오영수·이수영·전용일·신재욱, 「백세시대 생애설계」, 박영사, 2020 참조.

그렇다고는 하나, 아무리 건강한 고령자라도 젊은 때처럼 일할 수 없다. 연령이 들면서 건강상황, 체력, 의욕, 흥미, 자산상황 등에 따라 자신의 베이스로 일하는 것을 희망하는 사람이 많아질 것이다. 그렇게 되면 비정규직의 구속성이 낮은 일하는 방법은 오히려 이상적인 일하는 방법이 될지도 모른다. 결국 <u>고령자가 되면 '자발형 비정규직'이 늘어나는 것을 예상되는 것이다</u>(⇒ 제2장 2. 비정규직은 왜 증가하고 있는가).

(2) 능력주의로의 전환

기업의 입장에서도 노동력 인구가 감소하는 흐름 속에서 고령자를 활용하지 않을 수 없는 상황에 처해 있다. 이러한 경우에 주목되는 것이 '첨단기술의 활용'이다. 예를 들어 '로봇의 발달'은 고령자의 신체적인 쇠퇴를 보충해 지원할 것이며, 정보통신기술(ICT)이 발달함으로 장소나 시간을 자유롭게 선택할 수 있는 '텔레워크'가 보급되면 물리적으로 이동하지 않아도 일할 수 있게 된다. 죽을 때까지 현역(現役)이라는 '은퇴 없는 인생'은 누구에게나 가능해지고 있다.

이것은 정년의 의미가 근본적으로 변화하는 것을 의미하며, 이것은 동시에 일본형 고용시스템에도 중요한 변화를 가져오는 것을 의미한다. 일본형 고용시스템의 핵심에 있는 정규직은 신규 학교졸업 시를 고용의 출발점으로 삼아, 그 후 고용과 임금의 안정하에 교육훈련을 받으며 직업인으로 육성되어, 기업의 폭넓은 인사권 하에서 활용되어 공헌이 기대되는 존재였다. 정년은 이러한 관계의 종료점이었다. 2012년의 고령자 고용안정법을 개정함으로 모든 희망하는 근로자에 대한 고령자 고용확보 조치가 기업에게 의무화되었다(⇒ <해설 2> 고령자고용안정법). 이것에 따라 정년은 실질적으로 보면 고용의 종료점이 아닌 '정규직'에서 '비정규직'으로 전환점을 바꿨었다. 하지만 그 뿐이라면, 일본형 고용시스템을 동요시키는 것은 없었다.

그런데 향후에는 정년 후의 고령자도 정규직과 같이 인재로서 최대한 활용되게 될 가능성이 있어, 이렇게 되면 상황은 달라진다. 고용을 종료시키는 의미에서의 정년은 없어지고, 능력에 따라 언제라도 일할 수 있게 된다. 하지만 이러한 의미에서 '**능력주의**'는 일본형 고용시스템과는 맞지 않는 것이다.

이렇게 말하는 것은 일본형 고용시스템에서 정규직의 고용과 임금의 안정은 (직무 수행 능력과는 다르다) 겉으로 드러난 능력만을 기초로 인사를 행하지 않고서 실현하고 있었기 때문이다. 즉 정규직은 어느 시점에서 능력을 발휘할 수 없어도 고용이 상실하거나 임금이 낮아지는 일은 없었다. 정규직은 고용과 임금의 안정, 충실한 교육훈련의 기회를 지휘명령을 받아 종속 상황에서 일한다는 대상(代償)을 주고 있었다. 기업 측에서는 정규직은 어느 시점에서 발휘된 능력이 충분하지 않아도 기업의 지시대로 일하는 한 능력의 신장을 기대할 수 있기 때문에 고용과 임금의 안정을 보장해도 상관없었다. 오히려 정규직에게 안심감을 주고, 성실하게 일하는 동기부여(motivation)를 높이면 생산성의 향상으로 이어지므로, 기업에도 이로운 점이 있었던 것이다.

그런데, 정년 후의 고령자를 인재로서 최대한 활용해 상기와 동일한 의미의 능력주의를 채택하면, 어떻게 될까? 저출산·고령화가 향후 진행되어 고령자 층의 비율이 증가하는 것을 고려하면, 능력주의가 모든 연령층에 침투해 갈 것으로 예상된다(장기적인 고용이나 임금의 안정보다는 능력주의에 따른 처우를 희망하는 '**고도의 외국인재**'가 늘어날 것도 예상된다). 이는 **일본형 고용시스템의 종언**을 의미한다.

게다가 이러한 동향을 가속시키는 요인이 되는 것이 '**제4차 산업혁명**'의 도래이다.

254 **PART 4** 진정한 격차문제란

03 제4차 산업혁명의 도래

(1) 바뀌는 산업구조와 취업구조

제4차 산업혁명은 독일에서 「Industrie 4.0」(일본의 '제4차 산업혁명'이 이것과 동일한 것인지는 논자에 따라 견해가 나뉜다)이라고 하며, 이것에 따르면 산업은 제1차 산업혁명(기계의 도입) ⇒ 제2차 산업혁명(분업과 대량생산) ⇒ 제3차 산업혁명(IT[정보기술] 등을 활용한 자동화)이라는 발전을 거쳐서, 사이버 공간과 현실 세계와의 융합을 특징으로 하는 제4차 산업혁명에 돌입한다고 한다(아래의 내용은 오오우치(大內) 2017(a) 참조).[4]

해설 9 📖 Society5.0

제4차 아베 내각이 2018년 6월에 발표한 성장전략의 정책문서의 제목에는 전년의 "**미래 투자 전략 2017**-Society5.0의 실현을 위한 개혁"에 이어 "**미래 투자 전략 2018**-'Society5.0', '데이터 기반 사회'로의 변혁"과 Society5.0라는 단어가 포함되어 있었다. 이 단어는 현 정부의 정책 키워드라고 할 수 있다. 제4차 산업혁명은 Society5.0 중의 **경제사회의 변화**를 제시한다고 할 수 있을 것이다.
Society5.0는 간단하게 말하면, '수렵 사회'(Society 1.0), '농경사회'(Society2.0), '공업 사회'(Society3.0), '정보 사회'(Society4.0)에 이어 인류역사상 다섯 번째 새로운 사회에서 '**초스마트 사회**', '**창조사회**' 등이라고도 한다.
  여기에서는 IoT(사물인테넷)에 따른 모든 사람과 물건이 연결되고, 현실 공간의 센서(sensor, 감지기)로부터 방대한 정보가 가상공간에 집적되고, 이 빅데이터를 AI가 분석하고, 그 분석결과가 현실공간의 사람에게 다양한 형태로 피드백하게 된다. 이에 따라 많은 사회문제의 해결이 예상되고 있다.

---

4) 大内伸哉『AI時代の働き方と法—2035年の労働法を考える』(2017年(a), 弘文堂)(오우우치 신야(이승길 역), 『인공지능(AI)의 근무방법과 법』, (박영사, 2019).

이러한 제4차 산업혁명의 도래는 기존의 산업구조 및 취업구조를 아주 달라지게 할 가능성이 있다. 제4차 산업혁명의 핵심을 담당하는 AI와 로봇 등은 '정형적 근로'뿐만 아니라 '비정형적 근로'도 축소화(省人化)를 진전시켜 일본의 고용의 볼륨 존인 종래형의 '중간기술 사무직'(화이트 칼라)의 일을 크게 감소시킬 가능성이 높다.

예를 들어 회계, 급여관리 등의 인사 부문, 데이터입력 계열 등 간접 부문(팩[pack]5) 사무실)의 직업은 'AI(인공지능)'와 '글로벌 아웃소싱'으로 감소한다. 또한 영업 · 판매 부문에서도 저렴 · 정형적인 보험상품의 판매원, 슈퍼마켓의 계산원 계열 등 부가가치가 낮은 영업 · 판매에 관계되는 업무도 감소한다. 이 부문에서는 고객 데이터와 고객의 요구를 파악하고, 제품이나 서비스와 매칭하는 과정이 'AI'와 '빅데이터'에서 효율화 · 자동화되기 때문에 축소화가 진행되는 것이다. 한편, 안심감(안심이 되는 마음)이 구매의 결정적인 수단이 되는 상품 · 서비스 등의 영업 · 판매에 관계되는 일은 증가한다.

또한 서비스 부문에서도 AI나 컴퓨터 작업을 자동적으로 소프트웨어가 처리되는 RPA(로봇 과정 자동화, Robotic Process Automation) 등에 따라 과거의 데이터에서 AI에 의해 쉽게 유추할 수 있거나, 동작이 반복 계속형이기 때문에 '로봇'이 모방할 수 있는 것인 부가가치가 낮은 단순 서비스와 관련된 업무는 감소한다(대중음식점의 점원, 중급 · 저급 호텔의 객실 계열, 콜센터, 은행창구 계열, 창고 작업자 등의 업무). 한편 사람이 직접 대응하는 것이 서비스의 질과 가치의 향상으로 이어지는 고부가가치 서비스업의 일은 증가한다(고급 레스토랑의 접객 계열, 세심한 돌봄, 아티스트(artist, 미술가+예술가) 등).

또한 제조 · 조달 부문에서는 IoT 및 로봇 등으로 인하여 축소화 ·

---

5) <역자주> 데이터를 기억 매체에 부호화하여 압축된 형태로 저장하는 것.

무인화 공장이 상식화하기 때문에 제조와 관련된 업무는 감소하고, IoT를 구사한 공급망(supply chain)의 자동화·효율화에 따라 조달과 관계된 일도 줄어든다.

　경영기획·상품기획·마케팅, R&D(연구개발)와 같은 상류(上流, 업스트림)공정 부문에서는 다양한 산업 분야에서 새로운 비즈니스 시장을 확대하기 위하여 **고기술 업무**(high skill)가 증가하고, 데이터 과학자 등의 고기술 업무 지원으로 **중간기술 업무**(middle skill: 작업 담당자(operation staff) 등)도 증가한다. IT업무 부문에서도 업무가 증가한다(이상의 내용에 대해서는 경제산업성6)의 산업구조심의회가 2016년 4월 27일 발표한 '새로운 산업구조 비전 ~ 제4차 산업혁명을 선도하는 일본의 전략 ~ (중간 정리)'를 참조하였다).

칼럼 14　📖　은행의 창구업무는 왜 기계에 따라 대체할 수 없는데 소멸하는가?

기술혁신이 고용에 미치는 영향을 과소평가하는 논자 중에는 우리의 일은 매우 복잡한 작업을 재편성하여 행하고 있으며, 이것이 기계로 대체할 수 있을 리가 없다는 논거를 가진 사람도 있다. 그러나 이 종류의 논의에는 **역무원**7)이 하던 **표의 개찰행위**(정규 표인가를 확인하면서 개찰 펀치로 누름)를 보고, 이러한 복잡한 작업은 로봇이 할 수 없기 때문에, 개찰은 기계로 대체할 수 없다고 말하는 것과 동일한 오류에 빠져 있는 것처럼 생각된다. 말할 필요도 없이 개찰 업무는 거의 소멸하였다. **'자동 개찰기'**를 통하여 사람이 하고 있는 것과는 다른 방법으로 승객이 정규 요금을 지불하고 목적지로 가고 있는지를 확인하게 되었기

---

6)　<역자주> 경제산업성(經濟産業省): 일본 '경제산업성설치법 제3조에 정해진 "민간 경제 활력의 향상 및 대외경제관계의 원활한 발전을 중심으로 하는 경제 및 산업발전과 광물자원 및 에너지의 안정적이고 효율적인 공급확보를 도모"하기 위하여 경제산업정책, 통상정책, 산업기술, 무역·통상물류정책 등을 관장하고 있다. 우리나라의 '산업통상자원부'와 비슷한 역할을 담당하고 있다.

7)　<역자주> 역무원(驛務員): 철도역에서, 안내·매표·개찰 따위 업무에 종사하는 사람. 역부(驛夫). 역원.

때문이다.

이것이 보여주는 것은 'AI와 로봇의 위협'은 단순히 인간의 작업을 그대로 대체할 수 있는지 여부라는 차원만의 일이 아니다. 이 차원의 이야기라면 기계로 할 수 없는 작업은 많이 있다. 그러나 인간이 행하고 있는 작업의 목적과 기능을 전혀 다른 방식으로 기계가 실현하면서 그 작업 자체가 필요 없게 될 수도 있다. 이것은 AI와 로봇의 위협이라는 측면도 있지만, 달리 말하면 AI와 로봇을 사용해 사람이 새로운 작업이나 업무를 편성하고, 나아가 새로운 비즈니스를 만들어 낼 수 있다는 것이기도 하다. 여기에서 '새로운 일자리'가 발생할 수도 있다.

은행의 창구업무와 같은 고객에게 세심한 차별화된 서비스를 대행하는 로봇의 개발은 어렵다고 해도, 창구업무를 필요 없게 하는 금융 비즈니스를 개발하는 것은 쉽다. 그래서 기계로 대체되지 않고서도 창구업무는 쇠퇴하고, '핀테크'(Fintech)[8]를 활용한 상품개발업무는 성장하는 것이다. 이것은 현재의 첨단기술이 고용에 미치는 영향을 상징하고 있다.

보론 18 · 💾 유기고용 및 무기고용의 상대화

기업이 신기술에 대응해 가면서, 이것에 대응할 수 없는 '잉여인력의 고용조정'은 불가피하다. 해고권 남용법리(노동계약법 제16조)는 해고의 제한법리이다. 하지만 '정당한 이유'가 있으면 해고를 인정하는 것도 함의하고 있다. 예를 들어 경영상의 필요성이 높고, 해고회피 노력 가능성이 적은 경우에는 해고가 유효하다고 판단될 가능성은 충분히 있다. 즉 기업이 인재를 자리바꿈(reshuffle)의 필요성이 커지면, 해고권 남용법리가 있더라도 고용조정을 억제하는 것은 어려울 가능성이 커질 것이다. 그렇게 되면 현재 정규직의 고용보장은 크게 약체화해 질 것이다.

---

8) <역자주> 핀테크(FinTech): 금융(Financial)과 기술(Technology)의 합성어로 정보기술(IT)로 진화된 금융서비스 기술을 의미하며 송금, 모바일 결제, 개인 자산관리, 크라우드펀딩 등이 속한다. 빠른 속도와 비용 절감을 장점으로 전통적 금융 산업을 대체하며 빠르게 성장하였다.[네이버 지식백과]

이것은 유기 근로계약과 무기 근로계약의 상위를 상대화하는 것으로 이어진다. 민법상의 무기 근로계약은 언제든지 해약할 수 있는 점에서 고용의 안정성은 낮은 계약인 반면, 유기 근로계약은 적어도 계약기간 내에는 고용이 보장되는 (부득이한 사유가 없으면 중도 해제가 되지 않음) 계약이다(민법 제627조, 제628조). 기업에서 무기 근로계약의 해지(즉 해고)는 노동법에서 제한해 왔다. 하지만 그 제한 기능이 위에서 설명한 바와 같이 약체화되어 가면, 양 계약 사이의 고용안정성의 상위는 작아질 것이다(미국법과 같이 해고가 원칙적으로 자유로운 임의고용의 국가에서는 유기 근로계약 쪽이 고용이 안정된 계약이 된다). 이렇게 되면 비정규직과 정규직을 구분하는 의미는 없으며, 그 사이의 격차를 논할 필요가 적어진다.

(2) 인간과 기업의 분업체제의 변화

제4차 산업혁명이 미치는 이러한 영향은 기업 내에서 인간과 기계의 분업체제도 재검토하게 될 것이다. 기업은 AI와 로봇(RPA[로봇 과정 자동화]도 포함) 등의 기계를 활용하는 편이 효율적인 작업은 기계로 대체해 갈 것이다. 이러한 기계로의 대체는 정형성이 높은 작업에 특히 알맞을 것이고, 그 결과로 이러한 작업에 종사하는 경우가 많았던 비정규직의 고용이 잃게 되는 것은 확실하다(정형성이 가장 높은 단순작업 중에는 기계를 도입하는 것보다 저임금의 인간에게 맡기는 편이 좋은 경우도 있기 때문에 이러한 작업은 사람의 일로 남을 것이다).

그러나 사실 이것은 정규직에게도 관계가 없다고는 할 수 없다. 작업기술서(job description: 직무기술)가 명확하지 않는 가운데, 다양한 업무에 종사하는 정규직이 실제로 수행하는 작업에서도 정형성이 높은 것이 있다. 예를 들어 앞에서 살펴본 것처럼, 간접 부문(백 사무실) 업무에는 이러한 작업을 많이 포함되어 있다. 이것이 일본의 화이트칼라가 근로시간이 긴 것에 비해서는 높은 부가가치를 창출하지 않는다고 하는 노동생산성이 낮은 원인이 되어 있었다. 이러한 부문의 업무가 제4차 산업혁명의 진전으로 불가피하게 감소한다.

요컨대, 기업 내에서 '**업무의 재편성**'이 일어날 것이다. 현재는 비정규직, 정규직에 관계없이 기계로 대체할 수 있는 작업을 행할 가능성이 있다. 이것이 기계로 대체되는 결과, 인간의 일로 남는 것은 AI와 로봇으로는 대응할 수 없는 비정형적인 작업(데이터의 활용이 어려운 작업과 인간적인 요소가 강한 작업 등)이고, 이 중에서도 중요한 사실은 기계가 할 수 없는 '**창조력**'과 '**혁신 능력**'을 구사하여 부가가치를 창출하는 일이다.

이러한 창의력과 혁신이 풍부한 일에서는 성과 중시의 일하는 방식이 되기 때문에 근로시간을 규제하는 것이 필요 없게 된다. 자신의 일하는 방식은 자율적으로 제어하는 편이 낫기 때문이다. 또한 보수는 시간외 근로에 대한 할증임금(노동기준법 제37조)[9]도 포함하여, 근로시

---

9) <역자주> 일본의 노동기준법에서는 고용주는 연장근로에 대하여 가산임금을 지급해야 한다(제37조 제1항).(벌칙을 붙인 의무화는 가산임금의 부분만인지, 통상임금도 포함할 것인지는 논란이 있다. 이것은 미지급 시 부가금의 금액에도 영향을 미친다). 가산율은 「노동기준법 제37조 제1항의 연장 및 휴일의 가산임금에 관계되는 비율의 최저한도를 정하는 정령(政令)」에서 규정하고 있으며, 연장근로의 가산율은 25% 이상이다. 2008년 노동기준법을 개정(2010. 4. 1. 시행)할 당시에 월의 연장근로시간이 60시간을 초과하면, 그 시간분의 가산율은 또 25%를 추가해 합계 50% 이상이 되었다(제37조 1항 단서). 다만, 25%의 추가 부분은 과반수대표와의 노사협정이 있으면 유급휴가를 부여하는 것으로 대체시킬 수 있다(제37조 3항). 이 대체휴가는 연차휴가와는 다른 것이다. 이 제도는 최근에 정책을 논의하는 데에서도 언급되는 연장근로에 대한 '금전보상에서 대체휴일로'의 모델이 되고 있다. 그 밖에 야간근로(오후 10시-오전 5시)에도 25% 이상의 가산임금을 지급할 의무가 있고, 야간근로와 연장근로가 중첩되면 가산율은 50% 이상이 된다(노동기준법 시행규칙 제20조 1항). 1개월의 연장근로시간이 60시간을 초과하고 있는 경우에는 가산율은 75% 이상이 된다(노동기준법 시행규칙 제20조 1항).; 한국 근로기준법 제56조(연장·야간 및 휴일 근로) 사용자는 연장근로(제53조·제59조 및 제69조 단서에 따라 연장된 시간의 근로)와 야간근로(오후 10시부터 오전 6시까지 사이의 근로) 또는 휴일근로에 대하여는 통상임금의 100분의 50 이상을 가산하여 지급하여야 한다(위반 시 3년 이하의 징역 또는 2천만 원 이하의 벌금/반의사불벌죄(양벌규

간의 길이에서 벗어나 성과에 따라 종합적으로 산정하게 될 것이다.

이것이 근로시간규제의 적용제외를 의미하는 '화이트칼라 이그젬션'(white-collar exemption, 근로시간 적용제외)이다(이것에 대해서는 오오우치(大內) 2015 참조). 이것에 가까운 제도는 2018년 개정 노동기준법에서 '고도 프로페셔널 제도'(高度プロフェッショナル制度,10) 노동기준법 제41조의 2)로 도입되었다.11)12)13) 하지만 **이 경우에는 근로자 측에서 강력한 저항이**

정)).

10) <역자주> 일본에서는 미국의 '화이트칼라 이그젬션 제도'와는 구별하기로 했기 때문에 '새로운 자율적인 근로시간제도'는 이른바 **'일본식으로 조정된(일본판) 화이트칼라 이그젬션'**이라고 할 수 있다. 논의과정 중에서 '잔업비 제로'를 초래한다는 비판이 워낙 커서 실현되지 못하였다. 2007년 이후에 화이트칼라의 근로시간문제 등과 관련한 근로시간제도의 개혁론은 거의 논의되지 않았다. 그후 고용분야에서는 규제강화를 중시하는 '민주당 정권'이 2009년 9월에 탄생했기에 우선 단절되었다.

다시 아베 정부는 2014년 6월 24일 '일본재흥전략'을 각의 결정하고, 이것이 현재의 가장 새로운 정부의 정책요강이다. 여기에서는 '시간이 아니라 성과로 평가하는 제도로의 개혁'으로서 "시간이 아니라 성과로 평가하는 근무방식을 희망하는 일꾼의 니즈에 응하기 위하여 일정한 연수입 요건(예, 적어도 연수입 1,000만 엔 이상)을 충족시키고, 직무범위가 명확하며 고도의 직업능력을 가진 근로자를 대상으로 건강의 확보나 일과 생활의 조화를 도모하면서 근로시간의 길이와 임금의 연계를 분리한 '새로운 근로시간제도'를 창설하기로 하고, '노동정책심의회'에서 검토하여 결론을 내린 후 차기 통상국회를 목표로 필요한 법적 조치를 강구한다"고 하였다. 근로시간 규제의 핵심 부분인 가산임금의 규제를 적용제외로 한다는 점에서는 화이트칼라 이그젬션, 재량근로제, 관리감독자도 하나로 통합할 수 있다. 이러한 제도들은 모두 같은 적용제외제도로 통합하는 편이 알기 쉽고, 제도의 명확성이라는 점에서도 바람직하다. 다만, 화이트칼라 이그젬션은 적용된 때의 효과로서 '야간할증임금'이나 '휴일할증임금'도 적용제외로 하는 완전한 이그젬션으로 하는 점에서 재량근로제와 구별된다.

11) <역자주> '고도의 전문적 지식 등을 필요로 하고, 그 성질상 종사한 시간과 종사해 얻은 성과의 관련성이 통상 높지 않다고 인정되어 후생노동성령에서 정한 업무 중 근로자에게 취업하도록 하는 업무'에 대하여 노사위원회의 5분의 4 이상의 다수에 의한 의결(그 결의는 행정관청에 신고해야 한다)로 적용대상자(직무가 명확하고 일정 이상의 연수입이 있을 것), 건강관리 파악 조치, 건강확보 조치(① 종업에서 시업까지 휴식시간[근무간 인터벌]의 확보 · 심야업의

있었던 것은 기억에 새롭다. 그러나 이 반발을 잘 살펴보면 **새로운 제도가** **'구속적인 일하는 방식을 하고 있는 근로자'에게도 적용되는 것이 아닌가라는** 우려에서 나온 것이다. 진정으로 '창조적인 일하는 방식을 수행하고 있는 근로자'에게 현행법의 엄격한 근로시간의 규제가 불필요한 것에는 거의 이견이 없는 것으로 생각된다. 그래도 근로시간의 규제가 적용되지 않는 것에서 생기는 **과로**(過勞)의 우려는 남아 있다. 하지만 이것은 근로시간의 규제가 아니라 **첨단기술을 활용**해 개인의 **건강상태**를 직접 파악하여 대처할 수 있다.

어느 경우든 사람들이 **창조성을 발휘해 성과의 추구라는 일하는 방식** **이 일반적인 것으로 되면** 더이상 풀타임 근로자와 파트타임 근로자 등 근로시간의 길이에 따른 구분은 의미가 없어질 것이다. 그렇게 되면, 정규직과 비정규직을 구분하고, 양자의 격차를 논할 실익도 없어지게 될 것이다.

제한, ② 건강 관리시간의 상한 설정, ③ 연간 104일 이상, 또한 4주에 4일 이상의 휴일을 확보하는 중의 어느 하나의 조치를 강구하는 것)를 정한 경우에, 또한 적용대상자의 서면 등에 의한 동의가 있는 경우에 근로시간과 관련된 규정(근로시간, 휴게, 휴일, 심야의 할증임금에 관한 규정)은 적용하지 않는다는 것이다.

12) <역자주> 일본에서는 2018년 6월 29일 아베노믹스 고용개혁의 핵심사항으로 '일하는 방식 개혁을 추진하기 위한 관계 법률 정비에 관한 법률안'이 정기국회를 통과하였다. 이른바 '고도 프로페셔널제도(고프로제도)'는 그 대상근로자는 **연간 1,075만 엔 이상의 연봉을 받는 고도의 전문직**(증권 애널리스트, 연구개발 종사자, 컨설턴트 등)이다. 다만, 제도의 실시를 위해서는 연간 104일의 휴일을 의무화함, 인터벌 조치, 1개월 또는 3개월의 회사 체류기간 등의 상한 조치, 2주간 연속휴일 확보 조치, 임시 건강진단 등의 건강 확보 조치를 취한 후 본인의 동의 빛 위원회의 의결 등을 거쳐야만 한다.

13) <역자주> 고도의 프로페셔널제도는 도입 요건이 엄격하고, 건강관리나 건강 확보 조치의 사용자에 대한 의무화 등의 규제가 강하고, 자유로운 근무방식에는 적합하지 않는 것이 문제이다. 또한 이 제도는 기존의 '관리감독자제도'나 '재량근로제'를 존치하면서 신설하기에는 제도가 더욱 복잡해질 우려도 있다는 견해도 있다(大內 2015, 178면 이하를 참조).

(3) 업무의 재편성의 효과

이러한 업무의 재편성(인간과 기계의 분업의 재검토)의 효과는 다음과 같다.

첫째, 정규직의 업무는 보다 세분화되어 전문성이 높은 업무로 한정될 것이다('모듈화'[14]와 '전문화'). 종래와 같이 기업 중심의 교육훈련을 통한 일반적인 능력을 육성하지는 않을 것이다.

둘째, 위의 모듈화와 전문화가 진행되면 그 업무를 수행하기 위하여 필요한 기능을 기업 내에서 훈련하여 습득할 필요가 있는지, 이러한 기능을 가진 외부노동력을 활용(아웃소싱)할 것인지의 선별이 쉬워질 것이다. 이 결과로 지금까지 내부사원(정규직)이 맡았던 업무를 외부노동력(개인 자영업자, 프리랜서,[15] '노마드 워커'(nomad worker)[16]등)에게 발주하는

---

14) <역자주> **모듈 기업**(module企業): 생산 공장을 보유하지 않거나 최소한의 시설만을 보유하고, 부품이나 완제품을 외부 기업에서 조달하여 최종 제품을 판매하는 기업. 생산 시설을 갖추지 않은 대신에 마케팅이나 디자인에 집중적으로 투자하여 경쟁력을 높일 수 있는 장점이 있음.

15) <역자주> **프리랜서**(freelancer): 일정한 집단이나 기업에 전속되지 않은 자유기고가나 배우 또는 자유계약에 의하여 일을 하는 사람. 프리랜서는 어떤 영주에게도 소속되지 않은 자유로운(free) 창기병(槍騎兵: lance)이라는 뜻으로, 중세 서양의 용병단에서 유래한 말이다. 이들은 보수를 받고 이곳저곳의 영주와 계약을 맺고 그 고용주를 위하여 싸웠다. 이들은 대의명분이나 고용주가 어떤 사람이건 상관하지 않고 오로지 보수만을 위하여 여기저기로 옮겨 다녔다. 현재는 특정한 사항에 관하여 그때 그때 계약을 맺고 일을 하는 자유계약 기자나 방송사 작가, 배우, 가수, 연출가, 카피라이터, 디자이너, 무소속의 정치가 등 집단이나 조직의 구속을 받지 않고 자기 자신의 판단에 따라 독자적으로 일을 하는 사람을 말한다. 어떤 특정 조직에 명확하게 소속하지 않고 또한 봉급을 받는 정식직원도 아닌 저널리스트, 음악가, 작가 등도 포함된다. 외부의 구속 없이 창의적 작업 수행을 원하는 사람들은 일부러 프리랜서를 자처하기도 한다. 세금은 연말에 정산을 하지 않고 그 다음 해 5월 31일 종합소득세를 내는 직종이다.[네이버 지식백과]

16) <역자주> **노마드워커**(nomad worker): 유목민이라는 노마드(nomad)에서 따온 신조어로, 핸드폰·태블릿 PC 등 휴대용 기기를 이용해 시간과 장소에 구애

경우가 늘어날 것이다.

특히 통신 속도가 현재의 100배 정도로 알려진 5G(5세대 이동통신)[17]의 도래에 따른 정보통신 환경의 극적인 개선은 데이터를 활용해 자영적으로 텔레워크(Telework, remote work)를 하는 사람(재택근무자)을 급증시킬 것이다.[18]

셋째, 이러한 아웃소싱의 진전은 기술혁신의 속도가 빠르기 때문에, 기업이 정규직을 교육훈련해 신기술에 필요한 기능을 습득시키는

받지 않고 이동하며 일하는 프리랜서를 일컫는 말이다. 언제 어디서나 일할 수 있다는 장점 때문에 점차 하나의 트렌드로 되고 있다.[네이버 지식백과]

17) <역자주> 5G(5세대 이동통신, fifth generation mobile communications): 최대 속도가 20Gbps에 달하는 이동통신 기술로, 4세대 이동통신인 LTE(롱텀에볼루션)에 비해 속도가 20배 가량 빠르고, 처리 용량은 100배 많다. 특히 앞서의 CDMA(2세대), WCDMA(3세대), LTE(4세대)가 휴대폰과 연결하는 통신망에 불과했던 반면 5G는 휴대폰의 영역을 넘어 모든 전자 기기를 연결하는 기술이다. 이에 5G는 강점인 초저지연성과 초연결성을 통해 4차 산업혁명의 핵심 기술인 가상 · 증강현실(VR · AR), 사물인터넷(IoT), 인공지능(AI), 빅데이터 등과 연계해 스마트 팩토리, 원격의료, 무인배달, 클라우드 · 스트리밍 게임 등까지 다양한 분야에서 엄청난 변화를 일으킬 것으로 전망된다. 한편, 국제전기통신연합(ITU)은 공식 용어로 5G를 IMT-2020이라고 부른다. 3G는 IMT-2000, 4G는 IMT-Advanced라고 하는데, 여기서 IMT는 국제 모바일 통신 시스템(International Mobile Telecommunication System)을 뜻한다.[네이버 지식백과]

18) <역자주> 텔레워크: ICT(정보통신기술)의 발달로 장소와 시간에 관계없이 근무방식을 행할 수 있는 근무방식의 대표적인 사례로 주목받고 있다. 텔레워크의 종류에는 근로계약을 체결하고 있는 고용근로자가 종사하는 '고용형'과, 업무도급계약 등 근로계약이 아닌 계약을 체결하고 있는 자가 종사하는 '자영(비고용)형'이 있다. 또한 광의의 텔레워크에는 '재택근무(재택형)'와 스마트폰 등을 활용해 '사업장 밖의 근무(모바일형)'가 있다. 전자가 재택근무이다(그 밖에 '새틀라이트(satellite)형'과 같이 본사와 달리 '새틀라이트 오피스에서 일하는 유형'도 있다). 텔레워크의 장점으로는 지적 창조적인 근무방식만이 아니라, 일 가정의 양립(work-life balance)의 실현, 다양한 이동이 어려운 자에 대한 고용기회의 확대 등도 있다. 텔레워크는 제4차 산업혁명 후의 사회에서는 '표준적인 근무방식'이 될 필요성이 높다. 텔레워크의 도입으로 법적 장애는 거의 없고, 오히려 기업의 신기술을 이용해 텔레워크제도의 장점(생산성의 향상 등)을 충분하게 살리기 위한 '경영자의 의식 개혁'이야말로 중요하다.

것이 곤란하게 되었는 가에도 기인한다. 장래에 필요한 기술을 예측하기가 어렵다는 불확실성이 있으므로, 기업으로서는 투자를 단행하기 어렵기 때문이다. 필요한 노동력은 '자기 부담의 육성'을 하기보다는 '기성제품의 구입'을 하는 것이다.

넷째, 지금까지 개인 자영업자에 대한 아웃소싱은 이러한 인재를 찾는 것이 어렵다는 문제가 있었지만, 정보통신기술(ICT)의 발달로 인터넷상에서 매칭은 용이해지고, 실제로 그 업계에 비즈니스로 진출하는 '플랫포머'(platformer)19)도 속속 나타나고 있다. 근로자파견이 노동시장에서 완수해 온 역할은 '크라우드 소싱'20) 등의 새로운 인터넷상에서 개인 자영업자의 중개로 모습을 전환하고 있다.

다섯째, 게다가 이러한 매칭은 기계번역의 정확도에 뚜렷한 향상을 볼 수 있는 가운데, 글로벌한 시장에서 전개되어진다. 언어상의 핸디캡(handicap, 불이익)에서 일본기업이 일본인과의 거래에 집착할 필요도, 또한 일본인이 일본기업에 집착할 필요도 없어진다.

이와 같은 일련의 효과도 '일본형 고용시스템의 종언'을 의미하는 것이다. 더이상 기업은 인재를 육성하지 않고 필요한 인재는 인터넷을 통하여 글로벌하게 조달하게 된다. 여기에는 고용과 임금의 안정이라는 것은 없고, 기간도 보수도 계약기준으로 정해져 지게 된다. 물론 '개인

---

19) <역자주> '플랫포머'(platform): 크라우드 워크는 인터넷으로 중개하는 업자(라고도 한다)를 말한다(아마존, 구글 등). 여기서 '플랫폼'(platform)이란 많은 기업이 모여서 비즈니스를 펼치는 '장소'를 말한다. 중개해 기업에게 근로자를 소개하면 '직업소개'가 되고, 사업 허가가 없으면 '직업안정법 위반'이 된다.

20) <역자주> 크라우드 소싱: 크라우드 워크(crowd work)는 비고용형의 텔레워크의 일종이다. 기업 측에서 본 '크라우드 소싱'(crowd sourcing)이라는 표현이 자주 사용되고, 이는 인터넷을 통하여 불특정한 다수의 크라우드(대중)를 위하여 업무를 위탁하는 것이다. 이것의 특징은 특정한 사업자에 대한 외부위탁인 '아웃소싱'(out sourcing)과는 달리, 불특정 다수에게 특정한 업무(직무)를 발주하는 점에 있다. 기업이나 개인이 불특정 다수의 대중에게 업무를 주문하고, 거기에서 조건이 합치된 자(크라우드 워커)와 '업무위탁계약'을 맺는 것이 크라우드 소싱의 전형적인 패턴이다.

자영업자'에게는 노동법이 적용되지 않기 때문에 '해고권 남용법리'(노동계약법 제16조)와 '최저임금법' 등은 적용되지 않는다.

04 진정한 격차의 시정책은 무엇인가?

(1) 어느 시대에도 있는 격차문제

일본형 고용시스템의 종언은 정규직이라는 사람이 없어지는 것을 의미한다. 그렇게 되면 정규직의 지위를 보완하는 비정규직의 지위는 의미가 없어진다. 따라서 정규직과 비정규직의 격차는 문제되지 않을 것이다.

또한 정보통신기술(ICT)의 발달과 AI와 로봇 등 첨단기술의 활용에 따른 비즈니스 모델이 변화하면서 기업에 고용되어 일하는 사람도 감소해 간다. 정규직의 지위도 비정규직의 지위도 노동법상의 기업에 고용된 '근로자'의 범위 내이다. '근로자' 이외의 사람이 늘어나면, 역시 정규직과 비정규직의 격차는 문제없게 된다.

그렇다면 격차문제는 없어지는 것일까? 역사를 되돌아보면 고용사회는 항상 기술혁신의 영향을 받아 그 변화의 물결을 탔거나 타지 못했던 것의 격차는 항상 존재하고 있었다. 현재의 정규직과 비정규직의 격차도 실제로는 IT의 영향 하에 업무의 규격화 · 정형화가 진행되어, 정규직의 고용이 줄어들고, 저임금 비정규직의 고용이 늘어난 것도 원인이 있었다(⇒ 제1장 3).

제4차 산업혁명 속에서 발생하는 격차도 새로운 기술과 공생하는 능력이 다르기 때문에 발생할 가능성이 있다. 그중에서도 AI와 로봇의 활용 기술을 습득하지 않으면 앞으로의 시대는 양호한 고용을 찾기란 어려울 것이다. 이러한 디지털 기술을 사용할 것인지 여부의 격차(디지털 디바이드)가 향후 격차 문제의 중심이 될지도 모른다.

이것뿐만 아니라, '근로자'가 아닌 개인 자영업자가 증가하면, 원래 기능의 습득방법이 크게 바뀌어 갈 것이다. 이것은 일본인의 직업교육에서 중요한 역할을 했던 것은 '기업'(企業)이었기 때문이다.

(2) 정말로 필요한 직업교육이란 무엇인가?

장기고용을 전제로 기업이 양호한 훈련기회를 제공해 왔던 것이 정규직의 생산성 향상으로 이어지는 것과 동시에, 이러한 기회를 제공받지 못했던 비정규직과의 격차를 낳았다. 만약 격차문제가 정규직과 비정규직 사이에 머물러 있으면, 비정규직도 교육기회를 부여하는 대책방법도 있었다(파트·유기노동법 제11조 참조). 그러나 정규직으로 활용할 수 있다고 평가되지 않은 인재에게 교육훈련을 행하도록 기업에 요구하는 것에는 한계가 있는 것은 전술한 바와 같다. 그래서 **정부**가 나서게 된다. 다만, 비정규직을 디딤돌(stepping stone)로 활용하는 정책은 그 효과로 많은 것을 기대할 수 없다(⇒ 제6장 4. 정책적 타당성). 따라서 정부는 '<u>산업계</u>'와 협력해 정규직으로 채용되기에 적합한 인재를 육성할 필요가 있다(⇒ 제6장 5).

이러한 정부의 인재육성정책은 개인 자영업자가 늘어나는 경우에 한층 더 필요할 것이다. 여기에는 개인 자영업자는 기업에 귀속되지 않는 이상, 더이상 기업을 직업훈련의 장으로 할 수 없다. 개인 자영업자의 육성은 자신의 의사에 따른 것이고(자조[自助]), 이것을 정부가 지원한다(공조[公助])는 도식이다.

또한 필요한 직업훈련은 지금까지 기업이 정규직에게 수행해 온 것과는 다른 것이 될 것이다. 앞에서 살펴본 것처럼, 제4차 산업혁명은 창조성과 혁신이 중요한 시대이다. 직업인으로서 자립해 나아가기 위해서는 이러한 기능과 능력을 어떻게 습득할 것인지가 중요하다.

실제로 직업을 수행하는 데 필요한 기술은 일취월장(日就月將)으로 기술혁신에 따라 시시각각으로 변화한다. 우선 각 사람은 향후 요구되는 기능이 이러한 짧은 기간에 변화하는 것임을 자각해 변화에 적응하려는 능력을 높일 필요가 있다. 인터넷에서 정보수집도 이를 위한 유력한 수단이 된다. 이에 더불어 정부는 학교교육에서 직업활동을 하는 데 기초가 되는 것을 가르칠 필요가 있다. '**정보 리터러시**'(information literacy: 정보 **활용능력)**뿐만 아니라, **금융, 법학 · 계약** 등의 리터러시 교육과 **시스템 교육** (과학, 기술, 공학, 수학에 관한 교육), 또한 창조력의 원천이 되는 **리버럴 아트**(liberal arts[21])**(교양) 교육**에 주력하는 것이, 결국은 '**인생 100년 시대**'에서의 장기간의 직업생활에서 살아남기 위한 기초능력의 습득으로 이어진다.

이에 더불어 앞에서 살펴본 것처럼, AI와 로봇을 비롯한 **첨단**(先端)의 '**디지털 기술**'과 **공생**(共生)하는 힘도 중요하다. 첨단기술의 도입으로 사라지는 일이 있다(⇒ 제8장 3. 제4차 산업혁명). 하지만 이것은 본래 사람이 수행할 필요가 없는 일인지도 모른다. '제4차 산업혁명'과 'Society5.0'의 도래는 오히려 '**자신다운 삶과 일하는 방식**'을 실현하기 위한 기회로 파악할 필요가 있다. 이 좋은 기회를 활용하기 위해서는 첨단기술을 외면하지 않고, 이것과 마주해 자신의 적성에 알맞는 방식으로 잘 활용해 가는 것을 제대로 교육할 필요가 있다. 이것이 국민 사이의 '**디지털 디바이드**'(digital divide, **정보격차**)[22]라는 새로운 격차가 생기지 않기 위하여 필요

---

21) <역자주> 대학의 교양 과정[과목]

22) <역자주> 디지털 디바이드(digital divide, 정보격차(情報格差), PC · 인터넷 이용 계층 간에 생기는 격차): 1990년대 중반 미국에서 처음 사용된 신조어로, 개인의 사회적, 경제적 격차의 원인이 된다. 디지털 경제에서 나타나는 계층 간 불균형을 말하며, 빈부 간에 디지털화가 차이가 나고 사회에서 필요로 하는 인터넷 지식을 갖추지 못할 경우 그 격차가 점점 깊어지는 것을 의미한다. 즉 지식, 인터넷의 부익부빈익빈 현상이다. 정보격차는 소득, 교육, 지역에 따라 점점 심화되고 있다. 지식과 정보의 장악에 있어 선진국과 후진국 간, 사회 주

한 정책이다.

05 소결

　제2장 7.(비정규직의 실상-소결)에서 언급한 것처럼, 비정규직 문제의 본질은 양호한 교육훈련의 기회를 가질 수 없고, 정규직에 재도전하는 것도 어렵다는 현실이 사회적 균열을 초래하고, 사회적 공정성을 해칠 수 있다. 이 문제를 해결하려면 종속노동론이라는 틀에서 기업의 '남용'과 '차별'을 억제하고, 그 권한과 자유를 제한하는 접근으로는 효과를 기대하기 어렵다. 일본형 고용시스템에서 정규직의 지위에 본질인 인재육성은 기업과 근로자 사이의 신뢰관계에 기초화된 것이지만, 이러한 신뢰관계는 법의 강제로는 발생할 수 없기 때문이다. **따라서 취해야 할 접근방식은 근로자를 위한 것이어야 하고, 구체적인 정책은 '정규직에 적합한 인재의 육성 교육'이어야 한다.** 이것이 첫 번째 (잠정적인) 결론이다.

　다만 앞으로는 **저출산·고령화와 제4차 산업혁명이 도래함**에 따라 일본형 고용시스템이 변용·종언하고, 정규직과 비정규직의 격차가 상대화하고, 또한 정규직 자체가 사라지는 것이 예상된다. 그렇게 되면 정규직과 비정규직의 격차 등의 **비정규직 문제**는 자취를 감추고, 새롭게 다른 격차문제가 생겨날 것이다. 이것이 '**디지털 디바이드(정보격차)**'이다. 앞

류와 소외계층 간 격차는 더욱 벌어지고, 권력의 편중현상은 심화되는 양상을 보인다. 정보화 초기 단계에는 통신모뎀의 보급으로 지구촌이 더욱 가까워질 것으로 예상됐으나 정보화가 진행될수록 오히려 정보격차는 더욱 벌어지고 있다. 이를 극복하지 못하면 계층 간의 갈등과 소득 격차가 심화되어 사회안정을 해칠 수도 있다. 한국에서는 정보격차에 따른 여러 사회문제를 해결하기 위해 '정보격차 해소에 관한 법률'(2001년 제정)이 있고, 전담기관으로 '한국정보문화진흥원'이 있다.[네이버 지식백과]

으로의 정책과제는 디지털 디바이드의 발생을 어떻게 회피할 것인가라는 (사후대처형이 아닌) **사전예방형**이어야 한다.

그래서 명심해야 할 점은 향후에 정보통신기술(ICT)의 발달로 '**개인자영업자**'가 증가한다는 것이다. 이것은 교육훈련의 주체로서 기업은 퇴각하고, 개인의 자조(自助)와 이것을 지원하는 정부의 공조(公助)가 중요하게 됨을 의미한다(이것에 추가해 개인 자영업자들의 공조(共助)도 중요하다). 학교에서의 직업교육의 중요성이 높아지지만, 그 내용은 그때마다 첨단기술을 습득하는 '**직업교육**'뿐만 아니라, 오히려 '**기술혁신**'과 '**기능**'이 시시각각으로 변화해 가는 것에 대응할 수 있는 적응력(adaptability)의 습득, 또한 이러한 적응력의 기초로 되고, 직업적으로 자립할 경우에 필요한 '**직업기초교육**'(정보, 법학, 금융, 과학기술 등의 활용력[literacy])과 '**교양**'23)의 습득을 목표로 삼아야 한다. 이에 더불어, 첨단기술을 잘 활용해 자기를 실현할 수 있는 능력의 습득이 새로운 '**초스마트 사회**'(Society5.0)에서 행복하게 살고, 일해 나가기 위해서 필요하게 된다. 이러한 교육을 제대로 실시하는 것이 새로운 격차인 디지털 디바이드를 발생시키지 않도록 하기 위해서 요구되는 정책이다.

---

23) <역자주> 교양[culture, 敎養]: 인간의 정신능력을 일정한 문화 이상에 입각, 개발하여 원만한 인격을 배양해 가는 노력과 그 성과이다. 교양은 'culture'(경작(耕作))이고, 'Bildung'(사물의 형성)의 뜻과 같이, 인간정신을 개발해 풍부한 것으로 만들고 완전한 인격을 형성해 간다는 뜻이다. 인간과 사회에 대해서는 '교육·육성·문화'를 의미한다. 이러한 노력은 시대마다 일정한 문화이념에 입각해 교양의 내용은 시대와 민족별로 달라지는데, 적어도 유럽문화권에서는 그리스·로마적인 교양의 이념이 일관해 계승되었다. 근대 유럽에서의 교양은 로마시대에 형성된 후마니타스(humanitas: 인간성)의 이상을 부흥하려는 것이었지만, 기술의 우위가 결정적인 현대에서는 새로운 교양 유형이 요구된다.[네이버 지식백과]

CHAPTER

09

포스트 일본형 고용시스템 시대의 격차

마지막으로 이 책의 내용을 총괄하고자 한다.

이 책의 특징은 '비정규직'을 일본형 고용시스템의 구성요소로 규정한 후, 개혁을 위한 법정책의 방향성을 검토한 결과에 있다.

일본형 고용시스템의 중심에 있는 것은 '정규직'이다. 하지만 정규직 지위의 본질은 장기적인 전망에서 기업이 우수한 인재를 모아서 자율적으로 육성하는 데 있었다. 정규직을 육성하려면 기업은 광범위한 인사권을 가진다. 이것은 '언제라도, 어디서나, 무엇이든'이라는 구속성이 높은 일하는 방식을 가져왔지만, 말하자면 기업은 보상으로 인재육성에 책임지고, 정년까지 고용과 임금의 안정을 보증하였다. 정규직 지위의 안정성은 불가피하게 일어나는 **경기(景氣)**[24]**나 기업 업적의 변동**에 대응하기 위한 **완충재고**(bufferstock)[25]를 필요로 하였다. 이것은 '비정규직'에 있었다(물론 그 밖에도 고도의 전문적인 업무에 대응하는 유기고용 근로자라는 유형의 비정규직도 있었지만, 정책적으로 문제로 삼을 필요성은 적었다).

이러한 정규직과 비정규직의 격차를 내포하는 일본형 고용시스템은 '**노사자치의 산물**'이었다. 이 고용시스템은 상위가 있다고는 해도 정

---

24) <역자주> 경기(景氣): 매매나 거래에 나타나는 호황·불황 따위의 경제 활동 상태.

25) <역자주> (공급 변동에 대비한) 완충 재고(在庫).

규직만을 우대한 것이 아니라, 정규직의 지위, 비정규직의 지위 양쪽에 장점과 단점이 있었다(예를 들어 비정규직의 지위에 장점은 구속성이 낮고 자유로운 것을 들 수 있다). 그래서 비정규직의 다수는 '**자발형**' 비정규직이며, 법적으로는 그 지위는 **계약자유의 범위 내**에서 **형성**되어 왔다.

즉, '비정규직'의 '고용의 불안정성'과 '낮은 처우'는 '일본형 고용시스템'이라는 '노사자치의 산물'에서 '계약자유의 범위 내'에서 발생하였다는 점에서 이중(二重)의 의미에서 '**사적 자치의 범주에 속하는 사실의 현상**'(事象)이었다. 이러한 의미에서 법이 여기에 개입하는 것은 바람직하지 않고, 비정규직의 문제에 노력한다고 해도 이것은 '**노사의 손**'(노사자치)으로 일본형 고용시스템을 전체적으로 살펴보면서 추진해야 하는 것이었다.

그런데 돌이켜 보면 비정규직이라는 존재는 오래 전부터 존재하는데, 법률의 측면에서는 **파트노동법의 2007년 개정**까지 괄목할 만한 동향은 없었다. 그 무렵까지는 사적 자치 존중의 시대이며, 예외적인 구제를 모색하였다. 하지만 이것은 어디까지나 일본형 고용시스템의 존재를 전제로 한 것이었다. '**의사**(疑似, 유사) **비정규직의 보호**'는 도모되었지만, 이것은 형식이 아닌 '**실태**'에 착안한 법적 보호를 생각하는 전통적인 노동법의 방법에서 보면 무리 없는 개입이고, '**사적 자치**'와 모순되는 것도 아니었다. 당시 가장 유력한 학설은 '의사 비정규직'조차 구제를 부정하는 견해를 발표하고 있었다. 하지만 그 정도까지로 비정규직 문제에 법적으로 개입하려는 경우에 '사적 자치'(특히 '노사자치')라는 방파제는 강고(强固)한 것이었다.

2007년의 파트노동법 개정은 1990년대 후반 이후의 '**고용 포트폴리오**'와 '**근로자파견의 자유화**'에 대한 반발이 저류(底流)를 이루면서, 헤이세이 불황의 영향과 워킹 푸어의 사회문제화를 배경으로 비정규직의 낮은 처우 문제를 해결하는 입법 개입의 첫 걸음이었다. 다만, 그 내용은 의사 비정규직의 기준을 법정(法定)하여 차별적 취급을 금지한다고 하는 구제는 인정했지만, 그 밖의 점에서는 여전히 '사적 자치'('노사자치'와 '계약자유')를 존중하는 구조를 취하고 있었으며 소극적인 개입에 그쳤다.

그러나 2008년의 리먼 쇼크로 인하여 비정규직 고용의 불안정성이 사회문제화되고, 비정규직의 지위 자체에 대한 세간의 비판이 강해졌다. 특히 '파견근로자'가 비정규직의 전형(典型)으로 거론되고, 더 강한 법적 개입이 요구되게 되었다. 여기에는 더이상 노사의 손에 의한 재검토와 같은 느긋한 수법을 허용하는 사회적인 분위기가 아니라, 사적 자치를 적극적으로 제한하는 입법 개입도 어쩔 수 없다는 흐름이었다.

이러한 중 민주당 정권에서 2012년 '근로자파견법'의 개정과 '노동계약법'의 개정이 이루어져 (ⅰ) 무기전환 룰(노동계약법 제18조), (ⅱ) 근로조건의 불합리한 격차의 금지(동법 제20조), (ⅲ) 위법파견의 경우에 근로계약 신청간주제도(근로자파견법 40조의 6) 등의 강력한 규제를 도입하였다. 결국, 일본형 고용시스템의 정규직과 비정규직의 이중구조에 본격적으로 법의 메스(칼)가 들어간 것이다.

자유민주당(자민당)이 정권에 복귀한 후에도 '일하는 방식 개혁'의 주요 목표 중 하나는 '비정규직 개혁'을 들 수 있으며, '동일근로 동일임금의 실현'이라는 포퓰리즘(대중영합주의)의 캐치프레이즈(슬로건) 아래에서 적극적인 개입 노선이 유지되고, 2018년 개정에서 '근로조건의 불합리한 격차를 금지하는 규제'를 모든 비정규직에 공통적으로 규제하는 법을 개정하였다.

이러한 '채용'과 '근로조건의 격차'의 양면에서 사적 자치를 부정하는 입법은 이론과 정책의 양면에서 그 타당성에 문제가 있었다.

먼저, 채용 면에서는 채용의 자유를 부정하고, 근로계약의 체결 강제를 명령하는 규정(노동계약법 제18조 및 제19조), 근로자파견법 40조의6)을 제정하였다. 하지만 여기에는 (ⅰ) 헌법상 보장하고 있는 '채용의 자유'를 제한할 뿐인 이론적인 정당화가 어려움이 있는 점, (ⅱ) 정규직화까지는 강제하지 않는다는 점에서 일본형 고용시스템에 배려한 내용으로는 되어 있다. 하지만 고용의 안정화로는 이어지지 않고 규제의 부작용이 우려되기 때문에 재검토가 검토되어야 한다.

또한 **근로조건의 격차**에 관한 '균형대우 규정'(노동계약법 제20조, 파트노동법 제8조, 2018년 개정 후에는 파트·유기노동법 제8조, 근로자파견법 제30조의 3)에 대해서는, 먼저 비교의 기준을 명확히 하지 않은 채 강행적 효력을 인정하는 것에 이론적인 문제가 있다. 또한 **동일근로 동일임금은 본래 '직무급'의 임금체계를 도입하는 것을 전제**로 노사자치를 일관시켜서 차별을 방지하기 위한 원칙이며, 노사자치를 무너뜨리는 형태로 적용되어야 하는 것은 아니다. 전술한 바와 같이 일본에서는 정치적 슬로건으로 남용되었다.[26] 또한 노동계약법 제20조의 보충적 효력을 부정하는

---

26) <역자주> '일본의 동일근로 동일임금 개혁의 향후 과제'를 다음과 같이 정리할 수 있다.
(i) 정규직·비정규직근로자 사이의 격차 시정을 착실하게 실행하는 것이다. 실제로 인사노무관리상의 단계로서는 ① 하마교우렉스(반려심) 사건·최고재판소 판결에서도 나타났던 제수당·복리후생의 비정규근로자에의 지급을 제1단계로 하고, 그리고 개정법의 시행(대기업 2020. 4. 중소기업은 2021. 4)에 대하여 ② 비정규근로자에의 균등 또는 균형을 취한 수준에서의 상여금 및 퇴직급의 지급, 및 ③ 정규근로자의 기본급제도에의 비정규근로자의 편입 또는 균등 및 균형의 취급 수준에서의 기본급의 지급이라는 단계를 밟으면서 취업규칙 개정 등의 제도적인 준비를 진행해 가는 것을 생각할 수 있다. 여기서 과정으로써 매우 중요한 것은 비정규근로자의 의견을 반영시키는 형태로 노사의 교섭 및 협의를 하는 것이다. 즉, 일본의 향후 개혁에서는 전제가 다른 경우에 전제의 차이에 대응한 균형 잡힌 취급을 행하는 '균형'대우가 법적으로 요구되어지고, 이 양적 수준의 결정(그 '불합리성'의 판단)에서는 노사간의 화합으로 이해관계자의 의견이나 이익을 조정하고 결정한다고 하는 절차의 공성함이 중요한 의미를 가진다. 특히 여기에서는 대우 개선의 대상이 되는 비정규근로자의 의견을 청취하는 대우개선을 반영하게 하는 절차적인 연구를 강구하는 것이 과제이다. 이러한 과정의 충실은 당사자의 이해성을 높이며 기업에게는 판단의 예견가능성을 높이는 것에도 연결된다.
(ii) 정규직을 포함한 임금·인사노무관리제도의 전체상을 장래를 향하여 재검토하는 것이다. 일본의 동 개혁에서는 임금원자를 확대하면서, 비정규근로자의 대우개선을 위한 공정한 분배를 하는 것이 필요하다. 이 과정에서 고쳐서 문제되는 것은 정규근로자의 임금·인사노무관리제도 그 자체를 효율적으로 해 설계하고 있는가 하는 점이다. 원래 정규직근로자의 제도가 효율적이지 않기 때문

판례와 통설의 해석은 일본형 고용시스템과 노사자치에 배려하는 것이지만, 강행적 효력을 인정하고 격차의 시정을 재판으로 시정하는 길이 열린 이상 노사 교섭은 기대한 대로는 진행되지 않을 것이 예상된다. **설명의무의 강화**는 근로자의 처우에 납득성을 높이고, 노사교섭을 촉진할 수 있는 것의 의미에서는 평가할 수 있다. 하지만 이것도 재판을 통한 시정의 길이 열린 상태로는 충분한 효과를 기대할 수 있는 것은 아니었다.

에 이번 개혁에서 비정규근로자도 이 제도에 합쳐서 균등·균형 대우를 하고 있는 것, 정규직·비정규직근로자의 제도 전체가 비효율적인 것으로 되어 가는 걱정이 있다. 이번 개혁을 계기로 전체 임금·인사노무관리제도를 재검증해 가는 것, 구체적으로는 정규근로자의 기본급제도는 기업경영의 장래에 방향성·과제와 정합적인 것으로 되는 것인가, 상여금이나 퇴직금이 임금 전체 중에서 차지하는 비율·규모 및 그 산정·지급방법은 효율적으로 지속가능한 것으로 되어 있는가, 제수당·복리수당의 규모나 내용은 기업경영의 방향이나 근로자의 니즈에 따라 효율적이고 공정한 것인가 하는 점을 중장기적인 관점에서 새롭게 검토하는 작업이 중요할 것이다. 이 검증의 결과는 각각의 업종 및 기업마다 다양하게 될 것인가, 큰 방향성으로서는 상여금이나 제수당·복리수행의 다수가 기본급 중에 편입되고, 기본급의 구성요소로서 근속·연공보다도 직무·성과를 중요시하는 것에 중심이 이동해 갈 (이 의미에서 결과로서 '동일근로 동일임금'에 가깝게 갈) 가능성이 있고, 퇴직금에 대해서는 기업이 비용을 전부 부담하는 형에서 개인적립형으로 이동해 갈 가능성이 있을 것이다.

(iii) '비정규직'의 증가에 따른 대응의 필요성이다. 노동법 및 사회보장법이 적용되지 않는 (최저임금의 적용 및 사회보험료의 기업부담 등이 없음) 업무위탁·프리랜스 등의 형태를 가진 자영업자적인 근로자('비고용'근로자)가 세계적으로 증가하고 있다. 이러한 동향은 우버(Uber)로 상징되는 플랫폼·에코노미의 급속한 확대에 따라 가속화하고, 법적으로 '근로자'·'근로계약' 개념의 재검토를 촉구하는 상황이 일어나고 있다. 일본의 이번 '동일근로 동일임금' 개혁에 의하여 '비정규직'근로자의 대우개선을 도모하는 것은 비용삭감을 요구하는 기업행동으로 해 '비고용'근로자를 증가시키는 움직임을 보다 더 가속화시킬 가능성이 있다. 이러한 시장의 동향 속에서 '비고용'근로자도 포함한 공정한 경쟁조건을 확립함과 함께, 이러한 다양한 근로형태를 매력적인 취업기회로서 건전하게 발전시킨다는 관점에서 '비고용'근로자의 사회적 보호의 존재의미를 검토하는 것은 다음의 '일하는 방식 개혁'의 중심 테마로 될지도 모르겠다(水町勇一郎 『「同一労働同一賃金」のすべて』(新版) (2019年, 有斐閣), 174-176면).

이와 같은 비정규직 문제에 노력하는 법률의 접근은 충분히 제대로 파악한 것은 아니다. 원래 진정한 비정규직의 문제는 목전의 '정규직화'와 '임금'의 시정이 아니라, '교육훈련의 격차'가 초래할 미래의 '기술의 격차'를 어떻게 손을 대서 '사회적인 균열'이 발생하지 않도록 할 것인가에 있었다. 다만, 이 문제에 노력하기 위해서는 정부가 기업에 특정한 근로자를 정규직이 되도록 강제해도 잘 안 될 것이다. 정규직이란 회사가 인재육성의 대상으로 적합하다고 평가해 선별한 자이고, 기업과 정규직의 계약관계가 제대로 기능하기 위해서는 상호 신뢰가 필수적이다. 강제적인 계약관계의 설정은 여기에는 맞지 않는다. '비자발형 비정규직'을 없애는 비정규직 개혁의 중점은 고용정책이 아니라, 비정규직이 되고 싶지 않은 사람이 비정규직이 되지 않도록 하기 위한 교육정책에 놓여야 한다.

그 반면에 일본형 고용시스템 자체를 '정규직의 개혁'(장시간근로와 잦은 전근 등의 구속성이 높은 일하는 방식의 시정과 고용보장의 완화 등)이라는 근본부터 메스를 가함으로써 재검토해 가는 것은, 앞에서 살펴본 교육정책과는 다른 방향에서의 비정규직 개혁으로도 이어진다. 다만 이러한 정규직 개혁(+비정규직 개혁)은 이것이 정규직의 존재 이유를 부정하는 것이 될 수 있기 때문에, 이 시비의 검토를 포함해 노사 자율로 해결해 가야 할 것이다.

그러나 일본형 고용시스템은 노사와 정부가 원하든 원치 않는지에 관계없이 크게 바뀌려고 하는 것도 사실이다. 특히 제4차 산업혁명이 도래함으로 AI와 로봇[27])이 직장에서 활용되게 되면, 비정규직의 고용은 없어

---

27) <역자주> 로봇세(robot tax)의 논란: 제조업의 생산현장에서 '일하는' 인공지능(AI) 기반의 산업용 로봇을 근로자로 보고, 이들이 근로로 생산해내는 경제적 가치에 매기는 세금이다. 로봇세가 도입되면 로봇을 소유한 기업이 각국 정부에 세금을 내야 한다. 로봇세 도입 찬성론자는 다양한 산업용 로봇이 기업에 막대한 돈을 벌어다주면서도 납세의무에선 자유로워, 기업이 사람을 고용했을 때 각국 정부가 걷을 수 있는 소득세 등에 누수가 생긴다고 지적한다. 또 로봇

지고, 또한 정규직의 고용도 감소하고, 기업에 귀속되지 않는 개인 자영
업자가 증가할 것이다. 이렇게 되면 비정규직 문제는 소멸하게 된다.

다만, 여기에는 **새로운 격차문제**가 있다. 정보화(digitalization)의 물
결에 제대로 타고서 첨단기술을 활용할 수 있는 사람과 그렇지 않은 사
람의 격차(디지털 디바이드＝정보격차)이다. 이렇게 보면 현재 비정규직의
개혁 논의는 고용사회의 큰 변혁 속에서 일시적인 것에 불과하다. <u>현재
의 격차문제(비정규직 문제)는 **시한적인 것**에 불과하다(그렇다고 무시해도 좋
다는 것은 아니지만)고 인식하고, **새로운 격차문제**(정보격차)에 관심을 돌려
서, 이것이 가능한 한 발생하지 않도록 하는 것에 **정책 에너지**를 경주할
필요가 있다.</u>

이 인간의 일자리를 대체하면서 실직자가 속출하면 이들을 위한 재교육 등에
투자할 재원을 로봇세로 충당할 수 있다고 당위성을 강조한다. 이는 2017년 유
럽의회가 로봇세를 도입 여부를 검토할 때에 "특수한 권리와 의무를 가진 전자
인간(electronic person)"이라며 로봇의 법적 지위를 부여했던 것을 두고 로봇
의 인격권을 인정해 앞으로 세금을 매길 근거를 마련한 것이라고 평가했다. 반
면에 반대론자는 로봇세의 도입이 산업 발전과 기술 혁신을 저해할 수 있다고
한다. 향후 국제사회의 충분한 합의와 법제도 정부부터 선행되어야 할 필요가
있을 것이다. 한국 정부는 2019년 12월 국무회의에서 '인공지능 국가전략'을
발표하고 2030년까지 인공지능을 통한 지능화 경제가치 최대 455조 원어치 창
출 등을 목표로 세웠다. 다만, 정부는 현재 로봇세 도입을 검토하고 있지 않다
고 하였다.(중앙일보 2020. 1. 4., 4-5면 참조).

에필로그

성경 마태복음 제20장에 유명한 '**포도원의 근로자의 이야기**'(The Parable of The Workers in the Vineyard)의 이야기가 있다(포도원은 '천국'의 비유이다). 이 포도원은 새벽부터 일하고 있던 사람도 있고, 저녁에 와서 짧은 시간만 일한 사람도 있었다.[1] 고용주(하나님)는 먼저, 나중에 온 사람부터 순서대로 보수를 지급하기 시작하였다. 그 금액은 1데나리온[2]이었다. 아침부터 일하고 있었고 보수의 지급 순서가 나중이었던 사람은 그것보다도 높은 보수를 받을 것으로 기대하고 있었다. 그런데 그들에게도 1데나리온만 지급하였다. 그들의 불만에 대하여 고용주(하나님)는 너희는 1데나리온의 보수로 약속한 것이라고 대답하였다.

이 장은 천국에서는 "이와 같이 후에 있는 자가 먼저 되고, 먼저

---

1) <역자주> 왜 집주인이 하루 내내 계속 시장에 계속 나가보았는지는 설명하지 않는다. 이것에 대해서는 아무 의미도 부여하지 말아야 할 것이다(그가 조직적이지 못했을 수도 있고, 추수가 매우 긴급했을 수도 있다). 마찬가지로 하루가 끝날 때 고용된 품꾼들은 최악의 품꾼들로 여겨지지는 않았으며, 그보다는 그저 일거리를 찾지 못한 사람들로 여겨졌을 것이다. 한편 오후 5시까지 장터에 남아 있었던 것은 대부분 다음 날 일하러 오라는 약속이라도 받기 위해서였을 것이다. 따라서 이들은 임금의 액수에 관계없이 다만 고용된 것안으로도 충분히 기뻤을 것이다(무디 성경 주석, 국제제자훈련원, 2017, 1675쪽 재인용).

2) <역자주> 1데나리온: 은전의 명칭, 근로자의 하루 품삯. 유대인의 하루는 해 뜰 때(오전 6시)부터 해 질 때(오후 6시)까지를 12시로 나눈다. 당시 임시로 고용된 품꾼들은 보통 매일 저물 때 삯을 받았다. 그리고 '공평(공정)한 품삯'은 결코 품꾼이 일한 대가로 조금도 부족함이 없이 하나님께서 구원의 상급으로 갚아 주시겠다는 의미는 아니라, 오히려 하나님께서 자신의 기쁘신 뜻대로 부르신 자들에게 구원을 베푸시되 한쪽으로 치우침이 없이 평등하게 내려주신다는 것이다.

있는 사람이 후가 될 것"이라는 말로 결론을 맺고 있다. 하나님은 동일한 고용주에게서 일을 부여받은 사람은 근로시간의 길이에 관계없이 동일한 보수를 지급하는 것이야말로 공평(공정)하다고 생각했을지도 모른다. 또는 하나님은 저녁에 온 사람은 근로시간이 짧았지만, 아침부터 계속해 일을 찾을 수 있을지 없을지 불안한 상태에 있었기 때문에 그 시간도 고려해 보수를 지급하는 것이야말로 공평하다고 생각한 것일지도 모른다.

이 우화에는 그 종교적 의미를 떠나서, 우선 보수를 1데나리온으로 계약한 이상 다른 사람의 보수가 어떠한가라는 불만을 말해서는 안 되고, 보수의 공평성은 인지(人智)가 미치지 않는 하나님의 영역의 일[事柄]이라는 메시지가 담긴 것 같다. 공평성을 고려하여 우선적으로 체결한 계약을 뒤집는 것은 하나님도 두려워하지 않는 행위인 것은 아닐까?3)

---

3) <역자주> 예수님의 이 비유에는 하나님 나라의 특징이 나타난다. 세상의 원칙은 가장 긴 시간 일한 사람이 가장 많이 받는다. 그러나 하나님 나라에서는 공로나 능력의 원칙이 아닌, 은혜의 원칙이 지배한다. 선하신 하나님은 합당치 않은 사람에게도 무한히 베푸신다. 이것은 조건 없는 은혜의 선물이다. 이 같은 사상은 탕자의 비유(누가복음 15장)에서도 나타난다. 아버지의 잔치의 주인공은 집에서 성실하게 일한 아들이 아니라, 방탕하였다가 뉘우치고 집에 돌아온 아침이었다. 또한 예수님은 자신의 의와 공로를 주장하는 바리새인들보다도 창녀와 세리들이 먼저 천국에 들어간다고 말씀하셨다. 즉 하나님의 선하심에서 나오는 보상은 값없이 주시는 은혜임을 선포하셨다. 하나님의 은혜는 모든 사람에게 차별이 없이 주어진다. 그러므로 우리는 지금 이 순간 내가 하나님께 구원을 받고 그의 일꾼(품꾼)이 된 것은 하나님의 은혜로 된 것임을 명심하고 겸손히 하나님께 감사하며 영광 돌리는 삶을 살도록 힘써야 할 것이다(강병도 편찬책임, 톰슨Ⅱ 성경주석, 기독지혜사, 2009, 신약 33쪽 재인용). 분명한 것은 하나님이 그분이 택하시는 자들에게 천국의 복을 은혜롭게 주실 자유를 행사하신다는 것 그리고 하나님이 인간의 예상을 뒤집으실 때 사람들이 충격을 받을 수 있다는 것이다(무디 성경 주석, 국제제자훈련원, 2017, 1676쪽 재인용).

〈역자의 휴식〉 포도원의 품꾼들(신약성경 로마서 20장 1-16절)

하늘나라(천국)는 자기 포도원(vineyard)에서 일할 일꾼을 고용하려고 이른 아침(early in the morning)에 집을 나선 어떤 포도원 주인(landowner)과 같다. 그는 품삯을 하루에 한 데나리온(a silver coins day)으로 일꾼들과 합의하고, 그들을 자기 포도원으로 보냈다. 그리고서 아홉 시에 나가서 보니, 사람들이 장터(marketplace)에 빈둥거리며(doing nothing) 서 있었다. 그는 그들에게 말하기를 "여러분도 포도원에 가서 일을 하시오. 적당한 품삯(a fair wage, whatever is right)을 주겠소" 하였다. 그래서 그들이 일을 하려 떠났다. 주인이 다시 열두 시와 오후 세 시쯤에 나가서 그렇게 하였다. 오후 다섯 시쯤에 주인이 또 나가 보니, 아직도 빈둥거리고 있는 사람들이 있어서, 그들에게 "왜 당신들은 온종일 이렇게 하는 일 없이 빈둥거리고 있소?" 하고 물었다. 그들이 그에 대답하기를 "아무도 우리에게 일을 시켜주지 않아서, 이러고 있습니다" 하였다. 그래서 그는 "당신들도 포도원에 가서 일을 하시오" 하고 말하였다.

저녁이 되니, 포도원 주인이 자기 관리인(청지기, foreman)에게 말하기를 "일꾼들을 불러, 맨 나중에 온 사람들부터 시작하여, 맨 먼저 온 사람들에게까지, 품삯(wages)을 치르시오" 하였다. 오후 다섯 시부터 일을 한 일꾼들이 와서 한 데나리온씩을 받았다. 그런데 맨 처음에 와서 일을 한 사람들은, 은근히 좀 더 받으려니 하고 생각하였는데, 그들도 한 데나리온씩을 받았다. 그들은 받고 나서 주인에게 투덜거리며 말하였다. "마지막에 온 이 사람들은 한 시간밖에 일하지 않았는데도, 찌는 더위 속에서 온종일 수고한 우리들과 똑같이 대우하였습니다."

그러자 주인이 그들 가운데 한 사람에게 말하기를 "이보시오, 나는 당신을 부당하게 대한 것이 아니오(I am not being unfair you, friend). 당신은 나와 한 데나리온으로 합의하지 않았소?(Didn't you agree to work for a denarius) 당신의 품삯이나 받아 가지고 돌아가시오. 당신에게 주는 것과 꼭 같이 이 마지막 사람에게 주는 것이 내 뜻이오. 내 것을 가지고 내 뜻대로 할 수 없다는 말이오? 내가 후하기 때문에, 그것이

당신 눈에 거슬리오?(Or are you envious because I am generous?)" 하
였다.

이와 같이 꼴찌들이 첫째가 되고, 첫째들이 꼴찌가 될 것이다(나중 된
자로서 먼저 되고 먼저 된 자로서 나중 되리라, And Jesus concluded,
"So those who are last will be first, and those who are first will be
last)(; 부름받은 사람은 많으나, 택함받은 사람은 적다)

* 출처: 대한성서공회, 한영대조성경(표준새번역 개정판, 2003) 재인용.

참고문헌

* 굵은 글자 부분은 본문 중에서 약어로 표시함.

= あ행 ────────────────────

浅倉むつ子「パートタイム労働と均等待遇原則一新白砂電機事件に関する法的検討(下)」労働法律旬報 1387号（1996年）38면 이하.

阿部未央「改正パートタイム労働法の政策分析一均等待遇原則を中心に」日本労働研究雑誌 642号（2014年）45면 이하.

荒木尚志「労働立法における努力義務規定の機能一日本型ソフトロー・アプローチ?」中嶋士元也先生還暦記念『労働関係法の現代的展開』（2004年, 信山社）19면 이하.

荒木尚志『労働法(第3版)』（2016年, 有斐閣）

荒木尚志「定年後嘱託再雇用と有期契約であることによる不合理格差禁止一労働契約法20条の解釈～長津運輸事件を素材として一」労働判例 1146号（2017年）5면 이하.

荒木尚志・菅野和夫・山川隆一『詳説労働契約法(第2版)』（2014年, 弘文堂）

アリストテレス著/高田三郎訳『ニコマコス倫理学(上)（下）』（1971年, 1973年, 岩波文庫）

大内伸哉「非正社員に対する法政策のあり方に関する一私論一契約の自由と公正」ジュリスト 1414号（2010年）164면 이하.

大内伸哉「雇用強制についての法理論的検討一採用の自由の制約をめぐる考察」菅野和夫先生古稀記念『労働法学の展望』93면 이하（2013年(a), 有斐閣）

大内伸哉『解雇改革一日木型雇用の未来を考える』（2013年(b), 中央経済社）

大内伸哉編『有期労働契約の法理と政策一法と経済・比較法の知見をいかして』（2014年, 弘文堂）

大内伸哉『君の働き方に未来はあるか?一労働法の限界と, これからの雇用社会』（2014年(a), 光文社新書）

大内伸哉『雇用改革の真実』(2014年(b), 日本経済新聞出版社)

大内伸哉　『労働時間制度改革ーホワイトカラー・エグゼンプションはなぜ必要か』(2015年, 中央経済社)

大内伸哉『AI時代の働き方と法ー2035年の労働法を考える』(2017年(a), 弘文堂)

大内伸哉『雇用社会の25の疑問ー労働法再入門(第3版)』(2017年(b), 弘文堂)

大内伸哉「法律による労働契約締結強制ーその妥当性の検討のための覚書き」法律時報90巻 7号 (2018年(a)) 7면 이하.

大内伸哉　「労働契約法20条をめぐる最高裁二判決の意義と諒題」 NBL 1126号 (2018年(b)) 4면 이하.

大内伸哉・川口大司 『法と経済で読みとく雇用の世界(新版)ーこれからの雇用政策を考える』(2014年, 有斐閣)

大内伸哉・川口大司編 『解雇規制を問い直すー金銭解決の制度設計』(2018年, 有斐閣)

大木正俊 「非典型労働者の均等待遇をめぐる法理論」 季刊労働法 234号 (2011年) 223면.

大木正俊 『イタリアにおける均等待遇原則の生成と展開ー均等待遇原則と私的自治´の相克をめぐって』(2016年, 日本評論社)

大木正俊 「非正規雇用の雇用保障法理および処遇格差是正法理の正当化根拠をめぐる一考祭」 日本労働研究雑誌 691号 (2018年) 10면 이하.

大橋範雄「ドイツ労働者派遣法における擬制労働関係論の再検討(1)(2・完)」 大阪経大論集 67巻 2号 1면 이하, 3号 7면 이하 (2016年)

緒方桂子「改正労働契約法20条の意義と解釈上の課題」季刊労働法 241号 (2013年) 17면 이하.

太田聴一・玄田有史・近藤絢子「溶けない氷河ー世代効果の展望」日本労働研究雑誌 569号 (2007年) 4면 이하.

= か행 ─────────────────────────────

川口大司 「改正パートタイム労働法はパートタイム労働者の処遇を改善したか? 」日本労働研究雑誌 642号（2014年）53면 이하.

川口大司・神林龍・原ひろみ「正社員と非正社員の分水嶺－呼称による雇用管理区分と人的資本蓄積」一橋経済学 9巻 1号（2015年）147면 이하.

川口大司『労働経済学－理論と実証をつなぐ』（2017年, 有斐閣）

神林龍 『正規の世界・非正規の世界－現代日本労働経済学の基本問題』（2017年, 慶応義塾大学出版会）

神吉知郁子 「労働法における正規・非正規『格差』とその『救済』－パートタイム労働法と労働契約法20条の解釈を素材に」日本労働研究雑誌 690号（2018年）64면 이하.

リンダ・グラットン＝ アンドリュー・スコット著, 池村千秋訳『Life Shift（ライフ・シフト）－100年時代の人生戦略』（2016年, 東洋経済新報社）

毛塚勝利 「非正規労働の均等処遇問題への法理論的接近方法－雇用管理区分による処遇格差問題を中心に」日本労働研究雑誌 636号（2013年）14면 이하.

小池和夫 『「非正規労働」を考える－戦後労働史の視角から－』（2016年, 名古屋大学出版会）

=さ행 ─────────────────────────────

櫻庭涼子「非正規雇用の処遇格差規制」日本労働法学会編『講座労働法の再生第4巻 人格・平等・家族責任』（2017年, 日本評論社）157면 이하.

菅野和夫・諏訪康雄　「パートタイム労働と均等待遇原則－その比較法的ノート」山口俊夫先生古稀記念『現代ヨーロッパ法の展望』（1998年, 東京大学出版会）113면 이하.

菅野和夫『労働法(第11版補正版)』（2017年, 弘文堂）

アマルティア・セン著, 池木幸生・野上裕生・佐藤仁訳 『不平等の再検討－潜在能力と自由』（1999年, 岩波書店）

= た행 ─────────────────────────────

土田道夫　「パートタイム労働と　『均衡の理念』」　民商法雑誌　119巻　4＝5号
　（1999年）543면 이하.

鶴光太郎・樋口美雄・水町勇一郎編　『非正規雇用改革－日本の働き方をいかに変
　えるか』（2011年，日本評論社）

寺本廣作『労働基準法解説』（1998年，信山社）

東京大学労働法研究会編『注釈労働基準法(上)』（2003年，有斐閣）

富永見一　「企業内賃金格差をめぐる法学的考察－正規労働者と非正規労働者の
　均等待遇を中心に」日本労働研究雑誌 670号（2016年）16면 이하.

富永晃一　「有期・無期契約労働者間の処遇格差の合理性－労働契約法20条の射程
　と実効性」ジュリスト1499号（2016年）70면 이하.

= な행 ─────────────────────────────

成瀬健生　「雇用ポートフォリオ提言とこれからの雇用問題」　連合総研レポート
　295号（2014年）5면 이하.

西谷敏　「パート労働者の均等待遇をめぐる法政策」　日本労働研究雑誌　518号
　（2003年）61면

西谷敏『規制が支える自己決定－労働法的規制システムの再構築』（2004年，法
　律文化社）

西谷敏『労働法(第2版)』（2013年，日本評論社）

仁田道夫・久本憲夫編『日本的雇用システム』（2008年，ナカニシヤ出版）

野田進　「有期・派遣労働契約の成立論的考察－労働契約の合意みなしと再性質決
　定との対比をめぐって」菅野和夫先生古稀記念　『労働法学の展望』　191면 이
　하.(2013年，有斐閣）

=は행 ─────────────────────────────

平井宜雄『法政策学(第2版)』（1995年，有斐閣）

本庄淳志『労働市場における労働者派遣法の現代的役割』（2016年，弘文堂）

本田一成　「職場のパートタイマー基幹化モデルを手がかりにした文献サーベイ」」

JILPT労働政策レポート　No.1（2004年）

＝ま行────────────────────────────

水町勇一郎「非典型雇用をめぐる法理論－臨時工・パートタイム労働者をめくって」季刊労働法　171号（1994年）114면 이하.

水町勇一郎『パートタイム労働の法律政策』（1997年，有斐閣）

水町勇一郎「『格差』と『合理性』」社会科学研究　62巻　3・4号（2011年）151면.

水町勇一郎『「同一労働同一賃金」のすべて』（2018年，有斐閣）

守島基博・大内伸哉『人事と法の対話－新たな融合を目指して－』（2013年，有斐閣）

＝や行────────────────────────────

八代尚宏『日本的雇用慣行を打ち破れ－働き方改革の進め方』（2015年，日本経済新聞出版社）

八代充史・牛島利明・南雲智映・梅崎修・島西智輝編　『『新時代の「日本的経営」』オーラルヒストリー－雇用多様化論の起源』（2015年，慶應義塾大学出版会）

山川隆一「労働法の実現手法に関する覚書」西谷敏先生古稀記念『労働法と現代法の理論(上)』（2013年，日本評論社）75면 이하.

山本陽大「正社員・契約社員間の労働条件格差と労契法20条－ハマキョウレックス(差戻審)事件を素材として－」労働判例　1148号（2017年）5면 이하.

寓井隆令『労働者派遣法論』（2017年，旬報社）

＝ら行────────────────────────────

労働政策研究・研修機構　『諸外国における非正規労働者の処遇の実態に関する研究会報告書』（2016年）

＝わ行────────────────────────────

和田肇「パート労働法改正の意義と今後の課題」季刊労働法　220号(2008年）64면 이하.

부록 1

노동계약법

제정 : 법률 제128호, 2007. 12. 5.
개정 : 법률 제56호, 2012. 8. 10[1]

제1장 총칙

제1조(목적) 이 법의 목적은 근로자와 사용자가 자주적인 교섭을 통하여 근로계약을 합의로 성립·변경한다는 합의의 원칙, 그 밖의 근로계약에 관한 기본적 사항을 정함으로써 합리적인 근로조건의 결정과 변경을 원활하게 함으로 근로자의 보호를 도모하면서 개별적 근로관계의 안정에 이바지하는 것이다.

제2조(정의) ① 이 법에서 '근로자'란 사용자에게 사용되어 근로하고 임금을 지급받는 자를 말한다.

② 이 법에서 '사용자'란 사용하는 근로자에게 임금을 지급하는 자를 말한다.

제3조(근로계약의 원칙) ① 근로계약은 근로자와 사용자가 대등한 입장에서 합의에 따라 체결·변경하여야 한다.

② 근로계약은 근로자와 사용자가 취업실태에 따라 균형을 고려하면서 체결·변경하여야 한다.

---

1) 「노동계약법의 일부를 개정하는 법률」 부칙 제1항 단서에 의해 동법 제2조 제1항과 제2항 및 부칙 제3항의 규정은 공포일로부터 기산하여 1년을 넘지 않는 범위 내에서 정령으로 정한 날부터 시행하도록 되었고, 동 규정에 의해 제정된 정령 제267호는 정령으로 정한 날을 2013년 4월 1일로 규정하고 있다. 이하에 수록된 노동계약법의 조문번호는 이해의 편의를 위하여 2013년 4월 1일부터 시행되는 내용을 기준으로 한다.

③ 근로계약은 근로자와 사용자가 일과 생활의 조화에도 배려하면서 체결·변경하여야 한다.

④ 근로자와 사용자는 근로계약을 준수하면서 신의에 따라 성실히 권리를 행사하고 의무를 이행하여야 한다.

⑤ 근로자와 사용자는 근로계약에 따라 권리를 행사할 경우에 남용해서는 안 된다.

제4조(근로계약 내용의 이해촉진) ① 사용자는 근로자에게 제시한 근로조건 및 근로계약의 내용을 충분하게 이해시켜야 한다.

② 근로자와 사용자는 근로계약의 내용(기간의 정함이 있는 근로계약의 사항을 포함한다)을 가능하면 서면으로 확인하여야 한다.

제5조(근로자에 대한 안전배려) 사용자는 근로계약에 따라 근로자가 그 생명, 신체 등의 안전을 확보하면서 근로할 수 있도록 필요한 배려를 하여야 한다.

제2장 근로계약의 성립과 변경

제6조(근로계약의 성립) 근로계약은 근로자가 사용자에게 사용되어 근로하고, 사용자가 이에 대하여 임금의 지급을 근로자와 사용자가 합의해 성립한다.

제7조 근로자와 사용자가 근로계약을 체결 시 사용자가 합리적인 근로조건을 정하고 있는 취업규칙을 근로자에게 주지시킨 경우에는 근로계약의 내용은 그 취업규칙에서 정한 근로조건에 따른다. 다만 근로계약에 있어 근로자와 사용자가 취업규칙의 내용과 다른 근로조건을 합의한 부분은 제12조에 해당하는 경우를 제외하고 그러하지 아니한다.

제8조(근로계약 내용의 변경) 근로자와 사용자는 합의로 근로계약의 내용인 근로조건을 변경할 수 있다.

제9조(취업규칙에 의한 근로계약의 내용과 변경) 사용자는 근로자와 합의 없이 취업규칙을 변경함으로써 근로자에게 불이익하게 근로계약의 내용인 근로조건을 변경할 수 있다. 다만, 다음 조의 경우는 그러하지 아니하다.

제10조 사용자가 취업규칙의 변경에 의해 근로조건을 변경한 경우 변경 후의 취업규칙을 근로자에게 주지시키고, 또한 취업규칙의 변경이 근로자가 받는 불이익의 정도, 근로조건 변경의 필요성, 변경 후의 취업규칙의 내용의 상당성, 노동조합 등과의 교섭 상황, 그 밖의 취업규칙의 변경에 관한 사정에 비추어 합리적인 경우에는 근로계약의 내용인 근로조건은 그 변경 후의 취업규칙에 정한 바에 따른다. 다만, 근로계약에 있어 근로자와 사용자가 취업규칙을 변경함으로 변경되지 않는 근로조건으로 합의한 부분은 제12조에 해당하는 경우를 제외하고 그러하지 아니하다.

제11조(취업규칙의 변경절차) 취업규칙의 변경절차는 노동기준법(1947년 법률 제49호) 제89조 및 제90조가 정한 바에 따른다.

제12조(취업규칙 위반의 근로계약) 취업규칙에서 정한 기준에 미달하는 근로조건을 정한 근로계약은 그 부분에 대해서는 무효로 한다. 이 경우 무효로 된 부분은 취업규칙으로 정한 기준에 따른다.

제13조(법령 및 단체협약과 취업규칙의 관계) 취업규칙이 법령 또는 단체협약에 반하는 경우에는 그 반하는 부분에 대하여는 제7조, 제10조 및 전 조의 규정은 해당 법령 또는 단체협약을 적용받는 근로자와의 근로계약에는 적용하지 아니한다.

제3장 근로계약의 계속 및 종료

제14장(출향) 사용자가 근로자에게 출향을 명할 수 있는 경우에 그 출향명령의 필요성, 대상근로자의 선정에 관한 사정, 그 밖의 사정에 비추어 그 권리를 남용하였다고 인정되면 그 명령은 무효로 한다.

제15장(징계) 사용자가 근로자를 징계할 수 있는 경우에 그 징계가 징계에 관련된 근로자의 행위의 성질 및 양태, 그 밖의 사정에 비추어 객관적으로 합리적인 이유를 결여하고 사회통념상 상당하다고 인정되지 아니하면 그 권리를 남용한 것으로 그 징계는 무효로 한다.

제16장(해고) 해고는 객관적으로 합리적인 이유를 결여하고 사회통념상 상당하다고 인정되지 아니하면 그 권리를 남용한 것으로 무효로 한다.

제4장 기간의 정함이 있는 근로계약

제17조(계약기간 중의 해고 등) ① 사용자는 기간의 정함이 있는 근로계약(이하 이 장에서 '유기근로계약'이라 한다)에 대하여 부득이한 사유가 있는 경우가 아니면, 그 계약기간이 만료할 때까지 근로자를 해고할 수 없다.

② 사용자는 유기근로계약에 대하여 그 유기근로계약에 의해 근로자를 사용하는 목적에 비추어 필요 이상으로 짧은 기간을 정함으로써 그 유기근로계약을 반복해 갱신하는 일이 없도록 배려하여야 한다.

제18조(유기근로계약의 기간이 정함이 없는 근로계약으로의 전환) ① 동일한 사용자와 체결된 둘 이상의 유기근로계약(계약기간의 시기가 도래하기 전의 것은 제외한다. 이하 이 조에 있어서 마찬가지이다)의 계약기간을 통산한 기간(다음 항에서 '통산계약기간'이라 한다)이 5년을 넘는 근로자가 사용자에 대하여 현재 체결하고 있는 유기근로계약의 계약기간이 만료하는 일까지의 사이에, 만료하는 날의 다음 날로부터 노무가 제공되는 기간의 정함이 없는 근로계약을 체결신청한 때에는 사용자는 그 신청을 승낙한 것으로 본다. 이 경우 그 신청에 관련된 기간의 정함이 없는 근로계약의 내용인 근로조건은 현재 체결하고 있는 유기근로계약의 내용인 근로조건(계약기간을 제외한다)과 동일한 근로조건(근로조건(계약기간을 제외한다)에 대하여 별도의 정함이 있는 부분을 제외한다)으로 한다.

② 사용자와 체결된 하나의 유기근로계약의 계약기간이 만료한 날과 그 사용자와 체결된 그 다음의 유기근로계약의 계약기간의 초일 사이에 이들 계약기간의 어디에도 포함되지 않는 기간(이들 계약기간이 연속한다고 인정되는 것으로서 후생노동성령에서 정한 기준에 해당하는 경우의 어디에도 포함되지 않는 기간을 제외한다. 이하 이 항에서 '공백기간'이라 한다)이 있고, 그 공백기간이 6월(그 공백기간의 직전에 만료한 하나의 유기근로계약의 계약기간[그 하나의 유기근로계약기간을 포함한 둘 이상의 유기근로

계약에 계약기간의 사이에 공백기간이 없다면 둘 이상의 유기근로계약의 계약기간을 통산한 기간. 이하 이 항에서 같다]이 1년에 미달하는 경우에는 그 하나의 유기근로계약의 계약기간에 2분의 1을 곱하여 얻은 기간을 기초로 하여 후생노동성령에서 정한 기간) 이상인 때에는 공백기간 전에 만료한 유기근로계약의 계약기간은 통산계약기간에 산입하지 않는다.

제19조(유기근로계약의 갱신 등) 유기근로계약으로서 다음의 각 호의 어느 하나에 해당하는 것의 계약기간이 만료하는 날까지의 사이에 근로자가 그 유기근로계약의 갱신을 신청한 경우 또는 계약기간의 만료 후 지체 없이 유기근로계약의 체결신청을 한 경우로서 사용자가 그 신청을 거절하는 것이 객관적으로 합리적인 이유를 결여하고 사회통념상 상당하다고 인정되지 않는다면 사용자는 종전의 유기근로계약의 내용인 근로조건과 동일한 근로조건으로 그 신청을 승낙한 것으로 본다.

유기근로계약이 과거에 반복해 갱신된 적이 있어서 그 계약기간의 만료 시에 그 유기근로계약을 갱신하지 않음으로써 유기근로계약을 종료시키는 것이 기간의 정함이 없는 근로계약을 체결하고 있는 근로자에게 해고의 의사표시를 함으로써 기간의 정함이 없는 근로계약을 종료시키는 것과 사회통념상 동일시될 수 있다고 인정될 것.

근로자에게 유기근로계약의 계약기간의 만료 시 그 유기근로계약이 갱신되는 것을 기대하는 것에 합리적인 이유가 있다고 인정할 수 있는 것.

제20조(기간의 정함이 있는 것에 의한 불합리한 근로조건의 금지) 유기근로계약을 체결하고 있는 근로자의 근로계약의 내용인 근로조건이 기간의 정함이 있다는 것에 의해 동일한 사용자와 기간의 정함이 없는 근로계약을 체결하고 있는 근로자의 근로계약 내용인 근로조건과 상이한 경우에는 그 근로조건의 차이는 근로자의 업무의 내용 및 업무에 따른 책임의 정도(이하 이 조에 있어서 '직무의 내용'이라 한다), 직무의 내용 및 배치의 변경의 범위, 그 밖의 사정을 고려해 불합리하다고 인정되지 않아야 한다.

제5장 잡칙

제21조(선원에 관한 특례) ① 제12조 및 앞의 장의 규정은 선원법(1947년 법률 제100호)을 적용받는 선원(다음 항에서 '선원'이라고 한다)에게는 적용하지 아니한다.

② 선원에 관하여는 제7조 중 '제12조'는 '선원법(1947년 법률 제100호) 제100조'로, 제10조 중 '제12조'는 '선원법 제100조'로, 제11조 중 '노동기준법 (1947년 법률 제49호) 제89조 및 제90조'는 '선원법 제97조 및 제98조'로, 제13조 중 '앞의 조'는 '선원법 제100조'로 한다.

제22조(적용제외) ① 이 법은 국가공무원 및 지방공무원에게는 적용하지 아니한다.

② 이 법은 사용자가 동거의 친족만을 사용하는 경우의 근로계약에는 적용하지 아니한다.

부 칙

(법률 제128호, 2007. 12. 5.) : 발췌

제1조(시행기일) 이 법률은 공포일부터 기산해 3월을 넘지 않는 범위 내에서 정령(政令)으로 정한 날부터 시행한다.

(법률 제56호, 2012. 8. 10.)

① (시행기일) 이 법률은 공포일부터 시행한다. 다만, 제2조 제1항과 제2항, 부칙 제3항의 규정은 공포일부터 기산해 1년을 넘지 않는 범위 내에서 정령으로 정한 날부터 시행한다.

② (경과조치) 제2조 규정에 의한 개정 후의 노동계약법(이하 「'신노동계약법'」이라 한다) 제18조 규정은 앞의 항 단서에 정한 규정의 시행일 이후의 날을 계약기간의 초일로 하는 기간의 정함이 있는 근로계약에 적용하고, 같은 항 단서에 정한 규정의 시행일 전의 날이 초일인 기간의 정함이 있는 근로계약의 계약기간은 같은 조 제1항에 규정한 통산계약기간에는 산입하지 아니한다.

③ (검토) 정부는 부칙 제1항 단서에 정한 규정을 시행한 후 8년을 경과한 때에 신노동계약법 제18조의 규정에 대하여 그 시행의 상황을 고려하면서 검토를 추가해, 필요하다고 인정되면 그 결과에 따라 필요한 조치를 강구해야 한다.

부록 2

근로계약법의 일부를 개정하는 법률

(법률 제56호, 2012. 8. 10.)

제1조 노동계약법(법률 제128호, 2007. 12. 5.)의 일부를 다음과 같이 개정한다. 목차 중 「제17조」를 「제17조, 제18조」로, 「제18조, 제19조」를 「제19조, 제20조」로 개정한다.

제17조의 제목으로 「(계약기간 중의 해고 등)」을 붙이고 같은 조 제1항 중 「근로계약」의 아래에 「(이하 이 장(章)에서 「유기근로계약」이라 한다)」를 추가하며, 같은 조 제2항 중 「기간의 정함이 있는 근로계약」을 「유기근로계약」으로, 「그 근로계약」을 「그 유기근로계약」으로 수정한다.

제19조를 제20조로 한다.

제18조 제1항 중 「앞의 조」를 「앞의 장」으로 고치고, 동조를 제19조로 하고 제4장 중 제17조의 다음에 다음의 한 조를 추가한다.

제18조(유기근로계약의 갱신 등) 유기근로계약으로서 다음의 각 호의 어느 하나에 해당하는 것의 계약기간이 만료하는 날까지의 사이에 근로자가 그 유기근로계약을 갱신신청한 경우 또는 계약기간의 만료 후 지체 없이 유기근로계약의 체결신청을 한 경우에 사용자가 그 신청을 거절하는 것이 객관적으로 합리적인 이유를 결여하고 사회통념상 상당하다고 인정되지 않는 때에는 사용자는 종전의 유기근로계약의 내용인 근로조건과 동일한 근로조건으로 그 신청을 승낙한 것으로 본다.

유기근로계약이 과거에 반복해 갱신된 적이 있는 것으로서 그 계약기간의 만료 시에 그 유기근로계약을 갱신하지 않아서 유기근로계약을 종료시키는 것이 기간의 정함이 없는 근로계약을 체결한 근로자에게 해고의 의사표시를 함으로써 기간의 정함이 없는 근로계약을 종료시키는 것과 사회통념 상 동일시될 수 있다고 인정될 것.

근로자에게 있어서 유기근로계약의 계약기간의 만료 시에 그 유기근로계 약이 갱신되는 것으로 기대하는 것에 대하여 합리적인 이유가 있는 것이라 고 인정될 수 있는 것.

제2조 근로계약법의 일부를 다음과 같이 개정한다.

목차 중 「제18조」를 「제20조」로, 「제19조, 제20조」를 「제21조, 제22조」로 수정한다.

제20조를 제22조로 하고, 제19조를 제21조로 한다.

제4장 중 제18조를 제19조로 하고, 같은 조의 다음에 다음과 같은 한 조를 추가한다.

제20조(기간의 정함이 있는 것에 의한 불합리한 근로조건의 금지) 유기근 로계약을 체결하고 있는 근로자의 근로계약의 내용인 근로조건이 기간의 정함이 있다는 것에 의해 동일한 사용자와 기간의 정함이 없는 근로계약을 체결하고 있는 근로자의 근로계약 내용인 근로조건과 상이한 경우에는 그 근로조건의 차이는 근로자의 업무의 내용 및 업무의 따른 책임의 정도(이 하 이 조에서 '직무의 내용'이라 한다), 직무의 내용 및 배치의 변경의 범 위, 그 밖의 사정을 고려하여 불합리하다고 인정되는 것이어서는 아니 된다.

제17조의 다음에 다음의 한 조를 추가한다.

제18조(유기근로계약의 기간의 정함이 없는 근로계약으로의 전환) ① 동일 한 사용자와의 사이에 체결된 둘 이상의 유기근로계약(계약기간의 시기가 도래하기 전의 것은 제외한다. 이하 이 조에 있어 마찬가지이다)의 계약기 간을 통산한 기간(다음 항에서 '통산계약기간'이라 한다)이 5년을 넘는 근 로자가 사용자에 대하여 현재 체결하고 있는 유기근로계약의 계약기간이 만료하는 날까지의 사이에 만료하는 날의 다음 날로부터 노무가 제공되는 기간의 정함이 없는 근로계약의 체결신청한 때에는 사용자는 그 신청을 승 낙한 것으로 본다. 이 경우 그 신청에 관련된 기간의 정함이 없는 근로계약 의 내용인 근로조건은 현재 체결하고 있는 유기근로계약의 내용인 근로조

건(계약기간을 제외한다)과 동일한 근로조건(근로조건(계약기간을 제외한다)에 대하여 별도의 정함이 있는 부분을 제외한다)으로 한다.

② 사용자와의 사이에 체결된 하나의 유기근로계약의 계약기간이 만료한 날과 그 사용자와 체결된 그 다음의 유기근로계약의 계약기간의 초일과의 사이에 이들 계약기간의 어디에도 포함되지 않는 기간(이들 계약기간이 연속한다고 인정되는 것으로서 후생노동성령에서 정하는 기준에 해당하는 경우의 어디에도 포함되지 않는 기간을 제외한다. 이하 이 항에서 '공백기간'이라 한다)이 있고, 그 공백기간이 6월(그 공백기간의 직전에 만료한 하나의 유기근로계약의 계약기간[그 하나의 유기근로계약기간을 포함한 둘 이상의 유기근로계약의 계약기간의 사이에 공백기간이 없는 경우에는 둘 이상의 유기근로계약의 계약기간을 통산한 기간. 이하 이항에서 마찬가지이다]이 1년에 미달하는 경우에는 그 하나의 유기근로계약의 계약기간에 2분의 1을 곱하여 얻은 기간을 기초로 하여 후생노동성령에서 정한 기간) 이상인 때에는 공백기간 전에 만료한 유기근로계약의 계약기간은 통산계약기간에 산입하지 않는다.

부록 3

근로계약법 신·구조문 대비표

개정법 제1조 관련(공포일로부터 시행)

(사전 부분은 개정부분)

개정 후	개정 전
목차 제1장 총칙(제1조~제5조)	목차 제1장 총칙(제1조~제5조)
제2장 근로계약의 성립 및 변경(제6조~제13조)	제2장 근로계약의 성립 및 변경(제6조~제13조)
제3장 근로계약의 계속 및 종료(제14조~제16조)	제3장 근로계약의 계속 및 종료(제14조~제16조)
제4장 기간의 정함이 있는 근로계약(제17조, 제18조)	제4장 기간의 정함이 있는 근로계약(제17조)
제5장 잡칙(제19조, 제20조) 부칙	제5장 잡칙(제18조, 제19조) 부칙
제4장 기간의 정함이 있는 근로계약	**제4장 기간의 정함이 있는 근로계약**
제17조(계약기간 중의 해고 등) ① 사용자는 기간의 정함이 있는 근로계약(이하 이 장에서 '유기근로계약'이라 한다)에 대하여 부득이한 사유가 있는 경우가 아니면, 그 계약기간이 만료할 때까지 근로자를 해고할 수 없다.	제17조(계약기간 중의 해고 등) ① 사용자는 기간의 정함이 있는 근로계약에 대하여 부득이한 경우가 있는 경우가 아니면, 그 계약기간이 만료할 때까지 근로자를 해고할 수 없다.

개정 후	개정 전
② 사용자는 <u>유기근로계약</u>에 대하여 <u>그 유기근로계약</u>에 의해 근로자를 사용하는 목적에 비추어 필요 이상으로 짧은 기간을 정함으로써 <u>그 유기근로계약</u>을 반복하여 갱신하는 일이 없도록 배려하여야 한다.	② 사용자는 <u>기간의 정함이 있는 근로계약</u>에 대하여 <u>그 근로계약</u>에 의해 근로자를 사용하는 목적에 비추어 필요 이상으로 짧은 기간을 정함으로써 <u>그 근로계약</u>을 반복하여 갱신하는 일이 없도록 배려하여야 한다.
<u>제18조(유기근로계약의 갱신 등) 유기근로계약으로서 다음의 각 호의 어느 하나에 해당하는 것의 계약기간이 만료하는 날까지의 사이에 근로자가 그 유기근로계약의 갱신신청을 한 경우 또는 계약기간의 만료 후에 지체 없이 유기근로계약의 체결신청을 한 경우로서 사용자가 그 신청을 거절하는 것이 객관적으로 합리적인 이유를 결여하고 사회통념상 상당하다고 인정되지 않는 때에는 사용자는 종전의 유기근로계약의 내용인 근로조건과 동일한 근로조건으로 그 신청을 승낙한 것으로 간주한다.</u> <u>유기근로계약이 과거에 반복하여 갱신된 적이 있는 것으로서 그 계약기간의 만료 시에 그 유기근로계약을 갱신하지 않음으로써 유기근로계약을 종료시키는 것이 기간의 정함이 없는 근로계약을 체결하고 있는 근로자에게 해고의 의사표시를 함으로써 기간의 정함이 없는 근로계약을 종결시키는 것과 사회통념상 동일시될 수 있다고 인정될 것</u> <u>근로자에게 있어서 유기근로계약의 계약기간의 만료 시에 그 유기근로계약이 갱신되는 것으로 기대하는 것에 대하여 합리적인 이유가 있는 것이라고 인정될 수 있는 것</u>	(신설)

개정 후	개정 전
제5장 잡칙	제5장 잡칙
<u>제19조</u>(선원에 관한 특례) ① 제12조 및 전 장의 규정은 선원법(1947년 법률 제100호)의 적용을 받는 선원(다음 항에서 '선원'이라고 한다)에 대해서는 적용하지 아니한다. ②(생략)	<u>제18조</u>(선원에 관한 특례) ① 제12조 및 <u>전 조</u>의 규정은 선원법(1947년 법률 제100호)의 적용을 받는 선원(다음 항에서 '선원'이라고 한다)에 대해서는 적용하지 아니한다. ②(생략)
<u>제20조</u>(적용제외) ① 이 법률은 국가공무원 및 지방공무원에 대해서는 적용하지 아니한다. ②(생략)	<u>제19조</u>(적용제외) ① 이 법률은 국가공무원 및 지방공무원에 대해서는 적용하지 아니한다. ②(생략)

* 개정법 제2조 관련(공포일부터 기산하여 1년을 넘지 않는 범위 내에서 정령으로 정한 날부터 시행)

(사선 부분은 개정부분)

개정 후	개정 전
목차 제1장 총칙(제1조~제5조) 제2장 근로계약의 성립 및 변경(제6조~제13조) 제3장 근로계약의 계속 및 종료(제14조~제16조) 제4장 기간의 정함이 있는 근로계약(<u>제17조~제20조)</u> 제5장 잡칙(<u>제21조, 제22조)</u> 부칙	목차 제1장 총칙(제1조~제5조) 제2장 근로계약의 성립 및 변경(제5조~제13조) 제3장 근로계약의 계속 및 종료(제14조~제16조) 제4장 기간의 정함이 있는 근로계약(<u>제17조, 제18조)</u> 제5장 잡칙(<u>제19조, 제20조)</u> 부칙
제4장 기간의 정함이 있는 근로계약	**제4장 기간의 정함이 있는 근로계약**
<u>제18조(유기근로계약의 기간의 정함이 없는 근로계약으로의 전환) ① 동일한 사용자와의 사이에 체결된 2 이상의 유기근로계약(계약기간의 시기가 도래하기 전의 것은 제외한다. 이하 이 조에 있어 마찬가지이다)의 계약기간을 통산한 기간(다음 항에서 '통산계약기간'이라 한다)이 5년을 넘는 근로자가 사용자에 대하여 현재 체결하고 있는 유기 근로계약의 계약기간이 만료하는 날까지의 사이에 만료하는 날의 다음 날로부터 노무가 제공되는 기간의 정함이 없는 근로계약의 체결신청을 한 때에는 사용자는 그 신청을 승낙한 것으로 본다. 이 경우 그 신청에 관련된 기간의 정함이 없는 근로계약의 내용인 근로조건은 현재 체결하고 있는 유기근로계약의 내용인 근로조건(계약기간을 제외한다)과 동일한 근로조건(근로조건(계약기간을 제외한다)에 대하여 별도의 정함이 있는 부분을 제외한다)으로 한다. ② 사용자와 체결된 하나의 유기근로계약의 계약기간이 만료한 날과 그 사용자와 체결된 그 다음의 유기근로계약의 계약기간의 초일과의 사이에 이들 계약기간의 어디에도 포함되지 않는 기간(이들 계약기간이 연속한다고 인정되는 것으로서 후</u>	(신설)

생노동성령에서 정하는 기준에 해당하는
경우의 어디에도 포함되지 않는 기간을
제외한다. 이하 이 항에서 '공백기간'이라
한다)이 있고, 그 공백기간이 6월(그 공백
기간의 직전에 만료한 하나의 유기근로계
약의 계약기간[그 하나의 유기근로계약기
간을 포함한 둘 이상의 유기근로계약의
계약기간의 사이에 공백기간이 없는 때에
는 둘 이상의 유기근로계약의 계약기간을
통산한 기간, 이하 이 항에서 같다]이 1년
에 미달하는 경우에는 그 하나의 유기근
로계약의 계약기간에 2분의 1을 곱하여
얻은 기간을 기초로 하여 후생노동성령에
서 정한 기간) 이상인 때에는 공백기간
전에 만료한 유기근로계약의 계약기간은
통산계약기간에 산입하지 않는다.

제19조(생략)

제20조(기간의 정함이 있는 것에 의한 불
합리한 근로조건의 금지) 유기근로계약을
체결하고 있는 근로자의 근로계약 내용인
근로조건이 기간의 정함이 있다는 것에
의해 동일한 사용자와의 기간의 정함이
없는 근로계약을 체결하고 있는 근로자의
근로계약 내용인 근로조건과 서로 다른
경우에는 그 근로조건의 차이는 근로자의
업무의 내용 및 업우에 따른 책임의 정
도) 이하 이 조에 있어서 '직무의 내용'이
라 한다), 직무의 내용 및 배치의 변경의
범위, 그 밖의 사정을 고려하여 불합리하
다고 인정되는 것이어서는 아니 된다.

제18조(생략)

(신설)

제5장 잡칙

제21조 ①(생략)
②(생략)

제22조 ①(생략)
②(생략)

제5장 잡칙

제19조 ①(생략)
②(생략)

제20조 ①(생략)
②(생략)

판례 색인

판례 · 판례집 등의 범례(약어는 굵은 글자 부분)

最高裁判所(**大法廷**, 第1~3**小法廷**) 判決

最高裁判所**民**事判例集

高等裁**判**所判決

地方**裁**判所判決

労働判例

최고재판소(**最高裁判所**)

最2小判 1973.1.19 (民集 27巻 1号 27면) [シンガー · ソーイング · メシーン 事件] ＜最重判 91＞ 1979年(オ) 第1073号

最大判 1973.12.12. (民集 27巻 11号 1536면) [三菱樹脂 事件] ＜最重判 17＞ 1968年(オ) 第932号

最1小判 1974.7.22 (民集 28巻 5号 927면) [東芝柳町工場 事件]＜最重判 65. 1970年(オ) 第1175号

最2小判 1975.4.25 (民集 29巻 4号 456면) [日本食塩製造 事件] ＜最重判46＞ 1968年(オ) 第499号

最3小判 1981.3.24 (民集 35巻 2号 300면) [日産自動車 事件] 1979年(オ) 第750号

最1小判 1986.12.4 (労判 486号 6면) [日立メディコ 事件] 1981年(オ) 第225号

最2小判 1990.11.26. (労判 584号 16면)[日新製鋼 事件] ＜最重判92＞ 1988年(オ) 第4号

사항 색인

역자   이승길(李承吉, sglee79@ajou.ac.kr)
아주대학교 법학전문대학원 교수(노동법)
성균관대학교 법학과, 대학원 석사과정, 박사과정 졸업(법학박사)
경기지방노동위원회 공익위원(심판)
고용보험심사위원회 위원
서울중앙지방법원 조정위원
도쿄대학 사회과학연구소 객원연구원
도쿄대학 법정치학부 객원연구원
산업연구원 연구위원
한국노동법학회 회장(2016)
한국사회법학회 회장(2017-2019.5)
한국비교노동법학회 회장(2019)
소셜아시아포럼(SAF) 한국 대표
〈저서 및 논문〉
근로계약법제에 관한 연구
노동법의 제문제
성과주의인사와 임금법제
『노동법의 기초연구』(공동번역)(박영사, 2016)
『노동법의 복권』(공동번역)(중앙경제, 2017)
『근로시간제도개혁』(화이트칼라 이그젬션은 왜 필요한가)(번역)(박영사, 2017)
『인공지능(AI)의 근무방법과 법』(번역)(박영사, 2019)
『비정규직의 개혁』(박영사, 2020.2) 등 다수

저자   오오우치 신야(大内伸哉) Shinya Ouchi
1963년 효고현(兵庫縣) 고베(神戸) 시 출생
1995년 도쿄(東京)대학 대학원 법학정치학연구과 박사과정 수료(법학박사)
1996년 고베(神戸)대학 법학부 조교수
2001년 현재 고베대학 대학원 법학연구과 교수
〈저서〉
『労働条件変更法理の再構成』(有斐閣, 1999)
『労働法実務講義』(日本法令, 2002, 第3版, 2015)
『イタリアの労働と法』(日本労働研究機構, 2003)
『雇用社会の25の疑問』(弘文堂, 2007, 第2版 2010)
『君は雇用社会を生き延びられるか』(明石書店, 2011)
『最新重要判例 200労働法』(弘文堂, 2009, 第4版, 2016)
『法と経済で読みとく雇用の世界』(共著, 有斐閣, 2012, 新版, 2014)
『人事と法の対話』(共著, 有斐閣, 2013)
『解雇改革』(中央経済社, 2013)
『有期労働契約の法理と政策』(編著, 弘文堂, 2014)
『雇用改革の真実』(日本経済新聞出版社, 2014)
『君の働き方に未来はあるか？』(光文社, 2014)
『労働時間制度改革－ホワイトカラー・エグゼンプションはなぜ必要か』
(中央経済社, 2015)
『労働法で人事に新風を』(中央経済社, 2015)
『勤勉は美徳か？』(光文社, 2016)
『雇用社会の25の疑問－労働法の再入門』(弘文堂, 2017)
『AI時代の働き方と法』(弘文堂, 2017)
『會社員が消える－ 働き方の未來圖』(文藝春秋, 2019)
『非正社員の改革』(弘文堂, 2019) 외 다수

비정규직의 개혁

초판발행	2020년 4월 20일
지은이	오오우치 신야(大内伸哉)
옮긴이	이승길
펴낸이	안종만 · 안상준
편 집	이면희
기획/마케팅	정연환
표지디자인	벤스토리
제 작	우인도 · 고철민
펴낸곳	(주) **박영사**
	서울특별시 종로구 새문안로3길 36, 1601
	등록 1959. 3. 11. 제300-1959-1호(倫)
전 화	02)733-6771
f a x	02)736-4818
e-mail	pys@pybook.co.kr
homepage	www.pybook.co.kr
ISBN	979-11-303-3604-6 93360

* 잘못된 책은 바꿔드립니다. 본서의 무단복제행위를 금합니다.
* 역자와 협의하여 인지첩부를 생략합니다.

정 가	38,000원